立法前沿

（第六辑）

主编◎郑 磊 田梦海

ZHEJIANG UNIVERSITY PRESS
浙江大学出版社
·杭州·

图书在版编目（CIP）数据

立法前沿．第六辑 / 郑磊，田梦海主编．— 杭州：浙江大学出版社，2023.9

ISBN 978-7-308-23459-7

Ⅰ．①立… Ⅱ．①郑… ②田… Ⅲ．①地方法规－立法－研究－中国 Ⅳ．①D927.04

中国版本图书馆CIP数据核字（2022）第253695号

立法前沿（第六辑）

郑　磊　　田梦海　主编

责任编辑　蔡圆圆

责任校对　许艺涛

封面设计　周　灵

出版发行　浙江大学出版社

　　　　　（杭州市天目山路148号　邮政编码310007）

　　　　　（网址：http://www.zjupress.com）

排　　版　杭州兴邦电子印务有限公司

印　　刷　广东虎彩云印刷有限公司绍兴分公司

开　　本　787mm×1092mm　1/16

印　　张　18

字　　数　321千

版印次　2023年9月第1版　2023年9月第1次印刷

书　　号　ISBN 978-7-308-23459-7

定　　价　78.00元

序 言

　　2022年,现行宪法颁行40周年,习近平总书记发表署名文章《谱写新时代中国宪法实践新篇章——纪念现行宪法公布施行40周年》;2022年,也是习近平总书记在首都各界纪念现行宪法公布施行30周年大会上发表重要讲话10周年——会上明确指出"全面贯彻实施宪法,是建设社会主义法治国家的首要任务和基础性工作";2022年,习近平总书记出席首次召开的中央人大工作会议并发表重要讲话后的第一个年度——会上全面系统阐述了全过程人民民主重大理念和实践要求,作出重要部署、提出明确要求;2022年,地方组织法修改通过……这些重大事件构成2022年宪法实施和立法风云际会、持续完善的重要背景。值此,《立法前沿》(第六辑)应时出版。本书以立法理论与实践为主题,尤其侧重地方立法的理论与实践。在此主题基础上,**第六辑聚焦"全过程人民民主与立法""地方立法原理与技术"和"合宪性审查与备案审查"**。

　　"前沿专题"关注立法理论与实践重大议题。本辑聚焦"全过程人民民主与立法"刊登三篇文章:全国人大常委会法工委发言人办公室主任胡健的《关于推进基层立法联系点工作的思考》,全国人大常委会法制工作委员会民法室一处处长孙娜娜等的《基层立法联系点贯彻全过程人民民主理念的实践与启示——以义乌国家级基层立法联系点为例》,西北大学法学院副教授代水平的《民主立法参与主体的规范表达》。

　　"立法专论"关注立法学理论的最新发展,并专门展示近年来以立法学为选题的优秀博硕士学位论文。本辑分两个主题遴选了六篇硕士学位论文:**专论Ⅰ　地方立法原理与技术**,选列了潘君懿的《失信惩戒中的地方立法权限研究》(华东政法大学2020届硕士学位论文,刘松山教授指导),杨济同的《**地方立法对私有财产权的保障与限制**》(中国政法大学2021届硕士学位论文,王蔚副教授指导),王亚楠的《**地方立法中委托第三方起草制度研究**》(山东大学2020届硕士学位论文,汪全胜教授指导);**专论Ⅱ　合宪性审查与备案审查**,选列了郭倩的《法律草案审议中的合宪性审查基准研究》(苏州大学2020届硕士学位论文,上官丕亮教授指导),李成浩的《合宪性审查背景下的法益权衡》(中国政法大学2020届硕士学位论文,谢立斌教授指导),罗小杭的《**公民法规审查建议的程序研究**》(浙江大学2021届硕士学位论文,郑磊教授指导)。

"立法评析"是以立法事件、立法热点议题为侧重的立法分论评析。本辑刊登三篇文章：上海市人大常委会法工委三处副处长林圻等的《地区授权法规的规范属性及其功能——以浦东新区法规为中心的初步分析》，湖州市人大法制委副主任委员章国华等的《规范性文件备案审查全覆盖的时代意义、地方实践与远景展望——以湖州市为例》，温州市人大常委会监察司法工委办公室主任叶英波的《地方立法宣传的实践及优化思考》。

　　第六辑的前期稿源征集、遴选、联络工作，和后期整理、完善、定稿等工作，由浙江大学宪法学与行政法学博士研究生王友健、硕士研究生王翔协助完成。

浙江省法制研究所副所长　郑磊

2022年6月1日（12月31日修改）

目 录
Contents

前沿专题

全过程人民民主与立法

关于推进基层立法联系点工作的思考*

◎胡健**

党的十八届四中全会决定提出,建立基层立法联系点制度,推进立法精细化。2020年7月,经批准,全国人大常委会法工委明确昆山市人大常委会为全国第二批、江苏省唯一的基层立法联系点。昆山高度重视,举全市之力打造联系点品牌,加快构建工作网络,探索"九步工作法",逐步形成有机构、有人员、有阵地、有网络、有制度、有保障的"六有"工作格局。2021年12月4日国家宪法日,中共昆山市委正式发布《关于践行全过程人民民主,推进昆山基层立法联系点建设的若干意见》,就推进立法联系点建设作出全面部署、形成制度成果,进一步明确工作方向。

截至目前,昆山联系点已累计参与39部法律草案征询任务,提交意见建议1881条,在已公布的29部法律中,有196条意见建议被国家立法认可采纳;多次派员参加有关法律草案通过前评估会,多篇调研报告被上级领导批示肯定;《人民日报》、新华社、《求是》杂志等权威媒体作了广泛报道,充分展示了法治建设和国家立法中的昆山声音、昆山经验、昆山担当。

在全面依法治国方略正在深入推进、人民代表大会制度充满生机活力,昆山正在奋力打造中国式现代化县域示范的大背景下,如何进一步发挥基层立法联系点的独特优势和重要作用,推动立法联系点更好服务国家立法和基层民主法治建设,确保习近平法治思想和全过程人民民主在基层落地生根、开花结果,是一篇大文章。现结合工作实际,谈谈初步思考。

---

* 本文写作于2021年至2022年作者挂职昆山市委常委、副市长期间。

** 胡健,全国人大常委会法工委发言人办公室主任,清华大学法学博士。

一、提质增效,当好国家立法"直通车"

基层立法联系点是反映民情、倾听民意、汇聚民智的"直通车",是丰富民主形式、拓宽民主渠道的具体体现。通过发挥联系点扎根基层、熟悉基层、密切联系群众的优势,可以直接了解来自一线、来自基层的法治需求,对于不断提高立法质量和效率,增强法律制度针对性、适用性和可操作性意义重大。下一步,为适应国家立法工作任务越来越重、节奏越来越快、难度越来越大、要求越来越高的新形势,基层立法联系点要不断提质增效,迈上更高水平、形成特色品牌、走在全国前列。要紧密联系昆山实际,充分发挥"直通车"作用,畅通民意渠道、丰富民主形式,为法律制度更好体现民情、汇聚民意、集中民智做出应有贡献。我体会,可以重点抓好以下几个方面。

一是优化联系网络,畅通反馈渠道。充分发挥昆山新设机构"基层立法联系和人大代表联络服务中心"的独特优势,推动在昆五级人大代表特别是全国、江苏省、苏州市人大代表主动、经常地就近参加立法征询活动,将听取群众意见与履行代表职责紧密结合起来,努力做到民有所呼、我有所应。充分发挥政法单位、执法部门和台协会、工商联、律所等机构的专业优势,选好题目、精准对接,不断提升法律草案征求意见的匹配度和实效性。充分发挥全市1654个综治网格中设立的立法信息采集点的群众优势,广泛应用微信群等便捷方式,原汁原味、及时高效地反映基层群众所思所虑、所想所盼。

二是完善工作流程,提高工作质效。研究出台立法联系点工作评估制度,定期通报表彰,推动纳入年度考核范围。完善"九步工作法",细化各个环节,事前细化方案、广泛动员、宣传辅导,事中搭建平台、意见征集、座谈调研,事后意见整理、及时反馈,形成民主立法的全链条、全流程闭环,不断提升人民群众参与立法的积极性和主动性。

三是拓展服务职能,发挥主观能动。从被动领受任务向主动发力拓展,紧密结合昆山实际,积极开展法律制度实施情况调查,收集上报典型事例案例,及时反映经济社会发展和基层治理中遇到的涉法问题和诉求,为上级人大制定和修改法律法规提供参考。此外,还要密切关注江苏省、苏州市的立法规划计划,主动参与配套国家法律实施、与昆山发展密切相关的地方立法,善于从服务地方立法的过程中,弄清楚、搞扎实国家立法落地的"最后一公里"。健全基层立法联系点与法院、检察院、司法局、市场监管、安全生产、教育、科技等部门的常态化联系机制,结合正在修改的法律法规,会同有关部门提供专题调研报告,为国家立法提供有益参考,同时充分展示昆山各方面工作的成效和经验。

四是打造"双桥"品牌,融入昆山特色。学习借鉴昆山政协"有事好商量"等工作经验,充分用好昆山基层群众自治中"吃讲茶""讲讲张"(昆山地方上几种民间交流形式)等喜闻乐见的形式,推动立法联系点结合昆山实际,形成本地特色,让立法联系点成为国家立法工作联系人民群众的"连心之桥"、人民群众参与民主法治建设的"聚力之桥",全力打造立法联系点昆山"双桥"品牌和法治昆山新名片。

二、以点带面,做好人大工作"牵引器"

2019年11月,习近平总书记在上海虹桥街道考察全国人大常委会法工委基层立法联系点时,明确提出"人民民主是一种全过程的民主"。在庆祝中国共产党成立100周年大会上,习近平总书记再次强调"发展全过程人民民主"[①]。2021年10月13日,在中央人大工作会议上,习近平总书记对全过程人民民主作出全面阐述、提出明确要求。党的十九届六中全会强调,全党必须发展全过程人民民主,保障人民当家作主。这鲜明展示了我们党始终高举人民民主旗帜的坚定立场,为新时代推进全过程人民民主建设提供了科学指引和根本遵循。

根据党的十八届四中全会决定建立基层立法联系点,既是深入推进科学立法、民主立法,不断提高立法质量的有效途径,也是推动人大工作与时俱进、创新发展的重要举措,对于贯彻落实全过程人民民主意义重大。从昆山实际看,市人大及其常委会始终按照习近平总书记和党中央关于人大工作的要求,紧紧围绕地方党委贯彻落实党中央大政方针的决策部署,结合地方实际,创造性地做好各项工作,更好助力经济社会发展和改革攻坚任务。基层立法联系点设在市人大,既是服务国家立法工作、了解国家法治动态的重要窗口,也是市人大行使各项职权,做好重大事项决定、监督、选举、代表等各项工作的参谋助手。我体会,联系点工作可以以点带面,更好发挥紧贴社情民意、熟悉法律法规的优势,着力融入和服务保障人大各项工作,推动全过程人民民主在昆山开花结果,使昆山人大工作成为实现和体现最广泛、最真实、最管用民主的典范。

第一,要与人大行使重大事项决定权相融合。重大事项决定权是宪法和法律赋

---

① 《习近平:中国的民主是一种全过程的民主》,新华社,2019-11-03。

予县级人大常委会的一项重要职权。近年来,昆山市人大常委会先后就加强出租房屋管理、设立"顾炎武日"、全力推动改革开放再出发、打造市场化法治化国际化营商环境、建设产业科创中心、依法防控新冠疫情、加强公共卫生体系建设、推进锦淀周(锦溪、淀山湖、周庄)一体化、推动昆山深化两岸产业合作试验区建设等事关昆山大局的事项作出决定,为推动昆山高质量发展提供法治保障。建议立法联系点在就法律草案征求群众意见过程中,及时发现人民群众和市场主体关心关注的热点难点问题,及时梳理国家法律法规需要地方配套落实的制度规范,适时向主任会议报告,为市人大常委会确定讨论决定重大事项的议题提供民意支持、法治支撑,切实保障人民群众的知情权、参与权和监督权,推动人大行使重大事项决定权的科学化、法治化和民主化。

第二,要与人大行使监督权相融合。人大监督工作政治性、法律性和专业性强,如何贯彻落实栗战书委员长关于"切实增强监督工作的针对性和实效性",需要基层人大不断探索和总结经验。通过调研昆山人大近年来的监督工作,我体会有三个特点。**一是大局意识强**。始终坚持围绕党中央重大决策部署和市委工作部署,将关系昆山经济高质量发展和人民高品质生活的事项作为监督重点。**二是法治观念强**。始终坚持依照法定职责、限于法定范围、遵守法定程序开展监督工作,推动国家机关依法行权、尽职尽责。**三是为民理念强**。始终将人大代表议案建议和人民群众关心关切作为监督议题的重要来源,推动解决一系列社会民生问题,顺应人民群众对美好生活的向往。立法联系点可以认真总结昆山人大监督工作经验,在开展工作时增强大局意识、法治素养和联系群众能力,加强与有关专门委员会和部门的沟通协作,注重收集基层群众对法律实施、执法司法、政策执行等方面的意见建议,适时向主任会议报告,为人大常委会精准选题,开展专题询问、专项报告、工作视察、执法检查等监督工作提供参考。对人大监督中发现的重大涉法问题主动开展调查研究,整合立法联系协作单位和专家顾问等智库资源,提出合理化建议或解决方案,为国家立法工作提供"解剖麻雀"的样本,为市委、市政府决策和政府部门开展工作提供参考。

第三,要与选举工作、代表工作相融合。人大代表是一座桥,一头连着党和政府,一头连着万千群众。选举、代表工作是人大工作保持生机和活力的重要基础,也是落实和展示全过程人民民主的重要环节。立法联系点可以加强与选代联工委的联动,加强选举法、代表法、地方组织法等法律的学习、贯彻和宣传,使人大代表换届选举有更坚实的法律保障,人大代表依法履职有更广阔的平台空间,人大代表联系群众有更直接的桥梁纽带。要积极参与县乡人大代表换届选举工作,紧密结合选举实践,特别关注昆山外来人口多、保障流动人口选举权利难度大等突出问题,反映一线情况、总结昆山经验、提出工作建议;发挥"人大代表之家"阵地优势,完善基层立法联系和人大代表联络服务的"双联"工作格局,建立健全代表反映群众意见和要求的处理反馈机制,密切人大代表同人民群众的联系;尊重代表主体地位、积极发挥代表作用,主动邀请具有相关专业背景的代表和有关国家机关工作人员共同参与法律草案立法征询工作,在互动交流中提出立法建议、推动改进工作,密切国家机关同人大代表的联系;主动服务各级人大代表,帮助代表收集民意、开展调研、了解法律、提出议案,助力代表提升履职水平,深化代表对立法、监督等工作的全过程参与。

此外,联系点工作还要与法治宣传、对外传播工作紧密结合起来。昆山是习近平总书记寄予厚望的"勾画现代化目标"的地方,国际国内影响大,是世界观察中国的重要窗口,也应当是世界观察中国特色社会主义民主政治的重要窗口。要将基层立法联系点与宪法广场、民法典公园等法治宣传载体有机结合起来,深入总结、广泛宣传昆山将全过程人民民主融入城市发展全过程、融入人民城市建设各方面的典型事例,通过多种渠道向国内外友人展示中国特色社会主义民主的特质和优势,讲好中国的法治故事、民主故事。

三、博采众长,形成法治昆山"动力源"

全面依法治国是国家治理领域一场广泛而深刻的革命,也是一个内在复杂而庞大的系统工程。习近平总书记高度重视运用系统思维推进法治建设,他多次强调,"全面依法治国是一个系统工程,要整体谋划,更加注重系统性、整体性、协同性","坚持依法治国、依法执政、依法行政共同推进和法治国家、法治政府、法治社会一体建设","全面推进科学立法、严格执法、公正司法、全民守法"。① 从昆山实际来看,基层立法联系点既是国家立法直通车,也是社情民意反映站,其工作内容涵盖法治建设方方面面,不仅有条件满足昆山立法需求,也有基础为昆山推进严格执法、公正司法、全民守法"赋能",聚力打造法治昆山的亮丽名片。

第一,满足昆山立法需求。昆山是我国县域经济发展的高地,成为全国首个地区生产总值突破4000亿元、财政收入突破400亿元的县级市,规上工业总产值已迈上万

---

① 《习近平在中央全面依法治国工作会议上强调 坚定不移走中国特色社会主义法治道路 为全面建设社会主义现代化国家提供有力法治保障》,《中国人大》2020年第22期。

亿元新台阶,连续17年位居全国百强县首位,创造了"最强县级市"的发展奇迹。从2020年的地区生产总值看,昆山与省域比较,已经超过青海、宁夏、西藏,与海南接近;与27个省会首府比较,排名第20位,超过太原,与贵阳接近;一般公共预算收入与286个设区的市比较,排名第37位,超过浙江金华、山东济宁,与福建泉州接近。与经济快速发展同步,昆山城市规模不断扩展,外来人口不断积聚,社会治理的难度和民生服务的压力也越来越大。昆山目前常住人口209万人,户籍人口106万人,总人口与湖北省黄石市接近。由于迅猛发展的良好态势与"小马拉大车"的管理体制存在内在冲突和矛盾,昆山在经济发展、对外开放、民生服务、环境保护、文化传承等方面不断在全省乃至全国层面率先遇到新情况、新问题、新挑战,存在十分强烈的立法需求。昆山作为一个县级市,尽管在经济总量和人口规模等方面已经远远超过大多数的设区市,但根据我国宪法和《立法法》确定的立法体制,没有地方立法权,这是昆山奋力打造社会主义现代化建设标杆城市的短板所在。为此,要充分发挥基层立法联系点的优势,在现行立法体制下统筹协调、多措并举、补短板、强弱项,努力满足昆山立法需求。

一是积极争取上级人大立法。总结江苏省人大常委会制定《昆山深化两岸产业合作试验区条例》的工作模式和成功经验,深入排摸涉及昆山未来发展体制性约束和机制性障碍、超越昆山地方事权和管理权限的立法需求,在综合研判、提出方案、提前沟通、达成共识的基础上,积极向苏州人大、江苏人大乃至全国人大反映立法需求,推动上级人大为昆山"量身定做"相关法规或者授权昆山在一定期限和范围内先行先试,为全国层面探索经验。

二是由昆山市人大及其常委会行使重大事项决定权。对于属于本地事权和管理权限范围内的地方性事务,认真研究制度规范的必要性和可能性,必要时提请市人大及其常委会出台有关决定,及时满足立法需求。

三是发挥国家立法直通车优势。在组织法律法规草案征求意见过程中,要紧密联系昆山实际,全面客观反映昆山诉求,推动立法决策充分考虑发达地区"先行先试"的改革需求、"率先一步"的发展需求,推动国家法律法规和相关政策在昆山更有可操作性,推动昆山发展的先进经验在全国层面得到复制推广。

第二,助力法治昆山建设。贯彻落实习近平法治思想,必须努力将系统思维贯彻于法治昆山建设的全过程和各方面。基层立法联系点设在昆山,就要发挥独特优势、凝聚各方力量,推动工作职能从参与立法向推动执法、促进守法、宣传普法拓展。要在全面依法治市委员会办公室的指导下,推动基层立法联系点加强与政法单位、执法部门的沟通联系,互相学习借鉴经验,共享信息资料资源,共同攻关法治课题,不断提升法治昆山建设的整体性、系统性和协调性，为昆山打造社会主义现代化标杆城市提供法治保障，为国家立法工作提供更加全面系统客观的基层信息，努力将昆山建设成为习近平法治思想在县域贯彻落实的样板和窗口。

一是推动法治政府建设。立法联系点要积极争取上级指导，配合司法局等部门，密切跟踪国家法律法规的立改废释动向，严格落实备案审查制度，推动依法制定规范性文件，健全动态清理工作机制，维护国家政令畅通和法制统一；加强对行政处罚法、行政复议法、行政强制法以及行政管理领域法律的跟踪研究，及时梳理总结昆山行政复议、行政应诉、行政执法特别是综合行政执法体制改革的经验做法、问题建议，不断提升政府依法行政的能力水平，助力创建国家级、省级法治政府示范地区和典型项目；深入总结处置疫情等突发事件的经验做法，研究法律问题、完善工作指引、加强能力建设，确保严格依法实施应急举措，不断提高突发事件应对的法治化规范化水平。总之，要将立法联系点工作与全面推进严格规范公正文明执法有机结合起来，为国家完善相关法律制度提供实践样本，为昆山推进法治政府建设夯实基础。

二是服务司法体制改革。立法联系点要积极争取上级指导，密切配合法院、检察院，跟踪研究全国人大常委会授权地方开展的公益诉讼、民事诉讼程序繁简分流、法院审级职能定位等改革试点事项，深入总结经验、及时反映情况、积极争取指导，推动在符合中央确定的司法体制改革方向、目标下探索可复制、可推广的昆山经验，确保昆山司法体制改革富有活力、行稳致远，同时为不断完善两官法、两院组织法、三大诉讼法等法律提供基层样本，为构建公正高效权威的社会主义司法制度做出昆山贡献。此外，还要用好用足两院专业优势，紧密结合司法实践，通过案例和数据对"打击电信诈骗""醉驾入刑""公益诉讼""预防未成年人犯罪""个人信息保护"等有关法律制度的科学性、合理性、可操作性进行综合分析，提出工作建议或立法建议，同步推进提升司法能力和提高立法质量。

三是合力推进全民守法。全民普法是全面依法治国的长期基础性工作。在14亿多人口的大国持续开展全民普法，把法律交给人民，这是人类法治史上的一大创举，也是推进全民守法的根本前提。立法联系点要积极争取上级指导，充分发挥专业优势，把普法融入日常工作，让立法征求意见的过程成为宣传、普及法律的过程，营造尊法、懂法、守法、用法的良好社会氛围。密切配合司法局等部门，充分发挥市"人大代表之家"、宪法广场的辐射带动作用，全面落实宪法宣誓制度，深入开展宪法宣传教育，积极参与国家宪法日活动策划组织，确保宪法权威、宪法精神、宪法意识在昆山牢牢树立并深深扎根，在昆山打造社会主义现代化标杆城市进程中充分发挥宪法明确方向、凝聚共识、规范发展、汇聚力量的根本性作用;紧密结合新修订的行政处罚法、安全生产法,新制定的个人信息保护法等重要法律的生效实施,充分发挥参与有关法律草案征求意见工作的执法人员和专业人士的重要作用,共同做好宣讲解读工作,推动法律制度在昆山的贯彻实施更有力度、温度、速度、精度。

四、主动融入,争当昆山发展"智囊团"

2009年4月23日,习近平总书记在江苏调研时指出:"昆山的发展现在已经处于一个标杆地位……像昆山这样的地方……现代化应该是一个可以去勾画的目标。"[①] 2014年12月14日,习近平总书记视察江苏时提出了"五个迈上新台阶"、建设"强富美高"新江苏的殷切期望,并在讲话中再次回忆了对昆山提出的"勾画现代化目标"的要求。从此,为全国社会主义现代化建设探索路径、积累经验,成为昆山义不容辞的使命和责任。昆山始终牢记习近平总书记的殷殷嘱托,奋力打造社会主义现代化标杆城市。现代化的主要标志是法治化。正如习近平总书记强调的:"纵观世界近现代史,凡是顺利实现现代化的国家,没有一个不是较好解决了法治和人治问题的。相反,一些国家虽然也一度实现快速发展,但并没有顺利迈进现代化的门槛,而是陷入这样或那样的'陷阱',出现经济社会发展停滞甚至倒退的局面。后一种情况很大程度上与法治不彰有关。"[②]无论是建设现代化国家,还是打造现代化城市,都要充分发挥法治固根本、稳预期、利长远的保障作用。

立法联系点具有接地气、聚民智的群众工作优势和立法直通车作用,可以主动向立法机关反映昆山情况和诉求,推动基层干部群众所思所想所盼体现在法律制度中。这是昆山发展的独特优势。立法联系点设在基层,工作靠地方人大同志推动,保障由地方党委政府提供。因此,联系点工作不能与地方发展"两张皮",基层立法联系点既要当好"立法"的联系点,还要服务好"基层"。两者结合得越紧密,联系点服务立法工作就会更加持续、更有力度,昆山高质量发展也会更有法治保障。昆山作为县域经济领头羊,处在改革开放最前沿,经济社会发展和基层社会治理不断遇到新情况新问题新挑战。立法联系点要找准定位、发挥优势,在充分发挥国家立法民意直通车作用的

---

① 胡健:《"昆山之路"的民主基因和密码》,中国人大网,http://www.npc.gov.cn/npc/kgfb/202112/22efc98dc3a24350b9fd66dec3001c3f.shtml,最后访问时间:2022年3月1日。

② 求是杂志社、江苏省委联合调研组:《书写"强富美高"新江苏的时代答卷》,《求是》2019年第24期。

同时,加强对群众、企业、基层反映问题诉求的收集研判,从法治角度积极谋划、加强研究、靠前服务,主动融入昆山经济社会发展全局,为昆山打造动能强劲的开放创新之城、共同富裕的幸福活力之城、生态绿色的美丽宜居之城、崇德向善的文明和谐之城提供坚实法治保障和智力支持。通过双向"赋能",形成互补优势,达到双赢效果。结合法治中国建设和昆山当前实际,我体会,当前立法联系点可以重点做好以下几方面工作。

第一,促进产业升级。配合有关部门,认真研究网络安全法、数据安全法、个人信息保护法等法律的实施情况,密切跟踪新兴领域立法动向,努力推动数字经济与实体经济深度融合,为人工智能、大数据、云计算、无人机等新技术新应用在昆山的发展争取更有利的制度环境;认真研究全国人大常委会、国务院关于长三角的法律法规、授权决定和有关政策,跟踪上海地方立法、苏州地方立法以及浦东法规制定情况,结合昆山实际推进制度衔接、规则统一、标准一致,以法治思维和法治方式推进沪苏同城化、长三角一体化;认真研究科学技术促进法以及著作权法、商标法、专利法等知识产权法律制度的实施情况,就鼓励和支持市场主体持续推进产品、技术、商业模式、管理等创新,推动科技成果转化提出法律意见,推动昆山创新驱动发展,新旧动能加快转换、产业结构加快升级。

第二,优化营商环境。配合有关部门,跟踪研究全国人大常委会、国务院关于自贸区(港)建设的法律法规、授权决定和有关政策,结合昆山实际,对通过两岸产业融合试验区省部联席会议对上争取政策的可行性和路径等进行分析论证;认真研究行政许可法、公司法、中小企业促进法、优化营商环境条例等法律制度的实施情况,就昆山深化"放管服"改革,全面推行"证照分离"改革,创新适合新技术、新产品、新业态、新模式发展的监管方式等方面提出法律意见,培育和激发市场活力,擦亮"昆如意"金字招牌;密切跟踪反垄断、反不正当竞争等领域的立法动向,就昆山创造公平竞争的市场环境提出法律意见,及时研判预警风险,推动各类市场主体蓬勃发展。

第三,助力生态环保。配合有关部门,认真研究环境保护法、大气污染防治法、水污染防治法、土壤污染防治法等法律制度,密切跟踪碳排放权交易等领域立法动向,深入总结昆山生态损害补偿、环境公益诉讼等实践经验,就打赢污染防治攻坚战、有效化解生态环境风险、深化美丽昆山建设提出法律意见,推动昆山天更蓝、山更绿、水更清、环境更优美。

第四,推动社会治理。配合有关部门,结合民法典、行政处罚法、安全生产法等重要法律的贯彻实施,及时梳理立法征求意见过程中群众、企业、基层反映的问题和诉求,从法治角度对城市治理、小区治理、乡村治理中的共性问题进行研究分析、提出意见建议,推动社会风险和矛盾纠纷有效化解,不断增强基层治理能力水平,当好党委政府"好帮手",成为人民群众"连心桥"。深入总结昆山首创的"大数据+网格化+铁脚板"机制的成效,深入研究如何将"枫桥经验"好经验好做法与昆山大数据支撑、网格化机制、铁脚板作风紧密结合起来,不断提升精准防控、精细治理、整体联动能力,努力在完善预防性法律制度、提升社会治理现代化水平方面形成新时代的"昆山经验"。

第五,联动文明创建。建议紧扣文明典范城市创建,在市委宣传部、文明办的指导下,建立基层立法联系点和新时代文明实践阵地的联动机制,努力形成法治与德治在地方治理中相互补充、相互促进、相得益彰的"昆山经验"。一方面,对于推动文明行为、社会诚信、见义勇为、尊崇英雄、志愿服务、勤劳节俭、扶贫济困以及妇女、儿童、老年人、残疾人权益保护等方面的立法项目,主动到新时代文明实践阵地征求意见,注重将昆山文明实践中行之有效的企业诚信建设、文明行为促进等规范及时上升为法律法规。另一方面,组织有关人员积极参与新时代文明实践阵地各项活动,结合行权履职实践和鲜活案例事例,培育市民的法律信仰、法治观念、规则意识,引导市民自觉履行法定义务、社会责任、家庭责任,营造全社会都讲法治、守法治的文化环境。

五、着眼长远,打造法治人才"培训站"

全面依法治国是一个系统工程,法治人才培养是其中重要一环。习近平总书记强调,"法治人才培养上不去,法治领域不能人才辈出,全面依法治国就不可能做好"[①]"我国专门的法治队伍主要包括在人大和政府从事立法工作的人员,在行政机关从事执法工作的人员,在司法机关从事司法工作的人员;全面推进依法治国,首先要把这几支队伍建设好"[②]。

2020年8月,为了确保联系点工作起好步、开好头,在市委、市政府的关心和有关方面的支持下,从全市抽调5名人员组建工作专班,负责联系点日常工作。这些同志来自人大办、政府办、法院、检察院、司法局,都有法律学习经历或工作经历。一年多来,他们认真学习宪法、《立法法》等,逐步熟悉了立法程序和工作流程;在相关法律草

---

① 《习近平在中国政法大学考察时的讲话(摘要)》,《吉林人大》2017年第5期。
② 习近平:《加快建设社会主义法治国家》,《求是》2015年第1期。

案征求意见过程中,不仅加强法律研究、提升了法治专业素养,而且深入人民群众、增强了群众工作本领。据了解,不少同志也对这份工作产生了感情,愿意调入联系点办公室工作。特别是近期,在昆山市委、市人大、市政府的大力支持下,苏州市委编办批复明确"基层立法联系和人大代表联络服务中心"为正科级事业单位,昆山市委编办核定"双联中心"事业编制13名,进一步增强了立法联系点的人才保障。习近平总书记指出:"立法是为国家定规矩、为社会定方圆的神圣工作,立法人员必须具有很高的思想政治素质,具备遵循规律、发扬民主、加强协调、凝聚共识的能力。"①我体会,基层立法联系点连接最高立法机关和广大人民群众,相关工作政治性、理论性、专业性都很强,具有培养立法人才的先天优势。在基层立法联系点工作的同志,只要按照习近平总书记的要求自我加压、不断奋进,经过一段时间的学习研究和实践磨砺,完全可以成为立法队伍的自然延伸和重要组成。

从国家层面看,建议有关方面推进立法队伍建设时,不仅要考虑国家、省级、设区的市的立法人才,还要将基层立法联系点的专业人才纳入其中、统筹谋划;建立立法联系点与上级立法机关干部双向挂职交流机制,创造更多的培训、交流机会,不断提升联系点的工作能力和业务水平。**从昆山实际看,**建议有关方面重视立法联系点专业人才的培养和使用,一方面,可以继续选拔优秀执法人员、司法人员、律师、专家等到立法联系点挂职锻炼或借调工作,在工作实践和互相交流中加快昆山法治人才培养;另一方面,积极探索"双联中心"与执法、司法等单位的双向交流机制,确保专业人才进得来、留得住、用得好、出得去,为昆山法治建设源源不断培养人才。此外,还可会同有关方面,以立法联系点为基地,加强与知名法学院校的合作,有重点、分批次、多形式地对19个立法信息联络站、1654个综治网格立法信息采集点以及3个支持团队(立法联系协作单位、顾问单位和宣讲团)的相关人员进行法治培训,不断壮大、提升昆山的法治人才队伍,为推进法治昆山建设储备更多人才。

下一步,我将与昆山的同志们一道,继续深入贯彻落实习近平法治思想和习近平总书记关于全过程人民民主重要论述精神,充分发挥基层立法联系点服务国家立法工作和地方经济社会发展、民主法治建设的功能作用,全力以赴将昆山基层立法联系点打造成为全国基层立法联系点"模范生"、贯彻落实习近平法治思想的坚强阵地、生动展示全过程人民民主的典型样板。

① 习近平:《加快建设社会主义法治国家》,《求是》2015年第1期。

基层立法联系点贯彻全过程人民民主理念的实践与启示
——以义乌国家级基层立法联系点为例

◎孙娜娜、陈凯*

内容提要：习近平总书记在中央人大工作会议上全面阐述全过程人民民主的重大理念，为不断发展全过程人民民主提供了根本遵循和行动指南，为进一步扎实推进全国人大常委会法工委基层立法联系点实践指明了前进方向和发展路径。全国人大常委会法工委在全国设立了32个基层立法联系点，一种全新的、立足基层人民群众直接参与国家立法的民主立法形式应运而生。义乌基层立法联系点系第二批设立，至今已运行两年多时间。本文通过对义乌基层立法联系点工作模式、群众参与立法活动案例等情况开展分析研究，阐述基层立法联系点如何按照全过程人民民主"全链条、全方位、全覆盖"的标准为基层群众有序参与国家立法活动提供有效的途径。同时对目前基层立法联系点的运行状况及取得的成果展开分析，对如何进一步贯彻全过程人民民主理念提出完善建议。

关键词：全过程人民民主；基层立法联系点；立法活动

2019年11月，习近平总书记在上海长宁区虹桥街道考察全国人大基层立法联系点时，首次提出了"人民民主是一种全过程的民主，所有的重大立法决策都是依照程序、经过民主酝酿，通过科学决策、民主决策产生的"[①]。2021年7月，习近平总书记站在"以史为鉴、开创未来"的高度，把"发展全过程人民民主"作为新征程上的重要内容。[②]

---

* 孙娜娜，全国人大常委会法制工作委员会民法室一处处长；陈凯，全国人大常委会法工委义乌基层立法联系点办公室、义乌市人大常委会法制和监察司法工委副主任。

① 习近平：《中国的民主是一种全过程的民主》，人民网，http://cpc.people.com.cn/n1/2019/1103/c64094-31434694.html，最后访问时间：2022年5月11日。

② 习近平：《在庆祝中国共产党成立100周年大会上的讲话（2021年7月1日）》，《人民日报》2021年7月2日第2版。

2021年10月召开的中央人大工作会议上,习近平总书记对全过程人民民主的科学内涵及其价值优势做出系统阐述,他指出:"我国全过程人民民主实现了过程民主和成果民主、程序民主和实质民主、直接民主和间接民主、人民民主和国家意志相统一,是全链条、全方位、全覆盖的民主,是最广泛、最真实、最管用的社会主义民主。"[1]本文将以全国人大常委会法工委义乌基层立法联系点工作模式和组织参与的各项立法活动为例,阐述基层立法联系点是如何成为国家最高立法机关与基层人民群众紧密联系的渠道,在立法活动中充分实现民主参与、民主表达、民主决策,并就基层立法联系点如何更好地践行全过程人民民主作一些思考。

一、全国人大常委会法工委基层立法联系点设立的背景和意义

2014年10月,党的十八届四中全会通过的《关于全面推进依法治国若干重大问题的决定》提出:"加强人大对立法工作的组织协调,健全立法起草、论证、协调、审议机制,健全向下级人大征询立法意见机制,建立基层立法联系点制度,推进立法精细化。"这是中共中央文件中首次提出"基层立法联系点"。全国人大常委会法工委于2015年7月在湖北省襄阳市、江西省景德镇市、上海市虹桥街道和甘肃省临洮县建立首批基层立法联系点。习近平总书记在上海市虹桥街道办事处基层立法联系点首次提出"全过程民主",并充分肯定了全国人大常委会基层立法联系点在发展全过程人民民主中的重要作用和意义。全国人大常委会法工委于2020年7月建立了第二批基层立法联系点,义乌市人大常委会被确定为第二批基层立法联系点之一,成为浙江省唯一的国家级基层立法联系点。2021年7月,又新增了第三批基层立法联系点。至此,全国人大常委会法工委建立的基层立法联系点数量增至22个,覆盖全国2/3的省份,辐射带动全国设立了427个省级立法联系点、4350个设区的市级立法联系点。[2]2022年7月,第四批基层立法联系点设立,实现了31个省(区、市)全覆盖。辐射带动全国各地设立了5500多个基层立法联系点,形成了国家级、省级、市级联系点三级联动的工作格局。这些联系点已经成为让基层声音原汁原味抵达国家立法机关的"直通车"。[3]

---

① 习近平:《在中央人大工作会议上的讲话(2021年10月13日)》,《求是》2022年第5期。

② 全国人大常委会法制工作委员会:《基层立法联系点是新时代中国发展全过程人民民主的生动实践》,《求是》2022年第5期。

③ 李睿宸:《新愿景　新期待　新征程——十四届全国人大一次会议举行首场新闻发布会》,《光明日报》2023年3月5日02版。

全国人大常委会法工委在基层设立立法联系点的成功实践,再次给我们提供了一个走中国特色社会主义法治道路的成功案例。[①]

(一)基层立法联系点作为全国人大常委会法工委的基层窗口,实现听民声、察民意、聚民智的辐射效应

良法是善治的前提。"法非从天下,非从地出,发于人间,合乎人心而已。"[②]习近平总书记在中央人大工作会议上说的这句话强调了立法工作要为了人民、依靠人民。基层立法联系点作为全国人大常委会法工委的基层窗口,是深入推进科学立法、民主立法、依法立法的重要创新,是民主立法的生动体现。通过全国32个基层立法联系点,全国人大常委会法工委与基层群众之间建立起了"民意桥梁"。每个基层立法联系点根据本地区特点,整合人大代表、立法联系单位、立法活动联络员、信息员队伍等多支力量,联系本地司法机关、高等院校、科研机构、企业、律师事务所、村(居)民委会、社区街道等立法活动单元,凝聚了更多的群众参与,增强人民群众的代表性、专业性和多样性,做到更广范围听取基层人民群众意见建议,实现联系点在听民声、察民意、聚民智方面的辐射效应。

(二)基层群众与国家立法机关通过基层立法联系点互动,是全过程人民民主在基层的生动实践

民有所呼,国有所应。民意是立法工作的基石。国家立法机关在法律草案的立项、起草、调研、审议、评估等立法全过程、各环节,都可以通过基层联系点广泛地征集群众意见,调动基层群众的积极性、主动性、创造性,更直接地听基层群众谈问题、提建议。在法律立项计划环节,国家立法机关能充分听取群众的立法需求,将群众对立法修法的期盼收集起来作为参考。在起草、调研、审议等环节,国家立法机关的同志到各基层立法联系点开展调研、座谈,通过面对面的交流,群众"原汁原味"的意见和建议被充分地吸收到法律草案中。在法律草案征求意见环节,通过基层立法联系点,充分发动群众开展草案的论证、意见征求,考量草案条文是否精准,是否符合群众利益。对于法律实施后的效果评估,国家立法机关通过不定期组织基层立法联系点开展实施情况调研,听取群众对法律执行的效果评价。通过"顶层设计"和"问计于民"的统一,作出充分集中体现民意与民智的科学决策。

---

① 郝铁川:《积极探索中国特色的民主立法新形式》,《人大研究》2020年第3期。
② 习近平:《在中央人大工作会议上的讲话(2021年10月13日)》,《求是》2022年第5期。

（三）基层立法联系点各有基础、各有特色，是统筹设点布局，兼顾不同区情的选择

全国人大常委会法工委在全国设立的32个基层立法联系点，都各有基础、各有特色，有外商投资企业云集的上海虹桥，有台商和台资企业集中的江苏昆山，有"世界小商品之都"浙江义乌，有地处粤港澳大湾区的最大侨乡广东江门市江海区，有少数民族众多和民族区域自治的广西三江，有乡村振兴样本贵州毕节、甘肃临洮，还有革命老区福建才溪镇等，覆盖面比较广泛。①义乌地处浙江中部，市域面积1105平方公里，本地户籍人口89.1万人，常住人口188.8万人。作为全球小商品贸易中心和改革开放的重要窗口，义乌承接了众多"国字号"改革试点和省级改革试点。作为"一带一路"的重要支点城市，义乌有自己的发展特色：地区开放程度高，中小微企业发展蓬勃，城乡领域发展优质，金融商务功能成熟，居民构成多元，国际化程度较高，社会治理领域成果显著，司法资源丰富，给联系点提供了各方面的专业支撑。同时，基层立法联系点的设立，汇集民意、集中民智，能将建设共同富裕示范区的成果及实践中存在的问题直达国家立法机关，为立法机关提供义乌基层经验。

二、义乌基层立法联系点的工作开展情况

基层立法联系点作为全过程人民民主的重要载体，在推进国家治理体系和治理能力现代化方面发挥着正能量，扩大着影响力。义乌基层立法联系点自成立以来，着力从工作机制、工作网络、意见反映渠道、数字赋能等方面开展工作。立足义乌发展特点，围绕基层群众最关心关注的问题开展立法联系工作，将立法联系工作扩展到法治建设、基层治理等方面，全力打通全过程人民民主的"最后一公里"。

（一）覆盖职能部门，健全工作机制

基层立法联系点获批之后，义乌市委高度重视，着力将基层立法联系点打造为基层践行全过程人民民主展示窗口，成立了以市委书记、市长为双组长，相关部门及镇街主要负责人为成员的立法联系点工作领导小组，并设立基层立法联系点办公室（正科级单位，增加行政编制3名），构建了"党委政府统一领导、人大常委会牵头组织、相关部门密切配合、社会力量广泛参与"的工作格局。在全市形成全员参与民主立法、

---

① 全国人大常委会法制工作委员会：《基层立法联系点是新时代中国发展全过程人民民主的生动实践》，《求是》2022年第5期。

推进基层民主法治建设、促进经济社会发展的良好氛围。在这个工作格局中,政府职能部门不是立法活动的旁观者,而是与群众一同成为积极的参与者。特别是对涉及政府公共职能等方面的法律草案,如安全生产法、审计法、工会法、突发事件应对管理法等,职能部门能结合本部门的基层实践经验,对法律完善提出高质量的专业意见和建议。

(二)完善制度建设,构建工作网络

完善的制度建设是发挥好基层立法联系点使命任务的坚强保障。一是构建"1+3+X"基层立法联系点工作网络。"1"是指1个基层立法联系点办公室;"3"是指征询单位、联络站、立法咨询专家库三大立法建议收集平台;"X"是指立法联络员、信息采集员、人大代表、基层群众等队伍。目前,义乌基层立法联系点共有征询单位47家、联络站21家、立法咨询专家39名、立法联络员51名、信息采集员近万名,构建起一支朝气蓬勃又富有战斗力的立法联系点工作队伍,基本覆盖了全市各部门、各村居社区、各行业协会等,这些联系点有助于带动群众参与立法活动,听取更多的群众意见。二是编制基层立法联系点组织结构图、工作流程、规章制度,明确基层立法联系点征询单位、立法联络站、立法咨询专家等工作职责。制定下发《关于确定全国人大常委会法工委义乌基层立法联系点立法联络站的通知》《关于公布首批全国人大常委会法工委义乌基层立法联系点立法咨询专家名单的通知》等文件。三是建立协作联动机制,基层立法联系点办公室、立法征询单位、立法联络站各负其责,各相关部门协同配合,形成工作合力。为了确保立法意见的质量,避免将意见征求工作流于表面形式,既能让群众意见"原汁原味",又避免群众泛泛而谈,义乌联系点将解读、走访调研、专题座谈等方式贯穿意见征求的各个环节。组织咨询专家、信息采集员队伍对法言法语开展通俗易懂的解读转换,让信息采集员走进村社群众、企业员工中以更好地帮助群众理解法律条文,进而提出较高质量的意见。此外,针对群众集中关注的法律条文或有不囿于条文的意见,基层立法联系点办公室会进一步组织集中研讨座谈,让群众和专家交流提炼,使立法建议更加完善和精准。

(三)开拓民意渠道,扩大群众参与的广度和深度

开拓多形式民意反映渠道,使征求民意的对象涵盖面更广、内容更丰富、针对性更强。一是突出义乌商品贸易领域特色。选择商城集团等单位作为联络站,在国际商贸城内有商位7.5万余个,经营业主和客商来自全国各地,这些来自五湖四海的群众,构成了民意收集的广泛基础。同时,市场工作人员和热衷法律的经营户代表组成了一支1912名成员的立法信息采集员队伍,每一名信息采集员都负责组织自己所在区块内的意见征集工作,形成市场商户全覆盖。二是突出共建"一带一路"国际贸易领域特色。选择国际陆港集团等单位作为联络站,目前"义新欧"中欧班列运行14条线路,辐射49个国家和地区。这条国际贸易交通线,为国际贸易领域建设提供了很多成熟的经验。同时,陆港集团下辖的公路港口,国内快递业和物流业的融合运输实现全国覆盖,为网络电商、快递物流方面意见征集提供了丰富的素材。三是突出社会治理领域特色。选择江东街道鸡鸣山社区等单位作为联络站,鸡鸣山社区居民覆盖74个国家,29个少数民族,具有多国籍、多民族、多元素、多文化等特点,可以为民族宗教管理、涉外服务管理、流动人口管理等提供经验。四是突出专业性。充分发挥公检法司等法律专业部门以及律师团队、行业协会等的作用,引入浙江师范大学立法研究院、义乌工商学院等高校。

(四) 加强信息化建设,利用数字化手段提能增效

运用数字化手段提能增效,义乌基层立法联系点开发立法意见征询系统1.0版,集成法律草案征集、群众意见收集、法律条文比对、群众意见采纳排名表彰等功能。该系统侧重"群众充分参与立法"的设计理念,可以让群众便捷地通过微信、钉钉等通信系统对法律草案提交意见和建议,并与人大代表"民情快递"功能互通,及时获取和汇总群众反映的热点法律问题。系统设立了"立法意见智慧光荣榜",及时将国家对群众提出的法律意见采纳情况反馈给群众,增强对群众参与民主立法的回应。此外,各立法联络站根据自己站点的特色,还进行了意见征集系统的个性化设置,义乌公安基层联络站在浙政钉政务协同平台上开发"简道云"立法联络模块,设有任务发布、意见归集、统计上报等功能,使政务平台上的1200余名民警(含103名信息采集员)第一时间就能获悉法律草案,快速反馈意见。江东街道以"人民在网上,人大就上网"的理念,设立人大工作"云站",创建立法意见征询功能模块,通过数字化"搭桥"使群众反映意见零距离。

三、义乌基层立法联系点成立以来取得的成效

作为践行全过程人民民主的有效载体,在全国人大常委会法工委和浙江省人大常委会的指导帮助下,义乌基层立法联系点取得了初步的成效。成立以来,接到全国人大常委会法工委征求的法律草案28部,立法调研任务4次,省人大常委会法工委征求的地方性法规草案38部,先后组织调研、座谈会80余次,收到各部门和个人提交的意见建议3100余条,与全国人大常委会法工委业务室远程座谈连线4次,参与国际性

研讨会向非洲22个法语系国家在线介绍"立法体现民主"主题1次,上报全国人大意见建议2461条,上报省人大意见建议418条。截至目前,在已出台的反有组织犯罪法、噪声污染防治法等27部法律中,义乌提出的168条意见建议被吸收采纳。国家立法机关和基层人民群众的互动,真正把全过程人民民主贯彻到立项、起草、审议、论证、评估、监督和宣传等工作中。

(一) 调动群众参与立法活动积极性

国家立法机关通过基层立法联系点不断将触角深入基层,了解和掌握有利于地方经济社会发展的第一手资料,充分收集社会各界和人民群众的立法需求和立法意愿,基层群众通过基层立法联系点,向国家立法机关提供原汁原味的意见、建议。基层立法联系点根据国家立法机关的立法工作部署,组织群众充分参与"立法前"调研论证、"立法中"征求意见、"立法后"监督宣传等环节,实现了群众"立法前""立法中""立法后"全过程参与。

案例:反食品浪费立法的群众全过程参与

一是"立法前"调研论证。2020年9月,根据全国人大常委会法工委拟制定反食品浪费法的工作部署,义乌市基层立法联系点在市域范围内开展制止餐饮浪费行为立法调研活动。广泛听取基层代表、社区群众、政府部门等多方意见,深入村(社区)、餐饮行业、学校、机关食堂等调研走访,查找和剖析目前食品流通环节中存在的浪费问题。各基层立法联络站也分头行动,专门组成反食品浪费的调研小组,充分发动村居群众、企业员工积极参与。特别是针对目前农村的红白喜事家宴,在全市14个镇街中选择了60余个新时代文明实践站及农村文化大礼堂,给老百姓解读草案条文,普及国家推行制止食品浪费规定的重要性,收集他们的意见和建议,对如何将乡风民俗与倡导节约新风尚有效结合起来做了深层次的研究思考。在充分调研后,基层立法联系点办公室形成调研报告上报给全国人大常委会法工委。

二是"立法中"征求意见。全国人大常委会法工委在结合各立法联系点上报的调研报告后,审议反食品浪费法草案,并于2021年1月全面征求意见建议。义乌基层立法联系点接到立法征询任务后,组织专家对法律草案进行解读,由全市47家征询单位、15家基层立法联络站、20余名立法咨询专家牵头开展意见征求工作,向全国人大报送了200余条意见建议,这些意见建议中有10条被正式法律条文吸收采纳。

三是"立法后"监督宣传。《中华人民共和国反食品浪费法》正式实施后,义乌基层立法联系点会同精神文明办、市场监管等职能部门开展了系列活动,助推新法宣传和实施。为了确保法律施行效果,邀请了人大代表和群众全程参与。在此过程中发现,餐饮业主、学校师生由曾经的意见征求对象转变为法律的践行者,他们因为自己的意见和建议被国家立法机关听取并采纳而具有更高的积极性,主动开展宣传和自我监督。餐饮业协会主动了推出"小份菜""半份菜""N-1"点餐模式来引导顾客减少用餐浪费。各校园推行了每天"餐余剩饭称一称",让孩子们从小培养勤俭节约、珍惜粮食的好习惯。

(二)提升群众法治意识和法治素养

通过立法意见建议征询活动,让更多基层群众参与到法律法规的制定中来。立法征求意见的过程变成共商共治、法治宣传、普及法律的过程,基层立法联系点凝聚共识、调动人民群众参与社会治理,成为中国特色社会主义民主、提升公众法治意识和法治素养的实践地。基层群众通过参与立法活动,学会以法律思维来协商问题,提升自我法治意识和法治素养,使社区和家庭成为民主法治建设的最小单元。

案例:家庭教育促进法里的民主协商

2021年2月,家庭教育促进法草案通过义乌基层立法联系点在社区征求意见。社区居民张女士看到草案后,立刻引起了她的注意。此前,张女士参与过反食品浪费法草案的立法征询意见活动,还提交过立法建议。有了上次的经历,她现在对国家的立法活动产生了浓厚的兴趣。

作为一个两岁半宝宝的妈妈,张女士对这部法律草案的内容十分关心,因为她迫切想知道国家法律对事关千家万户的家庭教育做了哪些规定。拿到草案后,张女士叫上婆婆一起研究。接下来婆媳二人却因草案的某条规定产生了意见分歧。草案规定,父母或者其他监护人有对未成年人实施家庭教育的权利和义务。共同生活的其他成年家庭成员应当协助和配合未成年人的父母或者其他监护人实施家庭教育。在张女士家中,孩子主要是婆婆在带,各方面都是老人做主。婆婆把三个儿子都培养成了大学生、研究生,因此婆婆认为自己的教育理念是正确的,因此,日常生活中一些育儿细节会与儿媳妇有分歧。婆婆觉得草案里关于父母是家庭教育第一责任人的规定太"一刀切","现在很多年轻人忙于工作,老人才是家庭教育主力军,有些家庭应当是父母配合老人"。但张女士对此却并不认同:"年轻父母虽然忙,但是对于小孩的教育也非常上心。草案规定有道理,即使老人可能是照顾孩子的主力军,但是也不能全盘替代父母的角色。"双方各执己见,又邀请了公公参与讨论。公公说有分歧意见是正常的,最重要的是要充分讨论和沟通。最后公公统一了三人的意见后进行了整理,上报立法联络站。张女士全家人在一起吃年夜饭的时候,她的公公还特地提到这件事情。他认为国家立法活动给予大家充分参与的机会,提议以后全家都要积极参与讨论,让国家能听到老百姓的声音。

在家庭教育促进法草案的意见征求中,义乌基层立法联系点一共整理上报全国人大常委会法工委73条群众提出的意见建议,其中就有20条意见建议被正式出台的家庭教育促进法吸收。

（三）创新社会基层治理举措

基层立法联系点作为基层群众与立法机关的桥梁和纽带,发挥着联系群众、收集民意的功能。基层立法联系点是"全过程人民民主"的重要载体,也是体现人民当家作主的重要形式,通过立法意见建议征求活动,让更多基层干部群众参与到法律法规的制定中来,把立法征求意见的过程变成法治宣传、普及法律的过程,基层群众从不关心法、不懂法,到主动问法、认真学法,立法意见征求活动已经成为宣传法律的助推器。参与立法意见征询活动的过程,也是真真切切普法的过程,不但提升了群众的守法意识,也调动起群众参与社会治理的积极性。

案例:噪声污染防治法意见征求中的邻里理解

义乌市江东街道鸡鸣山社区,素有"联合国社区"之美誉,社区居民覆盖74个国家,29个少数民族,具有多国籍、多民族、多元素、多文化的特点。作为基层立法联系点设立的首批立法联络站,社区在信息员队伍的选择上更加体现了广泛性、民族性,这支队伍的成员还包括了少数民族同胞、外国友人。在征求噪声污染防治法草案意见建议时,信息员队伍里活跃着一个外国友人的身影。

原来这位外国友人曾因为噪声问题与邻居王女士产生过不愉快。外国友人因为生活作息习惯晚睡晚起,睡前还喜欢听摇滚音乐。王女士则早上起床后和姐妹们到广场上跳广场舞。两人都认为对方产生的噪声打扰了自己的休息,先后到社区工作人员处反映问题。

在基层立法联系点开展噪声污染防治法草案意见征询的时候,社区工作人员通过智慧社区治理系统平台上的噪声污染问题热力图找到这两位社区居民,热情地邀请他们共同参与法律草案征询意见建议以及问卷调查工作。通过对法律草案的深入学习以及参与走街入户的普法宣传、意见征求工作,外国友人和王女士都听到了居民们反映的不同噪声种类,有机车轰鸣、大型空调运行、夜半歌声、高分贝广场舞等等,也明白了每个人对声音的敏感性不同,认识到了噪声的危害。两人相互体谅、相互尊重,最终都调整了彼此的生活习惯,并积极地参加社区各种活动。

（四）推动改革和经济社会发展

2020年9月,义乌被纳入浙江自贸试验区范围,正式跨入"自贸区时代"。在加快推进自贸区建设,打造市场化、法治化、国际化营商环境过程中,立法联系点搭建了与国家立法机关之间的信息桥梁,更好地争取立法的支持,积极推动自贸区建设、全面深化改革。同时,立法联系点也成为展示义乌乡村振兴、探索共同富裕最新成果的通道和平台,为国家立法贡献义乌经验。

案例:基层立法联系点为义乌改革创新注入动力

基层立法联系点的设立从国家制度层面增强了义乌改革创新的动力,义乌的自贸区建设、乡村振兴、农村宅基地制度改革试点、建设共同富裕示范区等创新举措也为国家立法提供了基层经验。义乌经济发展活跃,在先行先试的过程中,法律"瓶颈"难免存在,通过基层立法联系点将改革创新与法律规范的冲突向上级反映,有利于国家立法机关作出更具科学性、实效性的研判,优化法律制度。为探索现行制度如何与改革相衔接的"义乌样本",义乌成立了由海关、税务、商务、公安、市场监管等近30个部门组成的自贸区工作专班。各部门结合自贸试验区建设中的职能梳理出近千条经贸领域的法律条文,并根据义乌当地经济发展实际需求提出了探索性的意见和优化建议。基层立法联系点积极对接各部门,对其中与法律制度相关的建议开展深入调研并提交全国人大,为国家立法机关提供了义乌样本和经验。

（五）成为展示人民民主的基层窗口

基层立法联系点通过多种形式民主参与立法活动,展现了我国全过程人民民主不仅有制度设计而且有生动的参与实践,"顶层设计"和"问计于民"的统一,生动展示了我国全过程人民民主是全链条、全方位、全覆盖的民主,是最广泛、最真实、最管用的社会主义民主。基层立法联系点自设立以来,对内成为全过程人民民主的实践地,对外成为宣传展示民主的重要窗口。义乌基层立法联系点密切联系群众开展法律意见征求工作成果和多个生动故事,被《新闻联播》《焦点访谈》《人民日报》《新华每日电讯》等权威媒体报道共计26次。此外,义乌基层立法联系点还参加国际性研讨会,对外展示我国全过程人民民主的生动实践。

案例:义乌基层立法联系点亮相国际研讨会

2022年4月26日,全国人大与非洲法语国家议会线上研讨会召开。这次研讨会以"中非立法机构的民主探索与实践"为主题,来自22个非洲法语国家的90多位议员共聚"云端"。义乌与非洲国家素有渊源,在经贸、人文领域合作紧密,与多个非洲国家的城市建立了友好交流关系。义乌国际商贸城市场专门设有非洲特色商品进口馆,义乌市对非洲进口额从2011年的339万美元扩大至2021年的9478万美元,有常驻非洲外商1700余人。这些非洲友人很好地融入了义乌的城市生活。

研讨会上,与会的议员在线参观义乌基层立法联系点,在"立法体现民主"主题环节远程了解义乌基层立法联系点充分发动群众参与立法活动的情况,并远程实景参观了国际商贸城立法联络站和鸡鸣山社区立法联络站,观看了市场经营户和社区居民如何在立法信息员的组织下,积极参与立法意见征求活动的场景。

四、完善基层立法联系点运行机制的思考

义乌基层立法联系点是浙江省唯一的"国字号"基层立法联系点,是全过程人民民主的生动实践,也是联通立法机关与基层群众的桥梁。义乌基层立法联系点开展的探索与实践,秉承联系点"接地气、察民情、聚民智"理念,融合基层民意直通、基层普法宣教和基层治理助力等职能,取得了一定的成效。按照全过程人民民主全链条、全方位、全覆盖的要求,仍需要不断完善机制、拉高标杆、奋发进取,进一步发挥基层立法联系点在助推全过程人民民主中的作用。

(一)进一步提升站位,为联系点建设"明方向"

提升站位,深入学习习近平总书记在中央人大工作会议上的讲话精神,充分领会基层立法联系点在发展全过程人民民主过程中的重要作用和意义。要通过基层立法联系点这一平台和载体,健全吸纳民意、汇集民智的工作机制,不断扩大人民群众立法工作中的有序参与,充分保障人民群众的参与权、表达权落实到立法活动各个环节,促使立法联系点在立法前、立法中、立法后都能发挥助推全过程人民民主的作用。要按照全过程人民民主全链条、全方位、全覆盖的理念,使群众充分参与立法决策、执行、监督、反馈等各个环节,确保群众有广泛的参与权。同时,积极助力基层法治建设和社会治理,通过开展调查研究,做好法律在基层实施的实效跟踪,把人民群众对法律实施的评价情况报送立法机关,作为立法机关决策参考。此外,要把基层立法联系点的工作与宣传中国特色社会主义民主结合起来,多形式多渠道让基层人民群众参加立法意见征询活动,切实把征求意见的过程变成宣传全过程人民民主理念的过程,让更多群众关注和了解基层立法联系点,深刻体会我国人民当家作主制度的特点和优势。通过基层立法联系点密切联系基层群众,讲好中国民主故事。

(二)进一步完善机制,为联系点建设"聚合力"

拓展群众立法意见的收集渠道,让更多的群众参与立法活动。通过基层立法联系点"1+3+X"网络架构,发挥好"1"这个基层立法联系点办公室的中枢职能,充实好"3"的征询单位、联络站、立法咨询专家平台,扩充好"X"的成员组成,让更多的行业组

织、利益群体能参与进来,让立法信息的收集触手趋向全面,更具有群众性。在专业上有效整合法院、检察院、公安及律协等单位,在区域覆盖上整合好镇街、社区、村居,在行业群体上兼顾好各行业协会和团体组织,特别是不能遗漏弱势群体的声音。同时,出台联络站考核办法、激励退出、经费保障、意见建议吸收反馈等配套机制,进一步激发联络站、征询单位、信息员和不同群体、不同行业参与立法活动的热情,做深做实立法诉求原汁原味收集,使基层立法联系点成为践行全过程人民民主的有效载体。坚持基层定位、百姓视角,通过及时、全面、原汁原味地反映基层意见和建议,将基层经验、立法需求及时传送到立法机关,实现群众需求与立法机关之间的信息沟通"一键直达",促进立法工作建立在更广泛而深厚的民意基础之上,立法成果更能体现民意、贴近民生、反映民智。

(三)进一步创新推动,为联系点建设"增动力"

互联网和移动互联网的迅速发展让中国拥有活跃的市场和极其庞大的用户数量,这也要求我们创新民主运行的工具,推进全过程人民民主技术水平的现代化,实现民主的技术赋能。数字化改革是浙江省的一项系统工程,基层立法联系点的工作也应跟上改革的步伐。在浙江省人大立法智能辅助系统的大框架下,融入义乌数字化改革实际需求,探索开发义乌基层立法联系点数字化系统,构建联系点、联络站、信息员之间的串并联网络,立足于反映基层立法的全过程人民民主,融合"代表+"工作机制,通过系统数据仓来激活人大代表联系群众共同参与立法活动的活力值。建立健全立法意见征求活动快速反馈机制,让基层群众第一时间知道国家立法机关采纳了哪些意见建议。同时通过对各职能部门提交的法律适用问题和群众反映的热点开展分析研判,努力助推全省和义乌共同富裕发展,建设好基层民主单元,助推立法联系点工作从探索阶段进入"扩点提质"阶段。

(四)进一步主动作为,为联系点建设"创品牌"

2020年,习近平总书记考察浙江时赋予浙江"努力成为新时代全面展示中国特色社会主义制度优越性的重要窗口"的新目标新定位。2021年5月20日,党中央、国务院印发《关于支持浙江高质量发展建设共同富裕示范区的意见》。2021年7月,浙江省十三届人大常委会第三十次会议表决通过《关于促进和保障高质量发展建设共同富裕示范区的决定》。按照实施方案,到2025年示范区建设取得明显实质性进展,率先基本建立推动共同富裕的体制机制和政策框架,率先基本实现人的全生命周期公共服务优质共享,使人文、生态相互和谐。涉及的改革和探索需要法律优化和调整,各类主体在实现共同富裕之路上的"应为"和"可为"需要法律明确和指引。随着一系列改革举措的不断深入，围绕共同富裕示范区建设，推动打造共同富裕先行示范的浙中板块，基层立法联系点要深入基层调研，汲取基层群众的智慧和经验，将全国人大立法"赋权"与自贸区建设"赋能"有机融合，持续发力。聚焦深化改革、扩大开放、自贸区建设、市场创新、构建双循环新发展格局等，针对改革发展和法律执行中发现的问题，及时准确地整理归纳报送，为科学立法、民主立法做出更积极的贡献，使基层立法联系点成为共同富裕示范区建设和基层民主单元建设中的金品牌。

民主立法参与主体的规范表达

◎代水平*

内容提要："人民""公民"和"公众"的语义有一定的差别,其所涵盖的范围有所不同。在惯常表述中,人民的政治意味浓厚,公民的法律属性明确,公众的属性比较模糊。具体到民主立法参与的语境中,人民的范围不易廓清,公民的主体范围确定,公众所涵盖的对象比较广泛。民主立法参与主体的术语选择要区分具体的语境,在强调人民主权的宏观层面,应该把"人民"作为民主立法的参与主体,以便和人民民主专政的国体相一致,适合在党的文件和《宪法》中使用;在代议制民主的中观层面,把"公民"作为民主立法的间接参与主体更为贴切,以便和人民代表大会制度的政体以及《选举法》《代表法》等相匹配;在参与式民主的微观层面,把"公众"作为民主立法的直接参与主体更为妥当,正好和《立法法》《行政法规制定程序条例》等具体的立法制度相吻合。

关键词:民主立法;人民;公民;公众

一、引　言

良法善治是法治国家建设的基本目标,良法的产生需要民主立法来保障。民主立法是我国《立法法》确立的一项基本原则,在实践中越来越受到重视。民主立法原本含义简单,强调的是立法部门在制定法律过程中,要尽量吸收民意、集中民智,以最大限度地实现公意的统一。在中文语境里,关于民主立法的参与主体有几个相近的概念,即"人民""公民"与"公众"。这三个概念所描述的主体范围有一定的重合之处,

---

＊　代水平,西北大学法学院副教授。

却也存在些许差异。如果说在日常的口头表达中,我们大可不必作细致区分,也不会导致什么歧义,但是在理论探讨和法律文件(政策性文件)中则应该秉持更为严谨的态度,毕竟它们还有一些区别。实践中,无论是理论研究,还是政策文件及法律规定,都存在区分不明的情况。查阅相关文献,多数人使用"公众"这一表述。①在党的一些文件中,有的地方使用"公民"的表述,如党的十八大报告指出,"全面推进依法治国,需要加强科学立法、民主立法,要拓展公民有序参与立法的途径";但也有用"公众"这一概念,如党的十八届四中全会的决定对民主立法提出了更为明确的要求,特别提到要"加强和改进政府立法制度建设,完善行政法规、规章制定程序,完善公众参与政府立法机制",而就在这个决定中随后又出现了用"公民"来表述的情况,提出要"拓宽公民有序参与立法途径,健全法律法规规章草案公开征求意见和公众意见采纳情况反馈机制,广泛凝聚社会共识"。在一些法律法规中,同样存在表述不一致的情况,有的用"人民"这一表述,如《立法法》规定"立法应当体现人民的意志,发扬社会主义民主,坚持立法公开,保障人民通过多种途径参与立法活动";有的用"公民"来表述,如《行政法规制定程序条例》中规定:"起草行政法规、规章,应当深入调查研究,总结实践经验,广泛听取有关机关、组织和公民的意见。"

如上不同表述,究竟是因为这几个概念的内涵确有区别而有意为之,还是觉得这几个概念差别不大而混同使用?有必要作进一步探讨。如果是前者,那么就很有必要对这些概念作深入的分析,以明确在不同语境下的特定使用。如果是后者,也有必要说清楚混同使用的道理,哪怕在民主立法的实践中不加区分,理论上的厘清也是有价值的。本文就此作粗浅探讨。

二、人民、公民与公众在惯常表达中的语义特点

很多看似比较相近的概念,如果仔细甄别的话,还是有一些细微的差异。即便是同一个概念,在不同的语境中,仍会有不同的界定。如果要在特定语境中明晰其确切含义,很有必要厘清其在惯常表述中的基本含义。惯常表达中的基本语义反映的是事物的本质属性,其语义的变迁和丰富在一定程度上透视出时代的变迁,而内涵的丰

---

① 在知网中以"篇名"为检索条件,输入"立法公众参与",有400余篇文献,输入"立法公民参与"则有50余篇文献,而"立法人民参与"则不到10篇,由此可见,大多数研究者倾向于用"公众"一词。检索日期:2020年11月6日。

富和外延的扩展往往会使一些相近的概念有了交集,于是就有了区分的必要。

(一) 人民——政治意味浓厚

"人民"一词的含义从古到今经历了一些变化。古代的含义一般指的是人类、百姓,有时候还有贬义的成分,用来表示地位卑微的底层民众。到了近代,不仅去除了贬义,反而赋予了褒奖的意思,有"权利主体""民主本体""创造历史"等意蕴,而且在不同的社会语境中,其涵盖的范围有所不同且不断发生变化。新中国成立以后,作为一个政治概念,"人民"和"群众"相融合,同"敌人"相对立。毛泽东同志在1957年《关于正确处理人民内部矛盾的问题》的讲话里对"人民"进行了分析,强调"人民这个概念在不同的国家和各个国家的不同历史时期,有着不同的内容。"①他以抗日战争、解放战争、社会主义建设三个不同时期,来说明"人民"与"敌人"之间的界限会发生位移。改革开放以后,工作重心从阶级斗争转向以经济建设为中心,更多地强调"人民",较少使用"敌人"的提法,二者之间的对立逐渐淡化。尽管1982年《宪法》多处使用"人民",但《宪法》文本自身还是没有就人民这一概念给出一个清晰的定义。很多时候都是通过明确统一战线构成的方法来区分人民和敌人,凡是在统一战线范围内的对象基本上都是人民,但如此区分也有不妥之处,譬如把拥护社会主义或者拥护祖国统一的海外华人纳入人民的范围,似乎不尽合理。从我党的一些重要文件和我国《宪法》的表述来看,人民作为主权者主要体现的是群体形象,其政治意味比较浓厚。以党的二十大报告为例,"人民"二字出现百余次,就是强调要把"以人民为中心"贯穿到党中央治国理政的全过程。总之,这一概念重在从宏观层面强调国家权力的来源,旨在表明人民民主专政的国体。

(二) 公民——法律属性明确

"公民"这一概念源自西方,它包含了丰富的政治学、法学和伦理学内容,其本质是公民身份,即拥有权利义务的主体。公民是自然人个人的一种身份或资格。"公民"这一概念是现代国家形成过程中市民社会参与塑造国家的一种结果。它在西方经历了两千多年的发展。不同历史时期,公民所涵盖的群体范围和其身份权利有较大差异,总体而言,趋向于范围的逐步扩大和权利的逐步平等。例如在古希腊,公民数量十分有限,均为城邦中的精英分子。外邦人和奴隶都不享有公民资格。公民享有的权利范围一般仅限于选举、担任官职等。随着资本主义制度的确立,公民这一概念被赋予了新的含义,与之前最大的不同就是此时的公民强调个体的权利,并且这种权利

---

① 中共中央文献研究室:《毛泽东文集(第七卷)》,人民出版社1999年版,第205页。

的范围及其行使通过法律加以规定,以防止公权力的侵犯且对公权力的行使形成有效的制约。在我国,"公民"是近代之后才出现的新名词。最初进入中国人的政治语汇的时间应该是在20世纪初,随着清末立宪、中华民国、新民主主义革命一直到新中国成立等政治转型的发展,大体上经历了从臣民、国民、人民到公民的话语变迁。1953年颁布的《选举法》第一次正式使用"公民"这个词,自1954年《宪法》开始,"公民"正式成为法律概念,并在1982年的《宪法》中予以明确规定,即拥有国籍是公民资格的唯一条件。《宪法》第三十三条规定,"凡具有中华人民共和国国籍的人都是中华人民共和国公民",并且在第二章中用了24个条文对公民的权利义务进行了明确。《国籍法》中对国籍的取得、丧失和恢复作了明确规定。因此,"公民"作为一个法律概念,其属性和范围是明确的。如果说"人民"旨在强调人民民主专政的国体性质,那么"公民"则直接体现了人民代表大会制度的政体性质。

(三)公众——属性比较模糊

"公众"这一概念在很多领域都有运用,一般都和"参与"组合在一起。目前在城市建设规划、环境影响评价、政府绩效评估、公共政策制定、食品安全监管以及立法活动中,经常能见到公众参与的提法,却鲜见对其有明确的定义,对什么是"公众"、何为"公众参与"界定不清。从世界范围内来看,公众参与社会事务治理源于20世纪60年代以来"参与式民主"和"政府绩效改革"的兴起。随着民主意识的不断提高,人们在参与公共事务时十分注重表达自身的利益诉求,不再满足于代议制民主的间接参与方式,而是寻求真正能够体现公众参与本质的直接参与方式。20世纪80年代,美、英等国为了重塑政府形象,提高政府效率,掀起了一场"以政府绩效改革为基本方向,以公众满意为衡量目标"的"政府再造"运动。在这场持续不断的改革中,强调公众在公共治理中的主体地位和制约作用。在"参与式民主"和"政府绩效改革"蓬勃发展的形势下,公众参与的事务范围很广,可以是环境评价、城市规划,也可以是社区治理、立法活动等,参与的方式也多种多样,可以是游说、请愿、投票、听证等。参与的特点是通过协商对话的方式达成一致意见,往往体现为一定的群体性和组织性。在我国,"公众"一词的运用也很普遍,或许是由于它和"群众""公民""人民"及"市民"等概念差异不大,或者说它有更大的包容性,尚无一个比较明确的界定。倒是在《刑法》中涉及"非法吸收公众存款罪"的认定,认为该罪所涉及的"公众"就是不特定的群体。基于以上分析,"公众"一词既不像"人民"那样有很强的政治属性,也不像"公民"那样在法律上有明确的界定,它的属性比较模糊。

综上所述,就惯常语义来说,"人民""公民"和"公众"这三个概念所指的范围大体相同,但也有一些细微差别。"人民"作为一个政治概念,范围小于"公民"和"公众",按照我们对统一战线所指对象的理解,那些破坏祖国统一和破坏社会主义建设事业的极少数人,虽然具有中国国籍,但不属于"人民"的范围。"人民"强调群体性,"公民"倾向于个体,"公民"涵盖的范围要比"人民"更大。"人民"对应主权,"公民"对应的是相对具体的权利义务。"公民"的范围则又稍小于"公众","公民"指的是自然人,而"公众"则可能包括组织,"公民"指的是本国人,而"公众"则包括外国人或者外国组织。随着我国对外开放的逐步深入,越来越多的外国人来到我国工作、生活,必然会参与一些公共事务,虽然他们不属于我国的公民,但是他们在一些公共事务中也是公众的组成部分。例如我们有专门的机构——外国专家局,在一些科技、教育等领域,这些专家经常会提一些对策建议,发挥智力支持作用,当然可以把他们纳入"公众"的范畴。

三、人民、公民和公众在民主立法参与语境中的意蕴比较

民主与法治相辅相成,不可分割。要想实现真正的法治,即良法之治,必须把民主贯彻落实到法治的每一个环节,在立法中尤为重要。民主的表现形式是多种多样的,一般可分为直接民主和间接民主,或者称之为参与式民主和代议制民主。西方民主从早期古希腊的参与式民主(直接民主)发展到18世纪、19世纪的代议制民主(间接民主),二战以后,代议制民主的缺陷不断暴露,逐渐为人们所诟病,参与式民主又重新回到人们的视野。可以说,代议制民主和参与式民主在西方历史上呈现不断交替的趋势,现今世界各国,大多是这两种制度的融合。

具体到我国,"民主立法"的提法出现较晚,之前多用"立法民主化"这一称谓,2007年第十届全国人大第五次会议在常委会工作报告中使用了"科学立法、民主立法继续推进,立法质量进一步提高"的提法。这是"民主立法"首次被正式提出,而今已经成为一项立法原则。我国的民主立法同样兼顾代议制民主和参与式民主各自的优势,共同促进民主立法目标的实现。在间接民主方面,以人民代表大会制度为核心,由选举出来的人大代表行使立法权力,根据《选举法》的规定,设区的市以上的人大代表由下一级人民代表大会选举,被选举出来的代表参与立法活动,间接选举正好和《立法法》规定的设区的市有立法权限相衔接。也就是说,在民主立法方面,人民代表大会制度可以归结于间接民主。在立法活动中,人们还可以通过直接参与的方式,在立法活动的各个环节提出自己的意见和建议,这就是参与式民主。不论是间接民主还是直接民主,我们在确定参与主体的时候,究竟用哪一个概念更合适呢?人民、公

民与公众在民主立法参与的语境中其意蕴有哪些差异呢?

(一)人民——范围不易廓清

如上文所述,"人民"这一概念的政治属性较强,其范围不太容易廓清。如果是为了宣示人民主权,强调人民民主专政的国体性质,是可以用"人民"来表达的。但是一旦到了具体的立法活动中,就容易出现参与主体的残缺不全或者难以涵盖,体现为三个方面:第一,部分主体难以明确他是否属于人民的范围,主要原因在于这一概念的外延本身比较模糊,譬如在现阶段,一般认为全体社会主义劳动者、拥护社会主义的爱国者和拥护祖国统一的爱国者,都属于人民的范畴,但是如何界定"劳动者"与"爱国者"就不那么容易。第二,部分主体虽然属于人民,但是无法参与到立法活动中来。例如在间接参与中,必然有一部分人民难以参与到立法活动中来,因为根据《选举法》及《代表法》的规定,年满十八周岁的公民才有选举权和被选举权。第三,有部分主体参与到立法活动中来,但是他不属于"人民",例如在直接参与中,部分国外友人和在华工作的专家针对我国的相关立法,在意见征集阶段提出合理可行的建设性意见,我们能因为他不属于人民而断然拒绝吗? 当然不能,法律制度的完善需要汲取国外先进经验,离不开国际友人的智力支持,一切有益于提升我国立法民主性和科学性的建议都应该吸收借鉴。

(二)公民——主体范围确定

根据我国《国籍法》的规定,公民的范围是能够具体确定的。在人民代表大会制度的视域下,用"公民参与"来表征民主立法参与比较贴切,因为选举人和被选举人都必须是中华人民共和国公民,且年龄必须满十八周岁,当然依照法律被剥夺政治权利的人除外。在参与式民主立法中,用"公民"来确定主体范围,则有以偏概全之虞。有一部分虽然不属于公民,但是他们完全可以参与到立法活动中来。例如德国汉堡马普研究所教授门策尔曾经对我国《物权法(草案)》提出了深刻且较为独特的意见和建议。[①]显然他不是中国公民,但是我们能够对他的意见视而不见吗? 对于国外专家的建设性意见我们理应予以吸收接纳。

不容置疑的是"公民"的范围小于"公众",可以使用"公众"的地方不一定适合用"公民"来表述,但是,可以用"公民"来表述的地方则可以用"公众"。单从主体来看,公众不仅包括公民,而且包括法人、组织以及外国人或者无国籍人。

---

① 米健:《附个立法理由书如何? ——从德国学者对我国物权法草案的意见谈起》,《法制日报》2005年8月24日。

对此，还有学者尝试从参与事务的性质来对二者进行区分，他们认为仅从参与事务的性质来看，公民参与的事务远比公众广泛，正如有学者认为涉及政治领域的参与必须是有公民权的个体才可能参与，在这一特定领域不存在"公众参与"，其他领域的公共事务则包括公民在内的公众都可以参与。①持这种看法实际上又把"参与"作了限定，即"参与"仅仅指的是符合法定形式的参与，如投票，而把其他的形式排除在外，如某地方科技协会通过信函或者面谈的方式就促进科技发展方面的法律草案向某人大代表提出建议，供人大代表在审议、表决时参考，最终，该人大代表听取了该组织的意见，且对法律议案的修正发挥了作用，该组织作为公众参与到政治领域中，难道这就不是参与吗？只不过是一种间接的参与。当然个体或者组织也可以就法律草案通过发电子邮件、拨打联系电话、邮寄信件等方式直接提出意见，这就是所谓的直接参与。

由此看来，在代议制民主制度下，基于特定的主体资格要求以及主体范围的确定性，用"公民"来表示民主立法的参与主体更为贴切。但是在参与式民主场域中的立法公众参与，则应该有宽广的视野，用"公众"来说明参与的主体比较妥当。民主立法的基本目标就是贯彻开门立法、阳光立法的宗旨，目的在于保证立法的质量，立法部门可以根据所提意见本身的合理性来决定是否采纳，绝不可先入为主，根据主体的身份来判定对所提的意见进行取舍。

（三）公众——涵盖对象广泛

相比较而言，"公众"所涵盖的主体范围最大，以至于很难具体确定。目前来看，在民主立法参与的语境中，无论是学术讨论，还是立法实践，乃至党的文件和法律规定，"公众"的使用频率都很高。在代议制民主制度下，一般的公众难以直接参与到立法活动中，他们可以通过游说议员或者人大代表，来间接地发挥影响。但是在参与式民主制度下，公众作为民主立法的参与主体是比较普遍的，由于其外延较大，比"人民"和"公民"更为贴切。

目前，很少有法律法规对"公众"进行界定，只是在《广州市规章制定公众参与办法》中对"公众"进行了界定，该办法第二条第一款指出，该办法所称公众是指自然人、法人和其他组织。由此可见，"公众"可以涵盖法人和其他组织，这既符合立法活动本身的特点，也和其他国家的民主立法参与情况一致。立法最终是不同的利益群体进行博弈的结果，立法中的任何意见绝不只是代表个人的意见，一定会反映某一群体的意见，因此，个体的意见预先会经过团体内部的整理和归纳，最终以组织的形式体现

---

① 汪全胜：《法律绩效评估的"公众参与"模式探讨》，《法制与社会发展》2008年第6期。

出来。这种公众是以利益性团体的形式参与立法并在许多国家都存在,例如在美国,60%的公众是各种利益集团的成员,公众参与立法主要通过利益集团进行。[1]由此可见,"公众"作为民主立法的参与主体比较中性、合理,如果限定为"人民",则面临主体范围不易确定的问题,而且政治色彩较为浓厚;如果限定为"公民",则意味着利益团体、外国人等就不能参与到立法活动中来,但这些公众确实能够在民主立法中发挥积极作用。

四、人民、公民与公众在民主立法参与中的规范表述

前文的分析已经表明,"人民""公民"和"公众"这三个概念在惯常表述中大同小异,具体到民主立法参与的语境中,尽管所涵盖的主体在很大程度上是重复的,但是其内在属性和外在范围有所差异。民主立法参与主体的规范表达,既要考虑参与事项的性质和参与方式的选择,还得看特定的表述场景,以此为基准,会发现我们的一些政策文件及法律法规的规定,所使用的术语确有改进的必要,这种严谨细致的区分,在一定程度上反映着我们对待民主立法的态度。

(一)人民——强调人民主权的必要选择

人民主权原则是一项被普遍坚持的宪法原则。在我国,一切公共权力都来源于人民。《宪法》第二条规定:"中华人民共和国的一切权力属于人民。""人民依照法律规定,通过多种途径和形式,管理国家事务,管理经济和文化事业,管理社会事务。"人民管理各项国家事务不可能让所有人都参与到特定事务中去,一定会授权特定的国家机构来行使,于是有了立法权、行政权、司法权等权力的划分和人民代表大会制度等制度安排。因此,谈及民主立法的参与主体,在党的政策文件以及《宪法》等根本大法中,应该使用"人民"这一概念,旨在突出强调人民主权的原则。换句话说,在较为宏观的层面,我们使用"人民"来表述民主立法的参与主体,既可以突出它的政治属性,也能避免界定不清的尴尬,而且还不需要细究特定个体和组织是否有参与立法的权利能力和行为能力。从这个角度讲,党的二十大报告中的相关提法就是比较科学合理的。党的二十大报告多次运用"人民"来表述民主政治的发展,例如"扩大人民有序政治参与""保障人民知情权、参与权、表达权、监督权""保证人民在日常政治生活中有广泛持续深入参与的权利"等。在事关长远的党的文件中,就应该如此,尽量不出

---

[1] 王爱民:《部门保护主义对地方立法的负面影响及法律对策》,《当代法学》2001年第4期。

现"公民""公众"的表述。

（二）公民——代议制民主立法中的贴切使用

在代议制民主立法的语境下，用"公民"来表述民主立法的参与主体是比较贴切的。在我国，任何法律法规的出台，最终都需要在人民代表大会制度的框架下表决通过，不论是选举人还是被选举人，根据我国《代表法》和《选举法》的规定，都必须是中华人民共和国公民。这一点，在其他国家也不例外，因为选举权和被选举权作为一项民主政治权利，参与主体都限定在本国的公民范围内。立法是一个过程，需要经历"立法规划—提出法案—意见征集—审议法案—表决法案"等一系列环节，在有些环节，只能是公民参与，而不能是组织，外国人更不能参与其中。比如在法案的审议和表决阶段，只能是人大代表行使权力，人大代表必须有公民身份，人大代表也是由有选举权的公民选举产生的。基于此，在代议制民主视域中，特别是在特定的立法环节，只有用"公民"来表征参与主体才是最合适的，"人民"和"公众"都不太合理。当然，在立法规划、意见征集等环节，"公民"当然可以作为参与的主体，只是在这种情况下，使用"公民"来表述参与主体，就会把组织、外国人等参与主体排除在外。

（三）公众——参与式民主立法的恰当表述

提高立法质量是法治国家建设永恒的主题，阳光立法、广开言路是保证立法质量的重要途径。甚至可以说，一切有利于提高立法质量的意见和建议，都应该被立法部门所接受。正因为如此，在参与式民主立法过程中，我们既没有必要用"人民"来彰显其政治属性，也没有必要非得框定在"公民"的范围内，应该用"公众"更为合适。公众既能包括自然人也能包括各类组织。自然人既可以是本国人，也可以是外国人，在互联网环境下，通过网络留言等方式提交立法意见和建议，甚至难以确定具体主体，既可以是相对固定的组织，也可以是因特定事项临时组建的团体。如此界定公众以及允许其作为参与式民主立法的主体，既符合开门立法的本意，也和20世纪八九十年代开始流行的公众参与潮流保持一致。此外，我国法律体系的完善，有一部分需要和国际规则接轨，涉外性质的法律法规越来越多，更需要多了解和听取一些专业性涉外机构的意见，在提高立法质量的同时，还能展示我们开放、自信的国际形象。

基于以上分析，我们在《立法法》《行政法规制定程序条例》《规章制定程序条例》以及各地的"立法条例"中，明确使用"公众"来表述民主立法的参与主体。现行的有些规定就有语义重复的嫌疑，例如《立法法》第六十七条中规定"行政法规在起草过程中，应当广泛听取有关机关、组织、人民代表大会代表和社会公众的意见"。这里的组织完全可以涵盖在公众里边，没必要把"组织"和"社会公众"并列在一起。《行政法规制定程序条例》和《规章制定程序条例》中均指出："起草行政法规、规章，应当深入调查研究，总结实践经验，广泛听取有关机关、组织和公民的意见。"同样的道理，把"组织"和"公民"并列在一起不太妥当，完全可以用"公众"来代替。

结　语

　　一言以蔽之，民主立法参与主体的规范表达要看具体的语境，在强调人民主权的宏观层面，应该把"人民"作为民主立法的参与主体，以便和人民民主专政的国体相一致，适合在党的文件和《宪法》中使用；在代议制民主的中观层面，把"公民"作为民主立法的间接参与主体更为合适，以便和人民代表大会制度的政体以及《选举法》《代表法》等相匹配；在参与式民主的微观层面，把"公众"作为民主立法的直接参与主体更为妥当，正好和《立法法》《行政法规制定程序条例》和《规章制定程序条例》等具体的立法制度相吻合。随着公民意识的提升和民主理念的强化，我们应该根据民主立法的情境和意蕴来确定术语的选择，尤其在党的文件和法律法规中应该字斟句酌，避免语义不清和语义重复。书面文件中的法言法语会反过来改变人们的惯常表达，最终在民主立法参与方面达成共识，也算是法治建设的点滴进步。

立法专论

【专论 I 地方立法原理与技术】

失信惩戒中的地方立法权限研究*

◎潘君懿**

内容提要：2016 年国务院发布《指导意见》，为失信惩戒制度搭建基本框架，规定失信惩戒的基本原则、严重失信行为及相关惩戒措施。在国务院政策性文件的指导下，地方陆续开展社会信用立法试点工作，并取得一定的成果。截至 2022 年 3 月，各省市已制定专门地方性法规 26 部。本文通过对当前地方立法中的失信行为和惩戒措施进行类型化分析，发现由于中央层面立法缺位，地方立法推进较快，出现失信行为泛化、失信行为与惩戒措施不匹配、部分惩戒措施突破法律保留原则等问题。对此，地方应明确失信行为的界定标准，厘清失信惩戒措施的法律性质，并根据《立法法》《行政处罚法》等法律中地方立法权限的规定，对当前规定的失信行为和惩戒措施作出相应的修改和调整，从而更好地保障失信行为人的合法权益。

关键词：地方立法权限；失信行为；违法行为；失信惩戒措施

一、问题的提出

2014 年 3 月，中央文明办等 8 个部门签订《"构建诚信　惩戒失信"合作备忘录》，同年 6 月国务院发布《社会信用体系建设规划纲要(2014—2020 年)》明确提出"社会信

---

* 本文系在华东政法大学法律学院 2020 届宪法学与行政法学专业学位论文基础上，由作者改写而成。学位论文定稿于 2020 年 6 月，本文清样提交出版社于 2022 年 6 月。其后，2023 年 3 月，十四届全国人大一次会议第二次修改《立法法》。限于校对篇幅，本文对新《立法法》条文序号以及相关内容进行了有限更新。指导老师：刘松山教授。

** 潘君懿，中国银行保险监督管理委员会金华监管分局工作人员，华东政法大学 2020 届宪法学与行政法学专业硕士。

用基础性法律法规和标准体系到2020年基本建立的目标"。2016年国务院发布《关于建立完善守信联合激励和失信联合惩戒制度加快推进社会诚信建设的指导意见》(以下简称《2016年指导意见》)提出"科学界定守信和失信行为,开展守信联合激励和失信联合惩戒"。在国务院政策性文件的指导下,地方陆续开展社会信用立法试点工作,已取得一定的成果。截至2022年3月,各省市已制定专门地方性法规26部[1],规定各类具体失信行为、失信惩戒措施等内容,将失信惩戒引向规范化和制度化,具有一定的积极意义。

但由于地方立法推进较快,且中央层面立法缺位,使得失信惩戒在地方立法规范中也逐渐暴露出一些问题。例如,对于如何界定失信行为,地方立法依旧缺乏实质标准。地方设定的多项失信惩戒措施涉及减损行为人的权利、增加行为人的义务,具有行政处罚的性质。虽然随着2021年修订的《行政处罚法》第二条为"行政处罚"增设定义条款,从实质层面将大部分失信惩戒措施定性为行政处罚已经争议不大[2],但结合《立法法》中地方立法权限的规定,不可否认,当前地方立法中对失信惩戒的规定仍存在违反法律保留原则之嫌。因此,本文拟以26部地方性法规为研究对象,从地方立法中的失信行为和惩戒措施着手,深入分析失信惩戒的地方立法现状与存在的问题,并提出相应的完善建议。

二、地方立法对失信行为的规定及问题

截至2022年3月,各省市已制定专门地方性法规26部,其中省级地方性法规19部,设区的市地方性法规6部,经济特区法规1部。在名称上26部地方性法规可分为"社会信用(信息管理)条例"或"公共信用(信息管理)条例",但在内容上并无实质区别。例如,《上海市社会信用条例》规定了社会信用信息,具体分为"公共信用信息"和"市场信用信息"。但是关于市场信用信息,主要是由2013年国务院制定的《征信业管理条例》进行规定,上海市仅提出一些倡议性的规定,并无实质规范性。[3]本文重点研

---

① 2011年11月24日至2022年3月1日的数据,来源于"北大法宝"法律法规库中以"社会信用(信息管理)或"公共信用(信息管理)"为关键词搜索的数据,特此说明。

② 谭冰霖:《处罚法定视野下失信惩戒的规范进路》,《法学》2022年第1期。

③ 沈毅龙:《公共信用立法的合宪性考察与调整》,《行政法学研究》2019年第1期。

究公共信用信息。①

（一）地方立法对失信行为的规定

1. 失信行为概念的规定

失信行为是失信惩戒的前提。通过"北大法宝"进行检索，"失信"一词在法律、行政法规层面出现次数较少，并未对失信行为作出明确的定义，仅在相关条款规定上涉及"失信行为（信息）""失信惩戒制度"的表述。②《2016年指导意见》虽提出"要科学界定守信和失信行为"，但仅以列举方式规定了4项严重失信行为。③而2020年国务院办公厅发布的《关于进一步完善失信约束制度构建诚信建设长效机制的指导意见》（下文简称《2020年指导意见》）也仅是正面解释了公共信用信息的范围，以及规范对失信行为的认定依据。可以说，在中央层面现有立法或文件对失信行为概念的认定是严重不足的。

在地方层面，对比26部地方性法规，地方立法主要以列举方式规定具体失信行为，并未对失信行为的概念作出明确的定义，其中仅部分省市对"社会信用"的概念作出规定。例如，上海市率先对"社会信用"的概念作出规定。《上海市社会信用条例》第二条规定"社会信用是指……遵守法定义务或者履行约定义务的状态"。根据上海市的规定，社会信用信息包括"守法""履约"两个方面的客观数据和资料，因此对失信行为的界定包括"违法"和"违约"两个方面。河南省、山东省、天津市等地区对"社会信用"的概念规定与上海市相同。南京市则是在上海市规定的基础上还包括"依法履行职责"，因此对失信行为的界定也包括"不依法履行职责"方面。④相比较而言，南京市界定的失信行为内涵更大，列举的失信行为种类也最为详细。另外，个别省市对"公共信用信息"的概念作出规定。例如，浙江省规定"公共信用信息"是指"反映信用状况的数据和资料"。⑤但浙江省规定仅可以"反映信用状况"还远远不足，对何种行为

---

① 《上海市社会信用条例》第八条规定："公共信用信息是指行政机关、司法机关、公共企业事业单位等公共信用信息提供单位，在履行职责、提供服务过程中产生或者获取的社会信用信息。"

② 《疫苗管理法》第七十二条规定："药品监督管理部门应当建立疫苗上市许可持有人及其相关人员信用记录制度，纳入全国信用信息共享平台，按照规定公示其严重失信信息，实施联合惩戒。"

③ "一是严重危害人民群众身体健康和生命安全的行为……二是严重破坏市场公平竞争秩序和社会正常秩序的行为……三是拒不履行法定义务，严重影响司法机关、行政机关公信力的行为……四是拒不履行国防义务……"

④ 《南京市社会信用条例》第二条规定："社会信用，是指具有完全民事行为能力的自然人、法人和非法人组织在经济社会活动中依法履行职责、遵守法定义务、履行约定义务的状态。"

⑤ 《浙江省公共信用信息管理条例》第二条。

属于失信行为,何种行为可以正确反映行为人的信用状况还有待进一步明确。因此,当前地方立法对"社会(公共)信用"的概念规定存在不一致或缺乏的情况,部分省市仅规定"社会(公共)信用信息"的概念,至于如何界定失信行为并未作出明确的规定。

2. 失信行为范围的规定

按照严重程度、危害后果,地方立法中的失信行为主要分为一般失信行为与严重失信行为,一般失信行为的范围要大于严重失信行为。

(1)一般失信行为的范围

地方立法对一般失信行为的规定较为普遍,具体包括"社会各类欠费信息""受过刑事处罚、行政处罚和行政强制的信息""市场、行业禁入的信息""拒不履行法律文书的信息"等。除上述列举的行为外,个别省市还规定了其他的一般失信行为。例如,南京市将"危害公共安全""扰乱医疗秩序""危害公共交通安全"等违法行为纳入一般失信行为,具体包括"破坏就诊秩序、伤害医务人员,辱骂、殴打驾驶人员,酒驾,不文明养犬等"。①南京市规定的失信行为不仅包括刑事、行政、民事违法行为,也包括一些社会常见的不文明行为,相较于其他省市对失信行为范围的认定更为广泛。

(2)严重失信行为的范围

在省级地方性法规中,仅个别省市未规定严重失信行为,其余省市(湖北省、上海市、浙江省等)基本按照《2016年指导意见》规定4项严重失信行为。河南省在《2016年指导意见》规定的4项严重失信行为的基础上,又列举规定了5项其他严重失信行为,而江苏省仅规定3项严重失信行为,并未包括"拒不履行国防义务"。在设区的市地方性法规中,泰州市未规定严重失信行为,南京市新增1项严重失信行为,宿迁市(2021年修订)仅规定3项严重失信行为,同样未包括"拒不履行国防义务",其余地区基本按照《2016年指导意见》规定4项严重失信行为。另外,仅针对"拒不履行法定义务"一项严重失信行为,各地方也有不同的表述。例如,上海市规定"有履行能力但拒不履行";山东省规定"拒不履行法定义务"。各省市地方性法规对严重失信行为的规定为何存在较大的差异?对比发现,可能与制定地方性法规的时间阶段有关系。在2016年国务院一系列政策文件指导下,2017年各地方陆续开展社会信用立法工作,因此湖北省、上海市、浙江省等规定的严重失信行为紧跟中央的步伐。2020年河南省、南京市制定的地方性法规新增其他严重失信行为,主要是借鉴了其他省市的规定,结合社会实际需要,立法内容规定较为新颖,因此新增多项严重失信行为。

---

① 《南京市社会信用条例》第二十三条。

（二）地方立法中失信行为的类型化分析

当前地方立法对失信行为的规定涉及大量的违法行为,甚至一些不文明行为。为明晰失信行为的边界,本文将地方立法中的失信行为按照违法行为、违约行为、不文明行为及其他行为的类型进行论述。

1. 以违法行为为形式的失信行为

实践中存在大量的违法行为,本文不可能一一列举。因此,从违法性质与违法领域两个切入点研究当前地方立法中纳入失信行为的违法行为,可能存在列举事项交叉重合的情形。但本文重在说明地方立法将大量的违法行为纳入失信行为,其实质是混淆了失信行为与违法行为的边界,扩大了失信行为的范围。

（1）以违法性质为研究视角

根据违法性质,可分为刑事违法行为、行政违法行为和民事违法行为。刑事违法行为中,地方立法将"人民法院判决有罪的信息"或"受刑事处罚的信息"纳入失信行为。行政违法行为中,地方立法将"作为行政相对人的信息"纳入失信行为,涉及多种行政行为,包括行政处罚、行政强制执行等。民事违法行为中,地方立法将"拒不履行法律文书""违反人身保护令"纳入失信行为。①将"拒不履行法律文书"纳入失信行为已经是司法实践中较为完善的规定,社会质疑较少。

而针对地方立法笼统地将"犯罪或受刑事处罚、行政处罚等信息"纳入失信行为,学界存在不少质疑。受到刑事处罚的行为必须是犯罪行为,犯罪行为的社会危害性大于违法行为。相应地,犯罪行为承担的法律责任也是最严厉的,非财产性的人身处罚直接剥夺或限制犯罪人的政治权利、人身自由以及生命权。而失信惩戒是降低失信行为人的声誉、限制或剥夺行为资格和能力等。相比较而言,刑事责任惩罚力度大于失信惩戒。因此,将受过刑罚的犯罪人纳入失信行为再次惩戒,可能存在惩罚过重的嫌疑。并且,刑事犯罪中以不诚信为外在表现形式的罪名只占所有罪名的一部分,例如"诈骗罪""虚假诉讼罪"等,地方立法笼统地将犯罪行为或受刑事处罚的信息纳入失信行为是欠妥的。同理,地方立法笼统地将受到行政处罚的信息纳入失信行为也存在一定的问题。行政相对人可以因"欺骗等不正当手段取得行政许可"受到行政处罚,也可以因"违反物业管理条例养犬"受到行政处罚。②按一般社会公众对失信的

---

① 《湖北省反家庭暴力条例》第三十九条规定:"加害人违反人身安全保护令的,有关部门或者机构应当依法纳入社会信用信息平台,实行失信联合惩戒。"

② 《武汉市物业管理条例》(2022年修订)第七十条规定:"因违反本条例养犬受到两次以上行政处罚的,纳入严重失信名单。"

认知,前者是因失信行为受到的行政处罚,但后者却缺乏不诚信的外在表现形式,仅是因违法行为受到的行政处罚。

（2）以违法领域为研究视角

根据违法领域,地方立法中的失信行为包括"扰乱市场经济秩序""扰乱医疗秩序""危害公共(交通)安全""拒不服兵役""交通违法行为""侵犯知识产权"①,"产品质量、食品安全、环境污染及公共卫生"等。上述违法领域涵盖大量的违法行为,其中不乏以不诚信为外在表现形式的行为。例如,公共卫生领域:"隐瞒疫情病史、重点地区旅游史、与患者或疑似患者接触史"等行为。公共交通领域:"冒用或伪造他人证件乘坐公共交通工具"等逃票行为。市场经济领域:"组织传销或诱骗他人参与传销"等行为。科研领域:"骗取国家科研基金、项目、荣誉称号"等行为。

但地方立法中的失信行为也存在大量与不诚信无关的其他违法行为。例如,公共(交通)安全领域"酒驾,殴打、辱骂驾驶人员,违法饲养烈犬"等行为;医疗秩序领域"殴打、侮辱、伤害医务人员"等行为;交通违法领域"闯红灯、超速、逆行、抢道"等行为。有学者提出:"闯红灯这一行为与公众对于诚信一词的认知不相符,在一定程度上反映出社会信用体系建设其实是有意解决普遍存在的违法违规行为得不到有力追究或屡禁不止的问题。"②从本文列举的多项地方立法中的失信行为,也可以体现失信惩戒制度在实践中已经逐渐演变为整治社会中各类违法行为。地方立法已经将失信行为扩大化理解,几乎已经容纳了当前社会所有的违法行为。不可否认,当前医患关系紧张,医务人员被殴打、伤害事件频发,交通违法行为屡禁不止已经成为社会急需解决的问题。但将上述违法行为纳入失信行为,寄希望于失信惩戒解决上述问题,已经背离了设立失信惩戒制度的初衷。

2. 以违约行为为形式的失信行为

以违约行为为形式的失信行为包括"自然人借款不还""违反信用承诺""企业拖欠货物、工程款项、员工工资"等行为。③将违约行为纳入失信行为,学界存疑较少。违法行为是指当事人违反合同义务的行为,即当事人一方不履行合同或没有履行合

---

① 《浙江省民营企业发展促进条例》第三十五条规定:"对依法认定的故意侵犯知识产权的行为,依法将相应信息主体列入严重失信名单。"

② 沈岿:《社会信用体系建设的法治之道》,《中国法学》2019年第5期。

③ 《广东省促进中小企业发展条例》（2019年修订）第六十一条规定:"县级以上人民政府及其有关部门应当督促拖欠方按约履行偿付义务,对经依法确认违约的欠款单位,纳入失信记录,实施联合惩戒。"

同不符约定。①违约行为的主体只限于合同关系的当事人。将违约行为纳入失信行为是因为违约行为违反的是由合同当事人经协商而约定的义务,当事人之间存在一定的信任基础。基于信任关系签订的合同或给予的承诺,一方当事人违反合同义务或约定义务时,其实质就是失信行为。当事人可以在法律认可的范围内约定彼此违约的责任,当一方当事人违反约定义务就要承担相应的法律后果。

3. 以不文明行为为形式的失信行为

以不文明行为为形式的失信行为包括"乘车不文明""旅游不文明""不文明养犬""垃圾未分类"等行为。例如,2019年北京市交通委发布的《关于对轨道交通不文明乘车行为记录个人信用不良信息的实施意见》规定了"逃交票款""一人占多位""车厢内进食""推销产品或从事营销活动""外放视频或音乐"5项不文明乘车行为。2016年《旅游不文明行为记录管理暂行办法》规定了"扰乱公共交通秩序,破坏公共环境、设施,违反当地风俗、习惯"等9项游客不文明行为以及"价格欺诈、诱骗游客消费者,侮辱、殴打游客"等4项旅游从业人员不文明行为。

不文明行为能否纳入失信行为,学界观点不一。支持方认为,实践中因乘车、旅游不文明行为造成不良的社会风气,必须加以法律制裁,纳入失信惩戒可以遏制不文明行为的发生。反对方认为,不文明行为社会危害性小,将不文明行为加以失信惩戒,可能存在惩罚过重的嫌疑。本文认为,地方立法将不文明行为纳入失信行为确实可以有效惩戒社会上的不良风气,但不文明行为毕竟与失信行为属于不同的范畴。上述列举的不文明行为,其中存在社会危害性较小的行为,包括"车厢内进食、外放音乐"等,此类行为在实践中经过劝阻、制止甚至处罚已经可以得到有效遏制。若将其再纳入失信行为加以惩戒,对行为人确实存在惩罚过重的嫌疑。另外,游客不文明行为中确实存在"旅游从业人员价格欺诈、诱骗游客购买商品等"以不诚信为外在表现形式的不文明行为,但笼统地将所有的旅游不文明行为纳入失信行为,实质是扩大了失信行为的范围。同理,上海市将"垃圾未分类"归入失信行为也是缺乏了对不诚信因素的考量。②

4. 其他形式的失信行为

其他形式的失信行为具体指社会各类缴费信息,包括"税款""物业服务费""社会

---

① 陈信勇等编著:《民法》,浙江大学出版社2010年版,第371页。

② 《上海生活垃圾管理条例》第五十四条规定:"有关部门应当根据《上海市社会信用条例》相关规定,将单位和个人违反生活垃圾管理规定的信息归集到本市公共信用信息平台,并依法对失信主体采取惩戒措施。"

保险费""行政事业性收费""政府性基金"。本文将欠费信息归为其他形式的失信行为,是考虑到地方立法对欠费信息规定存在不一致。上海市将此类信息归为失信信息,河北省未加以规定,湖北省对此类信息进行限定,"必须经依法确认的欠费信息"属于失信信息,内蒙古自治区将此类信息纳入"风险提示信息"。①本文认为,地方立法对欠费信息规定不一致是因为考虑到行为人欠费行为可能存在多种因素,可能出于主观不愿缴纳,也可能存在客观上疏忽忘记缴纳,因此对于欠费信息能否纳入失信行为也尚存疑。

(三)存在的具体问题

1. 缺乏界定失信行为的实质标准

当前地方立法对失信行为概念的规定不清晰,失信行为的边界模糊。仅部分省市明确规定"社会信用"的概念,将"违法行为"与"违约行为"作为认定信用主体失信行为的依据。但对于如何界定失信行为,地方立法依旧缺乏实质标准。并且,将"法定义务纳入社会信用",以"履行法定义务"判定行为人的信用状况,学界也存在一定的质疑。有学者认为,"将'法定义务纳入社会信用'是对社会契约论的误解,混淆了法律的内在价值,并以'使用地沟油'与'公众场所吸烟'为例,指出一些违法行为与社会信用无关"②。本文认为,正是由于地方立法缺乏界定失信行为的实质标准,使得地方立法对失信行为的理解扩大化,将大量违法行为纳入失信行为。

当前地方立法主要通过列举失信行为的方式决定哪些行为可以被纳入失信惩戒的范围,对失信行为采取何种惩戒措施起着决定性的作用。但由于缺乏实质标准会导致地方立法对失信行为的范围规定存在一定的误区,可能会错误地将一些与失信无关的违法行为纳入失信行为,导致失信惩戒出现偏差,难以保证失信惩戒结果的客观公正性。并且地方立法缺乏界定失信行为的实质标准也会引起社会公众对失信惩戒的质疑,引发社会公众对失信惩戒矫枉过正的担忧,造成不必要的负面影响。地方开展失信惩戒立法试点工作是为中央层面相关立法积累宝贵经验,地方试点情况牵动着中央立法的进程。因此,地方立法应当明确失信行为的界定标准,平衡地方之间失信惩戒的差异,平等保护失信行为人的合法权益。

---

① 《内蒙古自治区公共信用信息管理条例》第十六条规定:"风险提示信息是指对信息主体的信用状况可能产生负面影响的信息。"

② "前者是违反食品安全法,后者违反控烟条例,以一般人的认知,使用地沟油是一种失信行为,而吸烟虽为违法但难以认定为失信。"参见沈毅龙:《公共信用立法的合宪性考察与调整》,《行政法学研究》2019年第1期。

2. 超越立法权限设定失信行为

哪一位阶的法有权对失信行为进行规定,是明确失信行为范围的重要环节。根据《立法法》第八十条规定,省、自治区、直辖市的人民代表大会及其常委会可根据本行政区域的具体情况和实际需要,在不同宪法、法律、行政法规相抵触的前提下,制定地方性法规。2023年《立法法》第二次修改前,设区的市仅可对城乡建设与管理、环境保护、历史文化保护等方面的事项制定地方性法规。①其间制定的专门地方性法规有6部是设区的市地方性法规,有学者对此质疑,"无论对上述三项事务做何种宽泛理解,社会信用建设均无法被完全纳入其中",因此设区的市制定的地方性法规存在违法之嫌。②

另外,对比各省市地方性法规,地方立法基本按照《2016年指导意见》规定了4项严重失信行为,但也存在个别省市在《2016年指导意见》规定的基础上以列举方式增设其他多项严重失信行为。例如,《河南省社会信用条例》第三十三条规定了"严重违背教育和科研诚信""通过网络、报刊等诋毁他人声誉、信誉"等失信行为。《南京市社会信用条例》第四十条规定了"严重损害国家和民族尊严"。对于严重失信行为,地方性法规是否有权进行规定?《2020年指导意见》指出"设立严重失信主体名单的范围,严格按照《2016年指导意见》规定4项严重违法失信行为的责任主体","仅在地方范围内实施的严重失信主体名单制度,其名单认定标准应当由地方性法规规定"。本文认为,由于严重失信行为的社会危害性大,实施的失信惩戒措施对失信行为人的名誉权、隐私权及人格尊严造成一定的减损,并且限制失信行为人在市场经济活动中一定的资格和能力,部分惩戒措施已经具有行政处罚的性质。地方立法不宜将严重失信行为范围扩大,河南省、南京市以列举方式规定其他严重失信行为可能存在超越《2016年指导意见》限定范围的嫌疑。因此,需要对失信行为的地方立法权限进行严格限制。没有立法权限或超越立法权限的立法主体规定失信行为,会导致地方立法与宪法、法律、行政法规相抵触,不利于我国法制的统一。地方立法对失信行为的规定只有建立在维护法制统一的基础上,才具有合法性和正当性。

3. 混淆失信行为与违法、不文明行为的边界

通过对地方立法中的失信行为进行类型化分析,可以发现当前地方立法中的失信行为涵盖大量的违法行为。不可否认,上述违法行为中确实存在以不诚信为外在

---

① 2023年修改后的《立法法》新增列举"基层治理"方面的事项为设区的市立法权限范围。
② 秦前红、陈芳瑾:《地方信用立法的探索模式研究》,《法治社会》2021年第4期。

表现的行为。但也暴露出一个问题:地方立法笼统地将大量的违法行为都纳入失信行为,是否也同样涵盖一些不是以不诚信为外在表现的违法行为? 地方立法将失信行为作扩大化理解,将"不履行法定义务"等同于失信行为。这种扩大化理解,实质是混淆了失信行为与违法行为的边界。例如,地方立法笼统地将"犯罪行为、受刑事刑罚或行政处罚"等信息纳入失信行为,将社会上屡禁不止的交通违法行为、扰乱医疗秩序等违法行为也纳入失信行为。从社会实践看,可能是原有的法律制度发挥的功效有限,因此地方寄希望于用失信惩戒这一项新制度,解决当前较为棘手的社会问题。但本文认为,地方寄希望于通过建立一个新的制度去对原有的法律制度加以调整,遏制各类违法行为的发生,实质已经背离了设置失信惩戒制度的初衷。并且在民事、行政及刑事领域已经对相关违法行为规定了惩罚措施,若再将与信用无直接关联的违法行为纳入失信惩戒,无疑是再次加重了违法行为人的法律责任。

另外,不文明行为社会危害性小于违法行为,将不文明行为纳入失信行为存在惩罚过重的嫌疑。不文明行为主要是违反社会公序良俗的行为,例如,车厢进食、外放音乐、垃圾不分类等。此类行为在实践中经过劝阻、制止甚至处罚可以得到有效遏制,若将其再纳入失信行为加以惩戒,就扩大了失信惩戒的范围。因此,地方立法将大量的违法行为甚至是不文明行为纳入失信行为,实质是混淆了失信与违法、不文明行为的边界,使得失信行为的界定泛化。当前中央层面立法缺位,地方立法界定失信行为要慎重、合法、合理。将失信行为的范围不断扩大,不利于地方失信惩戒立法试点工作的开展,也可能使得失信惩戒失去本该发挥的功效。

三、地方立法对失信惩戒措施的规定及问题

(一)地方立法对失信惩戒措施的规定

按照失信惩戒的实施主体,可分为私权利惩戒与公权力惩戒。私权利惩戒包括市场性惩戒、行业性惩戒及社会性惩戒,公权力惩戒包括司法性惩戒与行政性惩戒。本文重点研究行政性惩戒措施。

1. 失信惩戒措施种类的规定

(1)行政"黑名单"

行政"黑名单"是失信惩戒制度中最为常用的惩戒措施,也是对失信行为人威慑力最大的制裁手段,主要针对严重失信行为。对比各省市地方性法规,其对行政"黑名单"的规定均较为简略,即"行政机关根据信用主体的严重失信行为情况,建立严重

失信名单，并通知相关失信主体。公布名单应当同步公开名单的列入、移出条件和救济途径"。从上文地方立法中严重失信行为的范围规定分析，各地方规定存在一定的差异，河南省和南京市更是以列举方式规定其他多项严重失信行为，因此可以表明各地方在列入"黑名单"的标准上存在不一致的情形。另外，以"黑名单"为关键词，通过"北大法宝"进行检索，存在上百部地方规范性文件，包括文化旅游、食品药品安全、交通运输等。

本文试着分析造成当前地方立法中"黑名单"规定不规范的原因，可能存在以下几点：一是"黑名单"立法位阶较低。各地方为整改某领域或者某行业的违法行为制定了大量的规范性文件，造成"黑名单"泛化。二是对"黑名单"的监管不严。除行政"黑名单"外，实践中还存在各类企业、行业协会等"黑名单"，造成各类主体都可以随意制定"黑名单"的趋势。三是"黑名单"的法律性质不明。当前地方立法对"黑名单"的法律性质都尚未达成统一的认识，是否属于行政处罚也尚未有明确的规定，使得地方立法避开了《行政处罚法》对行政相对人救济性权利的规定，包括告知、陈述、申辩、听证、复议诉讼、赔偿等，造成失信行为人缺乏相应的救济途径，不能保障自身的合法权益。因此，本文认为应当对"黑名单"惩戒措施的性质加以明确，弥补当前失信行为人救济性权利规定的不足，避免地方立法中行政"黑名单"制度的滥用。

（2）限制资格权益类惩戒措施

地方立法对失信行为人规定多项限制资格权益的惩戒措施，包括"限制进入市场、行业，限制高消费，限制参与公共资源交易，限制出境，限制任职资格"等。对比各省市地方性法规，该类惩戒措施规定存在一定的差异。其中仅《陕西省公共信用信息条例》规定了具体的限制期，限制失信行为人2年内不得参加政府采购、投资项目。其他省市并未规定具体的限制期，仅在具体的惩戒措施种类上有所出入。

本文以《湖北省社会信用信息管理条例》与《浙江省公共信用信息管理条例》为例。湖北省规定了7项，具体包括"限制政策支持，限制从事特定行业或项目，限制任职资格，限制市场交易，限制授予荣誉，限制高消费，限制出境"等。浙江省规定了7项，具体包括"限制参与公共资源交易，实施市场和行业禁入（退出），限制参与特许经营活动，限制高消费，限制任职资格，限制政策扶持，限制表彰奖励"等。两省在种类规定上存在部分相同，但"限制出境"一项仅湖北省加以规定。另外，针对"限制申请财政资金或者政策支持"类惩戒措施，湖北省适用于一般失信行为，而浙江省则适用于严重失信行为。因此，上述两省的规定可以反映出当前地方立法对惩戒措施种类规定不一致，存在同种惩戒措施适用于不同失信行为的情形，可能造成失信行为与惩戒措施不匹配、失衡的问题。

（3）其他失信惩戒措施

除上述行政"黑名单"和各项限制失信行为人资格权益的惩戒措施外,地方立法还规定"加强行政监管""取消行政便利、优惠""信用减分"等惩戒措施。这类惩戒措施基本适用于一般失信行为,主要通过对失信行为人加大监管力度,取消便利,降低信用,迫使其履行法定义务或约定义务。

2. 失信惩戒措施设定权限的规定

地方立法中多项惩戒措施可能对失信行为人增加义务、减损权利,因此需要对地方设定失信惩戒措施的权限进行一定的限定。实践中,部分地方性法规已经体现了对地方立法权限加以限定的举措。例如,浙江省规定"限制参与公共资源交易,实施市场和行业禁入(退出),限制参与特许经营活动,限制高消费,限制任职资格"只能由法律、行政法规加以规定;"限制政策扶持,限制表彰奖励,撤销荣誉称号"可以由法律、法规、规章以及规范性文件规定。[①]上海市规定"限制进入市场、行业""限制任职资格""限制开展金融服务""限制享受公共政策"和"限制获得荣誉称号"只能由法律、行政法规加以规定。[②]

对比浙江省和上海市的规定,可以明显发现地方之间对不同限制资格权益的惩戒措施设定权限的考量。本文认为,这种考量就是基于各项惩戒措施对失信行为人权利减损的程度进行划分,实质是地方对各项惩戒措施法律性质的理解。基于对不同失信惩戒措施的法律性质的理解,划分何种失信惩戒措施地方有权设定或地方无权设定,进而控制地方设定失信惩戒措施的权限。但仅个别省市注意到地方立法权限的问题,还远远不够。随着2021年修订的《行政处罚法》第二条为"行政处罚"增设定义条款,第九条增设"通报批评,限制开展生产经营活动,限制从业"等处罚种类,大部分失信惩戒措施可以从实质层面定性为行政处罚,例如"限制进入相关市场、行业""限制任职资格"等。因此,地方立法需更加重视对失信惩戒措施立法权限的规定,避免出现地方立法与宪法、法律、行政法规规定相冲突的情况。

（二）地方立法中失信惩戒措施的法律性质分析

1. 行政"黑名单"的法律性质

当前学界对行政"黑名单"的法律性质尚未形成统一的认识。根据各学者的研究

---

① 参见《浙江省公共信用信息管理条例》第二十六条。
② 参见《上海市社会信用条例》第三十一条。

侧重点不同,大致有以下几类学说。

（1）惩戒行政处罚说

支持"惩戒行政处罚说"的观点主要以胡建淼教授为代表。胡教授提出,"以公民违法为前提,对公民的声誉、人身财产等合法权益限制或剥夺的,具有极强的惩戒性",因此行政机关将公民列入"黑名单"就是一种行政处罚,属于《行政处罚法》规定的"法律、法规规定的其他行政处罚"。并且,按照传统的学理对法条规定行政处罚进行划分,包括"人身罚""资格罚（或能力罚）""财产罚"和"申诚罚（或精神罚、影响声誉罚）",进一步指出"黑名单"兼具以上功能。[①] 本文认为,胡教授的观点有一定的合理性。但仅从行政"黑名单"的"惩戒性"考量整个"黑名单"制度不够全面,惩戒行为只是整个制度中的一个环节,需要兼顾其他环节包括公布、列入等考量"黑名单"对失信行为人的影响,判定各阶段行为是否属于行政处罚。

（2）违法事实公布说

"违法事实公布说"主要是有学者将公布违法事实行为与行政"黑名单"进行类比研究。从公布违法事实行为引申出不同的观点:一是传统的"行政事实说"或"行政指导说"。[②]该类观点主要认为行政机关公布违法事实行为仅以公开的方式告知社会公众行政信息,并不直接发生法律效果,或是仅对行政相对人起引导和督促作用。二是以章志远教授为代表的"强制执行说"和"行政处罚说（声誉罚）"。前者是公布违法事实行为对行政相对人施加巨大的精神压力,迫使其履行相应的义务,属于行政强制执行行为（间接强制）。[③]后者是公布行政违法事实行为对行政相对人具有一定的制裁意义,造成其声誉甚至是人格尊严的减损。[④]本文认为,公布违法事实行为属于行政强制执行,存在一定的弊端。根据《行政强制法》第十三条规定"行政强制执行只能由法律规定",而实践中存在大量规章、规范性文件形式的"黑名单",不利于地方适用"黑名单"制度。另外,仅从"公布行为"分析行政"黑名单"的法律性质,存在与"惩戒行为"一样的问题,不能窥探"黑名单"制度的全貌。

（3）功能类型化说

支持"功能类型化说"的观点主要以学者刘平、史莉莉为代表。该观点是通过大

---

①　"将'黑名单'上网公布是精神罚;上了'黑名单'被限贷、限购是资格罚;上了'黑名单'被限制出国旅游是人身罚。"胡建淼:《"黑名单"管理制度——行政机关实施"黑名单"是一种行政处罚》,《人民法治》2017年第5期。

②　邓刚宏:《论行政公告行为的司法救济》,《行政法学研究》2009年第1期。

③　章志远:《作为行政强制执行手段的违法事实公布》,《法学家》2012年第1期。

④　章志远、鲍燕娇:《作为声誉罚的行政违法事实公布》,《行政法学研究》2014年第1期。

量的数据调研和学理分析,按照不同"黑名单"的功能差别,将行政"黑名单"分为惩罚性、警示性、备案性和普法性的。并进一步指出,惩罚性"黑名单"属于行政处罚,警示性"黑名单"属于行政指导,备案性"黑名单"属于内部行政行为,普法性"黑名单"属于行政事实行为。[①]相较于之前学者仅从单一的"惩戒行为"或"公布行为"考量"黑名单"制度,"功能类型化说"的观点更能全面地涵盖实践中不同类别的"黑名单"。回归失信惩戒制度本身,本文认为"惩戒性"与"警示性"是其当前最重要的两个功能。行政机关根据严重失信行为,将失信主体列入严重失信名单并予以公布,其目的就是对失信行为人进行惩戒,对其他行为人警示,起到以儆效尤的目的。因此,行政"黑名单"作为一种失信惩戒措施,最主要是体现外部性,当然也存在信用信息供行政机关内部使用的情形。

(4)阶段性构造说

支持"阶段性构造说"的观点主要以范伟博士为代表。该观点是基于行政过程论的视角,将行政"黑名单"从"拟列入—列入—公布—惩戒"四个环节进行全面考量。并进一步指出,列入行为包括以"列入决定"的具体行政行为,以"非列入决定"的内部行政行为;公布行为属于行政事实行为;惩戒行为属于行政处罚。[②]"阶段性构造说"是一种全新的视角研究行政"黑名单",能够弥补上述学者未考虑"社会公众作为行政相关人参与"的不足,从"惩戒或公布单一行为"到"功能类型化"再到"全阶段",更为全面地展示了"黑名单"制度的全貌。但针对"公布行为属于行政事实行为",有学者质疑,认为"'黑名单'作为行政主体对当事人的负面评价,具有强烈的价值取向和判断,不是单纯的政府信息公开行为,属于行政处罚中的'警告'"。[③]本文认为,行政机关对外公布"黑名单"在客观上对失信行为人的声誉和信用产生现实的减损。尤其是在互联网高速发展的今天,存在各种信息传播渠道,不论是网上公布还是线下公布"黑名单",会对失信行为人的生产生活等方面产生较大的影响和实质性限制。所以,仅将公布行为认为是行政事实行为是不妥当的。

结合上述学者的观点,本文更为赞同"阶段性构造说",从制定行政"黑名单"整个过程分析行政"黑名单"的法律性质。本文仅将行政"黑名单"分为三个阶段,即"列入行为—公布行为—惩戒行为","拟列入行为"是行政机关列入"黑名单"的前期准备工

---

① 刘平、史莉莉:《行政"黑名单"的法律问题探讨》,《上海政法学院学报》2006年第2期。

② "列入决定是以决定的形式表示和固定,且以一定的方式使当事人知晓。"参见范伟:《行政黑名单制度的法律属性及其控制——基于行政过程论视角的分析》,《政治与法律》2018年第9期。

③ 张晓莹:《行政处罚视域下的失信惩戒规制》,《行政法学研究》2019年第5期。

作,对失信行为不会增加义务、减损权利,不再进行论述。首先,列入行为是指行政主体将失信行为人及失信信息计入"黑名单"的阶段。列入行为是行政主体对严重失信行为的记录与管理,缺乏外部性,不具备对失信行为人发生、消灭、变更、撤销权利或义务的意思表示,属于内部行政行为。其次,公布行为是指行政主体将"黑名单"以一定方式对外公布的阶段。公布"黑名单"在客观上对失信行为人的声誉和信用产生现实的减损。在互联网高速发展的今天,各种信息传播渠道,公布黑名单会对失信行为人的生产生活等方面产生较大的影响和实质性限制。因此,即使没有后续的惩戒行为,仅就公布"黑名单"这一行为对失信行为人的损益也是必然的,公布"黑名单"法律效果等同于行政处罚的"申诫罚"(或声誉罚),可以将其归于《行政处罚法》第九条规定"通报批评"类行政处罚。最后,惩戒行为是指行政主体公布黑名单后对失信行为人采取联合惩戒的阶段。联合惩戒措施包括各项限制资格权益的惩戒措施、撤销相关荣誉及取消信用承诺等。其中,各类限制行为人资格权益的惩戒措施种类繁多,惩戒行为是否属于行政处罚,需要进行类型化分析,下文将具体展开论述。

　　2. 限制资格权益的法律性质

　　由于限制失信行为人权益资格的惩戒措施种类繁多,本文仅就当前地方性法规已明确规定的各项限制类惩戒措施展开论述。当前学界对限制类惩戒措施法律性质的争论点主要是"行政处罚"或"行政强制执行"。

　　(1) 限制进入相关行业、市场的法律性质

　　限制进入相关行业、市场,具体包括"不予注册登记""取消资质认定""实施市场和行业禁入(退出)"等惩戒措施。行政主体通过市场、行业禁入对失信行为人的市场活动造成一定的限制和剥夺,具有一定的制裁性。学界对此类惩戒措施的法律性质认定较为统一,认为该类惩戒措施类似于行政处罚中的"资格罚",可以归于《行政处罚法》第九条规定"限制开展生产经营活动"类行政处罚。

　　(2) 限制参与公共资源交易、特许经营活动的法律性质

　　限制参与公共资源交易、特许经营活动,具体包括"限制参与政府采购""限制投资项目招标""限制国有土地出让"等惩戒措施。限制参与公共资源交易、特许经营活动与在公共资源交易中信用减分、降低信用等级不同。前者直接剥夺参与交易、活动的资格,后者是降低交易中的竞争地位。其中特许经营活动是行政主体依法审查予以准许从事特定活动的行为,该类惩戒措施直接剥夺行政许可法规定的事项。因此,该类惩戒措施属于行政处罚。

（3）限制财政资金补助、表彰奖励、荣誉称号的法律性质

限制财政资金补助、表彰奖励，具体包括"限制政府扶持""限制政府资金补贴及社会福利""限制参与政府组织表彰奖励、荣誉称号"等惩戒措施。行政主体给予相应的财政扶持、表彰奖励类似于行政给付行为或行政奖励行为。行政给付行为和行政奖励行为属于"授益性行为"。"授益性行为"最大的特征就是授益性，行政机关根据相对人的具体情况作出是否批准、许可或同意的决定。因此，行政机关可以根据信用主体的信用状况作出给付或不给付、奖励或不奖励的决定。限制失信行为人获得政府财政扶持、表彰奖励、荣誉称号不是对失信行为人权利或利益的剥夺、限制。因此，该类惩戒措施不属于行政处罚。

（4）限制高消费的法律性质

限制高消费，具体包括"限制购买不动产""限制入住星级以上宾馆"等惩戒措施。该类惩戒措施最早应用于司法领域，针对被执行人不履行法律文书所确定义务的行为，其实质是限制被执行人的财产使用权。本文认为，限制高消费与行政处罚中的罚款不同，该类惩戒措施限制的只是失信行为人短期内财产不合理变动，强制失信行为人履行金钱给付义务，不是对失信行为人财产权的剥夺。因此，该类惩戒措施属于行政强制执行。

（5）限制任职资格的法律性质

限制任职资格，具体包括"限制担任单位的法定代表人、负责人或高级管理人员""限制报考公务员或行政事业性岗位工作"等惩戒措施。该类惩戒措施直接限制失信行为人的资格能力。因此，该类惩戒措施可归于《行政处罚法》第九条"限制从业"类行政处罚。

（6）限制人身自由的法律性质

限制人身自由，具体包括"限制出境""限制旅游"等惩戒措施。虽然该类惩戒措施在实质上对失信行为人的人身自由造成暂时性限制，但不等同于行政处罚"人身罚"。限制失信行为人出境不具有"监禁"的特征，因此该类惩戒措施属于行政强制措施。

3. 其他失信惩戒措施的法律性质

除行政"黑名单"和各项限制失信行为人的资格权益的惩戒措施外，地方立法还设定其他惩戒措施，包括加强行政监管、信用减分、降低信用等。当前学界对"加强行政监管、信用减分、降低信用"惩戒措施的法律性质存疑较少，基本达成统一的认识，认为其不具有行政处罚的性质。

（1）加强行政监管的法律性质

加强行政监管包括"在日常监督检查中作为重点监管对象""行政许可、资质资格评定、年检验证等作为重点核查对象"等惩戒措施。该类惩戒措施与普通的行政监管措施最大的差异在于监督检查的频次、对象不同。行政机关根据监督检查情况可以在职权范围内调整被监管人检查的频次，因此行政机关也可以根据失信程度对失信行为人作出是否加大监管力度的决定。行政监督和行政检查是行政处罚的前置程序，加强监管力度并不会直接减损被监管人的权利、增加新的义务。因此，该类惩戒措施不属于行政处罚。

（2）信用减分、降低信用的法律性质

信用减分、降低信用主要是在公共资源交易中，降低失信行为人的信用等级。公共资源交易是指政府采购，政府投资项目招投标，国有土地招标、拍卖、挂牌等活动。信用等级是社会对行为人信用的一个客观评价标准，通过减分、降级会在一定程度上降低一个人的社会信用评价，使其在公共资源交易中失去有利的竞争地位。然而，在公共资源交易中失去有利的竞争地位并不必然损害失信行为人的合法权益。本文认为，降低失信行为人在公共资源交易中的信用等级不同于直接限制失信行为人参与公共资源交易。前者仅在交易对象的选择中处于下风，但是否进行交易是由另一方根据相关因素的考量做出的结果。而后者却是直接对失信行为人预期利益的剥夺或限制，使得失信行为人直接在交易对象选择中提前出局。因此，该类惩戒措施并不会对失信行为人减损权利、增加义务，不属于行政处罚。

（三）存在的具体问题

1. 惩戒措施与失信行为不匹配

当前地方立法主要根据失信行为的性质和严重程度，设定不同的惩戒措施。根据上文地方立法对失信行为规定的分析，由于当前地方立法缺乏对失信行为实质性界定标准，混淆失信行为与违法行为、不文明行为的边界，一定程度上造成失信行为的泛化，因此实践中可能出现同一失信行为分别被认定为不同程度的失信行为，受到不同惩戒的情形，造成失信行为与惩戒措施失衡、不匹配的问题。另外，根据地方立法对失信惩戒措施种类的规定分析，仅就限制资格权益类惩戒措施而言，各省市的规定也存在较大差异。例如，仅个别省规定了限制期限，其余地区仅规定惩戒措施种类，或是同一失信惩戒措施适用于不同程度的失信行为等。

失信惩戒直接关系失信行为人的切身利益，因此地方立法对失信惩戒的规定要充分体现"过罚相当"的公平原则。《2020年指导意见》也明确指出："在社会信用体系建设工作推进和实践探索中,要确保过惩相当。按照失信行为发生的领域、情节轻重、影响程度等,严格依法分别实施不同类型、不同力度的惩戒措施,切实保护信用主体合法权益。"因此,地方立法要统一对失信惩戒措施种类的规定,明确何种失信行为可以适用何种惩戒措施,避免滥用失信惩戒机制损害失信行为人的合法权益。

2. 对法律保留原则的突破

法律保留原则是指凡宪法、法律规定只能由法律规定的事项,在法律规定或法律明确授权的情况下,才能由行政机关作出规定。[①]对比各省市地方性法规,《湖北省社会信用信息管理条例》第三十条和《南京市社会信用条例》第四十一条规定"限制出境",该项失信惩戒措施对失信行为人的人身自由加以限制,从而达到惩戒的目的。但根据《立法法》第十一条规定,限制人身自由的强制措施和处罚只能由法律设定。另外,针对"限制任职资格"类惩戒措施,《江苏省自然人失信惩戒办法》第二十三条规定"禁止报考公务员或者行政事业性岗位工作人员"。本文认为,限制失信行为人报考公务员的资格,实质是对失信行为人政治权利的限制。根据《宪法》规定,公民的政治权利包括担任国家机关职务的权利。公职权属于担任国家机关职务的权利[②],非经法律规定不得加以限制或剥夺。并且江苏省的规定于2013年就已施行,虽2022年予以废止。因此,当前地方立法规定的部分惩戒措施已经违反了专属立法权,与法律保留原则相冲突。

根据《立法法》第八十条、八十一条规定,地方立法不得同宪法、法律、行政法规相抵触。地方制定应当由法律、行政法规规定的事项,会造成对国家法制统一的破坏,不利于地方开展失信惩戒立法试点工作。公民的政治权利和人身自由是公民的基本权利。政治权利是公民参与政治活动的一切权利和自由,是人民主权原则的基本实现途径。人身自由是公民享受其他一切自由的基础和前提,也是公民生存最起码的权利。没有人身自由,公民从事各项政治活动、参加国家管理就只能是一句空话。因此,地方立法无权对失信行为人的政治权利和人身自由加以限制。

3. 部分惩戒措施与行政处罚竞合

结合上文失信惩戒措施的法律性质分析,发现地方设定的多项惩戒措施具有行政处罚的性质,包括"限制进入市场、行业""限制参与公共资源交易、特许经营活动"

---

① 应松年:《行政法学新论》,中国方正出版社2004年版,第32页。

② 李少文:《论公民平等服公职的权利——以报考公务员需具备两年基层工作经历为例》,《法学》2012年第7期。

"限制任职资格""公布'黑名单'"等。按照原《行政处罚法》第八条规定的6项行政处罚以及法律、行政法规规定的其他行政处罚,从法条本身并不能得出地方立法有权设定除"法律、行政法规规定"以外的其他行政处罚的结论。因此,在2021年修订的《行政处罚法》出台前,多数省市设定的多项具有行政处罚性质的失信惩戒措施实质是超越了设定行政处罚的立法权限,创设了新的行政处罚种类。也正是由于原《行政处罚法》中处罚种类的限制,使得地方立法避开了《行政处罚法》对行政相对人救济性权利的规定,失信行为人的合法权益得不到有效保障。

而随着2021年修订的《行政处罚法》第二条为"行政处罚"增设定义条款,第九条增设"通报批评,限制开展生产经营活动,限制从业"等处罚种类,从实质层面将大部分失信惩戒措施定性为行政处罚已经争议不大。不少学者提出以新修订《行政处罚法》为蓝本规范地方立法中的失信惩戒机制。但也有学者指出,"由于《行政处罚法》对行政处罚种类的规定是以处罚行为的'名称形式'而不是行为功能或所涉客体为标准"[①],在实践中可能出现大量的行政处罚因形式称呼与《行政处罚法》第九条所规定的内容不同而极易被排斥于行政处罚的范围之外。因此,在新修订《行政处罚法》背景下如何对失信惩戒进行限定,尤其是对地方立法中行政"黑名单"、限制资格权益类惩戒措施如何进行规范和控制,是当前地方设定失信惩戒措施合法化亟待研究和解决的问题。

四、完善地方立法中失信惩戒的建议

(一) 确立失信行为的界定标准

1. 违法行为与失信行为的边界:不诚信

当前地方立法中的失信行为规定了大量的违法行为,包括民事违法行为、行政违法行为、刑事违法行为等,涵盖公共(交通)安全、市场经济秩序、医疗秩序、食品安全、环境污染等多个领域。违法行为是否可以纳入失信行为? 关键在于如何理解"失信"的"信"。当前学界对地方立法中的失信行为质疑,主要是因为地方立法中将大量的与信用无直接关联的违法行为纳入失信行为。实践中,违法行为的范围要大于失信行为。例如刑法中失信罪名,包括"诈骗罪""组织考试作弊罪""伪证罪"以及"生产、销售伪劣商品罪"等,这些刑事违法行为确实可以称之为失信行为,但这些刑事违法

---

① 胡建淼:《"其他行政处罚"若干问题研究》,《法学研究》2005年第1期。

行为也只是刑法规范中的一部分。地方笼统地将"刑事犯罪"纳入失信行为,其做法是欠妥的。

本文认为,违法行为可以纳入失信行为,但要有一定的边界,不可仅从"履行法定义务"就等同于诚实守信。要判断一个违法行为是否属于失信行为要根据其是否具有"不诚信"的外在表现形式。本文尝试着对失信行为的范围进行界定:一是违约行为,包括拖欠工资、违反信用承诺、自然人借款不还等,重点考虑失信行为人的主观状态;二是以不诚信为外在表现形式的违法行为,包括刑事违法"诈骗罪、伪证罪"等,行政违法"以欺骗等不正当手段取得行政许可、资质等受到行政处罚",民事违法"不履行生效法律文书",国家、省或市统一组织的考试作弊,骗取国家科研基金、技术支持,冒用或伪造他人证件逃票,隐瞒疫情病史等行为;三是尚未达到违法程度的其他失信行为,包括隐瞒有关情况或者提供虚假材料申请行政许可、行政奖励、行政给付等。

2. 不文明行为不宜纳入失信行为

实践中,地方为整治社会屡禁不止的不良风气,将一些日常生活中的不文明行为纳入失信行为,例如在地铁内大声喧哗、车厢进食等。相较于违法行为,不文明行为的社会危害性较小。不文明行为主要是违背公序良俗的行为,属于道德规范的范畴,将其纳入失信行为进行惩戒,实质是将道德行为上升为法律行为。虽然当前有部分道德行为已经上升为法律行为,包括"常回家看看"①"公交车让座"②"见义勇为"③等,但也存在一定的弊端。例如,"常回家看看"条款仅提出了原则性的要求,缺乏违法后果的规定,欠缺可操作性,损害了其作为法律规范的权威。

另外,对于已经造成较大的不良社会影响,超出道德规范范畴的不文明行为,实践中已经存在相应的法律、法规及规章进行管制。例如,"高铁霸座"在法律上并不是真空地带。《治安管理处罚法》对扰乱公共交通工具上的秩序的,已经规定相应的处罚

---

① 《老年人权益保障法》(2018年修正)第十八条规定:"家庭成员应当关心老年人的精神需求,不得忽视、冷落老年人。与老年人分开居住的家庭成员,应当经常看望或者问候老年人。用人单位应当按照国家有关规定保障赡养人探亲休假的权利。"

② 《南宁市城市公共汽车客运管理办法(征求意见稿)》,要求乘客遇见老、弱、病、残、孕等特殊乘客时,应当主动让位。如果乘客拒绝给老、弱、病、残、孕等特殊乘客让座,司机可以拒绝为其提供营运服务。

③ 《民法总则》第一百八十四条规定:"因实施自愿紧急救助行为造成受助人损害的,救助人不承担民事责任。"

措施①,在原有的法律制度下可以有效遏制不文明行为,再次纳入失信惩戒,存在惩罚过重的嫌疑。因此,本文建议不宜将不文明行为纳入失信行为。对于不文明行为应当加强道德诚信教育,提高公众的社会公德,过多的惩戒会造成行为与责任的不对等,造成法律资源的浪费。

（二）规范失信行为的地方立法范围

1. 统一失信行为的分类

当前地方立法对失信行为采用分类、分级化惩戒,不同类别的失信行为对应不同级别的惩戒措施。失信行为最常用的两种分类方式,一是两分法,即一般失信行为和严重失信行为。二是三分法,即轻微失信行为、一般失信行为和严重失信行为。本文建议,地方立法采用第二种分类方式。实践中,一些失信行为人往往是初次发生失信行为且情节轻微,或是发生失信行为但对社会并没有造成较大的危害和风险,将此类偶发性的失信行为直接归为一般失信行为进行失信惩戒,程度过重。而且为改善营商环境,地方也陆续制定了对轻微违法行为的免罚清单。②因此,对偶发性的失信行为应放宽惩戒的标准,将其归为轻微失信行为更为合理。另外,当前地方立法对失信行为的表述形式规定不规范,包括"不良信息""负面信息""提示信息""警示信息"。本文建议,地方立法应统一失信行为的表述,统称为"失信信息"。地方失信行为的表述不统一可能会使得失信概念混淆,对失信行为的界定出现偏差。地方立法统称这为"失信信息"与失信惩戒制度相对应,便于失信惩戒实施主体开展惩戒工作。

2. 明确失信行为的地方立法权限范围

由于中央层面立法缺位,失信行为的界定缺乏实质性标准,使得地方立法中失信行为出现泛化的趋势。地方有无权限规定失信行为,或是规定何种失信行为? 地方是否可以在国务院指导意见规定的4项严重失信行为基础上,增设其他严重失信行为? 本文建议,失信行为的地方立法权限范围应根据不同类别的失信行为进行划分。

对于轻微失信行为,可以由法律、法规及规章加以规定。实践中,地方对轻微失信行为一般是免予惩戒,主要通过失信警示提醒、指导约谈等方式,督促失信行为人依法开展活动。③"失信警示提醒、指导约谈"并不会对失信行为人新增义务,减损权

---

① 《治安管理处罚法》(2012年修正)第二十三条规定:"有下列行为之一的,处警告或者二百元以下罚款;情节较重的,处五日以上十日以下拘留,可以并处五百元以下罚款:扰乱公共汽车、电车、火车、船舶、航空器或者其他公共交通工具上的秩序的。"

② 参见上海市《市场轻微违反法规经营行为免罚清单》。

③ 参见《南京市社会信用条例》第三十七条规定:"建立轻微偶发失信行为信用惩戒豁免制度。"

利。根据《立法法》第九十三条规定,没有法律、法规的依据,地方政府规章不得设定减损权利、增加义务的规范。因此,地方政府规章可以对轻微失信行为加以规定。

对于一般失信行为,可以由法律、法规加以规定。当前我国尚未出台失信惩戒法或社会信用法,地方积极开展立法试点工作,可以根据本行政区域的失信情况和实际惩戒的需要,在不与宪法、法律和行政法规相抵触的原则下,可以对一般失信行为加以规定。但实践中,部分地方尚未制定地方性法规,仅制定地方政府规章,例如,《北京市公共信用信息管理办法》。本文建议,为保障失信行为人的合法权益,应提高一般失信行为的立法位阶,地方应当结合当前地方政府规章的试点情况,制定相应的地方性法规。

对于严重失信行为,应当由法律、行政法规加以规定。结合各省级、设区的市地方性法规,对严重失信行为的规定都较为保守,除《2016年指导意见》的4项以外,仅南京市和河南省就新增多项严重失信行为。实践中,地方对严重失信行为采取公布严重失信名单,实施失信联合惩戒,包括限制进入相关行业、市场,限制出境,限制任职资格等惩戒措施。严重失信行为的惩戒措施对失信行为人的名誉权、政治权利及人身自由造成一定的减损。名誉权、政治权利和人身自由都是公民的基本权利,非经法律不得加以剥夺或限制。因此,地方不宜对严重失信行为加以规定,扩大严重失信行为的范围。

(三)厘清失信惩戒措施的地方立法权限

当前地方设定的多项惩戒措施具有行政处罚的性质,且存在部分惩戒措施与法律保留原则相冲突的情形。因此,在新修订《行政处罚法》的背景下如何对失信惩戒的地方立法权限进行限定,是地方设定失信惩戒措施合法化亟待研究和解决的问题。本文建议,地方立法对失信惩戒措施的规定可以按照失信惩戒措施的法律性质,参照《行政许可法》《行政处罚法》《行政强制法》中对地方立法权限的规定,对失信惩戒措施的设定作出相应的修改与调整。

1. 可以设定的失信惩戒措施范围

第一,加强行政监管,信用减分、降低信用,列入"黑名单"。具体包括:"日常重点监管对象""行政许可、资质资格评定、年检验证等重点核查对象""公共资源交易中给予信用减分、降低信用等次"等惩戒措施,不属于行政处罚,对失信行为人不会新增义务、减损权利,因此可以由法律、法规、规章及规范性文件加以规定。

第二,限制财政资金补助、表彰奖励、荣誉称号。具体包括:"限制政府扶持""限制政府资金补贴及社会福利""限制政府组织表彰奖励、荣誉称号"等惩戒措施。行政主体给予相应的财政扶持、表彰奖励、荣誉称号等类似于行政给付行为或行政奖励行为。限制失信行为人获得政府财政扶持、表彰奖励、荣誉称号不是剥夺失信行为人的权利,不属于行政处罚。因此,可以由法律、法规、规章及规范性文件加以规定。

第三,公布"黑名单",公开谴责,通报批评。该类惩戒措施类似于《行政处罚法》第九条中的"通报批评",对失信行为人的声誉、信用造成一定的贬损,属于行政处罚,应参照《行政处罚法》第十四条规定,由法律、法规及规章加以规定。

第四,限制进入相关行业、市场。具体包括:"不予注册登记""取消资质认定""实施市场和行业禁入(退出)"等惩戒措施,该类惩戒措施的法律效果类似于《行政处罚法》第九条规定的"限制开展生产经营活动",对失信行为人的市场活动造成一定的限制和剥夺,应参照《行政处罚法》第十二条规定,由法律、法规加以规定。

2. 不得设定的失信惩戒措施范围

第一,《立法法》绝对保留事项。根据《立法法》第十一条、第十二条规定,"犯罪和刑罚""公民政治权利的剥夺和限制人身自由的强制措施和处罚"及"司法制度",地方立法无权对全国人大及其常委会的专属立法权加以规定,即使是在法律、行政法规尚未规定的范围内。因此,中央层面立法缺位,地方开展失信惩戒立法试点工作也不得设定限制人身自由、政治权利的惩戒措施,包括不得设定"限制出境、旅游""限制报考公务员资格"等惩戒措施。

第二,只能由法律、行政法规规定的事项。对于《行政处罚法》第九条规定的由法律、行政法规规定的事项"行政拘留、吊销企业营业执照",地方不得设定相应的惩戒措施。

第三,限制参与公共资源交易、特许经营活动。具体包括:"限制参与政府采购""限制投资项目招标""限制国有土地出让"等惩戒措施。特许经营活动是《行政许可法》第十二条规定的事项,应参照《行政许可法》的规定,由法律、行政法规加以规定。

第四,限制高消费。具体包括:"限制购买不动产""限制入住星级以上宾馆"等惩戒措施。限制高消费不同于行政处罚中的罚款,不是对失信行为人财产权的剥夺,类似于行政强制执行。该类惩戒措施是限制失信行为人短期内财产不合理变动,强制行为人履行金钱给付义务。因此,应参照《行政强制法》第十条规定,由法律加以规定。

导师推荐意见

　　失信惩戒是这几年地方立法中备受关注和存在较大争议的问题。国务院出台的相关政策能否成为地方立法的依据,特别是地方立法中对失信行为规定惩戒措施,如何确保不超越立法权限,就需要认真讨论。

　　这篇文章的选题,以失信惩戒中的地方立法权限为切入点,具有很强的针对性,是成功的。文章在开头提出问题后,迅速找出实例,对地方失信行为进行类型化分析,在此基础上对存在的问题再进行列举式分析。这种写作方法从一开始就把论述建立在实践的基础上,有根有据,有例有理,使写作的基础比较牢固。在对失信行为的规定和存在问题进行分析后,文章进一步对地方立法中关于失信惩戒措施的规定及存在的问题进行梳理分析。在前面写作的基础上,文章最后再对完善地方立法失信惩戒问题提出相关建议。

　　从写作方法上看,这篇文章有几个优点:一是选题有现实意义,突出了问题的针对性。二是结构比较严谨清晰,对每一部分的论述,都注意以前一部分的论述作为后一部分的基础,逻辑上层层递进。三是文章的整个写作比较实在,严格以地方的立法文本为基础,不尚空谈,没有多少玄虚的理论。四是善于运用归类分析方法,对地方立法中的复杂无序的规定进行分门别类地梳理,眉目清楚。总体上看,是一篇不错的学术论文。

推荐人:刘松山

地方立法对私有财产权的保障与限制[*]

◎杨济同[**]

内容提要：本文着眼于地方性法规限制私有财产权的制度实践，采用样本分析的方式梳理归纳地方立法限制财产权的五类限制手段与五类限制目的，立足于理论研究与现行规范，构建对地方立法限制财产权进行合宪性审查的形式合宪性与实质合宪性审查标准，对地方立法在限制财产权这一专项立法事项进行合宪性判断，得出部分立法事项缺少法律层面授权、规划区域类地方立法有违背宪法比例原则之虞、部分限制手段达到准征收标准等结论，最后针对提升私有财产权保护的合宪性水平提出制度上的应对建议。

关键词：地方性法规；财产权限制；比例原则；财产权的社会义务

2018年新修正的《宪法》第一百条第二款规定了设区的市的人大及其常务委员会的地方立法权，为设区的市地方性法规提供了直接的宪法授权。设区的市地方人大及其常委会可在不与宪法、法律、行政法规和本省、自治区的地方性法规相抵触的前提下，对城乡建设与管理、环境保护、历史文化保护等方面的事项制定地方性法规。同时，财产权是宪法规定的公民基本权利，享有财产权是人们生存的基本特征。出于社会治理的需要和公共利益的衡量，私有财产权会受到不同程度的无补偿限制。我们有必要探讨，地方立法对私有财产权设置的限制是否合乎宪法规定，是否过度限制了私有财产权而未给予补偿。

　＊　本文系在中国政法大学法学院2021届宪法学与行政法学专业学位论文基础上，由作者改写而成。指导老师：王蔚副教授。

　＊＊　杨济同，北京市顺义区人民检察院检察官助理，中国政法大学法学院2021届宪法学与行政法学硕士。

一、立法文本中的财产权

　　财产权是我国公民的基本权利,同时也是我国基本经济制度的一部分,其地位由《宪法》第十三条加以确认,而财产利益在社会生活的实践中多样又复杂,因此我们需要对存在于立法文本中可能构成财产权的法益加以识别和确认,从而对财产权在地方立法文本中的存在形式进行分类归纳。

(一) 识别立法文本中的财产权

　　学界针对财产权类别的讨论已然十分丰富,但如何从与社会治理紧密相连的地方性法规文本中识别出与财产权限制相关的规范,存在一定的研究障碍和讨论空间,而这也是进行地方立法实证研究的讨论前提。若要确定何种规范为立法对财产权的限制,首先要明确财产权概念的保护范围及其种类,才能将对财产权进行限制的规范进行筛选和梳理。

　　1. 财产权的保护范围与内在限制

　　采用较为概括的视角,我们大致可以认为财产权是一项由法律形成的基本权利[1],法律对于财产权的作用之一就是规定了什么是受到法律承认的财产利益[2]。法律对财产权的这种作用可被称作是法律对财产权的形成过程,法律对财产权保护范围所划分的界限就是财产权概念本身的边界,属于对财产性利益保护做出的一种法律概念上的限制,即由法律规定一个超过某种限度就不成为法律上的财产权的界限。[3]

　　学界对基本权利的"内在限制"以及"外在限制"的争论一直没有停止。传统的内在限制的代表性观点认为,权利本身就蕴含了权利的限制,权利限制是权利形成的一部分,从权利实现的角度而言,权利的限制就是为了权利的实现而存在。[4]基本权利的定义内含限制,讨论基本权利的保障问题就是基本权利的内在限制问题,内在限制

---

　　① 此处的例外应当是对自然资源的使用权,是一种不需要法律就能够形成的财产权,属于"事实上形成的财产权"。

　　② 法律对于基本权利有两种作用,一种是形成基本权利,另一种是限制基本权利。应当区分两种法律、两种限制。具体可以参见刘志刚:《限制抑或形成:论关涉基本权利法律之功能的二元性》,《河南省政法管理干部学院学报》2005年第6期。

　　③ 李累:《论宪法限制财产权的两种形式》,《学术研究》2001年第8期。

　　④ 丁文:《权利限制论之疏解》,《法商研究》2007年第2期。

的界限由基本权利的核心特征决定,其所能到达的最远的保护射程范围,这个范围就是基本权利的外延。因此基本权利的保护范围实际上是对概念的核心特征、内涵以及由内涵决定的概念上的外延的探讨。

就财产权而言,追溯财产权的本质保护范围需要探求财产权因何而产生。在古典自然法的时代,随着主观自然权利观念的兴起,洛克提出了"劳动财产说",他认为个人为了占有财产而付出的劳动过程是私有财产权存在的基础。自然物只要附加了个人的劳动,就与公共物品产生了区别,个人也因自身的劳动获得了占有和支配该自然物的权利。①黑格尔的观点则略有不同,黑格尔认为,人对具体财产的占有体现了个人的意志自由,被占有的对象由于人的意志而产生了人的属性,而这种人与物之间产生的连接就是人对于财产的合法支配权。②从以上代表性观点可以看出,财产权主观权利观念的形成是与个人作为独立自主的个体观密切相关的。判断财产性利益是否属于财产权的保护范围时,需要考虑法益是否与人格自由和尊严相关。同时,考察我国宪法上的财产权条款,值得注意的是,我国宪法财产权条款位于宪法总纲部分。在以公有制为主体的背景下,私有财产权不仅是我国公民的基本权利之一,对财产权的保护也是我国基本经济制度的一部分。

因此,我国语境下的财产权保障应当具备两方面的内涵,一是尊重和保障人权、人格尊严与自由的意义,二是对市场经济的平稳运行产生规范和指导作用。相应地,从财产权的限制上来看,一方面是对公民个人对财产的自由支配产生限制,另一方面是对市场经济的发展设置一定的障碍。财产权限制条款在立法文本中存在的两方面意义,为我们识别财产权限制规范提供了理论指引。

财产权为私主体自由支配财产提供了法律保障,但法律在赋予权利的同时也设置了义务,"法律将权利与义务结合在一起,使正义符合法律的目的"③。财产权的概念本身的确存在边界,我们可以以相当保守的观点为财产权的保护范围画出界线,这个界线就是立法者在形成基本权利时应当遵循的"基本权利形成的限制"④。明显危害社会的行为不能受到财产权的保护,权利的行使需要尊重他人的权利和自由。财产权的核心是保障物的私使用性⑤,行为人行使权利的目的并非出于财产权的保障核

---

① 王海燕:《西方法哲学代表作家的财产权限制思想述评》,《学术论坛》2012年第35卷第3期。
② 罗亚海:《私有财产权概念的公法考察》,《西部法学评论》2017年第4期。
③ [法]卢梭:《社会契约论》,何兆武译,商务印书馆1982年版,第49页。
④ 王锴:《论立法在基本权利形成中的作用与限制——兼谈"公有制"的立法形成》,《法治研究》2017年第1期。
⑤ 陈新民:《德国公法学基础理论》下册,山东人民出版社2001年版,第413页。

心,属于基本权利的滥用。法律禁止权利的滥用,不符合法律保护的目的的使用财产的行为不应当受到法律的保护。①

2. 法律保障财产权的内涵与类别

从财产权保障人权以及对市场经济运行作用的角度出发,财产权的内涵一直处在动态变化中。长期以来,公法学者与私法学者都在各自领域内为财产权概念开疆拓土。因此在讨论财产权理论渊源的基础上,还应当就财产权的内涵与类别进行讨论,从而在识别财产权限制条款时能够有的放矢。

(1) 传统意义上的财产权

传统意义上的财产权概念认为财产权是独立人格的体现②,对私有财产权的保护意味着对独立自主的人格的保护,是与人权紧密相关的权利③。财产权天生就被赋予了对抗国家的基本价值,是个人为自己利益自主决定的权利。具体来说,财产权为个人的生存提供了物质条件,保护了个人意志上的自由,同时保证了人相对于国家的独立地位,以及个人对社会关系的选择权利。④

人对财产的自由支配获得法律保护,体现为民法上占有、使用、收益、处分四项所有权的权能。另外,民法上的意思自治原则体现了财产权对个人的意志自由的保护,即只有在协商一致的前提下,个人才有权为他人设立具有经济价值的权利或者义务。

公民对客观存在的自然资源的使用权也是一类具有财产权。⑤自然资源使用权是指公民对自然资源资产自由、直接、非排他性享有的权益,其行使不需要经过他人同意或政府部门的批准,也不需要支付使用费。⑥这种使用权是具有经济价值的,权利的行使具有支配性,体现了财产权的基本人权属性。如王利明教授曾经提出的空间权,就是一种不需要经过许可的对客观存在资源的使用。⑦

(2) 财产权内涵的发展

随着历史的发展,资源的有限性逐渐凸显,人们的物质需求不断提升,对资源分配的效率要求越来越高,这一方面促进了人权保障水平的进步,另一方面要求经济制

① 高慧铭:《论基本权利的滥用禁止》,《清华法学》2015年第9卷第1期。
② 李累:《论宪法上的财产权——根据人在社会中的自治地位所作的解说》,《法制与社会发展》2004年第4期。
③ 邓剑光:《论财产权的基本人权属性》,《武汉大学学报(哲学社会科学版)》2008年第5期。
④ 谢立斌:《论宪法财产权的保护范围》,《中国法学》2014年第4期。
⑤ 黄良林:《设区的市政府规章权利减损规范的设定》,《地方立法研究》2018年第3卷第2期。
⑥ 蔡守秋:《论公众共用自然资源》,《法学杂志》2018年第4期。
⑦ 王利明:《空间权:一种新型的财产权利》,《法律科学》2007年第2期。

度的进一步完善,因此财产权的内涵也得以扩张。

首先,现代市场交易体制下要求交易的高效化,经济状态也由相对静态的支配和控制转向了频繁的交易和流通。其中存在很多新型的价值形态,财产的价值目标由绝对控制转变为高效利用。①由此产生以财产的利用为价值目标的财产权,如用益物权及担保物权,典型的有农村土地形成的三权分置结构。②

其次,随着科技的进步,实物经济、知识经济与信用经济的共同繁荣促使人类社会步入了经济发展的新时代③,能够被人类支配并加以利用的实体越来越丰富。知识产权是知识经济在财产法律体系中的体现。④数据能否进入财产权的保护范围一直是学理上十分具有争议的问题。⑤企业所有的数据作为财产权得到了基本的承认,大数据交易制度以及大数据交易平台建设都是较为完善的。⑥

最后,财产权内涵的扩张中一个十分重要的领域是公法上的财产权。一方面,随着福利国家概念的兴起,以及我国转变政府职能要求的提出,人权保障的公法特征日趋明显。人权的意义不仅局限于消极地抵御国家公权力,还要求国家为人权保障积极给付。⑦另一方面,市场经济体制改革的不断深化也要求公权力机关灵活处理与市场的关系。行政许可是指法律解除了对特定人从事某种行为的普遍禁止,同时也是国家赋予个别私主体从事该行为的一种权利。而行政许可所蕴含的经济价值也日益凸显,相对人由于行政许可而被允许从事一定的生产或服务,由此取得了市场和机会,这无疑为公民提供了生存上的物质保障。⑧即使是非排他性的行政许可,其所蕴含的预期利益也是值得法律保护的⑨,现行《行政许可法》已经确认了被许可人在行政许可被变更和撤回时有权要求取得对遭受损失的补偿,信赖利益的保护也体现了对

---

① 王锴:《中国宪法中财产权的理论基础》,《当代法学》2005年第1期。
② 首次提出是在《关于完善农村土地所有权承包权经营权分置办法的意见》,《民法典》第三分编第十一章。
③ 王卫国:《现代财产法的理论建构》,《中国社会科学》2012年第1期。
④ 信用无法作为成立公司或者合伙经营的出资形式,侵犯自然人的信用利益可能只能以名誉权加以保障。
⑤ 此处针对数据还是信息具有争议,可参见梅夏英:《数据的法律属性及其民法定位》,《中国社会科学》2016年第9期。笔者认为数据与信息具有同一性,因此下文都采用数据代指数据中所蕴含的信息。
⑥ 王玉林、高富平:《大数据的财产属性研究》,《图书与情报》2016年第1期。
⑦ 罗亚海:《私有财产权概念的公法考察》,《西部法学评论》2017年第4期。
⑧ 高富平:《浅议行政许可的财产属性》,《法学》2000年第8期。
⑨ 刘飞:《信赖保护原则的行政法意义——以授益行为的撤销与废止为基点的考察》,《法学研究》2010年第32卷第6期。

人格的尊重。因此从此意义上来说,行政许可具备人权保障功能和经济价值,属于财产权的范畴。

(二) 立法对私有财产权的外在限制

财产权是与公民的人格尊严和自由相关的具有经济价值的宪法基本权利,人格尊严与自由以及经济价值是形成财产权的两个要素。存在于立法文本中的财产权经常受到限制,根据受限程度的不同,广义上来说财产权的外在限制存在两种形态:第一种是财产权的社会义务,是现代宪法观诞生以来财产权必须忍受的一类限制;第二种是类似征收程度的对财产权的限制,也就是"准征收"或"管制性征收",其限制程度相较前者来说更加严重,本文将其称为应予补偿的财产权限制。

1. 财产权的社会义务

财产权具有社会权的属性,财产权所负的社会义务能够促进社会公共福利,从个人的角度来说能够促进人类尊严的实现。[①]法学家耶林曾经表示,不存在任何绝对的所有权,公共利益是一切主体行使所有权的底线。1919年德国颁布了《魏玛宪法》,这部宪法对于财产权的新规标志着私有财产权从绝对不被侵犯的观念转变为财产权应当负有一定的社会义务。20世纪30年代于美国产生的经济大萧条事件,促使宪法学者不再抱有财产权的绝对观念,私有财产权应当负有社会义务,有利于国家的经济秩序稳定。[②]公权力在财产权的社会义务的范围内对私人财产权进行限制是不需要进行补偿的,因为其本身具有的正当性不要求其对于被限制的主体进行补偿。

2. 应当予以补偿的财产权限制

在财产权社会义务的范围之外,限制财产权应当给予补偿。在传统的财产权理论中,限制达到最严重的情形是指征收,即剥夺了私有财产权人对物的所有权。在美国、德国的实践中,将没有达到剥夺所有权的程度的财产权限制称为管制性征收或准征收,是指通过国家公权力措施直接侵害享有合法地位财产权的行为,一般都具有侵害的直接性与侵害的违法性特征。[③]若对财产权的限制达到了需要补偿的程度,属于对财产权的"变相夺取",应当类推适用征用的有关制度。[④]同时,从美、德、日等国家的司法实践来看,对该类财产权限制进行补偿,是其获得正当性的方式。主要有以下

---

① 张翔:《财产权的社会义务》,《中国社会科学》2012年第9期。

② 林腾腾:《宪法学语境中的财产权》,《山西省政法管理干部学院学报》2018年第31卷第3期。

③ [德]哈特穆特·毛雷尔:《行政法学总论》,高家伟译,法律出版社2000年版,第707-711页。

④ 孙凌:《论财产权的"变相夺取"及其救济——以〈杭州市历史文化街区和历史建筑保护办法〉第26条为分析原型》,《法治研究》2007年第8期。

几种理论为财产权限制的公平补偿的正当性提供了依据。

其中,特别牺牲理论是较为主流的学说。特别牺牲理论来自个别处分理论,涉及财产所有人的利益与社会利益的平衡。[1]其主要依据是平等原则,以财产权限制的对象为着眼点。特别牺牲理论认为,对财产权的个别限制是个案中对财产权人的利益侵犯,是使部分社会主体承担了过多的社会义务,因此必须给予补偿以弥补特定主体承担的过多的社会义务。"行政上损失补偿制度之主要特征系因公益而特别牺牲,人民所受之损失如非特别牺牲者,自无请求损失补偿之权利可言。"[2]与之原理类似的还有日本学者田中二郎主张的形式基准说[3]:公用限制是指为促进公共事业发展的积极目的,由个别公民承担了由公共利益导致的社会应当共同负担的义务,而这种由行政机关采取的措施确是必要的,因而国家应对其损失进行补偿。

除此以外还有以侵害结果为中心的补偿理论,可以概括为实质损害理论。具体是指如果财产权规制导致了十分严重的结果,则应当对公民进行公益补偿。对侵害结果进行损失上的填补,则成为管制性征收的正当性来源。美国的司法实践认为,如果达到了对财产进行持续的物理侵占,或剥夺了财产获得财产利益的全部用途或者该财产权有可能发生的全部有利回报,国家就应当予以补偿[4],价值减损的程度直接影响着财产权人的公平补偿。德国学者毛雷尔指出,构成征收的判断标准应当是公权力行为对财产利益的侵害是否涉及财产值得保护的部分,是否影响财产的正常使用,侵害程度是否可以预期,财产是否还具备满足财产权人正常使用的功能。[5]德国的本质减损理论、严重程度论、值得保护理论等都是从侵害的结果出发,来界定应予补偿的财产权限制的范围。

以上两种理论都为财产权的限制提供了公平补偿的理论基础,同时也是判断公权力行为是否超出了财产权社会义务范畴的判断方式。在符合比例原则的前提下,对财产权社会义务范围之外的公权力行为限制财产权的情况进行合理补偿,那么该限制就获得了正当性。

---

① 张卉林:《论我国的所有权过度限制及立法改进》,《法学论坛》2013年第28卷第3期。
② 翁岳生:《行政法》(下册),元照出版有限公司2006年版,第1685页。
③ [日]田中二郎:《新版行政法(上卷)》,弘文堂1974年版,第215页。
④ 张效羽:《论财产权公益限制的补偿问题——基于美国、德国经验的比较研究》,《国家行政学院学报》2013年第6期。
⑤ [德]哈特穆特·毛雷尔:《行政法学总论》,高家伟译,法律出版社2000年版,第668页。

二、地方立法限制财产权的制度实践及规范依据

(一) 地方立法限制财产权的制度实践

为了对地方立法限制财产权的现状形成更加清晰的认识,笔者根据获得地方立法权的年限、地方立法文本数量、城市生产总值情况、地理位置分布等因素选取了12座设区的市,对其现行有效的地方性法规进行梳理和归纳,整理了以限制事由、限制方式为划分标准的地方立法规范体系。这12座城市包括:省会城市长春、昆明、兰州、南京、济南,经过国务院批准的较大的市大连、洛阳,新获得授权的设区的市温州、宜宾、桂林、汉中、东莞。由于目前比例原则已经很大程度上成为对公权力是否侵害基本权利的判断标准[1],比例原则的核心在于探讨手段与目的的相称性。因此出于便于研究的考虑,本文对地方立法限制财产权规范的梳理将从限制的目的与限制的手段两方面进行分类。

1. 基于限制目的的分类

(1) 以公共安全为目的的财产权限制规范

公共安全属于公共利益的保护范围,在公共安全领域对财产权进行限制的规范主要存在于以下几个方面。

第一,城市房屋安全管理,基于不动产的相邻关系以及居住权对于人权的重要意义,房屋安全不仅关乎房屋所有人的利益,还与公共空间安全息息相关,因此房屋安全是限制财产权的事由之一。主要有对房屋改装改造以及处分的限制,如《长春市城市房屋安全管理条例》第九条规定了禁止实施对房屋结构可能产生危害的行为[2]、《南京市房屋使用安全管理条例》第二十九条规定了危险房屋不得转让以及出租[3]。另外还为房屋安全责任人施加了检查、修缮危险房屋的义务,如《长春市城市房屋安全管理条例》第二十二条。[4]

---

[1] 陈征:《论比例原则对立法权的约束及其界限》,《中国法学》2020年第3期。

[2] 《长春市城市房屋安全管理条例》第九条:"禁止实施下列危害房屋结构安全的行为:(一)拆改房屋承重墙、剪力墙、梁、柱、楼板、基础结构等;(二)在承重墙上开挖门、窗或者改变承重墙上原有的门、窗尺寸……"类似的还有《南京市房屋使用安全管理条例》第十一条。

[3] 类似的还有《昆明市城市房地产交易管理条例》第八条、《长春市城市房地产交易管理条例》第二十三条。

[4] 类似的还有《南京市房屋使用安全管理条例》第十条。

第二,公共卫生安全管理是公共安全的范畴。近年来,立法机关在公共卫生安全问题上对食品生产经营者制定了更严格的生产经营规范制度,限制其经营自由。这方面的地方立法还没有形成较为统一的立法体例,立法规制的事项也相对分散。各地较为统一的做法是对检验检疫不合格的禽畜肉品的经营限制,如《昆明市生猪屠宰管理条例》第二十条禁止生猪屠宰厂屠宰检疫不合格的生猪。①另一方面是对养殖业饲料的管理,如《长春市饲料和饲料添加剂管理条例》规定不得生产使用或添加不符合卫生标准的饲用物质添加剂等。②

第三,公共道路交通安全是公共安全的一部分,公共道路作为基本的公共设施具有较高的使用频率,因此私主体在使用公共道路通行时需要遵守相关规范以保证公共安全。地方立法也由此对公民使用公共道路设置了对私有财产权的限制。最为普遍的是对机动车驾驶规范的规定,由于机动车主要的使用价值就是用来驾驶,对驾驶行为的规范就是对机动车使用上的限制,如《南京市道路交通安全条例》第三十九条。③限制机动车的改装也是保障公共道路安全的一种方式,限制机动车的改装可以减小对其他公共道路使用者的影响,保证公共道路使用的安全有序,如《长春市道路交通安全管理条例》规定了机动车上不得安装高音喇叭、消音器等④;还有针对特种交通工具使用上的限制,比如平衡车、轮滑、滑板车或者其他改装电动车设备等⑤;对机动车驾驶资格的管理,立法禁止将机动车驾驶执照的分数进行转让,保证机动车驾驶人的资格水准,从而保障公共道路的使用安全。《南京市道路交通安全条例》第二十条就禁止了对驾照分数的有偿转让。⑥

第四,灾害的预防与应急管理是国家机关的职责之一。地方国家机关根据地方

---

①　类似的还有《长春市肉品管理条例》第二十条。
②　类似的还有《南京市渔业资源保护条例》第二十九条。
③　类似的还有《长春市道路交通安全管理条例》第二十二条;《昆明市道路交通安全条例》第二十六条、第四十条;《南京市道路交通安全条例》第三十九条、第四十条;《济南市道路交通安全条例》第二十七条、第二十八条、第二十九条。
④　类似的还有《昆明市道路交通安全条例》第二十七条、《南京市道路交通安全条例》第十六条、《昆明市机动车客运行业治安管理条例》第十三条、《济南市汽车维修管理条例》第二十八条。
⑤　如《昆明市道路交通安全条例》第四十八条:"不得在城市道路上使用电动平衡车、沙滩车、轮滑、滑板车、儿童自行车等运动娱乐和滑行器具。"类似的还有《南京市道路交通安全条例》第二十五条、《洛阳市道路交通安全条例》第十八条。
⑥　《南京市道路交通安全条例》第二十条:"禁止以支付报酬等形式让他人替代记分。禁止以营利为目的替代他人记分或者介绍替代记分。"

的实际需要对灾害预防进行立法，其中为自然人以及灾害防护装置责任人施加了维护和管理的义务。灾害一旦发生，地方机关能够快速调动社会资源以保护不特定多数人的公共利益，其中涉及对财产权使用的临时管制和征用。气象灾害的应急管理如《大连市气象灾害防御条例》第三十三条规定了在发生气象灾害的情况下，地方政府可以采取组织转移重要财产、关停特定场所或征用运输工具等临时管制措施[①]；针对森林火灾的预防，《昆明市森林防火条例》第二十四条规定在森林防火期内禁止野外违规用火[②]；针对地震的应急管理如《济南市防震减灾条例》第四十四条授权地方人民政府可以依法征用私有的物资设备等[③]。

（2）自然资源及环境保护

自然资源的稀缺性决定了其作为限制财产权事由的正当性。地方立法保护的自然资源主要包括水资源、海洋资源、湿地资源以及综合性的自然保护区等。保护主要是通过限制公民对自然资源的自由使用而实现的，比如在水资源保护方面，《昆明市河道管理条例》第二十二条规定在条例划定的保护范围内不得实施开垦或采石、取土等行为。[④]另外存在通过限制私有财产（主要是污染物）的处分方式来保护有限的自然资源，如《汉中市汉江流域水环境保护条例》第十八条规定在汉江流域禁止向水体排放废液、倾倒废渣等污染物。为了落实自然资源保护责任制，地方立法对自然资源使用者施加一定的维护义务，如林地所有人对林木的保护义务，《长春市森林资源管理条例》第二十四条规定林木、林地所有权或者使用权的主体应当履行义务，保护以及管理森林资源；《大连市海域使用管理条例》规定禁止海域使用权人擅自扩大经许可使用海域的范围，需要保护和合理利用海域。[⑤]更为普遍的做法是通过划分自然保

---

①　类似的还有《昆明市气象灾害防御条例》第二十一条、《济南市气象灾害防御条》第十五条。

②　《昆明市森林防火条例》第二十四条："森林防火期内，在森林防火区禁止下列行为：（一）吸烟、烧纸、烧香、烧蜂、烤火、野炊、使用火把照明；（二）燃放烟花爆竹和孔明灯；（三）烧山狩猎、焚烧垃圾。"

③　《济南市防震减灾条例》第四十四条第二款："根据地震应急与救援工作需要，市、县（市、区）人民政府可以依法征用物资、设备或者占用场地。征用物资、设备或者占用场地的，事后应当及时归还，无法归还的，应当给予补偿。"

④　其他自然资源保护也有类似的手段，如针对水土资源保持，《长春市水土保持条例》第九条规定禁止在水库库区管理范围内、江河两岸等易产生水土流失的区域取土、挖砂、采石；针对湿地资源，《南京市湿地保护条例》第二十七条规定禁止在湿地保护范围内擅自挖塘、取土、烧荒；针对珍稀动植物资源，《兰州市什川古梨树保护条例》第二十条规定禁止砍伐、移植古梨树或采摘果实等。

⑤　针对水土保持设施责任制的规定如《长春市水土保持条例》第十一条；针对珍稀动植物资源保护的责任制的规定如《洛阳市古树名木保护条例》第十七条、第十九条、第二十条。

护区的方式对自然资源进行综合性的区域保护,这种"一刀切"的方式对于私有财产权的影响往往更加复杂,也更加严重,区域内财产权的使用、处分、自然资源使用权以及生产经营活动都会受到限制。如《昆明市风景名胜区保护条例》第十三条、第十六条、第二十七条就以地方性法规的方式限制了公民对自然资源的使用权、处分权、生产经营的自由等财产权的自由行使。①

同时,立法实践中也逐渐建立了生态保护补偿制度,因自然资源而获益的群体应当向承受特别牺牲的群体进行补偿。如《大连市环境保护条例》第三十一条就原则性地规定了市级行政部门应当制定完善相应生态补偿制度并设置生态保护补偿金。地方立法针对特定自然资源的生态补偿制度也有所体现,如《南京市湿地保护条例》第二十六条规定占用湿地、修复补建湿地对生产生活造成影响的,地方人民政府应当做出妥善安排。②

环境卫生作为限制私主体财产权的事由,其正当性在于公民对于美好生活环境的追求是现代社会所追求的公共利益之一。③通过对地方立法文本的梳理,环境领域的公共利益具体体现为生活环境保护与大气环境保护两方面。

在生活环境的保护方面,主要有四种对财产权的限制方式:一是限制畜牧业的生产经营自由,主要是对畜牧业经营地点进行限制,如《东莞市生态文明建设促进与保障条例》第二十七条规定在禁养区内禁止以经营为目的的养殖活动。二是限制农业生产副产品、污染物的排放方式,限制废弃物的存放地点、处理方式,如《长春市农村环境治理条例》第四十三条规定不得将秸秆随意倾倒或遗留在河道沟渠中。④三是限制日常生活、生产经营活动中产生的垃圾以及污染物的处分方式,如《大连市环境保护条例》第二十四条规定生产经营者不得违法排放废物、废水、污泥等污染物;《桂林市城市市容和环境卫生管理条例》规定了地方人民政府负责推行生活垃圾依法分类

---

①　类似的还有《南京市汤山旅游资源保护条例》第十八条、第二十三条、第二十六条、第三十六条;《宜宾市翠屏山保护条例》第二十五条;《济南市名泉保护条例》等等。

②　针对其他自然资源保护的生态补偿的地方立法如《济南市水资源管理条例》第二十一条规定建立饮用水水源保护补偿机制,由市人民政府制定具体办法。针对林地资源的生态补偿的如《大连市林地管理条例》第二十四条规定征用、占用林地的单位和个人应当向财产权人支付林木补偿费。

③　朱谦:《环境公共利益的宪法确认及其保护路径选择》,《中州学刊》2019年第8期。

④　类似的还有《长春市爱国卫生条例》第二十九条、《兰州市大气污染防治条例》第四十四条、《洛阳市大气污染防治条例》第三十七条。

处置的制度。①四是对可能产生噪声的财产的使用进行限制,防止噪声的排放对公共利益产生损害,如《南京市环境噪声污染防治条例》通过地方性法规的方式授权公安机关制定机动车禁止鸣号的区域、地段以及时间;第二十九条规定文化娱乐场所的经营者负有采取措施使其排放的噪声符合国家规定标准的义务。

在大气环境保护方面,主要是对可能产生气体污染物的财产的使用进行限制。如机动车的使用以及烟花爆竹、燃料的使用都会排放气态污染物污染大气环境,地方立法一般会以规划分区的方式对这类财产的使用地点进行限制,或者对使用的频率以及方式进行限制。例如《南京市机动车排气污染防治条例》第九条规定行政主管部门有权制定并实施高污染机动车限制行驶的规划。②《济南市禁止燃放烟花爆竹》规定在特定的区域内、特定时间内不得燃放烟花爆竹。③如果生产经营活动中可能产生气体污染的,地方立法一般也会对该类生产经营活动进行限制,或对生产经营主体施加一定的管理义务,如《洛阳市大气污染防治条例》第十三条规定生产经营单位应当自行检测排放的有毒有害的大气污染物并依法向社会公开检测结果;第三十四条规定矿产资源开采加工企业应当采取大气污染防治措施抑制灰尘的扩散。④

(3)景观权与市容市貌管理

景观作为一种工艺其历史并不那么久远。⑤现代社会的公民对生活环境的需求已不仅仅停留在安全无污染、适宜生存的层面,有学者认为,景观权属于广义的环境

---

① 类似的还有《长春市生活垃圾分类管理条例》第二十三条;《长春市市容和环境卫生管理条例》第四十四条、第四十五条;《长春市服务业环境污染防治条例》第八条;《昆明市城市市容和环境卫生管理条例》第二十七条;《南京市固体废物污染环境防治条例》第九条、第十条、第十六条;《温州市市容和环境卫生管理条例》第三十六条、第三十九条;《桂林市城市市容和环境卫生管理条例》第三十一条、第三十二条。

② 类似的还有《长春市机动车维修管理条例》第二十一条;《大连市机动车排气污染防治条例》第五条、第十五条、第二十一条;《大连市环境保护条例》第四十四条;《昆明市机动车排气污染防治条例》第九条、第十二条;《兰州市大气污染防治条例》第十三条、第十六条;《济南市机动车和非道路移动机械排气污染防治条例》第十三条。

③ 类似的还有《长春市关于禁止燃放烟花爆竹的规定》第五条;《兰州市大气污染防治条例》第二十条;《兰州市烟花爆竹安全管理条例》第十条、第二十二条;《南京市大气污染防治条例》第二十九条;《洛阳市大气污染防治条例》第十九条;《桂林市销售燃放烟花爆竹管理条例》第五条、第七条;《东莞市生态文明建设促进与保障条例》第二十九条。

④ 类似的还有《长春市散装水泥管理条例》第十四条;《兰州市大气污染防治条例》第十七条、第十八条、第四十六条;《南京市大气污染防治条例》第三十三条、第四十八条。

⑤ 张世增:《关于在我国立法中确立公民环境权的思考》,《当代法学》2003年第8期。

人格权。①市容市貌管理领域的规范正是出于这样一种公益,对部分公民的私有财产权进行一定的限制。在这方面,地方立法主要设置了三个方面的限制:一是对建筑的外观限制,要求建筑物所有人不得采取在外观上进行违法搭建以及杂物堆放等影响市容市貌的行为,如《温州市市容和环境卫生管理条例》规定重点街区的建筑外立面不得堆放有碍市容或妨害安全的物品。②二是对户外广告牌匾所有人施加对牌匾的维护义务,使户外广告的外观、内容不得影响市容市貌,如《大连市城市市容管理条例》第四十条规定户外广告设施应当由户外广告的所有者或使用者定期维护,保证其安全完好。③三是对临时摊位经营自由的限制,包括经营的地点、范围、时间,以及为经营者施加环境保护义务等,如《长春市公园条例》第二十三条规定在公园内从事经营行为的主体,只能在指定的地点经营,禁止未经批准擅自扩大经营面积,商品的陈列不得有碍公园景观和周围环境。④

（4）文化权与历史文化保护

历史文化保护义务是公民文化权利所指向的国家义务。⑤国家负有保护具备历史文化意义的遗产遗迹的义务,这是历史文化保护作为公共利益的理论渊源所在。立法实践中,对历史文化的保护一般是指对文化街区以及相关文物的保护。前者主要包括三种限制方式:一是对历史文化所有人或传承人施加的维护和修缮义务,如《宜宾市白酒历史文化保护条例》第二十三条规定白酒历史文化资源所有人应当严格

---

① 张震:《从民法上的环境权到宪法上的环境权》,《北方法学》2008年第2期。

② 类似的还有《长春市城市管理条例》第十九条;《长春市市容和环境卫生管理条例》第十七条;《大连市城市市容管理条例》第二十一条;《昆明市城市市容和环境卫生管理条例》第十条、第十四条;《南京市市容管理条例》第十二条、第十六条;《济南市城市市容管理条例》第十一条、第十九条、第二十条;《洛阳市城市市容和环境卫生管理条例》第十五条;《桂林市城市市容和环境卫生管理条例》第十一条、第十二条、第二十四条。

③ 类似的还有《长春市城市管理条例》第二十条;《长春市市容和环境卫生管理条例》第二十九条;《昆明市户外广告管理条例》第十九条;《南京市城市治理条例》第四十八条、第五十三条;《济南市户外广告和牌匾标识管理条例》第三十五条;《洛阳市城市市容和环境卫生管理条例》第二十一条;《温州市市容和环境卫生管理条例》第二十七条;《汉中市户外广告设施和招牌设置管理条例》第十条。

④ 类似的还有《长春市城市管理条例》第二十三条;《昆明市公园条例》第十六条;《济南市城市市容管理条例》第三十一条、第三十二条;《温州市市容和环境卫生管理条例》第二十一条、第二十二条;《桂林市城市市容和环境卫生管理条例》第十八条、第十九条。

⑤ 梁岩妍:《论我国文化遗产私有财产权保障:案例反思与立法完善》,《河北法学》2019年第37卷第6期。

遵循传统的白酒酿制技法,对酿酒场所负有维护和修缮的义务①;二是以规划的方式划定历史文化街区,限制区域内公民的经营自由或对自然资源的使用权,如《洛阳市汉魏故城保护条例》第十二条规定禁止在保护区域内违规倾倒堆放垃圾、擅自建房、挖渠、取土和垦荒等行为②;三是历史文化街区内的建筑外观容貌管理,历史文化街区内的建筑需要与整个街区的景观相一致,如《长春市历史文化街区和历史建筑保护条例》第三十一条规定若在条例规划的保护范围内建造必要的一些附属设施,该设施必须在外观方面与园区内的建筑相协调③。后者对文物的保护主要是对文物所有人施加一定的对文物修缮的维护义务,如《济南市文物保护规定》第十四条规定由该文物的权利人负责对该文物采取修缮和保养措施。④

(5)公共设施的使用

为保障公共基础设施能够满足公民的日常生活需求,需要对私有财产权施加一定的限制。为保障公共道路的有序使用,地方立法一般会采取限制停车泊位以及占道经营许可的方式,如《大连市城市市政设施管理条例》规定禁止摊贩占道经营或设置集中的农贸市场,并严格划定利用城市道路设置的私有停车场。⑤为保障城市轨道交通、水利工程、桥梁涵洞等公共设施的使用,地方立法一般会限制工程设施规划区域内的自然资源使用权以及经营自由,如《兰州市航道管理条例》第二十二条规定禁

---

① 类似的还有《长春市历史文化街区和历史建筑保护条例》第三十条、第三十五条、第三十六条;《昆明市历史文化名城保护条例》第三十四条;《南京市历史文化名城保护条例》第三十条、第三十一条;《南京市夫子庙秦淮风光带条例》第十六条;《南京市重要近现代建筑和近现代建筑风貌区保护条例》。

② 类似的还有《昆明市历史文化名城保护条例》第二十六条;《南京市中山陵园风景区保护和管理条例》第九条;《南京市历史文化名城保护条例》第三十三条;《南京市雨花台风景名胜区管理条例》第十八条;《洛阳市旅游条例》第二十八条;《洛阳市龙门石窟保护管理条例》第十二条、第二十六条;《洛阳市邙山陵墓群保护条例》第十四条、第十七条;《洛阳市偃师二里头遗址和尸乡沟商城遗址保护条例》第十三条;《洛阳市隋唐洛阳城遗址保护条例》第十一条、第十二条;《洛阳市汉魏故城保护条例》第十条、第十二条;《桂林市石刻保护条例》第三十条、第三十一条。

③ 类似的还有《昆明市历史文化名城保护条例》第二十八条;《昆明市文物保护条例》第十六条;《南京市中山陵园风景区保护和管理条例》第九条、第十条;《南京市历史文化名城保护条例》第十四条;《南京市夫子庙秦淮风光带条例》第十三条;《南京市玄武湖景区保护条例》第十条;《南京市雨花台风景名胜区管理条例》第十一条。

④ 类似的还有《长春市文物保护条例》第十八条、《济南市文物保护规定》第十四条。

⑤ 类似的还有《长春市机动车停车场管理条例》第二十七条、第二十八条;《大连市客运出租汽车管理条例》第三十条;《昆明市道路交通安全条例》第三十三条;《南京市公路路政管理条例》第六条;《南京市农村公路条例》第二十五条、第二十六条;《济南市市政设施管理条例》第三十四条;《济南市农村公路条例》第二十六条、第二十七条;《济南市停车场建设和管理条例》第三十条;《洛阳市县乡公路养护管理条例》第二十二条;《洛阳市村级道路管理养护条例》第二十条;《洛阳市公路路政管理条例》第八条。

止擅自采石采砂等可能损害航道和航道设施的行为;《昆明市水利工程管理条例》第二十二条规定在饮用水水利工程保护区域的范围内不得开展经营性活动。①

为保障公民的日常生活需求,地方立法会对居民日常生活服务提供的特许经营者施加特许经营权上的限制,如供热、供气、供水特许经营权不得擅自提前或者推迟行使,且不得擅自转让特许经营权或者以特许经营权入股或为其设置其他权利负担。如《大连市供热用热条例》第十六条规定供热单位取得的供热经营权不得任意拒绝行使,如果转让或移交供热经营权应当依法经过有关单位核准。为满足公民对公共客运服务等交通出行需要,地方立法会对出租汽车、公共客运的特许经营权进行限制,如《昆明市客运出租汽车管理条例》第二十四条规定巡游车运营方不得无故拒绝运输乘客,这是对巡游车经营许可使用上的限制,限制了其选择交易对象的权利。《济南市城市公共交通条例》第二十一条规定取得经营权的城市公共交通经营者需要经过相关部门的核准,否则不得停业歇业。②

2. 基于限制手段的分类

(1) 限制财产权的使用权能

财产权基本的价值之一就是使用价值,人们占有财产的直接目的是使财产能够服务于人的自由意志,为人所支配和利用。地方立法限制财产权最普遍和直接的方式就是限制财产的使用权,包括使用的地点、时间、频率、方式等。

根据被限制的财产使用权种类进行区分,可以分为如下几类:一是限制土地承包经营权等不动产的用益物权,在《南京市蔬菜基地管理条例》中就规定了菜地承包经

---

① 类似的还有《大连市轨道交通条例》第三十四条;《大连市引水供水工程设施保护条例》第六条;《昆明市河道管理条例》第十六条、第二十二条;《南京市长江桥梁隧道条例》第三十一条、第三十二条、第三十五条、第三十六条;《南京市防洪堤保护管理条例》第十四条、第十五条;《南京市排水条例》第三十八条;《济南市河道管理保护条例》第二十三条、第二十五条、第二十六条;《南京市轨道交通条例》第十七条、第三十九条;《南京市航道管理条例》第十五条、第三十九条;《济南市市政设施管理条例》第四十五条;《济南市油区工作管理办法》第十七条;《洛阳市城市渠道管理条例》第十四条;《洛阳市公路路政管理条例》第十条、第三十条。

② 类似的还有《长春市城市客运出租汽车管理条例》第九条、第二十五条;《长春市城市公共汽电车客运管理条例》第十七条、第十八条;《大连市客运出租汽车管理条例》第三十条;《大连市城市公共客运交通管理条例》第四条、第十一条;《兰州市城市公共汽车客运管理条例》第二十五条、第三十六条;《南京市公共客运管理条例》第二十七条、第三十二条、第三十四条;《济南市道路旅客运输管理条例》第十四条、第十五条;《济南市城市客运出租汽车管理条例》第十四条、第十五条;《洛阳市城市公共交通条例》第九条、第二十条、第二十四条。

营方不得擅自改变承包土地的用途，属于对不动产用益物权用途的限制。①二是限制动产的使用权能，针对可能对公共利益造成污染或其他损害的动产，如《兰州市大气污染防治条例》规定在特定地域禁止使用高污染燃料，《昆明市清水海保护条例》规定在保护区内禁止使用含磷洗涤用品等。②三是限制行政特许经营权的使用，一般与公民基本生活保障有关，包括供热、燃气、城市客运等方面，限制的具体方式包括该类特许经营权的享有者不得停止使用、推迟使用或擅自提前使用该类特许经营权。③四是限制公民对自然资源以及公共资源的使用权，比如在特定保护范围内限制取水权、采砂权、采矿权以及对公共设施的使用权等。④

（2）限制财产权的收益权能

财产权能够为权利人提供物质条件和生存保障，不仅源于财产的使用价值，更依赖于财产的收益权能。财产权人可以利用私有财产从事生产经营，从而获取更大的经济价值，从宪法保障公民的生产资料的角度，我们可以认为宪法财产权是保护私人的经营自由的。⑤出于公共利益的考虑，地方立法会从以下几个方面限制私主体的经营自由。

首先，限制私主体的经营地点广泛存在于地方立法规范中，比如《长春市公园条例》规定了在公园内从事经营需要经过批准，并且不得在公园内流动叫卖商品。⑥《昆

---

① 《南京市蔬菜基地管理条例》第十四条："在蔬菜基地范围内，蔬菜生产经营组织和菜地承包经营者不得将菜地抛荒或者改挖鱼塘。"类似的规定还有《济南市电力管理条例》第十六条："架空电力线路走廊和杆、塔基础以及地下电缆通道建设，不实行征地。电力企业应当对杆、塔基础用地的土地承包经营权人或者集体土地所有权人或者建设用地使用权人依法给予补偿。"

② 《兰州市大气污染防治条例》第二十七条："在禁燃区内，禁止销售、燃用高污染燃料；禁止新建、扩建燃用高污染燃料的设施，已建成的，应当在市人民政府规定的期限内改用天然气、页岩气、液化石油气、电或者其他清洁能源。"《昆明市清水海保护条例》第十五条："二级保护区内禁止下列行为：（三）使用含磷洗涤用品、不可自然降解的塑料袋和一次性塑料餐具。"类似的还有《南京市国家公祭保障条例》第十三条："在市人民政府通告规定的国家公祭活动期间，禁止擅自使用轻型和超轻型固定翼飞机、滑翔伞、热气球、无人机等一切飞行器进行升空飞行活动。"

③ 《长春市城市供热管理条例》《大连市燃气管理条例》《兰州市城市公共汽车客运管理条例》中都有如是规定。

④ 《南京市水库保护条例》《长春市市政设施管理条例》等工程设施、自然资源的保护条例中都有如是规定。

⑤ 翟国强：《经济权利保障的宪法逻辑》，《中国社会科学》2019年第12期。

⑥ 《长春市公园条例》第二十三条："经批准在公园内从事商业经营活动的经营者，应当遵守下列规定：（一）在指定的地点经营，不得流动叫卖商品；（二）不得擅自扩大经营面积，搭建经营设施；（三）商品的陈列、宣传不得影响景观和周围环境。"

明市中小学幼儿园场地校舍建设保护条例》规定在中小学及幼儿园附近不得设立商贩摊点。①

其次,限制私主体交易过程中的意思自治同样是较为普遍的一种方式,主要体现在限制经营对象、交易相对人以及交易价格三方面。一是限制经营的对象,即限制了可以用来营利的财产权的范围,《昆明市生猪屠宰管理条例》中规定禁止任何主体经营未经检疫检验的生猪产品。②《南京市道路交通安全条例》则规定禁止经营将机动车驾驶证的分数有偿让他人代替记分的业务。③二是限制交易的相对人,该类规范限制了私主体在从事经营行为时选择交易相对人的自由,《昆明市客运出租汽车管理条例》规定巡游车驾驶员不得无故拒绝运载乘客,《南京市未成年人保护条例》规定不得向未成年人出售烟酒都体现了对交易相对人选择权的限制。④三是限制交易的价格,该类限制主要针对提供城市基础服务的经营者,比如《长春市供水条例》《兰州市城市公共汽车客运管理条例》都对提供服务的经营者的定价权进行了限制。⑤

（3）限制财产权的处分与转让

财产权的处分权能兜底性地保障财产权人对物充分的支配权⑥,即财产能够依据权利人的自由意志被抛弃或转让。地方立法实践限制财产权的主要方式为限制财产的抛弃、转让以及对财产的改装改造。

---

① 《昆明市中小学幼儿园场地校舍建设保护条例》第十九条:"中小学幼儿园正门两侧各30米范围内,不得修建垃圾站、机动车停车场,不得设立集贸市场和摆设商贩摊点。"

② 《昆明市生猪屠宰管理条例》第二十六条:"经检疫、检验合格并附有生猪屠宰凭证的生猪产品,方可用于食品经营、加工。"

③ 《南京市道路交通安全条例》第二十条:"禁止以支付报酬等形式让他人替代记分。禁止以营利为目的替代他人记分或者介绍替代记分。"

④ 《南京市未成年人保护条例》第三十三条:"任何经营场所不得向未成年人出售烟酒以及含酒精的饮品。"《昆明市客运出租汽车管理条例》第二十四条:"巡游车驾驶员从事营运活动时,不得拒载。"《兰州市燃气管理条例》第二十二条:"燃气经营者不得有下列行为:(一)拒绝向市政燃气管网覆盖范围内符合用气条件的单位或者个人供气。"

⑤ 《长春市供水条例》第四十二条:"城市居民生活用水价格应当实行阶梯水价。城市非居民生活用水价格应当实行超定额累进加价。城市供水企业不得擅自制定或者变更水价。"《兰州市城市公共汽车客运管理条例》第三十六条:"市、县(区)人民政府应当完善政府购买公共汽车客运服务机制,建立健全公共汽车客运成本规制办法,科学界定成本标准,施行年度审计评价,根据费用年度核算和服务质量评价考核结果,对经营者因实行低于成本的票价、特殊人员减免费、承担政府指令性任务等形成的政策性亏损给予补偿;对在车辆购置、基础设施建设、技术改造、节能减排、经营冷僻线路等方面的投入,给予适当的补贴。"

⑥ 张翔:《论支配利益的多样性与物权法定主义之协调——以罗马法役权制度为角度》,《河北法学》2006年第2期。

　　首先,限制私有财产的任意抛弃总体上以环境保护为目的。最典型的限制体现在垃圾分类处理方面,集中体现了地方立法对公民私有财产抛弃行为的限制。其次,限制财产权的转让属于限制处分权能的一种形式。与公民基本生活保障相关的经营者享有的特许经营权不得任意转让,体现在上文提到的供热、供气以及公共客运等方面。①再次,对于某些不适于继续流通的物品,尤其是继续流通可能会危及公共安全的,立法也会对该类财产的转让进行限制,比如《南京市房屋使用安全管理条例》规定了危房不得转让。②最后,财产的改装改造,对财产进行改造可能使其外观、使用价值、经济价值发生根本性的改变,限制财产所有人对财产的改造基本出于两方面考虑。一是某些私有财产具备文化以及历史研究价值,保留私有财产的原有属性,《昆明市文物保护条例》历史文化方面的地方立法就针对具有保护价值的私有建筑、文物的改造进行了限制,该类私有财产在某种程度上已经具备了公有财产的属性。③二是出于对公共安全的考量对私有财产的改装改造进行限制。该类财产一般具有广泛的实用性,因而财产的标准化对维护公众的安全具有重要意义。《南京市道路交通安全条例》以及《长春市城市房屋安全管理条例》规定了禁止对机动车、电动车以及房屋进行可能危害公共安全的改造。④

　　(4)为财产权人施加维护与管理的义务

　　除了以上对财产权人行使财产的自由进行直接的限制以外,地方立法还为财产权人创设了特定义务,为财产权人增加了占有支配财产的负担。施加的具体义务可以被区分为维护私有财产的义务与管理私有财产的义务。对私有财产负有维护义务是指财产权人有使该财产能够存续或者能够正常发挥效用的义务,比如具有保护价

---

　　① 《大连市燃气管理条例》第十七条:燃气经营者不得有下列行为:"(一)倒卖、抵押、出租、出借、转让、涂改燃气经营许可证。"《南京市公共客运管理条例》第三十二条:"公共汽车经营者在经营期限内,不得转让公共汽车线路经营权,不得擅自变更运营方案、暂停或者终止运营。"

　　② 《南京市房屋使用安全管理条例》第二十九条:"经鉴定属于危险房屋不能继续使用的,不得居住、转让、出租或者作为生产经营场所。"

　　③ 《南京市重要近现代建筑和近现代建筑风貌区保护条例》第二十二条:"新建、扩建、改建建筑,应当在高度、体量、立面、材料、色彩等方面与原有建筑的空间格局、景观特征、周边环境相协调,不得破坏风貌区的历史文化风貌。"《昆明市文物保护条例》第二十一条:"不可移动文物的修缮、保养、迁移,不得改变文物原状。"

　　④ 《南京市道路交通安全条例》第二十五条:"禁止改装或者改动电动自行车的电动机、限速装置、脚踏骑行设备。"《长春市城市房屋安全管理条例》第九条:"禁止实施下列危害房屋结构安全的行为:(一)拆改房屋承重墙、剪力墙、梁、柱、楼板、基础结构等;(二)在承重墙上开挖门、窗或者改变承重墙上原有的门、窗尺寸;(三)超过设计标准增加房屋使用荷载;(四)在房屋楼面结构层开凿或者扩大洞口;(五)挖建地下室或者降低房屋地坪标高;(六)在房屋顶面上加层建房搭棚;(七)其他危害房屋结构安全的行为。"

值的文物①或其他具有历史保护价值的工艺②,以及能够被公众使用的私有财产③等。对私有财产负有管理义务是指财产权人有义务使该财产不会对公共利益产生妨害,比如污染物、噪声的排放④以及养犬的行为规范⑤。

(5)向政府及主管行政部门授权进行具体限制

在地方立法实践中,有相当一部分财产权限制规范是授权行政机关来实施的。由于行政机关在日常行政事务方面的专业性以及在应急管理事务上的高效性,地方人大及其常委会需要将部分限制财产权的权力授予行政机关。因此,多个设区的市都通过专门的立法条例或专章规定了行政机关行使规划权的职责清单,基本厘清了行政机关行使规划权的界限。⑥

行政机关另外可以通过以下两类授权限制私有财产权。一方面,行政机关可以对排放污染物进行常态化限制,例如《南京市机动车排气污染防治条例》规定了机动车废气排放的相关事宜,可由政府部门形成方案并批准实施。⑦另一方面,地方立法

---

① 《昆明市文物保护条例》第十七条:"非国有不可移动文物,由所有人负责保护及修缮、保养。"

② 《宜宾市白酒历史文化保护条例》第二十三条:"白酒历史文化资源所有人、管理人或者使用人应当严格按照白酒传统酿造技艺,持续、合理使用和维护列入名录的老窖池、老作坊和贮酒场所。"

③ 《大连市气象灾害防御条例》第十八条:"雷电防护装置的所有人或者受托人,应当做好日常维护工作,并依法委托具有雷电防护装置检测资质的专业机构定期检测。"《洛阳市大气污染防治条例》第三十四条:"矿产资源开采、加工企业应当采取洒水喷淋、运输道路硬化等抑尘措施,并按照规定进行生态修复。"

④ 《南京市大气污染防治条例》第三十三条:"产生挥发性有机物废气的生产经营活动,应当在密闭空间或者设备中进行,并按照规定安装、使用污染防治设施。"

⑤ 《济南市养犬管理规定》第二十一条:"(四)携犬出户期间应当携带养犬登记证,为犬只系挂号牌,由完全民事行为能力人用束犬链(绳)牵领,主动避让他人和车辆。束犬链(绳)最长不得超过一点五米。(五)携犬乘坐电梯的,应当避开乘坐电梯的高峰时间,并为犬只配戴嘴套或者将犬只装入犬笼、袋。"

⑥ 《大连市城乡规划条例》第十五条:"城市总体规划、镇总体规划的内容应当包括:城市、镇的发展布局,功能分区,用地布局,综合交通体系,禁止、限制和适宜建设的地域范围,各类专项规划等。规划区范围、规划区内建设用地规模、基础设施和公共服务设施用地、水源地和水系、基本农田和绿化用地、环境保护、自然与历史文化遗产保护以及防灾减灾、人民防空等内容,应当作为城市总体规划、镇总体规划的强制性内容。"《昆明市历史文化名城保护条例》第十九条:"经批准公布的保护对象,由所在地县(市、区)人民政府组织编制保护规划或者保护图则。历史文化名城保护规划应当划定历史城区范围。历史文化名镇、历史文化名村、历史村镇、历史文化街区、历史地段的保护规划应当单独编制,并划定保护范围。"

⑦ 《南京市机动车排气污染防治条例》第九条:"根据本市大气环境质量状况和不同类别机动车排气污染程度,市公安机关交通管理部门可以会同市环境保护行政主管部门提出高污染机动车限制行驶的方案,报经市人民政府批准后公布、实施。"《南京市水环境保护条例》第十条:"本市在科学确定水污染物排放总量、完成总量控制指标和削减计划的基础上,根据重点水域水环境质量和水体纳污能力,可以实行水污染物排污权有偿使用和交易制度。具体办法由市人民政府另行制定。"

授予行政机关在应对紧急情况时可以采取包括限制财产权在内的应急管理措施,以达到维护社会稳定的目的,例如《大连市气象灾害防御条例》以及《兰州市大气污染防治条例》都规定了行政机关在应对气象灾害和重污染天气时可以视情况采取限制财产权的管理措施。①

(二)地方立法限制财产权的合宪性基准

财产权作为基本权利之一,其研究方法可以沿用立法限制基本权利的正当性的思考框架。立法的正当性来自宪法的规定,宪法赋予了立法机关立法行为的正当性。在基本权利限制研究的问题框架下,立法限制财产权的正当性判断问题可以拆分为形式上的合宪性与实质上的合宪性。②形式上的合宪性主要是指宪法及法律对地方立法限制财产权的授权,实质上的合宪性主要是指地方立法限制财产权需要符合比例原则的要求。

1. 地方立法限制财产权的形式合宪性基准

(1) 法律保留原则与地方立法权扩容的理论依据

从理论上来说,基本权利限制的形式合宪性一般指的是法律保留原则。该原则要求立法对基本权利进行限制,必须有法律作为限制基本权利的依据,基本权利限制需要通过立法且只能通过立法的方式去限制。③其本质是一种宪法对法律的授权,宪法允许法律侵害基本权利,但这种侵害是有保留的侵害。④因此是否存在已经通过的法律是立法限制基本权利是否正当的形式审查标准。

在立法权与行政权二分的前提下,由立法权对宪法基本权利进行限制,是基于立法的民主成分。正如托克维尔曾经指出的:"人民之所以服从法律,不仅因为法律是

---

① 《大连市气象灾害防御条例》第三十三条:"气象灾害发生后,市及区(市)县人民政府可以根据应急处置的需要,依法采取下列措施;(四)实行交通管制;(五)依法临时征用房屋、运输工具、设施设备和场地等应急救援所需的物品。"《兰州市大气污染防治条例》第六十条:"市、区(县)人民政府应当根据重污染天气预警等级,及时启动应急预案,根据应急需要可以采取下列相应措施;(一)责令有关企业停产、限产或者错峰生产;(二)限制部分机动车行驶;(三)禁止燃放烟花爆竹。"《济南市机动车和非道路移动机械排气污染防治条例》第二十五条:"市、区县人民政府应当依据重污染天气预警等级,及时启动应急预案,根据应急需要可以采取限制部分机动车行驶等临时应急措施,并向社会公告。"
② 汪新胜:《基本权利限制的合宪性考量》,《西部法学评论》2010年第6期;张翔:《基本权利限制问题的思考框架》,《法学家》2008年第1期;陈海嵩:《雾霾应急的中国实践与环境法理》,《法学研究》2016年第38卷第4期。
③ 张翔:《基本权利的规范建构》,高等教育出版社2008年版,第59页。
④ 郑贤君:《基本权利研究》,法律出版社2010年版,第212页。

他们自己制定的,而且因为当法律偶尔损害他们时他们也可以修订。"①法国1789年
《人权宣言》规定全国公民有权亲自或以选举代表的方式参与制定法律,经过这种程
序制定的法律体现了全国公民的公共意志。因此可以看出,法律首先因其民主自治
的根基取得了不同于行政立法的独特地位。对民意机关的信任和对行政权力的恐惧
产生了立法权与行政权分立的法治观,而法律保留原则正是源于这样的观念。②

其次宪法基本权利是关乎公民人格自由与人格尊严的权利,同时私有财产权也
作为我国基本经济制度的一部分,应当由级别较高的代议机关立法进行限制。在奥
托·迈耶首次提出"法律保留"的概念时,他就曾指出干涉人民自由与所有权时应当有
议会通过的法律作为依据。③此后,虽然法律保留原则几经发展,"自由与财产"的公
式依旧是法律保留原则的核心④,其重要意义在于明确了行政权不得侵犯立法权的内
核,即关涉公民自由与财产的事项均应由法律进行规定。法律保留原则的价值之一
就是捍卫人民主权,避免滥用权力,保障人民的自由意志。因此公民基本权利的保护
体现了宪法意义上的法律保留原则,是全面的法律保留,也是民主主义的体现。⑤因
此财产权作为公民基本权利之一,其应当获得完整全面的立法保障。

从央地关系的角度看,法律保留也为地方立法限制财产权提供了形式合宪性的
依据。通过对法律保留原则的解释,法律保留界分了立法权与行政权各自的轮廓,而
并不涉及中央与地方立法权划分。法律保留原则强调的是通过民主的方式保障公民
的自由与财产,而地方立法也存在一定的民意基础。将法律保留原则扩大到地方性
立法,这样不仅体现了地方立法作为实践层面的地方自治权的特殊属性⑥,也可以使
地方性立法与地方政府执行法律的行为区分开来⑦。

---

① [法]托克维尔:《论美国的民主》,张晓明编译,商务印书馆1989年版,第276页。

② 胡肖华、徐靖:《论公民基本权利限制的正当性与限制原则》,《法学评论》2005年第6期。

③ 何意志:《德国现代行政法学的奠基人奥托·迈耶与行政法学的发展》,[德]奥托·迈耶:《德国行政法》,刘飞译,商务印书馆2013年版,第4页。

④ 黄宇骁:《也论法律的法规创造力原则》,《中外法学》2017年第29卷第5期。

⑤ 门中敬:《论宪法与行政法意义上的法律保留之区分——以我国行政保留理论的构建为取向》,《法学杂志》2015年第36卷第12期。

⑥ 梁西圣:《地方立法权扩容的"张弛有度"——寻找中央与地方立法权的黄金分割点》,《哈尔滨工业大学学报(社会科学版)》2018年第20卷第3期。

⑦ 牧宇:《法律保留原则下地方行政处罚的界限设定》,《地方立法研究》2020年第5卷第4期。

从地方立法需求的角度来看,虽然存在种种反对的意见①,但授予地方更完整的立法权能够提升地方社会治理的法治化和规范化水准,从而自下而上地实现现代化的国家治理②,减少立法灰色地带,促进社会公平③。而且独特的地方立法需求真实存在④,地方立法主体可以以立法方式为辖区内的公民设置法律上的权利义务关系,这也是立法机关实现其社会治理目标的主要手段与方法,从而弥补全国普适的法律造成的地方发展不平衡问题上的不足⑤。财产权作为经济制度的一部分,与市场经济的充分发展存在密不可分的关系。在市场主体、市场经济利益日渐多元化的背景下,地方经济系统的特殊性更加凸显。⑥尤其是行政许可、经营自由等类别的财产权对于提高市场分配效率具有重要意义,因此赋予地方立法对财产权进行合理的限制的权力,能够更好地满足地方多样化社会治理的需求。

(2)形式合宪性的考察基准构建

首先,考察我国针对地方立法的授权体系可知,《宪法》第三条第四款明确了划分中央和地方国家机构职权界限时所依据的主动性、积极性原则,为国家治理体系提供了中央与地方关系的总体指导思想⑦,为地方自主立法提供了宪法上的正当性⑧。此外《宪法》第一百条第二款规定了设区的市的人大及其常务委员会的地方立法权,在坚持不抵触和报批原则的前提下可以正常行使。该条是2018年《宪法》修改新增的条

---

① 反对意见包括:(1)认为进一步下放地方立法权可能存在合宪性风险的:袁明圣:《从宪法到普通法:法律文本里的地方立法权流变考》,《法学杂志》2012年第4期;谢怀栻:《是统一立法还是地方分散立法》,《中国法学》1993年第5期。(2)对地方立法能力进行质疑,可能导致立法质量下降,法制不统一的:秦前红:《立法法修改的得与失》,来源:http://opinion.caixin.com/2015-03-15/100791320.html,2020年9月8日访问;信春鹰、郑功成、刘政奎等全国人大常委会委员曾提出的立法重复论与立法扩张论;彭东昱:《赋予设区的市地方立法权》,《中国人大》2014年第19期。(3)认为地方立法权下放会加剧地方保护主义的:郑毅:《对新〈立法法〉地方立法权改革的冷思考》,《行政论坛》2015年第4期;周永坤:《法治视角下的立法法——立法法若干不足之评析》,《法学评论》2001年第2期。

② 李少文:《地方立法权扩张的合宪性与宪法发展》,《华东政法大学学报》2016年第19卷第2期。

③ 王建学:《论地方性法规制定权的平等分配》,《当代法学》2017年第31卷第2期。

④ 俞祺:《重复、细化还是创制:中国地方立法与上位法关系考察》,《政治与法律》2017年第9期。

⑤ 金黎钢、张丹丹:《论实施性地方法规创制空间及其保障》,《江淮论坛》2015年第2期。

⑥ 深圳的发展就是一个很好的例子,地方立法的缺失一度成为制约深圳发展的制度瓶颈。参见徐天:《深圳:求解立法权之路》,《中国新闻周刊》2013年6月10日;周頔:《深圳:一个城市的立法实践》,《民主与法制时报》2015年3月15日第002版;周尚君、郭晓雨:《制度竞争视角下的地方立法权扩容》,《法学》2015年第11期。

⑦ 苏力:《当代中国的中央与地方分权——重读毛泽东〈论十大关系〉第五节》,《中国社会科学》2004年第2期。

⑧ 王建学:《论地方政府事权的法理基础与宪法结构》,《中国法学》2017年第4期。

款之一,为设区的市地方性法规提供了直接的宪法授权,使地方性法规具备了民主性质。

其次,从法律的层面上来看,一方面,法律保留原则为地方立法限制公民财产权提供了参考的准则,根据2015年《立法法》第八条,某些重要的事项只能制定法律,而财产权作为公民基本权利,应属于相对保留事项,法律可以将这类事项以法律的形式授权给地方立法或是行政法规。因此只有具备法律授权的地方立法才是符合法律保留原则的。另一方面,2015年《立法法》第七十二条①以列举授权的方式对地方立法可以进行规制的事项进行了明确,并规定了地方性法规的不抵触原则以及报批的生效方式。针对某一类财产权限制的地方立法规定,在其他法律没有另外规定的情况下,我们需要考察其在内容上是否落入《立法法》所列举的三种授权范围内,同时需要考察是否与上位法发生了抵触。因此在法律层面,地方立法对财产权的限制条款需要接受三方面的检验:一是其规范的内容是否属于《立法法》所明确授权的"城乡建设与管理""历史文化保护""环境保护"三类事项之一;二是如果不属于三授权的事项,是否有其他法律对该事项的地方立法权进行授权;三是其规定是否与上位法相抵触。

2. 地方立法限制财产权的实质合宪性基准

(1) 比例原则的理论起源

作为"人民基本权利的保障利器",比例原则是对基本权利限制的限制方式。②从广泛的意义上来说,"合比例"的思想渊源可溯源到亚里士多德的正义观念,即只有合比例的才是正义的,不正义就是违反了合比例的思想。③从现代公法的公法精神角度考察,权利与权力的抗衡、公益与私益的保护、尊重和保障人权等公法的内在追求都能够成为比例原则的理论基础。

制度意义上的比例原则确立于19世纪德国行政法院的司法审查制度④,而此时的

---

①　《立法法》第七十二条规定:"设区的市的人民代表大会及其常务委员会根据本市的具体情况和实际需要,在不抵触宪法、法律、行政法规和本省、自治区的地方性法规相抵触的前提下,可以对城乡建设与管理、环境保护、历史文化保护等方面的事项制定地方性法规,法律对设区的市制定地方性法规的事项另有规定的,从其规定。"

②　陈新民:《德国公法学基础理论》,山东人民出版社2001年版,第380页。

③　Bernhard Schlink, *Proportionality*, in The Oxford Handbook of Comparative Constitutional Law 718, Oxford University Press, 2012, p41.

④　陈新民:《法治国家公法学的理论与实践:陈新民法学论文自选集》,三民书局2011年版,第334页。

比例原则主要应用于对行政行为是否合比例的审查①。二战以后,法治观念发生演进,促使人们开始思考基本权利的实现功能,为比例原则的宪法化提供了动力。②在这种背景下,德国宪法法院开始在涉及基本权利保护与限制的裁判中大规模使用比例原则,并宣布了比例原则是一项"宪法上法治国家思想"的一般原则,认为比例原则是审查公权行为的最高标准③,是规范国家权力与私权领域的首要依据。可以说,比例原则的约束范围已经由行政行为扩大到立法行为。由此,比例原则在成为宪法原则的初始,就以保护基本权利、限制公权力为首要目的。

从法理学上看,比例原则之所以能够成为基本权利限制的审查标准,是因为宪法规定的基本权利条款外延具有开放性和模糊性。法理学家阿列克西认为,规则是确定性命令,而原则是最佳化命令④,宪法规范虽然具备明确性的特征,但其规范内容的宣示性和指导性的意味使得其原则性似乎更加明显,因此可以认为,宪法对公民权利的规定是一种原则。在原则发生冲突时,应当以权衡作为原则是否应当被采用的判断方式⑤,而对利益作出权衡正是比例原则的核心判断方式。因此,比例原则所具备的权衡的特征对于公权力机关对公民基本权利限制的正当性判断而言是十分合适的。

(2)实质合宪性的考察基准构建

在比例原则的适用上,主要有三阶说和四阶说两种类型,学界对此有争议。⑥传统的三阶说认为比例原则应当包括适合性原则、必要性原则以及手段与目的的均衡原则;四阶说则在三阶说的基础上增加了目的正当性原则作为前提。目的正当性原则是指只有与宪法所宣示的目的相一致,公权力的行使才是合宪的。

针对三阶说和四阶说的争议,目前学界基本认定四阶说应当作为通说。⑦目的正

---

① Moshe Cohen-Eliya & Iddo Porat, *American Balancing and German Proportionality:The His-torical Origins*, Int'l J. Const.L.263, 2010, p287.

② 李云霖:《论人大监督规范性文件之审查基准》,《政治与法律》2014年第12期。

③ 王蕾:《比例原则在美国合宪性审查中的类型化运用及其成因》,《比较法研究》2020年第1期。

④ [德]罗伯特·阿列克西:《法、理性、商谈:法哲学研究》,朱光、雷磊译,中国法制出版社2011年版,第210页。

⑤ Robert Alexy, *A Theory of Constitutional Rights*, Translated by Julian Rivers, Oxford University Press, 2002, p101.

⑥ 蔡宏伟:《作为限制公权力滥用的比例原则》,《法制与社会发展》2019年第6期。

⑦ 谢立斌:《药店判决》,张翔主编《德国宪法案例选释:基本权利总论》(第1辑),法律出版社2012年版,第66页;许玉镇:《比例原则的法理研究》,中国社会科学出版社2009年版,第55页。

当性对于考察立法是否符合宪法来说是必要的。目的正当性原则应当作为后三项原则的适用前提,其主要关涉到国家对于某一特定问题是否应当采取行动,而后三项原则则关涉到国家行动的程度问题。①正如有学者认为的:"任何不追求正当目的的决定显然是不合理的。"②适当性原则本身对于目的的考量程度是不足的,因为适当性原则自身已经预设了公权力行为的目的是应当被鼓励的,但公权力机关的所有行为都应当具备实质上的正当理由。③因此如果比例原则不考察立法目的是否正当,就会导致某些"恶法"通过比例原则的审查,从而导致公民基本权利受到侵害。将目的正当性原则作为传统行政法上比例原则的前置判断,可以提高立法质量。④目的正当性原则在我国宪法上也有所体现:《宪法》第五十一条规定了公民自由和权利不得损害公共利益、他人的自由和权利以及法律规定。这是宪法所列举的社会基础价值,构成公共利益的判断起点。

3. 构建地方立法限制财产权的合宪性基准体系

依据上文所述,地方立法限制财产权的合宪性基准体系应当从形式与实质两方面进行构建。

形式上,针对某一特定类别的地方立法,首先,需要考察其是否具备宪法依据。其次,根据《立法法》三授权事项的规定,在其他法律没有另行规定的前提下,设区的市地方立法只能就三授权范围内的事项进行规制。最后,根据其有关设区的市地方性法规的"不抵触原则",需要考察其内容是否与上位法发生抵触。

实质合宪性方面主要是需要进行比例原则上的审查。针对一个特定的财产权限制条款,首先要将其立法的目的和规制的手段进行抽象归纳,其立法目的的正当性应当得到首要的保证,考察限制目的是否符合宪法;其次根据限制的对象以及限制的严重程度,判断该限制是否已经突破了财产权的社会义务的范围,进入应当予以补偿的财产权限制的范围。对于其合宪性的具体判断,应当考察其手段与目的之间是否具有相称性,是否符合比例原则,相对于立法限制所欲达到的社会治理目标,其限制手段是否是必要,是否是对财产权最小的侵害手段。

① 陈征:《论比例原则对立法权的约束及其界限》,《中国法学》2020年第3期。
② Julian Rivers, *Proportionality and Variable Intensity of Review*, Cambridge L. J. 174, 2006, p251.
③ 摩西·科恩-埃利亚、易多波·拉特:《比例原则与正当理由文化》,刘权译,《南京大学法律评论》2012年第2期。
④ 刘权:《目的正当性与比例原则的重构》,《中国法学》2014年第4期。

三、地方立法限制财产权的合宪性判断

本文的第二部分为地方立法限制财产权提供了较为明晰的实践概况及其合宪依据。针对上文归纳的不同类别的财产权限制规范,我们有必要根据其限制的严重程度对其进行定性,并从形式合宪以及实质合宪两方面对其做出合宪与否的系统性考察。

(一)地方立法限制财产权的形式合宪性判断

1. 地方立法缺少法律层面的授权

地方性法规需要获得法律的授权才能就财产权限制事宜进行规定。法律授权的来源有两种,一是2015年《立法法》第七十二条规定的三类较为概括的授权地方立法事项;二是条文中明确指出的法律另有规定的,按照其规定。首先,《立法法》所明确列举的三授权,城乡建设与管理可以涵盖城乡规划设置、公共基础设施的提供与保护、市政管理;环境保护包括了对大气资源、水资源等自然资源的保护。①其次,根据本文第二部分根据地方立法限制财产权的目的对限制规范进行的分类,大体上可以认为,自然资源与环境卫生保护属于"环境保护"概括授权项下的,景观权与市容市貌管理属于"城乡建设与管理"授权项下的,"文化权与历史文化保护"属于"历史文化保护"授权项下的,公共设施的使用属于对基础设施的管理,因此也属于"城乡建设与管理"授权范围。只有以公共安全为目的的财产权限制规范有可能不属于三授权的事项范围。

城市房屋以及公共道路交通的安全管理,可以解释为城市规划建设,属于三授权的范围。公共卫生安全管理,尤其是涉及生产、加工经营食品及与食品相关的农副产品的事项,很难将其解释为《立法法》明确的概括授权的范围。那么其是否具备其他法律的明确授权呢?《昆明市生猪屠宰管理条例》②中规定了禁止收购、加工经营检验检疫不合格的肉品,其所依据的法律主要有《中华人民共和国动物防疫法》以及《中华人民共和国食品安全法》两部法律,后者第二十七条规定屠宰畜禽的具体检验规程由国务院主管机关制定,前者第二十五条对不得屠宰和经营的动物产品类别进行了规定,但并不存在对该事项下放地方立法权的事项。因此,食品安全相关的地方性法规缺少法律的授权。

除此以外,与灾害预防相关的应急管理立法也是缺少法律授权的。首先,灾害预

---

① 武增:《2015年〈立法法〉修改背景和主要内容解读》,《中国法律评论》2015年第1期。
② 类似的规定还有《长春市肉品管理条例》第二十条。

防不属于《立法法》明确授权中的任何一项;其次,其他法律也没有针对地方立法进行另外的授权。比如《大连市气象灾害防御条例》①中规定了针对气象灾害的应急管理措施以及私有雷电防护装置的责任人,其中都涉及对财产权不同程度的限制,但《中华人民共和国气象法》第五章气象灾害防御将针对气象灾害的应急管理措施的制定规划权授予了县级以上地方人民政府,包括了编制防御规划、制定防御方案以及实施规划方案的执行权力。在应急管理方面法律存在较为统一的做法②,就是将应急管理的权限直接授予地方各级人民政府以及主管部门,省市级地方性法规权限的授予处于缺位状态。

另外,某些对于财产权的收益权能进行限制的地方性法规也是缺少授权的,比如《南京市道路交通安全条例》虽然创造性地规定了不得将机动车驾驶证的分数作为交易的对象,但无论是作为道路交通安全管理还是作为行政许可交易管理,都不在《立法法》三种授权事项范围内,并且《中华人民共和国道路交通安全法》也并没有授权地方立法对此事项进行规定。因此该条款属于缺少法律授权的创制性立法。

2. 地方立法内容与上位法重复

在地方立法获得法律授权的前提下,从地方立法与上位法的内容关系上进行分类,可以大致分为四类:一是地方立法与上位法完全相同,没有增加任何法定要素,属于重复性立法的情形,这种情况下虽然不违背法律保留原则的要求,但浪费了立法资源,降低了立法质量;二是地方立法按照2015年《立法法》第七十三条第一款根据上位法进行了执行性规定;三是地方立法根据自身的特殊立法需求,在绝对法律保留事项外先于上位法进行创制性立法;四是在上位法已经对某一事项作出规定的情况下,地方性法规又对该事项进行规定,二者存在矛盾关系,即属于2015年《立法法》第七十二条所指的"抵触"的情形。从科学立法的角度来看,形式合宪性若仅仅要求地方性法规获得法律的授权,那可能会导致地方性法规的立法质量不能得到很好的控制。因此形式合宪性也应当包括对立法质量的要求,具体体现在地方性法规不应当存在重复上位法表述的内容,重复性立法是对形式合宪性的违背。在将地方性法规与法律文本进行比对的过程中,笔者发现地方立法中存在较多与上位法类似或重复的条文。

以《中华人民共和国道路交通安全法》与对应设区的市地方性法规,和以针对市

---

① 类似的规定还有《昆明市气象灾害防御条例》《济南市气象灾害防御条例》。

② 类似的还有森林防火应急管理,其法律依据为《中华人民共和国森林法》。地震灾害应急管理,其法律依据为《中华人民共和国防震减灾法》,地方性法规可参考《昆明市森林防火条例》以及《济南市防震减灾条例》。

容市貌中私有建筑物外观限制方面的立法为例(见表1、表2),可以看到这两个方面的地方立法与上位法律、行政法规相比,其内容措辞上并没有实质上的区别。地方重复性立法对私有财产权的限制没有产生额外影响,也没有对其所欲达成的社会治理目的产生作用。

表1　道路交通安全重复性立法

法律法规名称	条文内容
中华人民共和国道路交通安全法	第四十七条:机动车行经人行横道时,应当减速行驶;遇行人正在通过人行横道,应当停车让行。
南京市道路交通安全条例	第三十九条第一款第三项:(三)行经无交通信号灯控制的人行横道时,应当减速行驶;遇行人正在通过人行横道,应当停车让行;
昆明市道路交通安全条例	第二十六条第一款第五项:(五)行经无交通信号灯控制的人行横道时,应当减速行驶;遇行人正在通过人行横道,应当停车让行。
济南市道路交通安全条例	第三十一条:机动车行经人行横道时,应当减速行驶;遇行人正在通过人行横道,应当停车让行。
长春市道路交通安全管理条例	第二十二条第一款第一项:(一)机动车行经人行横道时,应当减速行驶;遇行人正在通过人行横道,应当停车让行。

表2　建筑物外观限制重复性立法

法律法规名称	条文内容
城市市容和环境卫生管理条例	第十条:一切单位和个人都应当保持建筑物的整洁、美观。
长春市市容和环境卫生管理条例	第十七条:建筑物、构筑物的容貌应当保持整洁、完好、美观。
大连市城市市容管理条例	第十九条:建筑物、构筑物应当保持外形完好、整洁,外墙及门窗玻璃破损的应当及时修复。 第二十一条:建筑物、构筑物应当保持外形完好、整洁。
昆明市城市市容和环境卫生管理条例	第十条:临街建筑物、构筑物和城市雕塑、建筑小品等建筑景观及其附属设施的所有者或者管理者,应当保持建筑景观及其附属设施的完好、整洁、美观。
济南市城市市容管理条例	第十七条:建(构)筑物应当保持外形完好整洁,出现结构损坏、墙面剥离或者外立面污染的应当及时修缮、维护和清洗。
南京市市容管理条例	第十条:现有的建筑物应当保持外形完好,主次干道两侧破残的建筑物应当及时整修,墙面污损的,应当及时清洗、粉刷、油饰,符合街景要求。
温州市市容和环境卫生管理条例	第十四条第二款:建(构)筑物的外立面应当保持整洁、完好、美观,其造型、装饰等应当与所在区域环境相协调。

（二）地方立法限制财产权的实质合宪性

在获得授权的前提下，地方性法规在其授权范围内可以对上位法规定在执行方式、执行内容上进行更加细化的规定，也可以对具有特色的地方性事务先行规定。因此，地方性法规限制财产权的程度必定与上位法有所区别，或是加重了限制程度，或是缩小了财产自由行使的范围，或者针对上位法还未规定的事项进行预先的规制。

1. 特许经营权限制属于财产权的社会义务

地方立法对于特许经营权的限制主要是出于保证公民能够正常使用公共设施、享有公共资源的目的，具体来说，一是城市公共客运的特许经营权，二是供水、供热、供气等公共资源的特许经营权。而限制的手段一般是限制被许可人对经营权的自由使用，即不得擅自提前、推迟使用或者拒绝使用，也不得任意转让给第三人或者进行抵押出质等其他处分行为。

若对这类限制进行实质合宪性判断，首先，为公民提供城市客运以及生活必需的资源，从目的上来说是符合宪法的要求的，《宪法》第十四条发展生产与社会保障条款[1]为立法限制与公共资源相关的特许经营权提供了宪法上的依据。从被限制的对象来说，所有持有此类特许经营权的被许可人都需要接受经营权使用、处分上的限制，这种限制并不是个别和具体的，而是普遍和抽象的。其次，从限制造成的损害来看，由于被许可人在申请该类许可经营权时就已经预知了该类许可所附加的使用、处分上的义务，因此根据信赖利益保护原则，这种损害也不应当由许可方进行公益补偿。但是，如果存在应急管理等特殊需要，临时要求特许经营权人在超出行政协议的范围提供服务，这种附加的义务是个别化的，应当给予行政补偿，不少地方性法规对这一事项也进行了体现。比如《南京市公共客运管理条例》第三十四条规定了因重大突发事件、自然灾害等公共利益优先的事项采取临时管制措施，地方人民政府应当对公共客运经营许可权人根据情况给予相应补偿。

因此，在特许经营行政合同事先约定的范围内，特许经营权所受到的限制应当属于"财产权的社会义务"的范畴，因为这种义务是公共资源特许经营许可存在的前提。可以说，特许经营权保证公民平等合理利用公共资源是先于该类特许经营权而存在的，特许经营权的保护范围以及限制程度实际上较大程度地取决于公共利益的需要。[2]

---

[1] 《宪法》第十四条："国家合理安排积累和消费，兼顾国家、集体和个人的利益，在发展生产的基础上，逐步改善人民的物质生活和文化生活。"

[2] 肖泽晟：《公共资源特许利益的限制与保护——以燃气公用事业特许经营权为例》，《行政法学研究》2018年第2期。

2. 有限自然资源与历史文化资源的保护

(1) 保护有限自然资源与历史文化资源具备宪法上的目的正当性

对于自然资源与历史文化遗产与遗迹,由于资源的有限性,与其相关的财产利益被地方立法设置一定限制。这种根据资源的有限性而推导出的限制财产权的目的,同样具备宪法上的依据。《宪法》第九条第二款以及《宪法》第二十二条第二款分别指出国家有保障自然资源、珍稀动植物以及名胜古迹、文物遗产的义务,这两个条款为立法者采取措施限制公民对有限自然资源的使用以及历史文物的所有权提供了宪法上的正当性依据。

(2) 限制手段存在构成准征收的可能性

从限制手段上看,自然资源与历史文化资源的保护都倾向于通过规划分区的方式,达到保护有限资源的目的。针对某些特定种类的自然资源设置禁止任意使用的限制,主要是具有保护价值的珍稀动植物资源。针对部分私有的历史文物古迹,地方立法主要限制对财产的改装改造等处分行为,还会对财产的所有人施加一定的维护义务。

首先,以划分区域的方式对自然资源与历史文化街区进行保护,限制了区域内部公民对自然资源的使用权,包括取土、采砂、采矿以及对野生动植物的狩猎、捕捞权。这里以采矿权为例进行分析,比较明确的是,地方立法限制采矿权在特定区域内的行使的确可以保证区域内部的公共利益得到保护,可以促进立法目的的实现,但因此而受损的采矿利益是否符合比例原则中的必要性原则是值得商榷的。保护区的范围是否适当,还需要结合具体的矿种、开采方式的影响来具体判断。[①]因此,如果针对不同的情形都只划分统一的区域进行保护,对其中某一类公民对自然资源的使用权的限制的地方立法是完全有可能构成准征收的。

其次,以地方立法限制对珍稀动植物资源的使用,限制资源的使用的确会直接导致这项资源的存量增加。如国家级保护物种红树林,有关研究也表明,对红树林采取保护措施以来,红树林湿地面积总体上呈现先减少后增加的趋势。[②]但为保护某种资源而限制对其的使用,是以资源背后所代表的经济利益为代价的。从利益衡量的角度来看,很难证明因自然资源被管制而产生的公共利益高于因限制而受损的财产权

---

① 宦吉娥:《法律对采矿权的非征收性限制》,《华东政法大学学报》2016年第19卷第1期。

② 但新球、廖宝文、吴照柏等:《中国红树林湿地资源、保护现状和主要威胁》,《生态环境学报》2016年第25卷第7期。

人的经济利益。若限制与自然资源相关的生态旅游、药材食材采集、合理的生态养殖等产业的发展,导致了珍稀动植物资源的经济价值基本被架空①,在这种情况下,过度的限制也是完全可能构成准征收的。

最后,与私有的文物、历史文化建筑相关的财产权限制手段有两种,一种是消极意义上的不得对这类财产进行不符合规定的改装改造等处分行为,另一种是积极意义上的对财产负有维护修缮的作为义务。而实践中由此类限制导致的问题已经出现了。在广州沥滘村,由于担心房屋被政府管制,且要负担高昂的修缮费用,12名村民集体签名反对将自家房产列为历史建筑②,反映了地方立法对私有文物财产权限制的不合理之处。从限制的对象上来看,限制对文物进行修缮改造、和要求文物所有人负担修缮的费用违背了平等原则,文物所有人为公共利益的保障承担了不公平的特别牺牲;从限制的结果上来看,这种对财产权的限制是财产所有人不能预见的,且严重影响了文物所有者对财产所享有的使用和收益价值。③因此这类限制已经足够严重,不属于财产权社会义务的范围,应当建立针对文物所有者的补偿法律制度。

3. 环境公共利益的保护

第一,环境公益保护具备宪法上的目的正当性。在保障公民对于公共基础资源的日常生活需求后,对有限资源和珍稀资源也进行了进一步的保障,宪法对公权力机关也提出了更高的要求。《宪法》第十九条规定国家负有改善生活环境、治理污染的义务。其本质上是公民的健康权要求国家承担的健康保障义务。④而这也成为地方立法保障公民的环境权益的宪法依据。

经过对立法文本的梳理,地方性法规对于生态环境的保护主要存在于以下三个方面:一是以建立保护区、风景区等的方式限制污染物的处分地点,以规划的手段限制了私有财产的抛弃地点,不得在特定区域内实施处分行为。二是限制私主体在日常生活生产中污染物的排放方式,并对财产所有者施加一定的自我财产管理的义务。三是直接限制特定物的使用,主要是可能产生污染的烟花爆竹、机动车等财产,限制

---

① 王振标、彭华:《红树林地法律保护中的财产权限制与补偿——基于管制性征收的分析视角》,《林业经济问题》2018年第38卷第3期。

② 陈文、何姗、梁肇思:《12村民上书反对自家列入历史建筑》,http://art.people.com.cn/n/2013/0925/c206244-23029150.html,最后访问时间:2020年9月22日。

③ 胡大伟:《准征收视域下私人不可移动文物财产权的公法限制与补偿》,《常州大学学报(社会科学版)》2018年第19卷第5期。

④ 杨朝霞:《论环境权的性质》,《中国法学》2020年第2期。

特定财产的使用地点、时间、频率等。

　　对于上述第一种情况,其合宪性判断基本类同资源保护的情形,面对同样的质疑:针对不同种类的财产,其在特定区域内被处分对公共利益造成的影响必然是不同的,对于不同种类的财产处分行为,划定相同的限制处分区域,其中必然存在限制手段与目的不相匹配、限制程度过重的情形,因此可能构成准征收。

　　第二,出于公民个人健康和对美好生活环境的需求,各地逐渐都在建立和实施垃圾分类投放制度,避免对生活环境造成污染,收到了良好的成效。[1]财产权的社会化导致了财产权的社会义务的边界逐渐扩张,社会治理逐渐强调可持续发展作为其基本原理[2],"谁污染谁治理"[3]作为环境法上基本的归责原则就体现了社会公益上的强势地位。垃圾分类投放处理不仅符合环境治理的归责原则,也属于财产权的社会义务。但在实践中,地方立法可能出于维护该制度实施的目的设置一定的行政处罚,若存在过度设置财产罚的情形,可能会过度影响产生垃圾的主体的财产权利益。[4]

　　第三,地方立法也会直接限制某类特定的财产的使用,限制的对象主要包括燃放烟花爆竹、高污染燃料、秸秆等农用废弃物、机动车的使用等。以限制机动车使用为例,根据限制程度的不同,主要有两种限制措施:一是北京市举办奥运会期间出台的单双号临时限行禁令,二是目前已经常态化的尾号限行措施。虽然机动车限行期间大气环境出现了较为明显的改善,但很难论证机动车限行与优质的环境之间存在必然的联系,限制机动车的使用与公共利益保护之间并不存在必然的因果关系,因此机动车限行不能被认定为是一种"不得不采取"的措施。[5]

　　另外也有学者主张,根据侵害的程度区分,单双号限行属于较为严重的对财产权使用的限制,因为机动车所有人在一半的时间内都无法使用机动车,使得财产的使用价值大打折扣,因此达到了类似征收的效果,属于准征收的情形。[6]因此,从合宪性判断的角度,可以得出,直接对财产的使用进行限制,要根据其限制的程度进行区分,若限制的时间较长,或使得该财产无法达到其使用的目的,即应当被认定为构成准征

---

　　① 任才峰、胡健:《厦门通过立法推进垃圾分类促进社会文明的情况及启示》,《人大研究》2018年第8期。
　　② 许小亮:《都市中国语境下都市法体系的构想》,《法学》2015年第6期。
　　③ 陶伦康:《公民个人环境行为监管法律制度创新研究——以低碳经济为视角》,《现代法学》2011年第33卷第3期。
　　④ 程庆栋:《论适当性审查:以地方性法规为对象》,《政治与法律》2018年第3期。
　　⑤ 余凌云:《机动车单双号限行:是临时还是长效?——行政法学的视角》,《法学家》2008年第5期。
　　⑥ 张翔:《机动车限行、财产权限制与比例原则》,《法学》2015年第2期。

收,属于应当予以补偿的财产权限制。

4. 景观权益的保护

(1) 景观权益的保护具有宪法上的目的正当性

"景观权益"作为晚近被提出的一种公民权益,既可以作为一种公权力对公民权利进行管制的正当事由,也可以作为公民个人享有的私益之一。前者被称为"景观管制",在美国属于一种基于审美的管制,其正当性基础可以来源于私有财产价值的保护,也可以来源于公共福利方面的考量。在日本的司法实践中,2006年日本最高法院的判决中认可了景观利益属于私益①:良好景观附近居住的居民对景观价值受损具有牵连关系,因此这些居民对附近景观享有法律应当保护的景观利益。在该判决的基础上,景观利益作为私益的正当性得到了司法界的承认,景观利益的保护与行政诉讼原告资格的确认也息息相关。②

国内学界对于景观权的讨论最早伴随环境人权概念而提出。③一般认为,作为人权的环境权是包括了阳光权、清洁空气权以及景观权等多种法益在内的复合权益。④从公法权利视角来看,景观利益可以作为一种与城市空间利益相关的公共利益,同样属于环境公益的一种。⑤因此我国《宪法》第二十六条设定的环保义务就已经为景观权益作为一项公共利益提供了依据,因此依据景观利益对公民的财产权进行限制具备目的正当性。

(2) 限制手段应当区分一般限制与特殊限制

地方立法基于景观利益对公民财产权实施的管制主要集中于两个方面:一是对建筑物外观的限制以及在规划的自然或历史文化保护区内对建筑风格的管制;二是对私主体经营自由的限制,包括经营的地点、经营方式,或为经营者附加管理义务。类似地,在规划的保护区内也有对特定的经营者施加特殊限制的地方立法。

---

① 刘惠明:《景观利益私人化的可贵尝试——日本最高法院第一小法庭2006年3月30日判决评析》,《河海大学学报(哲学社会科学版)》2012年第14卷第1期。

② 王树良:《我国景观行政诉讼的现状与探讨——以日本景观行政诉讼为参考》,《暨南学报(哲学社会科学版)》2018年第40卷第3期。

③ 蔡守秋:《环境权初探》,《中国社会科学》1982年第3期。

④ 杨朝霞:《论环境权的性质》,《中国法学(文摘)》2020年第2期;樊勇:《私人自治的绿色边界——〈民法总则〉第9条的理解与落实》,《华东政法大学学报》2019年第22卷第2期;张震:《民法典中环境权的规范构造——以宪法、民法以及环境法的协同为视角》,《暨南学报(哲学社会科学版)》2018年第40卷第3期;史一舒:《我国民法典"绿色原则"下对环境权的保护》,《人权》2018年第1期。

⑤ 李成玲:《现代行政法意义上的城市空间利益》,《北京行政学院学报》2019年第3期。

应当区别普遍性的限制和规划区域内的特殊限制,前者是指城市内一般区域都需要受到有关建筑风格和经营自由的限制,由于这类限制一般是财产权人可以预见到的限制,可以归类为财产权应当忍受的社会义务。但地方立法者也应当在对景观利益进行充分的科学论证的基础上才能设定建筑物的高度、风格以及限制经营的区域,否则就违背比例原则要求。对于规划区域内设置的特殊限制,一般是针对规划区域内的私有财产权人或者某类特定的经营者,从限制的对象上来说,限制的对象不具有普遍性,是由少数公民的财产权承担了对公共利益的保护义务,应当由受益的一方进行公平补偿。而且规划的设置也应当符合比例原则的要求,应当具体结合审美的需求以及私有财产权对景观利益造成的损害进行个别判断,保证地方立法行为的合宪性。

四、完善财产权立法保障体系的应对建议

(一) 明确《立法法》对地方立法的授权范围

1. 地方立法限制财产权应具备法律依据

部分地方立法缺少全国人大及其常委会制定的法律作为依据,从本文所选取的研究样本来看,主要是公共卫生安全管理、应急管理以及部分对市场经营自由的限制三类事项。这三类事项不属于《立法法》规定的三类授权范围,其对应的上位法律并没有为设区的市地方性法规提供专门的权力来源依据。

涉及财产权的保障与限制,应当属于全国人大及其常委会的立法范围。财产权的保障与限制不应当属于地方专属立法权的范围,地方性法规若要对财产权进行限制,则法律层面上的授权是必需的,2015年《立法法》第七十二条或其他法律的规定都可以成为地方性法规对财产权进行限制的法律依据。

2. 地方立法限制财产权缺少法律依据的原因

遗憾的是,似乎只要不属于《立法法》统一授权的三类事项范围的地方立法,都没有获得其上位法律的单独授权。在三类授权事项范围之外的地方性法规,基本很难获得法律层面上的授权。对于这一现象,可能存在两方面的解释:一是地方确实存在实际的治理需求,但由于法律缺少对下位法的授权意识,导致了部分设区的市地方性法规缺少形式合宪性,对财产权造成了不当限制。比如应对灾害的应急管理,各地的自然状态存在差异,在应对灾害上的确存在地方差异化立法的空间,并且现行法律如《中华人民共和国气象法》《中华人民共和国防震减灾法》等法律都存在对地方立法的授权,但并不是授权人大立法机关,而是授权市县级地方人民政府进行具体应急管理

措施的制定,可见在应急管理方面,地方立法存在着实际的规范化治理的立法需求,但作为地方立法"民主性"来源的地方性法规,在应急管理央地立法体系中却不存在合宪性的形式授权。二是在特定事项上地方立法不存在立法空间,法律并没有对地方立法进行授权,但地方性法规却对该事项进行了规定,不当限制了私有财产权的行使。比如上文提到的关于生猪屠宰经营的限制,应属于中央立法进行统一规定的事项,地方性法规另外施加的限制可能会对资源在地域上的自由分配和市场经济的公平竞争产生妨害,进而维持地方性或行业性的市场壁垒,滋生地方保护主义。①

3. 明确地方立法授权范围的立法选择

法律应当明确对地方性法规的授权,满足确实存在的地方立法需求,维护央地立法治理体系内部的统一。使设区的市地方性法规获得法律授权的方式有两种,既可以扩大《立法法》统一设定的三类授权范围,也可以通过其他法律针对某一事项单独授权。由于专门法律缺少对地方人大的授权意识,从可操作性和节约立法成本的角度来看,因此扩大《立法法》统一授权范围的方式较为可行。

可以通过列举负面清单的方式规定设区的市地方性法规不享有立法权的范围,这样不仅能减少正向授权所带来的语义模糊的解释学争论,也能够真正激活地方人大在地方社会治理方面的积极性和主动性,促使各地方治理产生良性的制度竞争,从而在整体上提高社会治理水平。同时应当完善设区的市地方性法规的批准备案程序。通过法律技术性手段的解释方法,可以在维护法制统一、保证地方立法不对公民的财产权产生不当限制的同时,也为地方特色公共利益的保障提供制度空间,实现地方特色的社会治理。②

此外,明确地方立法权的初衷是满足地方特色的立法需求。重复性立法间接反映了地方性法规不存在地方治理需求的领域,因此应当结合相关研究进一步确定无须授权地方人大进行立法的范围,减少央地立法体系的重叠,保证法制体系的简洁与统一。

(二) 由人大主导财产权的保障与限制

1. 加强地方人大对立法的主导作用

由人大主导立法是指在立法过程中由人大决定并且引导立法向某方面发展,具

---

① 向立力:《地方立法发展的权限困境与出路试探》,《政治与法律》2015年第1期;秦前红:《谨防地方保护主义法律化》,《凤凰周刊》2014年第37期。

② 程庆栋:《论设区的市的立法权:权限范围与权力行使》,《政治与法律》2015年第8期。

体包括立法项目、节奏、进程以及立法的内容、原则和政策取向。在立法权行使的语境下,地方人大行使立法权,是地方立法的民主成分的来源,体现着人民主权的宪法基本原则,彰显了一个国家地方自治的程度和水平,是中国特色社会主义法制体系的末梢环节。

从我国的地方立法实践来看,地方行政机关在地方治理制度设置上的重要地位并不亚于地方人大,地方行政机关在较大程度上享有较高的参与度和决策的权力,这在公民基本权利的保障与限制上无疑是存在风险的。经过上文对财产权限制规范类型的梳理,地方性法规授权某一事项的主管行政部门对财产权进行限制是较为恣意的,立法实践中似乎并不存在授权的界限。比如在城乡规划问题上,有的设区的市会直接在地方性法规中写明规划区域的设置,具体到地点、距离等,但更多的地方性法规直接将设置区域规划的权力授予地方政府以地方政府规章或其他规范性文件的方式进行设置。

因此应当加强地方人大相对于行政机关对立法活动的引领作用,严格遵循上位法对地方性法规与政府规章立法范围的规定。若需要行政机关提出专业性的立法意见,可以依据地方性法规的起草程序要求相关部门发表意见或提出草案等,建立完善人大与政府的联席会议制度以及法案起草制度,保证地方性法规制定上的专业性与民主性。[1]若根据实际的立法需求,需要授权给地方政府机关制定具有执行性、专业性的地方政府规章,则地方人大应当具有授权和控权的意识,授权的事项范围要明确,并在备案审查过程中积极履行自己的职责,避免立法权的"部门化"[2],确保地方行政机关对财产权的限制在合理的限度内。

2. 完善主动和依申请进行的合宪性审查制度

如果公民认为地方立法制定的地方性法规过度限制了自己的财产权却没有给予补偿时,公民可以提出审查地方性法规是否违宪的建议,但由公民建议对地方性法规进行审查很难使财产权获得及时救济。因此合宪性审查制度应当发挥其应有的制度作用,使财产权获得合乎宪法的保障。

一方面,批准备案是主动审查进行合宪性控制的制度,是所有设区的市地方性法规都必须适用的,是确保地方性法规符合宪法的首要控制机制。在事前批准中应当重点关注法规在形式上的合宪性,财产权限制是否有法律上的授权,是否大量重复上

---

① 伊士国:《论设区的市立法权扩容的风险及其防控》,《政法论丛》2017年第4期。
② 汪全胜、卫学芝:《人大工作机构起草法案析论》,《地方立法研究》2018年第3卷第1期。

位法的规定。在形式上进行审查基本能够保证大部分的财产权限制条款是合宪的。从理论上来说,形式上合宪性审查将在合宪性问题上占据越来越大的比重,省级人大常委会只要对地方性法规做出了形式合宪性的判断,该地方性法规就基本上获得了合宪性。但目前部分制度还有待成文化,因此也必须重视事后的备案审查机制,及时对相关的规制措施进行论证,必要时进行调整。

另一方面,公民可以依据自身的建议权要求有权审查地方性法规的机关对某一条款是否合宪进行审查。私主体作为权利直接遭受限制的一方,往往能够更加直观地认知地方性法规的违宪可能性。因此无论是出于保护公民财产权还是出于维护宪法实施、法制统一的目的,都应当重视公民要求审查地方性法规的建议。在制度设计上至少应当要求收到建议的有关机关对公民建议及时进行处理及反馈,必要时组织有关部门进行合宪性的论证,对法规设置的财产权限制措施是否应当给予补偿以及是否符合比例原则等进行讨论。

3. 城乡规划限制财产权应符合比例原则

城乡规划是一种普遍的限制财产权的方式。公权力机关规划各种各样的区域,不同级别的自然保护区、历史文化街区、禁行区、禁燃区、禁止养宠物的区域等等,规划区域对于我们行使财产权的自由产生十分直接的影响。根据《中华人民共和国城乡规划法》的规定,地方各级人民政府负责组织编制城乡的总体规划,只有经本级人民代表大会常委会审议通过后,才能报上一级人民政府审批。区域规划对公民财产权限制的实质合宪性风险主要存在于规划范围的设置是否符合比例原则,地方人大对此具有审议的职责。另外,规划区域内对财产权进行的限制应当由地方性法规进行规定。因此,从对财产权的保障角度观察,地方人大常委会首先具有对城乡规划的区域设置进行审议的职责,其次在区域内对财产权实施具体管制措施应当由地方性法规进行合理规定。

以自然保护区的设置为例,应当依法将论证后的草案交由同级人大常委会审议批准。涉及对公民权利的限制,人大常委会应当结合比例原则进行审议,对具体设置区域与对公民不同权利的限制是否成比例进行判断,应当具体到不同种类的财产权,针对区域内禁止采矿的权利、禁止取水的权利、对经营活动的限制等权利的限制是否必要,自然保护区的设置范围是不是以财产权侵犯最小的手段进行审议。如果针对不同种类的权利,自然保护区必要规划范围出现了差异,应以分级保护的形式规划区域。例如目前各地饮用水源的自然保护区设置就基本已经实现了分级保护,级别越高,区域范围越小,对财产权的限制也越严重,这是区域规划对财产权限制遵循比例原则的有力制度体现。

(三) 建立和完善统一的行政补偿制度

1. 立法构建行政补偿统一机制

我国不存在统一的行政补偿立法,部分补偿机制分别规定在不同的部门法中,但没有形成统一的补偿标准。本文认为,应当积极推动财产权限制补偿的专项立法进程,对补偿的原则和标准等作出法律层面上的规定,但并不一定要通过专门制定"行政补偿法"的方式,因为如果将限制的对象、手段与补偿的数额标准一一细化,无论是技术上还是实际应用上都难以实现。可以以法律专章的方式,规定对财产权限制应当进行补偿,并确立总体上的补偿标准和原则,为其他部门法以及地方立法提供引导和依据。

作为统一立法,行政补偿在法律层面上应当确定补偿认定的方法。"实质损害论"是认定应当进行财产权限制补偿的判断依据,立法限制财产权的程度达到了对财产核心价值的侵犯,或使得财产的经济价值完全被架空。如果对财产权核心的使用价值限制达到了一定比例,比如从使用频率上来说,公权力行为使得财产的核心功能减少了1/3以上,那么可以认定为对财产的核心价值达到了实质损害,还可以依据此种比例的思想,从使用的时间、地点等多个角度确定应当给予补偿的具体比例;或限制利用财产从事相关的生产经营活动,使财产的经济价值全部丧失的,也应当认定为构成了准征收。

另一个难点在于补偿标准的确定。借助征收征用补偿数额的确定方式来认定准征收补偿数额是比较具有操作性的做法。在价值保障与存续保障二分的前提下,价值保障的最高目标应当是恢复存续保障,使被补偿人能够以补偿额通过交易获得基本相同价值的财产,因此从这个意义上来说物的市场价值依旧是行政补偿数额标准的根本目标。这样一种等价补偿的方式,不仅在物质上对财产的损失进行了填补,还能够使被限制的财产权人获得社会治理上的认同,更加有助于公共利益的保护以及社会治理目标的达成。而且财产权人对于财产经济价值的预期一般也是基于财产在市场交易过程中形成的交易价格确定的,因此按照市场交易价格对财产权限制进行补偿是符合可预期原则的。

除了金钱补偿,还可以以其他形式对财产权人给予一定的优惠与优待。如税收减免,或允许财产权人使用财产在合理范围内进行适度的营利,能够避免采用金钱或实物的直接补偿给政府部门带来的财政压力。这种方式以经济价值为驱动,盘活了闲置资源,财产权人即使不能全面、自由地使用财产,但可以通过其他方式利用财产获得一定的经济补偿,在保护公共利益的同时也促进了私有财产的利用和发展,间接调动了私主体保护公共利益的积极性。比如美国的土地发展权转移制度(TDR)在文物保护管理以及珍稀物种自然保护区方面的应用,该制度允许权利受损的财产权人将土地发展权转移到其他土地客体之上,从而补偿自己受到的损失,不仅达到了保护公共利益的目的,财产权人的经济利益也得到了弥补。

2. 对特别牺牲的财产权限制进行补偿

地方性法规中存在规定由少部分财产所有人承担为保护公共利益而特别牺牲的立法,主要是针对非国有的文物等历史文化资源。现行的地方性法规缺少对私有文物所有人的补偿机制,或者仅有少量的补贴。《中华人民共和国文物保护法》规定仅仅是对不具备修缮能力财产权人才给予一定的"帮助",这也导致地方立法在很大程度上沿用了法律层面的规定,对于有能力修缮的文物所有人,不给予补贴,只有不具备能力修缮的财产权人才能获得一定的帮助。在实践中,这样的规定无疑会导致操作上的问题,引发一定的道德风险。政府对相对人是否具备修缮能力的判断直接导致了政府是否需要对财产权人给予补贴,这样的规范逻辑会导致财产权人实际上很难获得补贴。因此中央统一立法应树立针对文物保护无差别公平补偿的理念,完成自上而下的文物保护公平补偿制度的建立。

3. 对不可预期的财产权限制进行补偿

地方性法规中存在一些财产权人无法预期的财产权限制,主要是指对某些动产在使用上的临时管制,其必然会影响私有财产权的使用和转让价值。对于此类较为严重的临时性限制,出于对其信赖利益的考量,应当配套行政补偿制度。但存在一定的操作上的障碍,判断是否构成准征收的主体是地方各级人大,而进行补偿的责任主体是地方各级人民政府。此种临时管制的财产对象具有多样性,以统一立法量化判断标准具有一定的难度。

4. 对完全丧失经济价值的财产权限制进行补偿

对珍稀动植物资源的过度保护,可能使得被保护的私有自然资源或其相关产业的发展完全被禁止。对于这类限制,出于对私有财产经济价值以及经营自由的损失的考量,应当进行合理补偿。在市场经济高速发展的今天,财产的交换价值是财产实现其本身价值的重要方式,如果财产权人不能利用私有财产或者其本可以使用的自然资源进行经营牟利,那么财产对于私主体来说就丧失了生存保障的利用价值。珍稀动植物资源所具有的观赏、养殖或药用等商业价值重大,依据比例原则的要求,应当在能够达成物种存续的基础上,选择对财产权人的限制最小的方式来完成保护的目标。

导师推荐意见

杨济同同学本科毕业于中国政法大学民商经济法学院,学术兴趣广泛。研二上半学年,我们在讨论开题前无意闲聊,我建议她先找一个感兴趣领域进行文献综述,发现"真"问题,再通过地毯式文献阅读,逐步缩小论点。她告诉我她在研一某位老师课堂上对财产权问题正好进行了初步文献整理,有些心得。考虑到前两级法大宪法学专业已经有不少硕士同学选择了财产权作为硕士学位论文题目,我建议她选题要谨慎,如果选择大热题目,可能要进行方法创新。当时我本人正好对实证分析比较感兴趣,就把自己的兴趣"转介"给了她,鼓励她收集地方性法规或地方政府规章中有关与财产权相关的规范。再利用宪法学基本权利理论对这类规范进行识别、有针对性类别化,再按照基本权利分析框架进行合宪性分析。与此同时,或许也能对逐步浮出水面的备案审查提供一定的审查基准。如此,该硕士学位论文选题对理论研究和实践价值也都能兼顾。济同聪慧、扎实、沉静,很顺利独立完成本文并多次耐心打磨。整个成文过程中,作为导师的我似乎没有过多的贡献,对这个问题本人也没有深入研究,只是对文章结构、论证逻辑以及参考文献有一些建议,很荣幸参与并见证了她的成功。

推荐人:王蔚

地方立法中委托第三方起草制度研究[*]

◎王亚楠[**]

内容提要：2015年修改后的《立法法》增加了第五十三条，以国家法的形式将委托第三方起草确立为一项制度。本文经实证分析，发现委托第三方起草制度在消除部门利益倾向、弥补立法能力的不足和提升公众参与度三方面产生正面效应的同时，也存在起草成果脱离群众实际、委托方滋生推诿思想以及第三方逐渐失去中立地位的负面效应。理论上的制度优势并未应然地体现于实际的运行效果上，剖析并完善制度存在的根源问题。

关键词：委托第三方起草；科学立法；民主立法；公众参与

地方立法作为我国立法体制的重要组成，经过40多年发展，已经成为完善中国特色社会主义法律体系、促进国家法治建设、实现国家治理现代化的关键环节，在弥补上位法不足、促进民众权益实现上发挥作用。为了落实地方立法的地方性、创新性和执行性优势，2015年修改后的《立法法》将地方立法权下沉至更基层、更全面的主体，经历由粗向细的转变。法律框架的变化给地方立法带来了一系列直接且深刻的影响，地方立法起草制度与获得地方立法权的相互关系的思考具有迫切的现实意义。

---

[*] 本文系在山东大学法学院2020届法律（非法学）专业学位论文基础上，由作者改写而成。学位论文定稿于2020年6月，本文清样提交出版社于2022年6月。其后，2023年3月，十四届全国人大一次会议第二次修改《立法法》。限于校对篇幅，本文对新《立法法》条文序号以及相关内容进行了有限更新。指导老师：汪全胜教授。

[**] 王亚楠，山东省青岛市公安局四级警长，山东大学法学院2020届法律（非法学）专业硕士。

一、地方立法中委托第三方起草制度的理论阐释

（一）地方立法中委托第三方起草制度的概念界定

起草是立法的一个环节，亦是一种立法行为。起草法案是指有提案权的立法主体，将提（动）议的法案形诸于文字，形成草案文本供立法机关进行后续的审议、表决和通过。①作为必经阶段，起草是立法的前提，起草工作的实效对立法质量的高低起关键作用。瑞德·迪克森说，应当投注心血在立法起草上，如规划工程那般，起草者要同时关注法的内容和法的形式：理解法案的目的时，应当深入细致；安排草案的结构、组织草案的内容时，应当科学；最后落于文字时，还要仔细斟酌，精心下功夫。

关于起草的内容，学界存在不同观点。有的认为，起草内容有四，分别是立法项目的可行性报告、起草提纲、草案文本及其送审报告。②还有的对比了法律起草与法案起草的不同，指出法律起草是有权的主体或受托的组织和个人，按照规划，形成文本的活动。③周旺生教授依照法案的不同构成，提出法案起草理解有三：主案、附案以及两者结合成完整法案的起草，通常所指是法的起草。④本文以下讨论采用周旺生教授的看法，即草案的起草是指为审议、表决，并致力形成地方规范性文本形式的立法活动。

关于起草的主体，我国目前的法律中没有明确作出规定。《立法法》中涉及到起草主体的规定主要有第五十七条、第五十八条和第八十七条（即2015年《立法法》的第五十三条、第五十四条和第七十七条）。⑤第五十七条规定了法律草案在不同情况下，除了全国人大及其常委会，还可吸纳第三方参与立法起草。第五十八条指出应一并提

---

① 周旺生：《立法学》，法律出版社2004年版，第318页。
② 李培传：《论立法》，中国法制出版社2004年版，第207页。
③ 李建强、石东坡：《法律起草刍议》，《河北大学学报（哲学社会科学版）》1997年第3期。
④ 周旺生：《立法学》，法律出版社2004年版，第318页。
⑤ 《中华人民共和国立法法》第五十七条规定："全国人民代表大会有关的专门委员会、常务委员会工作机构应当提前参与有关方面的法律草案起草工作；综合性、全局性、基础性的重要法律草案，可以由有关的专门委员会或者常务委员会工作机构组织起草。专业性较强的法律草案，可以吸收相关领域的专家参与起草工作，或者委托有关专家、教学科研单位、社会组织起草。"《中华人民共和国立法法》第五十八条中规定："提出法律案，应当同时提出法律草案文本及其说明，并提供必要的参阅资料。"《中华人民共和国立法法》第七十七条第一款规定："地方性法规案、自治条例和单行条例案的提出、审议和表决程序，根据中华人民共和国地方各级人民代表大会和地方各级人民政府组织法，参照本法第二章第二节、第三节、第五节的规定，由本级人民代表大会规定。"

出法律草案文本及其说明和必要资料。第八十七条则指出地方立法的法案提出参照中央立法的规定。一般而言,具体完成起草工作的主体不一定是法定提案者。在地方立法实践中,起草主体主要由三部分组成:地方人大及其常委会、地方政府职能部门以及受委托的第三方,这三个不同起草主体既可以单独起草,也可以联合起草。

委托第三方起草是指我国享有法定立法起草权的各级主体,视法案的具体情况,按照法定程序,将立法起草工作全部或者部分委托给有关专家学者、高等院校或者科研组织等非法定起草主体的第三方,使其参与立法起草活动。通常所说的"广义的第三方"是指非法定立法起草主体的一切社会公众。相较前者而言,本文讨论时将第三方起草主体限定为"狭义的第三方",即具有相关领域专业知识的专家、科研教学机构以及社会组织。所谓"第三方起草"是指在公正立法的原则下,无论采用何种起草方式,均应该确保起草者在任何情况下不能从所立之法中获得现实利益。在委托第三方起草制度中,将立法起草权转交给无相关利益的主体,防止利益主体直接主导立法,避免由利益相关者掌控立法主导权。①

地方立法作为我国立法体制的重要组成,经过40多年发展,已经成为完善中国特色社会主义法律体系、促进国家法治建设、实现国家治理现代化的关键环节,在弥补上位法不足、促进民众权益实现上发挥作用。为了落实地方立法的地方性、创新性和执行性优势,2015年修改后的《立法法》将地方立法权下沉至更基层、更全面的主体,经历由粗向细的转变。法律框架的变化给地方立法带来了一系列直接且深刻的影响,对地方立法起草制度与获得地方立法权的相互关系进行思考具有迫切的现实意义。

地方立法中的委托第三方起草制度是指地方人大及其常委会、地方政府法制部门、承担立法起草任务的地方政府职能部门,根据某一特定立法起草事项的具体情况,改变一直以来由政府职能部门主导起草的旧面貌,直接委托或公开招投标给第三方起草主体,拓宽民主参与立法的路径。

(二) 地方立法中委托第三方起草制度的现实基础

实践是能滋养制度的血液,理论是支撑制度的精神。②党的领导是委托起草理论发展的首要驱动力。立法工作的方方面面都离不开党的领导。党把握规律,直接推动整个立法理论的进程。委托第三方起草制度在理论发展的进程中,每一个关键节点都离不开党对立法工作的领导。党率先明确科学立法、民主立法和探索委托第三

---

① 李松:《有权不可任性:珍惜权力,管好权力,慎用权力》,新华出版社2015年版,第71页。
② 钱穆:《中国历代政治得失》,生活·读书·新知三联书店2005年版,第48页。

方起草;随后,新修订的《立法法》以国家法律的形式肯定了党对委托立法理论的全新要求,肯定了委托第三方起草制度的法律意义。

委托方与第三方间建立起的供需关系是另一现实基础。地方立法中,立法机关一方面要面对旧的立法起草体制弊病仍未解决的外部压力,另一方面还要应对新的立法体制改革激发的内部起草动力;掌握精湛的立法及各领域专业知识和经验的第三方,对参与立法活动普遍具有较高热情。双方签订委托协议,确立起"需求—供给"相协调的委托起草关系,在人、财、物等方面通力合作,共同促进地方立法精细化、专业化。实践中,有的地方因着较大的立法压力和动力,根据自身立法需求和本地社会立法资源的状况,在实践中大胆创新出将多个立法起草项目长期委托给第三方,形成稳定的委托关系的新模式。

委托第三方起草亦集中体现了民主理论内在精神。[①]在现代法治社会中,一切活动的正当性基础便是民主,民主立法原则可谓是科学立法、客观中立立法等原则的基础。立法将社会民众的普遍诉求上升为法律。在立法工作中,民主精神可以确保人民意志能够充分表达,并在此基础上反过来保障广大人民群众的利益。基于程序正义的要求,我国立法中民主的表现已从传统的较为单一的表达路径拓宽得更加多元,如征求公共意见、专家论证听证会、吸收、委托第三方起草以及评估社会化等多种民主参与立法的路径。委托第三方起草就是地方立法中民主精神的重要体现和题中应有之义,既可以科学调动、合理配置人民群众中的立法资源,也能够拓宽民主参与的渠道,通过优化程序,有效地实现民主化。

(三)《立法法》关于委托第三方起草制度规定的分析

一方面,我国《立法法》第五十七条指出,委托第三方起草方式采用与否的判断标准在于法律草案内容的专业程度,但并不是所有专业性较强的草案都应当委托。该条列举了三种情况:一是所有的法律草案,人大都应当提前参与起草;二是重要的法律草案,人大不仅应当提前参与起草,而且可以负责组织起草;三是专业性较强的法律草案,人大不仅应当提前参与起草,可以负责组织起草,而且可以视情况吸纳第三方参与立法起草(见表1)。

---

① 黄文艺、杨亚非:《立法学》,吉林大学出版社2004年版,第54页。

表1 《立法法》第五十七条列举的三种法律草案起草情形

规定位置	法律草案	人大		第三方	
		提前参与	负责组织	吸收参与	委托
第一款	所有的	应当			
	重要的	应当	可以		
第二款	专业性较强的	应当	可以		

由此可知,专业性较强的法案的起草主体形态有三种可能的情形:一是第一款规定的,无论草案是否由人大实际起草,人大都应当提前参与起草工作,这也体现了该法第五十四条①强调的"人大主导立法",至少提前参与起草,组织协调立法工作。二是第一款后半句规定的,如果是符合该条款描述的特征的重要法律草案,则人大不仅提前参与起草,也可以负责组织起草。这表明人大的主导地位不仅仅通过参与行为体现,而是表现在主导性更强的组织行为,即人大必须在起草过程中起最关键、最具决定性的作用。三是第二款规定的,在前款基础上,若法案的专业性较强,那么才可以吸纳第三方起草主体,即阐明了第三方参与起草的前提。由此可以看出,可以被委托给第三方起草的草案必须是专业性较强的,但并不是所有专业性较强的草案都应当被委托给第三方起草。

另一方面,从我国《立法法》第五十七条看,第三方参与立法起草有两种方式,分别是吸收专家个人参与以及委托个人或组织起草,可以结合草案的专业性、重要性和各地立法资源的具体实际,视情选择地方立法起草主体。

分析表2可知,虽然参与起草的第三方可以同为专家,但两种方式下,专家参与立法的程度和发挥的作用不尽相同。吸收参与起草方式中,拥有法律或相关背景的专家,利用专业知识和行业经验,在立法技术、立法语言以及立法经验方面提供专业化、精细化的立法服务,他们熟悉起草领域内立法运行状况,预测所起草的草案在该领域将来可能产生的立法运行效果,着力于科学化立法。法条明确规定专家进入起草小组的方式是"参与",因此被吸收进来的专家在起草团队中不能担任起草工作的决策者,只能是"智囊团",是专业知识或经验的提供者。此时,若法律草案重要,则人大是决策者,起组织作用;否则,一般委托给政府职能部门组织起草、作决策,吸收参与起草的专家献言献策,提供智力支持,与其他起草成员共

---

① 《中华人民共和国立法》第五十四条规定:"全国人民代表大会及其常务委员会加强对立法工作的组织协调,发挥在立法工作中的主导作用。"

同保证法规的科学性。而在委托第三方起草方式中，专家不仅具有专业性，而且由于第三方主导立法起草工作，起草小组的角色分工更灵活，因而第三方的专家能够利用中立、客观的立场，规避立法中的部门利益，不囿于建言献策。

表2　两种方式的比较

参与方式 第三方	专家			教学科研单位	社会组织
	专业性	中立性	主导性		
吸收参与	✓	○	○	○	○
委托	✓	✓	✓	✓	✓

除此之外，委托起草方式的第三方可以是教学科研单位或者社会组织，即第三方以集体的组织形态接受委托。成员数量更多，除了能够弥补地方立法专业能力的不足，保证科学地开展起草工作之外，还有两个能够提升立法起草民主性的优势：第一个优势在于壮大地方立法人员队伍，有利于开展实地走访调研、座谈等耗费大量人力的工作，更有效地获取并整理游离于社会中各利益群体的立法诉求，了解社会民意，缓解因《立法法》修改而骤增的立法需求给本就繁重的立法工作带来的压力；第二个优势在于第三方客观、中立的立场能够保证立法起草过程中各群体充分博弈并达到利益均衡，尤其当第三方是起草活动的决策者时，能够减少立法利益倾向化的发生，有效拓宽民意沟通路径，获取社会公众认可。

二、地方立法中委托第三方起草制度的历史沿革

（一）地方立法中委托第三方起草制度的发展脉络

1. 改革开放初期的探索阶段

自1979年我国《地方组织法》第六条和第二十七条①放开了地方立法权后，到1999

---

①　1979年通过的《中华人民共和国地方各级人民代表大会和地方各级人民政府组织法》第六条规定："省、自治区、直辖市的人民代表大会根据本行政区域的具体情况和实际需要，在和国家的宪法、法律、政策、法令、政令不抵触的前提下，可以制定和颁行地方性法规，并报全国人民代表大会常委会和国务院备案。"1979年通过的《中华人民共和国地方各级人民代表大会和地方各级人民政府组织法》第二十七条规定："省、自治区、直辖市的人民代表大会常务委员会在本级人民代表大会闭会期间，根据本行政区域的具体情况和实际需要，在和国家的宪法、法律、政策、法令、政令不抵触的前提下，可以制定和颁布地方性法规，并报全国人民代表大会常务委员会和国务院备案。"

年6月底,共出台7000多件地方性法规和3万多件地方政府规章①,到1997年9月底,共出台295个地方自治法规②。于是有学者指出,当时我国依然存在地方立法体制未能迎合社会经济进步带来的高法制化要求,而且传统的立法起草体制也存在一定的问题。

为了避免政府职能部门起草中的部门化倾向,改革开放初期,我国地方立法机关大胆尝试和探索新型立法起草模式,委托第三方起草应势而生。上海市人大法制委员会在1986年起草《上海市青少年保护条例》时,大胆尝试委托起草方式。这是我国第一例委托第三方起草法案的事例,也是我国制定的第一部专门针对未成年人保护的地方性法规。该法规的起草,是由上海市人大法制委员会委托,复旦大学等共16家单位参与起草。③从该法规的制度和条款设置可以看出立法过程中,各部门在保护公共利益和保证执法效率等方面的利益博弈。这次委托第三方立法起草方式的尝试和探索收获了广泛好评,鼓励了地方立法中委托第三方起草实践的更多探索。

2.《立法法》颁布后的发展阶段

2000年我国颁布第一部《立法法》,第六条第二款④为各地进行委托第三方起草方式的探索提供了明确的法律依据,为更多社会组织、民间团体以及社会公众以"第三方"的名义参与立法草案的起草提供了可能。直至2011年,我国基本建成中国特色社会主义法治体系,这期间各地法律法规的数量逐年增长、趋于饱和,立法工作也开始不再急于数量的增长,而更注重质量的提升。彼时,我国地方立法起草工作正处于特殊的内外部环境中:在外部,虽然随着立法数量的增长,地方立法的立法事项范围扩大、立法主体增多,但同时暴露出的问题也增多——地方立法开始出现"跃进主义"、地方保护主义,瑕疵立法也增多;在内部,传统的立法起草方式带来的问题也愈加明显——地方立法出现"权力固化、权利限缩、责任虚置"等一系列现象,地方立法质量堪忧。在此特殊的内外部立法背景下,为解地方立法的燃眉之急,各地开始纷纷启用委托第三方起草方式。

专业性、中立性和民主性的制度优势使地方立法中的委托第三方起草制度在理

①　国务院法制办公室秘书行政司:《依法行政,从严治政,建设廉洁、勤政、务实、高效政府》,中国法制出版社1999年版,第5-6页。

②　李步云、汪永清:《中国立法的基本理论和制度》,中国法制出版社1998年版,第125页。

③　周振超、李英:《行动者视角下的地方性法规从"有"转"优"的实施路径》,《中共福建省委党校学报》2016年第4期。

④　《中华人民共和国立法法》第六条第二款规定:"立法应当体现人民的意志,保障人民通过多种途径参与立法活动。"

论界和社会各界中广受好评，同时期各地的委托第三方立法起草实践逐渐增多，制度得到了进一步发展。2001年，重庆市首次出现律师事务所成为第三方进行委托起草的案例，引起了社会热烈讨论：为制定《重庆市物业管理条例》，重庆市人大委托重庆市东通律师事务所负责起草该法草案。[①]这是对传统立法机制的改革创新，也是立法民主化的大胆尝试。不久之后，重庆市政府法制办公室与高等院校签订了地方性法规委托起草协议，以期形成稳定的起草合作关系，并通过在委托协议中的明确规定，将委托第三方起草方式确立为缓解消除部门利益法律化、提升立法科学化程度的重要手段。[②]自此以后，全国多地，如北京、上海、天津、湖北、辽宁、青海、宁波、武汉以及呼和浩特的省（市）人大常委会及政府，纷纷先后启用委托第三方立法起草方式。第三方的主体形态也更加多元化，立法项目被委托给包括专家学者、教育科研院所以及律师事务所等社会组织。这些地方立法委托起草的实践，为之后设区的市建立委托起草制度提供了宝贵的经验，同时也为后来设区的市立法起草工作的顺利开展奠定了基础。

3.《立法法》修改后的常态化阶段

党的十八大报告中，首次提出"科学立法"。随后，党的第十八届四中全会正式提出"探索委托第三方起草"的概念。[③]2015年修改的《立法法》在赋予所有设区的市地方立法权的同时增加了现在的第五十七条，以国家法律的形式将委托第三方起草确立为一项立法制度。党和国家的这些重要的制度创新为一种新的、超越传统的第三种立法起草模式成为一种立法常态奠定了制度基础。

同时，在地方立法权扩张到全部设区的市后，各地基于各自的特殊需要以及对现实问题的关切，尤其是新获得地方立法权的设区的市迫切想要在立法工作上有所突破，纷纷制订立法计划。面对各地高涨的立法热情，传统的立法起草方式明显力不从心。这样的局面又为新制度的常态化提供了实践基础。

地方立法中的委托第三方起草制度的特点在于，几乎完全颠覆了以往政府职能部门主导起草的立法思维，更注重外部社会力量与内部起草主体通过多种方式的通力合作，共同实施对公共事务的管理。地方立法起草任务经常被交由第三方主体独立完成，甚至多个第三方之间采用共同受托或者公平竞争的多元化方式参与到起草

---

① 王仰文：《地方人大委托"第三方"参与立法的理论诠释与实践思考》，《河北法学》2014年第32卷第10期。

② 江必新、郑传坤、王学辉：《先地方后中央：中国行政程序立法的一种思路——兼论〈重庆市行政程序暂行条例〉（试拟稿）的问题》，《现代法学》2003年第2期。

③ 冯玉军：《完善以宪法为核心的中国特色社会主义法律体系——习近平立法思想述论》，《法学杂志》2016年第37卷第5期。

中。在规避部门利益、保障科学立法的同时,还彰显了民主性的特质,对实现良法善治有所裨益。

(二) 地方立法中委托第三方起草制度的发展背景

1. 地方立法中部门利益倾向严重

很长一段时间以来,我国地方立法实践大都采用政府职能部门起草的方式,呈现由执法者起草法案的部门立法现象(见表3、表4)。

表3 2019年青岛市立法计划

立法项目		总项目数	部门起草项目数	部门起草占比/%
市地方性法规项目	审议项目	4	4	100
	适时安排审议项目	2	2	100
市政府规章项目	送审项目	4	4[①]	100
	适时送审项目	5	5	100
	调研项目	10	10	100

注:本表数据系根据青政办字〔2019〕19号《关于印发2019年青岛市人民政府立法工作计划的通知》内容统计得出,具体内容参见青岛市政务网站:http://www.qingdao.gov.cn/n172/n24624151/n24672217/n24673564/n24676498/190425105403807161.html,最后访问时间:2020年4月10日。

政府职能部门主导地方立法起草的做法,虽然在我国早期地方立法中,能够充分调动地方人民政府及其各部门参与立法的积极性,发挥政府各职能部门的专业优势,但从部门起草的实际效果来看,这种模式的弊病对地方立法质量产生了一些负面影响。首先,由政府职能部门主导法案起草的行为使得地方人大失去立法主导权。立法是将最广大群众的需求上升至法律形式进行保障的重要活动,由于立法活动往往涉及多方利益的分配,相关主体难免为了尽可能满足自身而互相竞争。其次,政府相关部门通过起草立法草案积极争取本部门利益,尽可能地扩充本部门的权力,谋取利益的最大化,而对本部门本应承担的责任、义务尽量往外推,即使无法推托也将其笼统化、空洞化。[②]最后,立法中权利义务不平衡,损害对方的利益,也会加大审议的难度。当进入立法程序时,地方立法机关审议法案的难度太大的话,最终有可能通过了

---

① 其中,有一项是由政府职能部门与第三方共同联合起草:《青岛市民用运输机场管理办法》由市交通运输局和青岛国际机场集团有限公司联合起草。

② 徐向华、林彦:《我国〈立法法〉的成功和不足》,《法学》2000年第6期。

一部充斥着固化部门利益的法律。

表4　2020年山东省立法计划

立法项目		总项目数	部门起草项目数	部门起草占比/%
省地方性 法规项目	拟提请审议项目	12	12	100
	争取提请审议项目	36	35[②]	97
	调研起草项目	34	34	100
省政府 规章项目	拟完成项目	7	7	100
	争取完成项目	25	25	100
	调研起草项目	14	14	100

注:本表数据系根据鲁政办发〔2020〕6号《山东省人民政府办公厅关于印发山东省人民政府2020年立法工作计划的通知》内容统计得出,具体内容参见山东省人民政府网站:http://www.shandong.gov.cn/art/2020/3/3/art_107851_105888.html,最后访问时间:2020年4月3日。

虽然部门起草在一定程度上提高了地方起草的效率,保证了制定的法规、规章的可执行性,但当法规、规章变成相关职能部门强化自身权力的工具时,会极大地影响地方立法草案的科学性和公正性。

2. 地方立法队伍人力匮乏

"得权时兴奋,做起来困难"[②],这是初获权地方立法工作人员的切身感受。我国立法遵循科学立法和民主立法的两大原则,这要求地方立法起草工作的开展必须有充足的立法人力资源,以保证起草的科学性和民主性。

由于初获立法权的各地都希望能在较短的时间内,制定出可以弥补上位法不足的地方性法规,来促进地方发展与建设,导致地方立法需求激增。有学者统计了自《立法法》修改后至2018年年底的近四年间,新获权设区的市共出台了地方性法规948件,可见各地方立法热情之高。享有立法权的地方人大、地方政府的工作事项往往较多,立法仅是其工作内容之一而非全部。在实践中,由地方权力机关负责起草的法律文件一般交由法制工作委员会来完成,而人大法工委作为地方人大的一个工作部门,实际人员数量并不多。有学者统计了某省17个设区的市法工委人员情况,有2个市只有3人,5个市只有5人,可见各地的立法力量参差不齐。[③]另外,地方立法事项也日

---

① 唯一不是由部门起草的是:委托中国铁路济南局集团有限公司起草的《山东省铁路安全管理条例》。
② 朱宁宁:《地方立法新常态》,《浙江人大》2017年第10期。
③ 闫然、马潇:《设区的市地方立法大数据分析报告(2018)》,《地方立法研究》2019年第4卷第6期。

渐丰富完善。以设区的市为例,虽然《立法法》只赋予了地方对有限事项的立法权,但是这些立法事项的具体内容往往涉及的利益群体范围较广,而且随着当前社会分工越来越精细,法规草案的专业性也越来越强。比如环保、医疗、卫生、化工、质检等领域的立法对立法起草者的专业背景要求极高,不具备相关专业知识,则很难科学地完成起草,地方人大普遍人力资源匮乏,不能自行起草此类法律草案。还有,若立法工作队伍中存在短板,必然会妨碍地方立法质量的提升。

3. 地方立法中公众参与度不足

民主原则作为当代中国立法的基本原则,要求立法应当体现广大人民的意志,要求立法过程中要坚持群众路线,充分保证公众参与。作为人民参政议政的一条重要途径,地方人大在立法的过程中要健全立法机关与公众沟通反馈的机制,不断加大社会公众参与的力度,让人民群众可以充分表达自己的意见,这既是人民参与国家立法的重要方式,也是提高地方立法民主性、科学性以及立法权威性的可靠保障。若缺乏足够的公众参与,地方立法质量极易受到不利影响。因此,地方立法机关起草立法草案时应充分了解民意、反映民意,否则不仅法规文本本身不能得到社会的认同、支持,而且还会影响立法的实施效果。[①]

地方立法起草由政府职能部门单一主导,显然已经不适应现代社会的立法信息"公共性"和权威"共享性"的要求。此外,当前公众参与立法主要体现在草案形成后的审议环节,途径有:公众申请旁听审议,发表意见和参加座谈、论证会等方式。其中,据观察,公众申请旁听的形式虽然在地方立法中有不同程度的实践和制度实例,如四川省人大和西安市人大自2011年以来分别进行过实践尝试,以及江苏省人大在2016年将这一公众参与立法的方式写入条例[②],但由于该方式仅限于形式上的"旁听"立法活动,公众并未实质地参与,因此其形式意义更大。至于地方立法机关通过网络向社会公众征求意见的方式,虽然因该参与方式具有操作简便、立法成本低的优点而被各地广泛适用且普遍上升为制度规范,但实际运行效果并不乐观,出现公众参与热情不均衡、公众意见采纳概率低的现象。而座谈会、论证会方式,在实践中绝大多数为立法事项相关领域的专家、学者参与,因举行所需的人、财、物成本高,且地方并没有形成健全完善的公众参与反馈机制,因此存在较少被适用以及实际运行效果有限的不足。由此可见,当前我国公众参与立法看似途径更多元、范围更扩大,但实际组

---

① 中玉:《立法要体现主流民意》,《人民日报》2005年7月27日第13版。
② 具体是指《江苏省制定和批准地方性法规条例》。

织能力差、参与效率低,致使我国地方立法机关在起草立法草案的过程中往往忽视公众参与度的问题。这种现象又会反过来影响公众参与地方立法的积极性,形成恶性循环,导致社会公众的意见在法规、规章草案中难以体现,既会影响立法民主性对立法科学性的正面功效的实质性彰显,也无法有效制约政府职能部门主导立法起草工作带来的部门利益倾向。

三、地方立法中委托第三方起草制度的实证检视

当下我国地方立法起草工作正处于特殊的内外部环境:在外部,虽然随着立法数量的增长,地方立法的立法事项范围扩大、立法主体增多,但同时暴露出的问题也增多——地方立法开始出现"跃进主义"、地方保护主义,瑕疵立法也增多[①];在内部,传统的立法起草方式带来的问题也愈加明显——地方立法出现权力固化、权利限缩、责任虚置等一系列现象,地方立法质量堪忧。从我国地方各级的立法实践看,面对内外部的特殊背景,传统的立法起草方式已经力不从心。尤其对于新获立法权的设区的市的立法机关而言,其立法经验不足、立法资源短缺。要想稳步度过新旧立法制度衔接带来的磨合阵痛,运用委托第三方起草制度的专业性、中立性和民主性的特征解决当前设区的市的立法工作困境就具有紧迫的现实意义。

(一)地方立法中委托第三方起草制度的现状

实践中,对委托第三方起草制度实际运行效果给出"好评"和"差评"的依据与委托第三方起草制度的运行过程有关。一项制度模式的运行,可以概括为三个环节:从运行准备到运行实施,再到运行反馈和维护。对于委托第三方起草制度而言,制度在实际运行的各个环节是否真正体现了第三方专业、民主、中立的特征,起草成果是否按预期实现了立法机关的委托目的,草案内容是否满足了社会公众的普遍期待等,都是该制度的实证分析的内容。具体而言,地方立法机关作为制度的委托方,是期望借助委托第三方起草制度中第三方的优势特征,有效规避传统起草方式的弊病,起草出一份高质量的草案成果,提升当地立法质量。但如果起草成果的质量未达到各方的预期,甚至还产生了其他负面效应,出现"既没有解决旧问题,又陷入了新困境"的局面,那么,不仅会浪费大量立法资源以及社会人力、物力等其他公共资源,导致立法效率降低,还会影响法律法规的权威性,影响公众对法律的信任度,自然会影响对委托

---

① 孙波、郭睿:《地方立法研究》,吉林人民出版社2017年版,第187-189页。

第三方起草制度运行效果的评价。

　　虽然,在中国地方立法的特殊大背景之下,有诸多价值优势的地方立法委托第三方起草制度在各地的立法实践越来越多,但实际运行效果的评价却是褒贬不一。笔者通过整理汇总搜集到的15个地方立法中委托第三方起草的实践事例[1],近一年间的11份委托立法调研起草的公告(见表5),以及21部中央和地方不同层面关于委托第三方起草的立法文本[2],就当前地方立法中的委托第三方起草制度展开了实证检视。

表5　搜集的2019年2月至2020年3月间11份委托立法调研起草公告

序号	公告时间	委托主体	委托方式	立法事项
1	2019.2	包头市环境保护局	竞争性磋商	《包头市饮用水水源保护条例》
2	2019.4	南京市交通运输局	公开询价	《南京市网络预约出租汽车管理办法》
3	2019.7	宿州市城市管理局	公开招标	《宿州市公园建设与管理条例》
4	2019.7	海南省应急管理厅	公开询价	《海南经济特区应急管理条例》
5	2019.7	贵州省环境监控中心	公开招标	《贵州省污染源自动监控条例》
6	2019.8	邵阳市生态环境局	竞争性谈判	《邵阳市扬尘污染防治条例》
7	2019.9	长沙市城市管理和综合执法局	竞争性磋商	《长沙市燃气管理条例》
8	2019.12	温州市司法局	公开询价	《温州市家政服务业管理条例》
9	2019.12	湖北省农村经济经营管理局	公开招标	《湖北省农村集体资产管理条例》(修订)
10	2019.12	青海省发展改革委营商环境建设监督局	公开招标	《青海省优化营商环境条例》
11	2020.3	青海省工业和信息化厅	公开招标	《青海省实施<中华人民共和国中小企业促进法>办法》(修订)

---

　　[1]　通过各地政府信息公开网站、报纸和期刊文章获取,地域涵盖8个省市,委托方包括人大、政府职能部门,受委托方包括高等院校、律师事务所、行业咨询公司等,委托起草事项涉及水源保护、网约车规制、农村集体资产管理、优化营商环境等多个领域。
　　[2]　包括省级、设区的市的人大和政府立法程序规定。

（二）地方立法中委托第三方起草制度的正面效应

1. 规避地方立法中部门利益倾向

立法是博弈的产物,而不是立法机关的自我创造。在立法过程中,不同利益群体经过相互冲突达到平衡,如果各群体在立法的过程中不能充分表达意见,没有经历竞争和妥协的过程,则无法实现公正立法。①传统的起草模式和公众参与中,主导起草和征求意见的主要是政府职能部门。部门既是制定者,又是执行者,为了便于行政管理和提升行政绩效,难免会起草出一部有利益倾向的草案。美国学者乔凡尼·撒托里在1987年著的《民主新论》中如是说,若法制的统治者也是立法者,那么"以法律的名义,巧妙地进行压制"就方便多了。②反观地方立法中委托第三方起草制度,作为扩宽公众参与制度化渠道的重要方式,在立法起草的过程中,将起草任务交由主要是专家、高等院校和科研单位的第三方主体独立完成,他们一般与立法项目没有直接的利益关系,这种超脱性使第三方能够最大限度地保持中立、客观的立场。相关政府职能部门不再直接介入起草工作,有效规避部门利益的影响。第三方充分发挥其中立性,充分了解民意、反映民意,从立法源头的草案形成环节直至征求意见环节,使民众从对已形成的草案提意见、建议的被动,转变为对立法起草全过程的主导创制,最大限度地贯彻和实现立法意图,不偏不倚、公正地行使委托起草权,起草出能规制国家公权力、保障公民私权利的法规草案,推进了立法民主化进程。

2. 补足地方立法工作中人员能力欠缺

《立法法》中第六条明确提出了科学立法原则。③立法应当从实际出发,即要求在立法调研、起草的过程中,一方面,地方立法机关的工作人员要大量采集数据、信息资源,分析当地的经济社会发展和相关领域的政策要求;另一方面,地方立法起草的过程中,还必须借助公众参与立法的多种民主化途径,切实有效地实现立法科学性的实质提升。

这有利于弥补我国地方立法机关中的工作人员立法能力不足的"短板"。借助第三方起草组织中充足的人力资源优势,完成耗时耗力的草案起草工作。一方面,能够解决以往单纯依靠地方立法机关本身的力量完成立法调研、座谈等工作中常常出

① 曾祥华等:《立法过程中的利益平衡》,知识产权出版社2011年版,第63页。
② 转引自汪全胜:《行政立法的"部门利益"倾向及制度防范》,《中国行政管理》2002年第5期。
③ 《中华人民共和国立法法》第七条规定:"立法应当从实际出发,适应经济社会发展和全面深化改革的要求,科学合理地规定公民、法人和其他组织的权利与义务、国家机关的权力与责任。法律规范应当明确、具体,具有针对性和可执行性。"

现的因"力不从心"而无法满足地方高涨的立法需求的现象,还有助于缓解地方立法滞后的局面。在实践中,以第三方起草主体中占比最多的高校为例,高校不仅在人才的专业程度上占优势,更在高素质人才的数量上占极大优势。承担立法任务的第三方主体可以将走访调研、数据信息采集、召开座谈会和听证会等需要花长时间整理、汇总、提炼大量数据的立法起草前期工作交由各专业的学生进行。如此,保证完成立法起草工作对人力资源的大需求的同时,也能为法学或其他专业的学生提供一个从理论走向实践的宝贵机会。从长远来看,也是为我国地方立法培养和壮大人才队伍。另一方面,尤其是对一些专业性较强的立法起草项目,若完全由地方立法机关或地方政府负责,由于欠缺具有专业背景知识的立法工作人员,其往往很难保证立法草案的科学性。通过委托第三方起草的方式,让专业机构和专家学者运用其专业知识技能来完成起草工作,不仅能够保证地方立法草案的专业性,还能够准确地、高效地辨识对立法活动有效的信息和数据,提高立法活动的输出效率。

这还有利于弥补一般公众的立法能力不足的"短板"。由于科学立法原则还体现在要科学合理地设计私权利与私权利、公权力与私权利之间的权利义务关系,因此立法不仅要专业,还要能够均衡各利益群体的立法诉求,合理地设计权利义务关系。公众参与度对提升立法草案的合理性起到关键作用。虽然当前逐渐多元的公众参与立法已建立起相应的保障性制度,但仅局限于形式层面的立法民主化进步,并未真正地实现对立法的科学性、合理性的切实有效影响。一方面,公众不能提供有价值的信息。目前,即使公众参与立法的热情普遍有所提升,但囿于其在信息资源掌握方面的弱势,知识运用能力极易受到约束,信息参与价值的实现也变得极其困难。[1]另一方面,一般公众缺乏对参与立法工作要提供法律或相关专业知识的认识。虽然从数量上看,有些草案能公开征得不少公众意见,但合理有效的实际内容却并不多,甚至出现公众通过这种形式表达自己针对某些与立法草案无关的具体问题的看法,将公众参与立法当作一类"信访"途径。[2]因此,这种公众以个体形式参与立法的方式,不仅大大增加了立法成本,而且由于立法机关无法及时、恰当地处理这些分散的利益诉求,可能会使公众感到被忽视,还会产生一系列不良的立法效应。而委托起草制度下,第三方主体也是来自民间的社会公众代表,既可以运用其专业知识或经验有针对性地、明确地提出切实有用的意见建议,又能利用其来自人民的优势,将分散在广大

---

① 王锡锌:《公众参与和行政过程——一个理念和制度分析的框架》,中国民主法制出版社2007年版,第43页。
② 闫锐:《地方立法参与主体研究》,上海人民出版社2014年版,第136页。

人民群众中的利益诉求集中反映,高效地为各利益群体发声,从而充分发挥公众参与立法的制度优势,切实保证科学合理地立法。

3. 提升地方立法中公众参与度

当代中国的民主立法原则要求,立法应当体现人民的意志,在立法过程中要坚持群众路线,以多种方式体现公众参与。[①]以往,在政府职能部门主导的起草活动中,公众一般是在草案形成后,以征求意见稿、邀请专家或利益群体代表座谈、论证等形式参与立法。但实践中由于缺乏反馈机制,对公众意见的处理一般是通过网络,公布收到的意见数量以及采纳意见的简要情况结论,至于被采纳或不被采纳的原因并没有说明。这种形式化的征求意见和虚化的反馈机制,使得专家等公众的意见建议,如蜻蜓点水一般,几乎无法与主导起草活动的部门在表达利益诉求时进行抗衡,所形成的草案文本不仅不能得到社会的认同、支持,而且无法满足社会需求,影响实施效果。久而久之,缺乏实效、无强制的公众参与起草也会慢慢没有人参与。而委托第三方起草制度下,委托方以政府购买服务途径,同第三方签署正式的委托起草协议,将起草项目委托给第三方独立完成。委托方除了提供必要的资源支持辅助工作、对起草任务的完成进度定期跟进等必要的辅助、监督之外,整个起草过程是由第三方独立主导完成,确保公众意见在立法起草中的作用。而且,与地方政府职能部门起草方式相比,第三方起草主体大多不是所要规制的权力对象,具有中立性,并且,参与立法的民主主体集中在专家、教学科研单位以及社会组织,如此一来,立法民主化的提升过程便从参与的"公众化"转向"精英化"。这些公众中的特殊群体,具备立法起草工作所必需的法律或相关起草领域的专业知识,还能提供从立法经验或行业经验中获取的立法信息资源。同时,作为社会公众中的一员,还能有效地联结社会中分散的公众个体,收集他们的利益诉求,并运用自己的专业知识满足社会普遍诉求、降低立法成本的同时,保证公众意见被采纳的概率,切实提升公众参与度。

(三) 地方立法中委托第三方起草制度的负面效应

1. 起草成果脱离群众实际

在地方立法实践中,委托第三方起草制度得到的最多负面反馈是起草成果脱离实际、可操作性不足。有学者在实地调研某设区的市立法情况时发现,在"初次交付"

---

① 中玉:《立法要体现主流民意》,《人民日报》2005年7月27日第13版。

阶段,地方立法机关普遍认为第三方的草案"理论性过强"。①典型的案例是一个关于动物权益保护法案的委托起草。第三方提交的草案规定,县政府设立一个动物登记部门,将每户的家养动物进行登记;还规定,若动物因主人没有提供干净的水和食物而病死,主人要受行政处罚。

　　起草的草案是为了最终颁行实施,倘若所制定的法规难以或不能在社会生活中执行实施,则这部草案只能被束之高阁,其中所凝结的社会各群体的期望、立法工作人员的智慧和精力等都会浪费,不利于立法权威和尊严在人民群众中树立。受托的第三方往往都是来自高校、科研院所,以及律师行业的高素质专业人才,他们拥有扎实的理论储备、严谨的逻辑能力,善于运用国内外的先进思想。但这也是一把双刃剑。所起草的文本往往会过于理论化,普遍与当地社会的现状不能较好适应。正如有的学者所指出的,由于专家习惯于把各种利益和价值矛盾当作技术矛盾来化解,因而专家会在理解社会公众的利益诉求时产生偏离和漠视,如此会背离立法民主化的要求。②因此,要想提升地方立法草案的可操作性,使其更贴近群众实际,不仅应当具备相应的专业素质,还应当较好地平衡各群体的法律利益。被委托起草的相关专家等第三方虽不是立法活动所要规制的权力主体,但因其可能是来自高校的专家学者,潜心钻研自身领域的理论知识,可能会影响起草成果的可操作性;也可能是来自法律实务工作一线的律师等职业群体,与相关立法领域有一定程度的利益关系,可能会影响起草成果的利益广泛性。

　　2. 委托方滋生推诿现象

　　地方立法中的委托第三方起草还可能会助长"懒政"的风气,立法机关习惯性地推卸责任。起草是一项耗时耗力且难见成效的立法工作,加之过程中起草主体容易面临与各利益群体之间的多种矛盾冲突,可谓"费力不讨好"。因此,若不对立法机关启动委托第三方起草制度的条件加以限制,极有可能会出现地方立法机关滥用委托第三方起草制度,任意将起草工作推托出去的现象。如此,委托起草便可能成为推卸工作、回避矛盾的工具。如果此时对第三方的起草过程也没有进行有效监督,对起草效果没有设定明确的评价体系,还会致使第三方产生消极应付的心理,则委托第三方起草制度没有发挥出其应有的功能,草案质量差难如人意,又导致草案的社会认可度

---

　　① 吕芳:《委托立法中的立法思维冲突及调和——基于第三方与立法机关的比较》,《学习与实践》2018年第2期。

　　② 王惠玲:《专家在立法听证中的角色和作用》,《现代法学》2007年第1期。

低,不能通过人大的审议,那么该草案就失去了实际价值。立法项目的起草也要另行计划,重新进行,浪费立法资源,拖延地方立法规划的开展与实现。

3. 第三方失去中立地位

第三方往往同特定行业保持密切联系。第三方都是某特定领域的专家,或者掌握专业知识,或者有丰富的行业经验。社会地位一般较高,在行业内具有一定影响力。作为某领域的专家,往往同行业内的其他成员会有一定的联系。如果第三方的品格和职业道德发生了不好的变化,则会失去中立、客观的立场,甚至成为某些群体在立法起草的过程中的利益代表。

第三方还会受到委托机关的强势地位影响。在我国,委托第三方起草是地方立法机关购买公共服务的一种,由政府拨付经费以购买第三方所提供的立法起草服务。尽管委托第三方起草制度的实践与日俱增,但明确、具体的相关经费管理规定却并未配套完善。在实践中,一些地方政府的委托第三方起草服务费竟出现了越合作越高的现象,甚至已经查明有"高回扣"的现象,俨然已经成为一些公权力谋取私利、权力寻租和行政腐败的"新沃土"。[①]除此之外,委托机关自行决定起草项目的受托第三方,可能委托给熟悉的第三方,或者在起草过程中与第三方熟络起来,建立起私下关系。

四、地方立法中委托第三方起草制度存在的问题

为何一个无论从发展历程看,还是从所蕴含的理论基础看,都是集多种优势于一身、堪称完美的制度模式,实际运行之后的成果却良莠不齐?地方立法中委托第三方起草制度的价值功能不能只停留在应然层面,而应当充分落实于现实社会、有益于地方立法实践,必须直面委托第三方起草制度的问题根源,抓住症结,采取有针对性的措施,更好地发展和健全地方立法体制和机制。

(一)第三方主体配置未最优

1. 主体自身利弊相依

首先,实践中最常见的第三方起草主体是高等院校和科研单位。除了具有精湛的专业知识和专业技能,一般教学科研单位与立法所涉及的利益不存在利益关联,其客观中立的立场可以避免"部门利益法律化"。实践中,以高等院校为主,相较于科研

---

① 王书娟:《地方立法委托第三方起草实效之影响机理分析》,《河北法学》2019年第37卷第5期。

单位,其有更多的学科专业人才和更多的人力资源优势,可以消除地方立法队伍人员短缺的问题,为顺利开展调研、论证、数据和信息搜集等需要大量人力的工作提供保障。但不足之处是,高等院校和科研单位相对缺少行业实践经验。尤其是在设区的市委托第三方起草制度的立法实践中,因新获得地方立法权而都渴望在立法工作上有所突破,面对积极的立法热情与贫瘠的立法能力之间的不匹配,纷纷选择委托第三方起草制度。大多数设区的市将起草项目委以当地的市属高等院校,但我国市属高等院校的法学教育培养现状是,更注重部门法教学,具备立法学知识的专家和学者并不多,因此也导致其缺少地方立法经验。

其次,地方立法一部分实践中,还有委托律师服务团队、行业协会等社会组织起草法案的实例。在立法起草过程中,这类第三方起草主体与生活实际关联更为密切,更了解当前该领域的法律运行情况,发挥实务经验优势,还能较好地预测法律的实施效果,可以保证草案的可操作性、针对性。但也存在不足之处。律师事务所是实践中承担立法起草任务最多的社会组织,以其为例,由于律师事务所相较于教学科研单位和专家,普遍缺少较为系统的专业知识,有时过于片面,对草案的规划不够系统和全面。而且其更注重经济效益,有的过于追求作为第三方承担立法起草任务对自身的广告宣传效益,而会忽视投入更多精力在提升草案的质量上,这也是对立法资源的一种浪费。

最后,关于委托第三方起草制度,部分我国不同层级的立法文本中,有列出地方立法起草工作还可以委托给专家个人。专家不仅指高等院校和科研院所中的专家,还包括在其他单位和社会组织中具有专门知识的人才。委托专家起草的优势在于,以法学专家为例,专家不仅系统、全面地通晓自身领域的法学理论知识,还熟悉国内外立法情况,对地方立法现状中存在的弊病认识更深刻,解决对策更具针对性,理论上可以产生满意的立法效果。但在地方立法委托第三方起草制度的实践中,由专家个人承担起草任务的情形极少。虽然专家参与立法作为一种重要的民主立法渠道,在我国立法实践中司空见惯,如在刑法、民法等领域的基本法律的制定中专家都发挥了重要作用,但因为地方立法多为行政管理类法规的起草,专家一般缺少行政管理经验,且专家个人即使有其学生或团队帮助,但在工作分工、经费分配上易出现组织管理争议,实践中经常出现专家与极少数几个人完成一项起草任务的现象。这些问题都会影响最终的立法草案质量。

2. 个案中第三方类型单一

虽然第三方的主体类型较为丰富多元,但具体在每个委托第三方起草制度的案例中,往往第三方起草主体只有一种,呈现出整体多样、但个案单一的现象。从实践看,虽然专家、教学科研院所和社会组织这三种第三方起草主体都在具体案例中有所体现,但如果观察个案,却很容易发现,绝大多数案例中第三方都只是其中一种类型且数量也是单一的。与立法资源有限、主体间合作协调成本高、能胜任起草工作的主体少等因素有关。

主体如此单一的现状致使委托第三方起草制度的正面效应并没有在地方立法实践中被充分地发挥出来。如前所述,每一类第三方起草主体虽然各有优势,但也存在明显不足。委托第三方起草制度的设计初衷是为了规避传统起草方式中的"立法人员能力不足""部门利益化""缺乏公众表达渠道"等弊端。在某省委托第三方起草关于民宿管理的法规草案时,由于被委托的旅游学院教师缺乏立法知识,无法用立法语言、立法技术起草草案文本,致使立法听证会上的法律专家对该草案表示每一条都必须推倒重写。不仅在草案的形式上,而且从草案的内容看,许多法律制度的设计都与我国的基本法律原则相违背。立法是一项对专业性要求严格的系统工程,包含许多环节:应该在哪些立法原则下展开起草,运用哪些起草技术,如何在起草的过程中平衡各利益相关方的法律诉求,如何科学、合理地设计法规制度,如何明确具体地将立法事项形诸于立法文本等等。这些立法起草环节中,都必须有具备系统、全面的立法学理论功底和立法经验的专家或学者参与,仅具备行业专业知识、但缺乏现代法治立法理论知识的主体是无法独立胜任立法起草任务的。

3. 二次指派未能实现配置最优

起草相关草案时,不仅需要法律知识,还必须同时有各个学科专业知识的支撑,才能确保立法成果的质量。三种第三方起草主体中,高等院校因为有综合学科人才的背景,使得其成为实践中最常见的第三方。但实际运行情况却是因为项目经费有限,通常难以吸收各个学科的专家参与起草,致使委托成效大打折扣。

另外,据学者观察,高等院校获得委托起草权之后,实际内部在选择具体起草团队时,呈现出"两套班子"的现象。实践中,高等院校都是采用类似申报课题的方式参与地方立法机关的委托起草的第三方选择程序。为确保获得委托起草权的更大可能性,其会举全校之力,组成一个由各学科专家带头、多专业力量参与的"豪华班子"。结果也证实,看起来越豪华的团队在竞争中被选择的概率越高。但在获得委托起草权之后,内部二次指派的实际起草团队却换成了"极简班子"。由于地方立法委托第三方起草项目都有项目经费,为实现个体利益最大化,实际起草项目的团队往往是由实际申请项目者与少数几个人组成。实践中,极有可能是由高校的老师带领几名学生完成一个起草任务,即使再优秀的专家,凭一己之力,如何带领既没有社会经验也没有立法经验的学生起草出一份满足立法需求的草案? 姑且不谈申请时的豪华,就连相对成熟的分工协作的团队都称不上。[①]如此,这个起草团队在立法起草的过程中,并不比政府职能部门主导起草有更多价值优势。该实际运行情形下得到的起草成果很难说优于部门的起草成果,严重背离了地方立法机关委托第三方起草的初衷。

4. 主体间未能充分互补合作

从我国地方立法中委托第三方起草制度的规定看,也有少数地方规定可以选择数个机构作为受托起草方,实践中有极少数案例将起草项目委托给了多方,这一尝试有其可贵之处,但也有消极之处。一方面,第三方起草主体虽然不再只有一个,但其类型相同或者职能相似,并未真正实现优势互补。以《太原市文化产业促进条例(草案)》[②]和《广东省信访条例(草案)》的委托项目为例[③],虽然立法机关委托多个第三方起草主体,但是均为法学背景的教学科研机构,缺少具有文化产业相关背景知识以及有信访工作经验的起草人员。同时,也缺少有法律实务经验的律师参与起草。如此一来,仍没有避免委托给单一的第三方起草主体会带来自身科学性不足的缺陷。另一方面,实践中被委托的数个第三方起草主体之间一般是竞争关系。前两个例子中,太原市立法机关是将两个第三方起草主体以及市政府文化产业职能管理部门分别起草的三份草案整合成一份,供立法运作;广东省则是将三个高校分别起草的三份草案论证评估、比较权衡,精心设计成最终草案文本。将多个第三方起草主体各自的草案文本整合成一份草案时,不仅克服三份草案的立法起草逻辑、体系上的差异时难以操作,而且未实现多方优势的整合和多方资源的共享,反而有浪费立法资源、降低立法资源输出效率的隐忧。

(二) 第三方的遴选程序和标准不规范

首先,通过分析搜索到的15个地方立法中委托第三方起草的实践事例,观察得出遴选方有三种类型:地方人大及其常委会、政府法制办以及政府职能部门,具体情况见表6。分析上述统计数据可以发现,委托主体为地方人大及其常委会占比最多,为46.7%,地方政府职能部门以33.3%的占比居于其次,而地方政府法制办,无论是单独委托还是与另两委托方联合委托,其总占比仅为13.3%。值得注意的是,以上数据

---

① 陈颖:《重要立法事项引入第三方立法前评估的实践与完善》,《云南社会主义学院学报》2017年第1期。
② 该案例中,两个受托方分别是山西大学法学院,以及山西财经大学法学院—太原市法制研究所联合体。
③ 该案例中,广东省人大常委会同时委托三所高校,分别是中山大学、广东外语外贸大学和暨南大学。

结论是在地方立法中委托第三方起草制度实践样本有限的情况下的不完全统计,且可能受到立法起草事项和立法起草权具体分配等其他因素影响,但一定程度上,该统计调查也可以反映整体问题。

表6 15个案例的委托主体情况

委托主体类型		数量	占比/%
单独委托	地方人大及其常委会	7	46.7
	地方政府法制办	1	6.7
	地方政府职能部门	5	33.3
联合委托	地方人大常委会和地方政府法制办	1	6.7
	地方政府法制办和地方政府职能部门	1	6.7

因为委托主体是整个委托第三方起草项目的发起者、监督者、评价者以及费用支付、联系沟通者,直接决定了委托第三方起草项目能否从一开始就奠定一个相对成熟、分工合作明确、利于立法起草工作开展的组织基础。从委托的初衷来看,是为了以第三方客观中立的立场,实现规避部门利益。因此,如果由政府职能部门承担第三方起草主体的遴选工作,由于制度设计所带来的委托主体的强势优势地位,难免会使第三方起草主体受到委托主体的部门意志影响,并没有满足适用委托第三方起草制度的初衷。另外,如果由地方人大及其常委会或者政府法制办公室委托第三方的话,虽然其相对摆脱了部门利益,但因为缺乏行政管理经验,并不能满足立法起草工作要紧贴社会实际开展的要求,极易影响草案的可操作性和法律的实施效果。

其次,第三方起草主体的选择程序从两个维度,分别依据是否由委托主体直接选择,以及是将多个立法起草项目长期委托,还是每个立法起草项目单独委托的不同,将选择程序分为四种,实践中这四种程序都有被运行。

从第三方起草主体选择程序的公开程度看,有直接委托和招标投标、公开询价、竞争性谈判磋商等公开竞争委托这两种程序。例如,海南省应急管理厅采用公开询价的公开竞争委托程序,并在公告中写明选择第三方起草主体的程序,是结合报名单位的实绩、报价等方面的情况,综合评选出一个第三方起草主体来承办该项立法工作。①根据《政府购买服务管理办法(暂行)》第十四条第(五)项、第十六条②规定,立法活动中该种委托行为是一种政府购买服务行为,即地方立法机关花经费购买第三方的起草服务,应当以公开及邀请招标、询价、竞争性谈判等透明、有序竞争的形式组织实施。实践中,因为地方立法起草项目具有采购金额小、时间紧的特点,因此大多采用直接委托的方式。直接委托第三方的选择程序的优势在于节约时间和精力成本,利于提高程序效率,但也存在不足之处。委托主体直接委托第三方起草主体的方式下,缺乏公开度,易滋生立法腐败、权力寻租,导致立法不公现象的发生。而且,从提升地方立法能力水平的角度,只能短期缓解立法需求的一时之急,不是长久之计。极易使地方立法委托第三方起草的过程中出现第三方主体垄断的现象,打击地方其他主体参与立法的积极性,可能会影响现代立法的进程。而且,外来竞争压力的缺位,也会抑制第三方起草主体提升自身立法能力水平的内在动力,助长第三方起草主体的懒惰懈怠思想,影响立法起草服务的质量。与此不同,若以公开招标等方式选择委托第三方起草主体,有利于防止立法起草服务垄断现象的发生,促使处于竞争压力下的起草主体主动提升立法能力,利于我国立法工作队伍建设的同时,还可以提升起草成果质量。但在实践中,公开竞争方式因缺乏明确具体的相关制度规范,而在实践操作的过程中困难重重。

从另一维度出发,将第三方起草主体的选择程序分为长期合作模式和单独委托模式。长期合作模式是各地根据自身立法需求和本地社会立法资源的状况,在实践中大胆创新出的新模式。③长期合作模式的惯例做法是委托主体每年以下发文件的形式向其长期合作的第三方起草主体指派立法起草任务,并支付一定的组织建设经费和项目经费。该模式的优势在于,不仅可以降低委托起草的选择成本,而且所形成的固定合作也可以大大降低各起草主体之间的沟通合作成本。但是,实践中,长期合

---

① 详见《海南省应急管理厅关于地方法规项目委托第三方立法的询价公告》,http://yjglt.hainan.gov.cn/xxgk/0400/201907/t20190725_2637140.html,最后访问时间:2020年4月1日。

② 《政府购买服务管理办法(暂行)》第十四条第(五)项规定:"政府履职所需辅助性事项。法律服务、课题研究、政策(立法)调研草拟论证⋯⋯领域中适宜由社会力量承担的服务事项。"《政府购买服务管理办法(暂行)》第十六条规定:"购买主体应当根据购买内容的供求特点、市场发育程度等因素,按照方式灵活、程序简便、公开透明、竞争有序、结果评价的原则组织实施政府购买服务。"

③ 自2013年,广东省人大常委会先后与中山大学、华南理工大学、暨南大学、广东外语外贸大学、广州大学、嘉应大学、韩山师范大学、广东海洋大学、韶关学院等9所高校合作建立"广东省立法咨询和服务研究基地"。2016年,福建省人大常委会分别与厦门大学、华侨大学、福州大学、福建师范大学、福建江夏学院5所高校合作成立福建省地方立法评估与咨询服务基地,建立长期委托立法起草及研究合作关系。

作的立法基地将起草任务进行内部再分配时,并未遵循公平、公正、公开原则选择最佳实际起草团队。据观察,长期合作的第三方起草主体在内部指派时出现了其他附加条件,如强制指派起草任务,有的还以立法起草的工作来折抵其他未完成的科研任务,如此可能会影响地方立法中委托第三方起草制度发挥功能优势。

最后,确定了委托主体和选择第三方起草主体的程序后,按照什么选择标准来判断第三方是否能够胜任立法起草任务也十分关键。一个选择标准是关于受托第三方起草主体的资格要求,我国相关法规明确了服务提供方应当符合的要求。①借助政府信息公开等方式,对11个委托立法调研起草的招标、竞争性磋商、公开询价公告整理发现,每一份公告中,都有对第三方的资质要求。按照委托主体对资质条件的强调程度,对第三方起草主体的资质主要关注如下要素:责任能力、专业能力、立法技术能力、立法起草经验和违规违纪信用记录。②从公告看,委托主体均特别强调和重视第三方起草主体能否胜任立法起草工作,以及对能否按时保质保量完成立法起草工作的担忧。值得注意的是,对第三方的准入门槛也不宜设置得过高,否则不仅不利于择优选择,存在限制竞争的隐忧,而且也不利于保护地方参与立法的积极性。另一个选择标准指的是公开竞争方式中,对符合资格条件的第三方主体进行第二轮遴选时依据的标准,即择优标准。举例说明,实践中有的单位在委托第三方立法起草项目的第三方主体评分表中设置了如下几项评分标准:其一,申报提交的工作方案(占比30%),包括对立法起草工作拟解决的问题、基本思路、进度计划以及预期成果质量等,从工作方案的可操作性、科学合理性等维度进行评分。其二,团队资质(占比20%):根据申报单位上报的团队成员的证明材料,相关的立法参与经验越丰富,得分越高。其三,报价(占比20%):根据各申请单位的报价高低,依次排序,申报最低价格的得分最高,反之,得分最低。其四,实绩(占比20%):根据申报单位上报的团队成员的证明材料,近一定年限内,该单位有承担过地方立法委托第三方起草任务的得分最

①《政府购买服务管理办法(暂行)》第七条规定:"承接主体应当具备以下条件:(一)依法设立,具有独立承担民事责任的能力;(二)治理结构健全,内部管理和监督制度完善;(三)具有独立、健全的财务管理、会计核算和资产管理制度;(四)具备提供服务所必需的设施、人员和专业技术能力;(五)具有依法缴纳税金和社会保障资金的良好记录;(六)前三年内无重大违法记录,通过年检或按要求履行年度报告公示义务,信用状况良好,未被列入经营异常名录或者严重违法企业名单;(七)符合国家有关政事分开、政社分开、政企分开的要求;(八)法律、法规规定以及购买服务项目要求的其他条件。"

② 大部分公告中有如下类似要求:在相关研究领域具有较高的学术造诣,具有熟悉行政、经济法、行政事务和掌握立法技术的专业人员,参与过相关领域重要地方性法规和政府规章的起草论证,近几年无行政处罚、行业处分及信用不良记录,参与立法的时间能够得到充分保障。

高。该评优标准看似全面、合理,但该案例中,依据该标准委托主体并没有选到最理想的第三方,因为是否有能力按预期较好地完成草案,并不单单只是上述评分要素所能涵盖的。即使标准再全面,但因为立法起草工作的复杂性、委托第三方起草制度运行过程中的不确定性等因素,使得各标准的占比、分数段分布等方面都不是单纯的线性关系,各评价标准中所包含的因素对委托第三方起草制度的实际运行效果的影响很难简单量化。

(三) 起草过程中各主体间互动不充分

1. 第三方与委托方缺乏良性合作

在地方立法中委托第三方起草制度的运行中,第三方起草主体与委托主体能够良性互动、紧密合作的案例并不多见。基于立法起草工作的专业性强、复杂程度高等特点,若双方能进行良性合作互动,显然对提升第三方起草的运行效果会有很大的积极作用。在第三方起草主体与委托主体的互动合作下,从调研论证到起草文本的全过程都共同协作,实际形成双方共同起草的局面。一方面,双方通力合作,保证了立法起草工作对人力资源、专业知识背景的需求;另一方面,委托主体与第三方起草主体及时、充分地沟通互动,能够有效降低双方在立法思维上发生冲突的可能性[1],还可以确保立法草案的可行性,避免"严重脱离实际"、委托主体再推倒重来、浪费立法资源的情形发生。

在2015年关于《江西省学校学生人身伤害事故预防与处理条例》省教育厅委托南昌大学立法研究中心起草的过程中,第三方与委托方之间就难能可贵地保持良性合作型互动。[2]在开展实地调研时,第三方起草主体联合委托主体,在委托主体的鼎力支持下,将省人大法律工作委员会、省政府法制办公室、省教育行政部门等各方资源都整合进立法起草小组,吸纳各方优势,借助职能部门的支持,收集了详尽的一手资料。同时,在立法起草论证过程中,委托主体以第三方起草主体提供的立法起草相关理论为基础,根据自身的立法经验和对当地法规、政策运行情况的通晓,就焦点问题进行深入充分的讨论研究。这不仅能确保第三方起草主体的立法思路与委托主体的委托初衷始终保持一致,节约立法成本,提高立法效率,而且还能有效保证制度的运行成果质量。

---

① 吕芳:《委托立法中的立法思维冲突及调和——基于第三方与立法机关的比较》,《学习与实践》2018年第2期。

② 肖萍、吴惟予:《第三方起草工作手记》,《时代主人》2015年第11期。

除此以外,第三方与委托方间第二种互动方式是监督催促。这种互动模式下,双方的定位分别是:第三方起草主体是实际且唯一的起草者,委托主体的功能类似于"监工"。一般情况下,委托主体定期催促第三方起草主体按照起草计划及时提交调研报告、论证报告、草案初稿、草案修改稿等工作文本。而在立法起草的实施过程中,对立法起草的内容不提供任何实质性帮助和配合。虽然能确保第三方起草主体按计划完成起草任务,但是在这种互动方式下,并没有形成委托主体和第三方起草主体的资源优势互补,而且发生思维冲突的可能性依然很高,立法质量实质上并不会得到有效的提升,委托第三方起草制度的价值未切实发挥出来。

第三种是袖手旁观的方式。地方立法中委托第三方起草制度的实践中,有的委托主体将委托第三方起草制度当作一个用来推诿耗时耗力的起草工作,回避复杂矛盾,以减轻自身工作负担的制度工具。委托主体存在偷懒的思想,甚至连应尽的配合义务也不愿提供给第三方起草主体,认为第三方起草主体应当自行、独立完成立法起草任务。虽然第三方起草主体在作为受托方实施起草的过程中提供的是有偿服务,但毕竟是向委托主体,即法定起草者提供辅助性服务的。当遇到困难需要委托主体协助解决时,如果委托主体袖手旁观,不愿意分享其掌握的资源,甚至对第三方的工作也没有监督和定期跟进联络,一副任由第三方自生自灭的姿态,第三方难免会产生抵触情绪,影响参与起草的积极性。如果第三方起草主体也消极懈怠,那么最终会影响立法起草的运行效果。立法成本和资源的耗费,换来的却是低输出效率和不令人满意的质量。

2. 第三方与社会公众缺乏互动交流

委托第三方起草制度能在地方立法实践中盛行的原因之二在于第三方起草主体客观、中立的立场,以及提升地方立法队伍专业化的制度优势。委托主体往往会将涉及多个相关利益方、社会关注度高的立法起草任务委以第三方起草主体。这类立法起草任务不仅要求起草者必须始终不偏不倚、公正地行使立法起草权,规制国家公权力,而且还因为立法起草工作的复杂程度较高,与群众切身利益密切相关,要求起草者必须通过大量的实地调研、多方座谈等形式,深入听取了解各相关利益群体的法律诉求和意见建议,从而更好地维护社会公众的利益。

在上面的委托某大学草拟某省某条例的实例中,该委托第三方起草成果最终既获得地方立法机关的认可,又在后续的法律实施中受到社会各界拥护。[①]不仅因为第

---

① 肖萍、吴惟予:《第三方起草工作手记》,《时代主人》2015年第11期。

三方起草主体与委托主体之间一直保持良性合作的互动方式,而且双方采取了丰富多样的利益表达渠道,充分听取了基层学校、家长代表等各利益相关人代表的意见,在夯实民主基础的同时,也为草案的可操作性、科学性提供了有力保障。

然而,在实践中有的第三方脱离群众闭门造车。《立法法》第七条明确提出了立法要科学化、民主化的要求。有的立法起草过程只一味地追求专业性,以为只要草案的专业性提升了,立法成果的科学性就一定能提升。立法应当从实际出发,脱离了群众实际的专业性是"纸上谈兵",只会导致草案缺乏可行性和针对性。地方立法中委托三方起草制度实践中,还有的第三方起草主体出于节省经费开销以获得更多盈余的私心,加之同时还缺乏委托主体的有效监督,就会简化甚至擅自省略调研、论证等环节,未经深入调查和听取各方利益主体的意见建议,就得出脱离实际、理论性强、可行性差的"学院化"立法草案。从"部门化立法"到"学院化立法",并没有地方立法中委托第三方起草制度的优势,违背了委托主体的初衷。

(四) 委托起草的法案评估流于形式

地方立法中委托第三方起草制度实践中,制度运行陷入操作困境的另一个原因在于,对委托起草成果缺乏实质有效的评价体系,普遍存在"走过场"评价、"浮在表面"评价,甚至没有评价的实例。

在实践中,第三方起草主体完成委托起草任务后,委托主体一般邀请专家对起草成果进行线上评估或线下的面对面评定。一方面,从评价结论的呈现形式看,即使采用座谈、论证会的方式,评价主体给出口头意见和建议后,最终也只采用"通过"或"不通过"的两层级结论。耗费大量时间和人力起草的成果,只有两种结果,难免略显粗疏。另一方面,虽然委托主体邀请专家来参与结果评价,看似可以避免委托主体凭一己好恶,主观臆断,确保了评价过程的公正性,但由于地方立法中委托第三方起草制度中的委托主体既是起草成果的需求方、立法起草项目的组织管理方,又是项目运行产生不良后果的承担方,还是挑选专家组成评价组并支付咨询费用的经费支付者,试想,如果专家评定该起草成果质量差、不能被采用,这是否也是对委托主体的组织、监管能力的否定,对其消耗立法资源的质疑? 因此,现行的评价程序极易使评价组专家失去客观中立的立场,大大增加了立法实际运行中的不确定性。

结果评价走过场、流于形式的现象,既与制度不完善有关,也与立法起草工作自身的复杂特性有关。实践中,有很多种原因致使地方立法中委托第三方起草制度的成果被负面评价。最普遍的评价是,几乎都不同程度地"脱离实际、可执行性不强"。在委托第三方起草制度实施的过程中,各种各样的因素都会影响起草成果的质量。

实地走访调研、座谈了解不够，与地方立法机关、地方政府职能部门就行政管理方面的深入沟通、互动不够，甚至第三方起草主体自身过于中立、超脱现实而成为"利益绝缘体"，都是导致立法效果不令人满意的原因。评价一个立法起草成果需要从多维度、多角度进行评定。任何一项立法起草成果，都不可能让所有相关利益群体都满意。对于委托主体也可能是相关利益主体的情况，由于委托主体对立法草案最终是否被采用起关键作用，实践中还出现了委托方不满意，即使第三方起草质量较高，也并没有被采用的事例。由此可知，缺乏明确具体、科学且合理量化的评价标准，不规范的评价主体和评价程序，都是导致地方立法中委托第三方起草发挥功效问题的原因。

（五）缺乏有力的监督追责机制

如上所述，由于对委托第三方起草制度的草案成果难以评价，因而致使实践中对第三方起草主体未能按约定完成立法起草任务的责任追究也困难重重，甚至出现了委托第三方起草的草案完全不被采纳，却对第三方起草主体无任何不利影响的实例。笔者认为，该现象的发生不应只归咎于立法后委托主体对第三方责任追究不够有力，还与委托起草任务启动前，形成委托起草关系的过程中的权利义务约定不明确有关。尽管如此，从笔者搜集到的近一年以来的11份委托立法调研起草的招标、竞争性磋商、公开询价公告看，实践中也只有极少数委托方在对项目进行公开招标、竞争性磋商时就在公告中明确就责任承担进行了约定，不只是空泛地提要求，还通过限制支付方式将责任追究机制具体化。

因此，虽然《立法法》将地方立法权下放，科学把握了未来发展规律，但尤其是在刚获得立法权的各设区的市，适用地方立法中委托第三方起草制度为当地立法起草工作助力的同时，也要注意该制度运行时地方委托主体和第三方起草主体双方都要做出努力改进，从而有效提升立法工作水平。

五、地方立法中委托第三方起草制度的完善

（一）坚持地方人大主导立法

在我国，立法是将最广大群众的需求上升至法律形式，从而进行保障的重要活动。由于立法活动往往涉及多方利益的分配，相关利益主体难免在立法起草过程中进行博弈以实现其利益的最大化。我国各级人大是人民的代表，确保人民群众的利益在立法中得到保障的关键，即立法民主化的关键，就是确保人大在立法起草活动中的主导地位。

一方面,从党的决定和我国《立法法》的第五十七条来看,地方立法中委托第三方起草制度作为"第三方参与立法"的一种形式,本就是基于"人大主导立法"概念而产生的,是其赋予的委托第三方起草的合法性基础;另一方面,既然人大享有法定的立法权,其主导立法过程自然包括对法规起草活动的主导,这也是立法实践中因因相袭的惯例。充分发挥地方人大在委托起草中的主导地位,就能从源头上监督和约束第三方在起草时真正保持客观性、中立性、尽心尽力、不消极懈怠,在立法起草中代表最广大人民群众的利益,最大程度地规避利益方不正当权力和利益对草案起草活动的干扰和影响。

为了提升巩固自己的主导性,地方人大除了要克服自身立法能力屡弱的不足,还应尽快促进地方立法中委托第三方起草制度的变革,以便能够全程主导立法活动。加强地方人大的主导作用,关键在于地方人大在委托第三方起草制度的各个环节均要发挥作用。起草任务启动前,地方人大要明确草案委托起草的内容、受托组织或机构的业务资质和起草能力,以确保第三方有完成起草任务的实力;起草任务开展过程中,地方人大要实时跟踪立法起草工作的具体实施情况,为第三方起草组织或机构完成草案委托起草事项提供必要的指导、协助与支持,以确保整个草案起草工作科学合理地展开;起草任务完成后,地方人大应依照委托协议的约定就草案完成情况进行评估、考察,对存在的问题,监督第三方起草主体继续进行修改、完善。

有学者提出在现有的地方立法起草方式上进一步创新,建立由地方人大主导的与另两个主体联合的立法起草方式,即由地方人大、地方政府和专业第三方主体共同组成的"三结合"的立法起草模式。①

而地方政府职能部门由于在一线从事行政管理工作,熟悉并掌握相关领域的第一手资料,而地方人大对立法起草事项的特定领域并不充分了解。因此,无论是以人大的名义,还是以其他主体的名义,地方立法起草都离不开部门的参与。②"三结合"模式不仅能吸纳部门的起草意见,还能够节约立法成本,更好地统筹各群体的利益诉求,形成的草案易获得地方人大与地方政府职能部门的认同。③

地方委托第三方起草过程中人大的主导作用,具体是指组织、引导、推动和协调

---

① 汪全胜、卫学芝:《设区的市人大主导法案起草的困境与出路——基于山东省设区的市的考察》,《河北法学》2018年第36卷第11期。
② 孙育玮等:《完善地方立法立项与起草机制研究》,法律出版社2007年版,第113页。
③ 吴坤:《相关部门联合起草法律案有优势》,http://www.npc.gov.cn/zgrdw/npc.zt/2007-09/11/content_370897.htm,最后访问时间:2020年3月1日。

作用,即启动委托第三方起草制度应当遵守"人大主导立法"下的"两个前提"和"三个务必",分别是：地方人大起草能力或时间不足的前提,是起草工作的主导者、组织者的前提；地方人大务必要提前介入第三方主体的立法工作,重要的法案务必由地方人大全权组织起草,被委托起草的务必是专业性较强的法案。

（二）多元配置第三方主体的构成

从地方立法实践来看,虽然受委托的第三方起草主体种类多且各具优势,但从单个实例的第三方主体组成来看,普遍呈现数量少且功能单一的现象。实践中也有针对此问题采取多个起草主体分别单独起草多份草案,再进行比较、择优,最终整合成一份草案文本的做法。以此方式,在提升竞争压力、迫使立法质量提高的同时,却存在浪费人力和时间成本的弊端,况且整合不同类型的起草主体的以各自不同的文本结构起草的多份草案,也是一件耗时耗人的工作。有学者认为,必须避免委托第三方起草制度中第三方起草主体的立法思维单一,应当多元配置第三方主体的构成,实现各类第三方起草主体的优势互补,才能真正实现地方立法的科学性提升。①具体来说,每一个立法项目的第三方起草团队中应至少能够体现四类专业性,分别是法学专业的理论知识与实践经验,以及起草内容相关专业的理论知识与行业经验。这样,才能保证所起草的法规草案从立法角度实现内容可操作,文本语言规范,且过程中立客观,切实提升立法的民主性和科学性。

与此同时,还可以建立第三方立法起草主体库。地方立法机关根据地方立法的现状和实际情况,确定受托参与立法草案起草工作的第三方的专业素质和应具备的基本要求,在此基础上将符合要求的第三方受托机构和人员进行分类归档整理以建立第三方立法主体库,同时结合社会发展的实际和立法的需要及时对第三方立法主体库进行更新以满足地方立法的需要。在建立第三方立法主体库时应尽量扩大主体库中组织和人员的来源,条件成熟时可尝试将全国各地的第三方立法主体库进行联网,各地的优质第三方起草主体资源都可以纳入主体库网络中使用。在委托第三方起草制度准备阶段,可以根据立法起草项目的具体特性,结合第三方立法主体库中的适格起草主体的实际立法起草水平对其进行认证、审查和评估,选择最佳第三方。

（三）规范第三方的遴选程序和标准

一方面,地方立法中的委托第三方起草制度中,应当对第三方起草主体的资格要求更加严格。随着当前社会分工越来越精细,导致立法的专业性也越来越强,如环

---

①　王书娟:《委托第三方起草之立法模式探析》,《东南学术》2019年第1期。

保、医疗、卫生、化工、质检等领域的立法对立法起草者的专业背景要求极高,不具备相关专业知识,则很难科学地完成起草。[①]地方人大的立法工作队伍缺少相关专业人力资源,不能较好地自行起草此类法案,因此,将专业的法案委托给专业的第三方主体起草的方式就显得格外重要。作用越来越大的同时,要求也会越来越高,这对从事草案起草的专家、学者的专业技术水平提出了更高的要求,所以,地方立法机关要对参与立法起草工作的专家、学者提出详细、具体的资格要求。但目前我国各地对有权参与地方立法起草的专家、学者往往缺少明确的标准,这种现状导致地方立法中委托第三方起草的过程中,地方立法机关选择第三方起草主体时裁量权过大,不利于草案起草事项的顺利开展。第三方应当满足如下条件:首先,在相关专业具有一定造诣,能满足起草的专业性需要。当前,地方立法中委托起草的目的通常都是为了汲取第三方主体的专业性、技术性优势,解决地方立法机关在某些专业领域立法能力不足的问题,因此被委托专家的专业特长是其参与地方立法起草工作的前提和基础。为了能顺利完成草案委托起草事项,被委托的专家除了要精研、深通本专业领域知识外,还要对该领域在立法方面涉及的运行较为熟悉,并能对法规、规章出台后可能产生的影响作出专业的预判。其次,被委托的专业人士通常还必须熟悉立法知识,深谙立法技术和立法语言。立法活动本身是一项专业性较强的活动,参与立法的专家只有通晓立法技术和立法语言,才能高质量地完成草案委托起草工作。最后,被委托的专家在立法起草的过程中应当保持中立,尤其是与立法相关的利益方保持适当距离,确保起草的草案的公正性。

另一方面,可以在地方立法的委托第三方起草制度中,引入第三方起草主体之间的竞争机制。从目前各地的实践来看,受托第三方起草主体在起草立法草案的过程中可能会与地方政府职能部门或者其他相关利益主体形成良好的合作关系,这种关系使得第三方起草主体在参与地方立法活动时,很难保持中立的地位,甚至会成为相关利益主体的代表,失去中立地位。且起草的过程中,由于采用长期合作模式,某些组织在专业、人才等方面的优势,使其能长期多次接受地方立法机关的委托,这种情况也会产生较多消极的不利影响。为了防止地方立法委托起草中受托第三方过分集中的现象发生,避免第三方起草主体与政府职能部门、利益集团等形成新的利益输送链条,在对受托第三方起草主体明确选择条件的同时,对地方立法机关选择委托主体的方式方法也须作出必要的约束,防止其按照自己的意愿随意委托第三方起草主体。

---

① 季卫东:《法治秩序的建构》,中国政法大学出版社1999年版,第68页。

对此，可以引入竞争机制，通过让符合条件的专业组织相互竞争，由地方立法机关根据立法事项结合相关组织的实际水平和能力进行"优中选优"，这样既能保证立法草案的起草质量，也能充分保障各社会专业组织平等地参与到立法进程中，进而调动更多的组织和个人参与到立法草案的起草中来。除此之外，这种方式也利于社会公众对草案起草活动进行监督，减少其中利益输送的可能，较好地贯彻地方立法的民主参与原则。

（四）完善利益表达和交流机制

一方面，不能再鲁莽排斥政府职能部门等与立法相关的利益主体。当前地方立法中委托第三方起草制度存在一个隐忧：为了削弱"部门利益法制化"而一味地排斥政府相关部门参与起草活动。这一举动略显草率，有如"一朝被蛇咬，十年怕井绳"和"因噎废食"。地方政府职能部门参与起草法案，恰恰是第三方起草主体专业化、精细化和科学化起草的必要保证。开展调研、获取并分析第一手资料，均需要作为执法部门，具有多年前线经验，积累丰富的第一手立法资料的职能部门配合。不能为了看似公正而武断地排除，真正的公平公正应该直面所有涉及到的利益主体的需求，不能提前臆断有利益相关的主体提出的诉求就一定会导致不公平，要使各方利益主体都有机会表达和争取自身的利益。

另一方面，应当更多听取并吸纳社会一般民众对法案起草的意见。社会一般民众呈现不集中、无体系的分布特征，而其又占社会人口的绝大多数。一般民众的相关诉求较难被有关机关知悉，该部分群体的利益不能得到保障。因此，应当以召开听证会、座谈会，实地走访等路径，扩宽民主渠道，尽可能多地获悉社会一般民众的声音，充分满足最广大人民群众的立法需求。

（五）健全监督和追责机制

如上所述，由于对委托第三方起草制度的草案成果难以评价，因而致使实践中对第三方起草主体未能按约定完成立法起草任务的责任追究也困难重重，甚至出现了委托第三方起草的草案完全不被采纳，却对第三方起草主体无任何不利影响的实例。应当从如下方面健全监督和追责机制。

首先，委托起草任务启动前，对委托起草关系过程中的权利义务形成明确具体的约定。委托方应当在对项目进行公开招标、竞争性磋商时就在公告中明确就责任承担进行约定，不只是空泛地提要求，还应通过限制支付等方式将责任追究机制具体化。例如，从笔者搜集到的近一年以来的11份委托立法调研起草的招标、竞争性磋商、公开询价公告看，在2019年9月长沙市城市管理和综合执法局《关于〈长沙市燃气管理条例〉立法调研论证和草案起草专项法律服务项目竞争性磋商合同公告》的第四项①关于资金支付方式中，就以合同签订时间、最终立法草案等文本的提交且市政府常务会议审议通过时间、市人大常委会审议通过时间，依次作为三次分阶段支付资金的起算点；同时还在公告的第七项、第八项②中分别明确违约责任和解决争议的办法。其次，公众监督。若委托第三方起草制度要真正达到上述目标，则还要做到立法信息公开，让社会公众能够通过各种途径方便地了解立法计划、立法内容、立法进程，促使更多的人关心、参与，进而推动地方立法的民主化进程。最后，还应当合理运用行政诉讼监督和追责。虽然"行政协议"于2015年被纳入修正后的《行政诉讼法》立案范围中，但就笔者检索的情况来看，目前还没有因委托协议而承担司法责任的案例。但在符合相关诉讼法规要求的情况下，委托方应当运用行政诉讼的方式，对地方立法中委托第三方起草制度运行效果不佳的起草任务维护相关委托方或者受托方的利益。

导师推荐意见

　　本论文选题有意义，有应用价值。起草是立法的起始阶段，为了缓解政府职能部门起草中的部门化倾向等问题，我国地方大胆尝试和探索新型起草模式，其中就包括了地方立法中委托第三方起草。《立法法》为各地进行委托第三方起草方式的探索提供了明确的法律依据，为更多社会组织、民间团体以及社会公众以"第三方"的名义参与立法草案的起草提供了可能。

　　为了写好这篇论文，作者做了一定研究，特别是对实践资料作搜集，所得数据较为合理。同时，从作者对原著的引用情况不难看出，作者对相关文献的内容是相当熟悉的，综合运用了所学知识以解决问题。该文能够较熟练运用所学的专业知识解决

①　公告第四项内容是："(1) 合同签订后7个工作日内，支付合同总额的50%；(2) 提交最终立法草案文本、立法调研报告、立法项目合法性分析论证报告且市政府常务会议审议通过《条例(草案)》后7个工作日内，支付合同总额的40%；(3) 市人大常委会审议通过《条例》后7个工作日内，支付合同总额的10%，该期为履约验收期。"

②　公告第七项内容是："(1) 乙方不按合同规定的日期提交调研报告或《条例》(修改)文本草案时，每延迟一天，扣除本合同项目经费的1%作为违约金。但因甲方原因造成的延迟除外。(2) 乙方提交的调研报告或《条例》(修改)文本草案达不到约定的质量要求，甲方有权要求乙方补充、完善直至达到要求。(3) 乙方不得将本项目转委托给任何第三方，也不得向任何第三方泄露本项目资料。乙方违反上述规定，则甲方有权提前终止合同，且要求乙方承担因此造成的任何损失。"公告第八项内容是："首先通过双方协商解决，协商解决不成，则通过以下途径之一解决纠纷：向人民法院提起诉讼。"

作者提出的第三方主体配置未最优、第三方的遴选程序和标准不规范、起草过程中各主体间互动不充分、委托起草的法案评估流于形式和缺乏有力的监督机制方面的问题，并针对这些问题提出了多元配置第三方起草主体的构成、规范第三方的遴选程序和标准、完善利益表达和交流机制、健全监督和追责机制等建议。条理清晰，说理充分，有创新见解，有一定的参考价值。

推荐人：汪全胜

法律草案审议中的合宪性审查基准研究

◎郭倩*

内容提要:法律草案审议中的合宪性审查基准,是立法程序中对法律草案进行合宪性判断的实质性依据。通过对58份立法文件的实证分析,法律草案审议实践中已形成并适用了包括"一致性""授权性""适当性""分量不够"等在内的合宪性审查基准,但也暴露出法律草案合宪性审查仍存在宪法依据条款实效性不彰、审查基准适用语焉不详、合宪性说理不足、审查基准适用不统一、"一致性"判断依赖宪法文本等问题。审查基准的确立不仅在理论上能够借鉴"双重基准论"区分权利类型的审查思路,在宪法和法律委员会主导的立法程序下也有其确立的制度空间;以违宪推定为原则、合宪推定为例外的法律草案审查能够有效缓解立法需求与立法输出间的对立。在以法律草案与宪法文本"相对一致"作为形式审查基准之外,还要以人权保障为实质审查基准,根据"三代人权"划分分别确立正当程序、平等原则、适当性三项子基准。审查基准的发展仍需借助宪法解释,赋予宪法和法律委员会对宪法作出"应用性解释"的权力,由此构造的"二元审查基准确立模式"对现行体制不会造成太大冲击;在此基础上推进审查基准在立法中逐步适用:首先以正确释宪增强审查基准适用的权威性,其次将形式审查作为实质审查的必经环节,最后以人权保障对立法作出实质判断。

关键词:法律草案审议;合宪性审查;审查基准;宪法和法律委员会

一、问题的提出

合宪性审查是"特定主体按照法定的程序和方式对有关规范性文件是否符合宪

---

* 郭倩,苏州大学苏州知识产权研究院工作人员,苏州大学王健法学院2020届宪法学与行政法学专业硕士。

法进行审查并作出判断的行为和制度"①,各国合宪性审查无一不将法律作为重点审查对象,反观我国不仅对法律的事前审查关注度不足,法律的事后审查又频频受挫,只能寄希望于法律的预防性审查,即在法律交付表决前,由立法机关自行在审议环节依据宪法处理法律草案隐含的合宪性问题②。2018年通过的《宪法修正案》将全国人大"法律委员会"更名为"宪法和法律委员会",作为专门委员会同时承担"统一审议法律草案""加强宪法监督"与"推进合宪性审查"等多项职责。更名后的宪法和法律委员会身兼立法审议与宪法监督双重职能,不仅能在事后对生效实施的法律启动宪法监督,还能够在立法活动中对法律草案进行合宪性审查。法律草案审议中合宪性审查基准的提出,旨在弥补实践中宪法和法律委员会仅能依据宪法文本对法律草案进行抽象宪法判断的不足,以具象化的审查标准对立法裁量权形成有效实体规制。本文以宪法和法律委员会在立法正式审议阶段③对法律草案、法律修正案草案、关于法律问题的决定④草案的统一审议职责⑤为切入点,以立法过程中发布的58份立法资料为研究样本,从实证角度分析法律草案审议中合宪性审查基准的相关问题,以期通过相关理论的分析与实践经验的归纳,体系化地构建出"合宪性判断的实质性依据"⑥。

---

① 苗连营:《合宪性审查的制度雏形及其展开》,《法学评论》2018年第36卷第6期。

② 本文关注法律草案审议中的合宪性审查,也有学者将其表述为"合宪性控制""合宪性判断",就是以法律草案审议中的合宪性审查行为为研究对象。

③ 以法律案是否列入全国人大及全国人大常委会会议议程为界,立法审议可以分为准备性审议和正式审议。准备性审议的目的在于决定是否将法律案纳入会议议程;正式审议者的目的在于决定法律案是否能够获得表决通过成为法律。参见周旺生:《论全国人大的立法运作制度》,《法治论丛》2003年第3期。

④ "关于法律问题的决定"的作出程序有别于立法程序,严格地说不属于法律的范畴,但是从立法实践来看,关于宪法日、上海金融法院的设立等宪法制度均是以"决定"形式作出的,其实质是常委会行使立法权的体现,应当按"实质法律说"接受宪法和法律委员会的审查。参见郑贤君、李嘉豪:《宪法和法律委员会法律案审查的对象及性质》,《苏州大学学报(法学版)》2020年第1期。

⑤ 《立法法》规定,对列入大会议程的法律案,有关专门委员会有权审议并提出审议意见,而宪法和法律委员会根据各方意见统一审议法律案则不受"有关性"限制,"提出审议结果报告和法律草案修改稿"或"提出修改情况的汇报或者审议结果报告和法律草案修改稿"等职责决定了宪法和法律委员会实际上主导着立法工作的方向和进程。

⑥ 焦洪昌、俞伟:《我国应该建立法律草案合宪性审查制度》,《长白学刊》2018年第1期。

二、法律草案审议中合宪性审查基准的实践样态考察

我国合宪性审查实践并非始自宪法和法律委员会更名,在此之前,全国人大及其常委会就曾多次在立法活动中依据宪法对法律草案的合宪性进行把握,以维持、增加、删除或修改等方式增强其合宪性。①通过在中国人大网(www.npc.gov.cn)和北大法宝网(www.pkulaw.cn)上进行检索,1981—2021年间《全国人民代表大会常务委员会公报》刊登了大量的法律草案审议结果报告、修改意见的汇报等立法文件,经过梳理,笔者从中筛选出58份宪法和法律委员会(含原法律委员会)在审议中涉及合宪性审查的立法文件作为研究样本,以实证研究方法对法律草案合宪性审查基准的实践样态进行考察。

(一)依据宪法认可法律草案合宪性

宪法和法律委员会在实践中经常性依据宪法认可法律草案的合宪性,按认可的方式主要可分为以下几类。

1. 法律草案合宪性整体认可

从立法目的、立法依据、立法权限等方面对法律草案作合宪性整体认可频繁出现在宪法性法律的制定中(见表1)。如1984年制定的《民族区域自治法》作为宪法关于民族区域自治原则规定的实施法,法律委员会主动在审议结果报告中指出该草案是根据宪法确立的原则,正确规定了民族自治地方与国家、各民族之间的关系②,从整体上认可该法律草案的合宪性。2021年《全国人民代表大会组织法》修正时,宪法和法律委员会提出,该法作为宪法性法律,修正草案落实了修改后宪法的有关规定,相关内容"符合宪法的规定、原则和精神,有利于保障最高国家权力机关依法行使职权,更好地保障人民行使当家做主的权力"③,明确了修正草案整体上符合宪法规定。

---

① 上官丕亮:《合宪性审查的法理逻辑与实践探索》,《苏州大学学报(哲学社会科学版)》2019年第40卷第3期。

② 《全国人民代表大会法律委员会关于〈中华人民共和国民族区域自治法(草案)〉审议结果的报告》,《全国人民代表大会常务委员会公报》1984年第2期。

③ 《宪法和法律委员会关于〈中华人民共和国全国人民代表大会组织法(修正草案)〉审议结果的报告》,《全国人民代表大会常务委员会公报》2021年第3期。

表1 法律草案合宪性整体认可情况

年份	名称	审议意见
1984	民族区域自治法	该草案是根据宪法确立的原则,正确规定了民族自治地方与国家、各民族之间的关系,从整体上认可该法律草案的合宪性。
2020	全国人民代表大会关于建立健全香港特别行政区维护国家安全的法律制度和执行机制的决定	决定的作出以及授权全国人大常委会制定相关法律,"符合国家、民族和香港特别行政区的根本利益,符合宪法规定和宪法原则"。[1]
2020	中华人民共和国香港特别行政区维护国家安全法	法律草案符合宪法、香港特别行政区基本法和全国人大有关决定的规定,充分考虑到维护国家安全的现实需要和香港特别行政区的具体情况。[2]
2021	全国人民代表大会关于完善香港特别行政区选举制度的决定	宪法和基本法共同构成香港的宪制基础,决定草案相关制度安排,符合宪法规定和宪法原则,符合香港基本法,具有坚实的政治基础和法治基础。[3]
2021	中华人民共和国全国人民代表大会组织法	组织法"是重要的宪法性法律,是宪法有关规定的立法实施",修正草案是对修改后宪法的落实,内容符合宪法,有利于保障最高国家依法行使职权。

2. 对法律草案具体条款作一致性认可

一致性认可包含形式与实质两种层次的合宪性判断。前者是指法律草案具体内容与宪法规定在形式上表现一致,以2001年《民族区域自治法》修订为例,有委员提出对《修改民族区域自治法的决定(草案)》中的具体文字表述进行修改,法律委员会审议后出具的修改意见报告中以这些规定"直接援引的是宪法的条文""为了和宪法的有关表述相一致"为由,并未采取这部分意见。[4]而实质一致,则是将法律草案内容与宪法精神和原则进行实质性对比后得出,往往需要以合宪性说理佐证。如2005年《妇

---

[1] 《全国人民代表大会宪法和法律委员会关于〈全国人民代表大会关于建立健全香港特别行政区维护国家安全的法律制度和执行机制的决定(草案)〉审议结果的报告》,《全国人民代表大会常务委员会公报》2020年第2期。

[2] 沈春耀:《全国人民代表大会宪法和法律委员会关于〈中华人民共和国香港特别行政区维护国家安全法(草案)〉审议结果的报告》,《全国人民代表大会常务委员会公报》2020年第3期。

[3] 宪法和法律委员会关于《全国人民代表大会关于完善香港特别行政区选举制度的决定(草案)》审议结果的报告》,《全国人民代表大会常务委员会公报》2021年第3期。

[4] 《全国人大法律委员会关于〈药品管理法(修订草案)〉和〈修改民族区域自治法的决定(草案)〉修改意见的书面报告》,《全国人民代表大会常务委员会公报》2001年第2期。

女权益保障法》修订时，有观点认为男女平等已经是一项宪法原则，针对修正草案中"男女平等是国家的基本国策"这一规定质疑；法律委员会审议后，从强调妇女权益保障出发，认可了将男女平等这一宪法原则同时作为基本国策确立的合宪性，决定维持草案该规定。①尤其在平等权领域，立法非为合理范围内施行差别对待而与宪法规定有所出入时，法律草案审议时更应以"保障实质平等"为基本目标，从实质层面判断法律草案合宪与否。

3. 在法律草案文本中增加宪法依据

审议时将宪法依据一并写入法律草案在实践中经常发生，表现为"依据宪法某某条款制定"，或直接简述为"依据（根据）宪法，制定本法"。如2018年《英雄烈士保护法》制定时，立法说明中指出该法制定系"根据人民英雄纪念碑碑文、宪法序言精神"②，但在法律草案正文中并未体现这部分内容，宪法和法律委员会在审议后以文字修改形式主动将"根据宪法，制定本法"写入法律草案。

4. 对法律草案作合宪性说明

合宪性说明即在立法文件中对法律的制定依据、立法目的、立法程序等进行合宪性论证与说理，是法律草案合宪性的最有力证明（见表2）。如1989年《居民委员会组织法》制定时，法律委员会曾就草案修改稿规定政府和居民委员会间为"指导关系"而非"领导关系"进行过合宪性说明，以回应一些委员的质疑。宪法和法律委员会也曾就立法权、立法程序的合宪性在审议结果报告中作出说明。宪法规定，全国人大常委会可以对全国人大制定的法律进行补充和修改，但是不得与该法的基本原则相抵触。2018年《法院组织法》和《检察院组织法》修订时，宪法和法律委员会在审议中表明，尽管此次补充和修改内容较多、幅度较大，但是未涉及对法院和检察院"性质、地位、职权、基本组织体系、基本活动准则等"的变更，修改属于"补充、完善、调整、优化性质"，不抵触法律的基本原则，因此由全国人大常委会审议通过是"可行的"，符合宪法规定。③

---

① 《全国人大法律委员会关于〈中华人民共和国妇女权益保障法修正案（草案）〉审议结果的报告》，《全国人民代表大会常务委员会公报》2005年第6期。

② 许安标：《关于〈中华人民共和国英雄烈士保护法（草案）〉的说明》，《全国人民代表大会常务委员会公报》2018年第3期。

③ 沈春耀：《全国人民代表大会宪法和法律委员会关于〈中华人民共和国人民法院组织法（修订草案）〉审议结果的报告》《全国人民代表大会宪法和法律委员会关于〈中华人民共和国人民检察院组织法（修订草案）〉审议结果的报告》，《全国人民代表大会常务委员会公报》2018年第6期。

表2 对法律草案作合宪性说明的情况

年份	名称	审议意见
1989	居民委员会组织法	宪法规定村民委员会、城市居民委员会同属"基层群众自治组织"的性质,而村民委员会组织法制定时已确定乡政府同村民委员会间为指导关系,草案修改稿是按照该规定写的,建议不做改动。①
1989	集会游行示威法	法律委员会对草案关于立法目的的规定进行了语言上的调整,从保障基本权利的角度完善了草案的表述。②
2018	人民法院组织法(同人民检察院组织法)	此次修法虽涉及内容较多、幅度较大,但未改变法院的性质、地位、职权、基本组织体系、基本活动准则等,修改的内容都是属于补充、完善、调整、优化性质的,与人民法院组织法的基本原则不存在相抵触的情形。因此,修订草案由全国人大常委会审议通过是可行的,符合宪法的有关规定。
2018	监察法	监察立法是以《宪法修正案》为依据,且宪法修正案通过在先,为了落实宪法修改的有关内容、构建我国监察体制制定该法,在立法程序、立法依据与立法目的上均具备合宪性基础。③

5. 合宪性事后补认

严格来说,法律获表决通过后对其的合宪性确认不属于法律草案审议环节,但鉴于我国这种事后补认往往与表决结果同时发布(或紧随其后),且针对的立法事项具有特定性,实际上与法律草案审议密不可分。从实践来看,立法机关采用多种形式对法律草案的合宪性进行事后补认,至少已开展过三次,分别是《香港特别行政区基本法》《澳门特别行政区基本法》制定时④,《内地与香港特别行政区关于在广深港高铁西九龙站设立口岸实施"一地两检"的合作安排》(以下简称《合作安排》)发布时。以后者为例,由于"一地两检"制度是"一国两制"政策实施中遇到的新问题,全国人大常委会于2018年12月22日审议了国务院提请的《关于批准〈合作安排〉的决定(草案)》(以下简称《批准决定》)。法律委员会在审议中明确实施"一地两检"是"恰当的",《合作

---

① 宋汝棼:《关于〈中华人民共和国城市居民委员会组织法(草案修改稿)〉几点修改意见的汇报》,《全国人民代表大会常务委员会公报》1989年第6期。

② 宋汝棼:《全国人大法律委员会对〈中华人民共和国集会游行示威法(草案)〉审议结果的报告》,《全国人民代表大会常务委员会公报》1989年第5期。

③ 《宪法和法律委员会关于〈中华人民共和国监察法(草案)〉审议结果的报告》,《全国人民代表大会常务委员会公报》2018年第2期。

④ 《全国人民代表大会关于〈中华人民共和国香港特别行政区基本法〉的决定》,《全国人民代表大会常务委员会公报》1990年第2期;《全国人民代表大会关于〈中华人民共和国澳门特别行政区基本法〉的决定》,《全国人民代表大会常务委员会公报》1993年第3期。

安排》符合宪法与香港基本法的规定,相关内容是"必要的""可行的"①,12月27日通过的《批准决定》则明确实施"一地两检"是香港特别行政区根据宪法、在基本法授权下实行高度自治权的体现②。从实践来看,"一致性"成为最主要的合宪性判断基准,且这种事后追认多是对相应宪法条款进行提示,并不以充分的合宪性论证为前提。

(二) 依据宪法调整法律草案的内容

法律草案内容并非总能通过合宪性认可,审议主体有时也会从合宪性角度提出修改意见,实践中主要有是否有宪法授权和是否与宪法一致两种判断依据。

1."一致性"判断依据

宪法文本是作出合宪性判断的直接依据,因此法律草案审议格外重视对其表述合宪性的把握。2018年《关于在上海设立金融法院的决定(草案)》第二条第二款规定:"上海金融法院审判工作受上海市高级人民法院监督。上海金融法院审理的案件受上海市同级人民检察院诉讼监督。"根据我国宪法规定的"最高人民法院监督地方各级人民法院和专门人民法院的审判工作","人民检察院是国家的法律监督机关",宪法和法律委员会对草案的内容作出了与宪法规定保持一致的修改。③

相较于形式一致判断,实质一致性判断要复杂得多,对于合宪性争议较大的立法问题有时会反复讨论。以《水法》的制定和修改为例,1988年《水法(草案)》审议时,有意见提出应从调动农村办水利的积极性、保护合理利用水资源的个体的权益出发,在规定水资源属于国家所有的同时,规定"农业集体经济组织所有的水塘、水库中的水,属于集体所有"④。2002年修订时,各方对集体经济组织的水权问题争议较大,法律委员会专门就此进行审议。修订草案第三条对水资源的所有权和使用权作了区分,取消了集体经济组织的水资源所有权的规定,意图修正该立法的合宪性问题。审议中有的常委会委员与资源保护委员会提出,修订草案的这一规定与新增的"水资源取水许可和有偿使用制度"会加重农民用水负担,建议在使用权制度外增设集体用水的例

---

①　参见全国人民代表大会法律委员会对《关于批准〈内地与香港特别行政区关于在广深港高铁西九龙站设立口岸实施"一地两检"的合作安排〉的决定(草案)》审议结果的报告,载《全国人民代表大会常务委员会公报》2018年第1期。

②　全国人民代表大会常务委员会:《关于批准〈内地与香港特别行政区关于在广深港高铁西九龙站设立口岸实施"一地两检"的合作安排〉的决定》,《全国人民代表大会常务委员会公报》2018年第1期。

③　《全国人民代表大会宪法和法律委员会对〈关于在上海设立金融法院的决定(草案)〉审议结果的报告》,《全国人民代表大会常务委员会公报》2018年第3期。

④　宋汝棼:《全国人大法律委员会关于〈中华人民共和国水法(草案)〉(修改稿)几点修改意见的汇报》,《全国人民代表大会常务委员会公报》1988年第1期。

外规定。也有常委会委员建议对1998年《水法》的这一规定不作修改。法律委员会审议后,根据宪法关于"水资源属于国家所有"的规定,认为不宜恢复水资源的集体所有规定。同时,建议对相关条款进行修改:水资源属于国家所有,由国务院行使所有权,集体经济组织对其所有的水塘、水库中的水享有使用权,并且在水资源许可和有偿使用制度之外对此作例外规定。①这不仅与宪法和法律的规定"协调一致",同时也保障了农民的用水权益。

实践中通过"一致性"判断修改法律草案的情形十分普遍,不仅有"根据宪法""与宪法保持一致"等形式判断,还涉及"与宪法相衔接""协调一致"等实质判断(见表3),宪法文本作为审查基准不言自明,审查中如何理解宪法也成为审查机关不得不面对的问题。

表3 "一致性"判断依据适用情况

年份	名称	审议意见
1985	出入境管理法	草案规定出入境公民须将国家安全和利益受损情况向政府主管机关反映,鉴于"反映情况"应属于工作问题,不必在法律中体现,建议对条款的内容按照宪法规定修改。②
1989	居民委员会组织法	草案第十二条规定了居委会下设委员会的内容,对此不宜规定太细,建议根据宪法修改,其他需要增设的委员会,由地方在实施办法中规定。③
1990	缔结条约程序法	草案第二条将协定作为条约的下位概念,但宪法中"条约和协定"是两个分开的概念,建议根据宪法作出修改。④
2001	婚姻法	关于民族自治地方制定变通规定的问题,为与《宪法》《立法法》的规定相衔接,建议对《婚姻法》第三十六条作修改。⑤

---

① 乔晓阳:《全国人大法律委员会关于〈中华人民共和国水法(修订草案)〉有关农村集体经济组织水权问题修改情况的报告》,《全国人民代表大会常务委员会公报》2002年第5期。
② 沈鸿:《全国人民代表大会法律委员会对〈中华人民共和国公民出入境管理法(草案)〉审议结果的报告》,《全国人民代表大会常务委员会公报》1985年第6期。
③ 林涧青:《全国人大法律委员会对〈中华人民共和国城市居民委员会组织法(草案)〉审议结果的报告》,《全国人民代表大会常务委员会公报》1989年第6期。
④ 顾明:《全国人大法律委员会对〈中华人民共和国缔结条约程序法(草案)〉审议结果的报告》,《全国人民代表大会常务委员会公报》1990年第6期。
⑤ 顾昂然:《全国人大法律委员会关于〈中华人民共和国婚姻法修正案(草案)〉审议结果的报告》,《全国人民代表大会常务委员会公报》2001年第4期。

续表

年份	名称	审议意见
2002	测绘法	修订草案第十六条第二款中"自治州、县、自治县、市行政区域界线标准画法图由省级人民政府批准后公布"的规定与宪法规定不符,建议按照宪法将其修改为"……由国务院民政部门和国务院测绘行政主管部门拟订,报国务院批准后公布"。①
2002	水法	三审稿取消了集体水权的规定,且对该问题争议较大。根据宪法和法律规定,不宜恢复集体水资源所有权的规定,同时从农民用水权益保障出发,建议对此与水资源使用制度作相应修改。
2004	传染病防治法	根据宪法有关规定,将草案三审稿第八条第一款中的"发展中医药等传统医学和现代医学"修改为"发展现代医学和中医药等传统医学"。②
		草案三审稿第十三条第一款中的"爱国卫生运动"表述不准确,按照宪法规定修改为"群众性卫生运动",并对该条作了整体修改。
2005	妇女权益保障法	草案删去了《妇女权益保障法》第五十三条中关于自治地方可以制定变通或补充规定的内容,根据宪法和法律规定,自治区对本法作出变通规定应当报全国人大常委会批准后生效,因此建议保留该规定,并删去该条第一款。③
2007	物权法	草案修改稿对野生动植物资源不加区分均规定属于国家所有是不确切的,建议依照宪法规定将修改稿第四十九条修改为"法律规定属于国家所有的野生动植物资源,属于国家所有"。④
2009	驻外外交人员法	草案第十五条规定驻外全权代表的大使衔由全国人大常委会批准、国家主席授予。根据宪法规定,全国人大常委会决定的是驻外全权代表的职务,因此法律委员会依照宪法的规定建议将特命全权大使的职务决定与衔级授予问题分开规定,由全国人大常委会决定其职务,国务院总理批准授予其大使衔。⑤

---

① 张绪武:《全国人大法律委员会关于〈中华人民共和国测绘法(修订草案)〉审议结果的报告》,《全国人民代表大会常务委员会公报》2002年第5期。

② 《全国人大法律委员会关于〈中华人民共和国传染病防治法(修订草案)〉修改意见的报告》,《全国人民代表大会常务委员会公报》2004年第6期。

③ 全国人大法律委员会关于《全国人民代表大会常务委员会关于修改〈中华人民共和国妇女权益保障法〉的决定(草案)》修改意见的书面报告,《全国人民代表大会常务委员会公报》2005年第6期。

④ 《全国人民代表大会法律委员会关于〈中华人民共和国物权法(草案修改稿)〉修改意见的报告》,《全国人民代表大会常务委员会公报》2007年第3期。

⑤ 《全国人民代表大会法律委员会关于〈中华人民共和国驻外外交人员法(草案)〉审议结果的报告》,《全国人民代表大会常务委员会公报》2009年第7期。

续表

年份	名称	审议意见
2014	关于设立国家宪法日的决定	对草案关于不得享有超越宪法的特权这一规定,法律委员会从"相关表述应当与宪法规定保持一致"出发,将其修改为"任何组织或者个人都不得有超越宪法和法律的特权,一切违反宪法和法律的行为都必须予以追究"。①
2015	广告法	为了与宪法的相关表述相一致,将草案三审稿第九条第一项中"国旗、国徽、国歌"的表述修改为"国旗、国歌、国徽"。②
2018	关于设立上海金融法院的决定	二审稿第二款规定了上海金融法院的监督问题,并规定了检察院的"诉讼监督"。建议根据宪法中上级法院监督下级法院与检察院的"法律监督"规定进行修改。
2018	法院组织法(同检察院组织法)	修订草案第四条规定:"人民法院依照本法规定设立;本法没有规定的,根据全国人民代表大会常务委员会的决定设立。"根据宪法规定,设立法院必须符合宪法和法律的规定,宪法是其机构设置的总依据,建议修改为"人民法院依照宪法、法律和全国人民代表大会常务委员会的决定设置"。③
2019	法官法、检察官法	修订草案将原使用的法官是行使审判权的"审判人员"、检察官是行使检察权的"检察人员"的称谓均改为了"国家公职人员",有的常委委员、地方和部门指出,"审判员""检察员"是宪法中使用的称谓,宪法和法律委员会研究认为法律应与宪法保持一致,通过修改决定继续采用"审判人员""检察人员"称谓。④

2."授权性"判断依据

从实践看,在宪法组织规范立法领域的合宪性审查其实相当严格,对于超出宪法授权或没有宪法依据的草案内容,一般会在审议中被建议删除。从1995年《法官法》和《检察官法》制定来说,两部立法草案中关于审判人员与检察人员的选举、罢免、任免权限的规定与宪法规定不符,法律委员会审议后提出该规定应当与宪法、组织法相关规定相衔接,建议删除相应条款;《法官法(草案)》第七十四条规定"法官管理实行

---

① 《全国人民代表大会法律委员会关于〈全国人民代表大会常务委员会关于设立国家宪法日的决定(草案)〉审议结果的报告》,《全国人民代表大会常务委员会公报》2014年第6期。

② 《全国人民代表大会法律委员会关于〈中华人民共和国广告法(修订草案)〉审议结果的报告》,《全国人民代表大会常务委员会公报》2015年第3期。

③ 沈春耀:《全国人民代表大会宪法和法律委员会关于〈中华人民共和国人民法院组织法(修订草案)〉修改情况的汇报》,《全国人民代表大会常务委员会公报》2018年第6期。

④ 刘季幸:《全国人民代表大会宪法和法律委员会关于〈中华人民共和国法官法(修订草案)〉修改情况的汇报》《全国人民代表大会宪法和法律委员会关于〈中华人民共和国检察官法(修订草案)〉修改情况的汇报》,《全国人民代表大会常务委员会公报》2019年第3期。

统一领导、分级管理的体制","最高人民法院是全国法官的主管机关"有关内容,法律委员会审议后,为了与宪法中确立的法院对"产生它的国家权力机关负责",上级法院"监督"下级法院的审判工作等有关法院系统的组织规范相衔接,删除了草案中有关审判和检察人员选举、罢免,机关领导体制等内容。①2001年《法官法修正案(草案)》第三条对法官的登记、授予程序等作出修改,法律委员会在审议中否决了该项修正,认为法官的等级不宜设置授予程序,且修正案中提出由国家主席授予"没有宪法依据"。②对于此类与宪法规定直接抵触,突破了宪法和组织法确立的权力架构和权限范围的法律草案,审议主体通常以"没有宪法依据""与宪法相衔接"或"与宪法和法律相衔接"为由对法律草案作出消极宪法判断,直接删除相关条款(见表4)。

表4　"授权性"判断依据适用情况

年份	名称	审议意见
1995	法官法(同检察官法)	草案第七十四条规定了法官的统一领导、分级管理体制,由最高院作为全国法官的主管机关。为了与宪法关于各级法院对产生它的权力机关负责、上级监督下级法院审判工作的规定相衔接,建议删去该规定。
		草案第二十六条规定了各级法院院长的选举和罢免以及其他审判人员的任免问题,为了与宪法和法律中关于审判人员选举、罢免或任免的规定相衔接,建议删去上述规定。
		草案规定设立法官委员会及其对法院院长的选举和罢免提出建议的职权,并有权管理下级法院的法官,为了与宪法和法律中关于审判人员任免的规定相衔接,建议改为"法官考评委员会",并删去对法院院长的选举和罢免提出建议,以及管理下级法院法官的规定。③
1997	刑法	根据宪法规定,国家勋章的授予应由国家权力机关决定,因此建议删除修订草案第三十六条法院对犯罪分子判决剥夺勋章的规定。④

---

①　王叔文:《全国人大法律委员会关于法官法(草案)和检察官法(草案)审议结果的报告》,《全国人民代表大会常务委员会公报》1995年第1期。

②　乔晓阳:《全国人大法律委员会关于〈中华人民共和国法官法修正案(草案)〉审议结果的报告》,《全国人民代表大会常务委员会公报》2001年第5期。

③　王叔文:《全国人大法律委员会关于法官法(草案)和检察官法(草案)审议结果的报告》,《全国人民代表大会常务委员会公报》1995年第1期。

④　薛驹:《全国人大法律委员会关于〈中华人民共和国刑法(修订草案)〉、〈中华人民共和国国防法(草案)〉和〈中华人民共和国香港特别行政区选举第九届全国人民代表大会代表的办法(草案)〉审议结果的报告》,《全国人民代表大会常务委员会公报》1997年第2期。

续表

年份	名称	审议意见
2001	法官法	修正案草案第三条对《法官法》第十六条法官的等级等问题作了修改,并规定了等级的授予问题。由于法官等级不同于职务和衔级,不宜设置授予程序,且由国家主席授予等级没有宪法依据,法律委员会对草案这一条不予采纳。
2018	法院组织法	修订草案二审稿第五十八条规定由最高法院管理地方各级法院和专门法院、上级法院管理下级法院的行政和司法警务工作。由于我国各级法院间并不是领导与被领导关系,建议删去上述规定。[①]审议意见实际上是根据宪法关于法院独立行使审判权,上下级法院间为监督关系的规定作出的。

(三) 间接审查法律草案合宪性

法律草案合宪性间接审查,也可以称之为宪法未出席的合宪性审查,即在审查过程中极力避免对法律草案作出消极宪法判断,不对草案内容的合宪性争议作出正面回应,转向以其他理由修正法律草案合宪性。

1. 文字修改

"文字修改"是一种最为隐蔽的宪法争议处理模式。如《网络安全法(草案)》二次审议稿第四十六条第二款规定,电子信息的发送服务者"发现"用户"发送"的内容存在违法的,有权采取停止服务、保存有关记录并向主管部门报告等措施,"发送"一般是指特定主体间非公开的信息传递,该规定中的"发现"被质疑服务者可能有获取并侵犯公民通信自由与通信秘密的风险,法律委员会在审议中以"文字修改"为由,将"发现"改为了"知道"用户有此类行为的,回避对草案的合宪性评价,以隐性的方式意图修正这一条款。[②]文字修改不需要对修改的依据、理由作出单独说明,甚至无须将所修改的条款单独列明,不仅回避了宪法判断,甚至直接回避了法律判断。

2. 适当性判断

2009年《海岛保护法(草案)》审议时,不少意见对"无居民海岛属于国家所有"这一规定与实践中某些沿海地区已将无居民海岛确权为集体所有存在冲突,法律委员会审议中提出该条款是"必要的和恰当的",认可其合宪性。[③]宪法规定"自然资源属

---

① 沈春耀:《全国人民代表大会宪法和法律委员会关于〈中华人民共和国人民法院组织法(修订草案)〉审议结果的报告》,《全国人民代表大会常务委员会公报》2018年第6期。

② 张海阳:《全国人民代表大会法律委员会关于〈中华人民共和国网络安全法(草案)〉审议结果的报告》,《全国人民代表大会常务委员会公报》2016年第6期。

③ 李重庵:《全国人民代表大会法律委员会关于〈中华人民共和国海岛保护法(草案)〉审议结果的报告》,《全国人民代表大会常务委员会公报》2010年第1期。

于国家所有",通过宪法解释能够为无居民海岛的权属确定提供宪法支撑,"必要的和恰当的"涉及对草案内容进行实质性宪法判断。

3. 分量不够判断

相较于文字修改这种比较极端的回避法律判断的方式,实践中宪法和法律委员会面对法律草案中的宪法问题还会采用以宪法为依据,以"规定的分量不够"为由增设规定,增强法律草案的合宪性(见表5)。如1986年《邮政法(草案)》提出时,草案中虽然也规定了除法律另有规定者外,任何人不得检查、扣押邮件,邮政机构不得侵犯公民通信秘密等内容,但审议中一些中央部门和法律专家认为通信自由和通信秘密乃是宪法所确认和保护的公民基本权利,而草案中对这部分规定分量不够,建议增设关于公民通信自由和通信秘密保障的条款。法律委员会审议后采纳了这一建议,将《宪法》第四十条规定的内容添加进草案修改稿中,并相应地在草案的罚则部分增设了关于非法开拆他人信件、侵犯通信自由权利等行为的处罚规定。①尽管未直接作出宪法判断,但是通过增加相应条款,实际上丰富了法律草案的合宪性内容,本质上仍然是对法律草案的合宪性审查。

表5 "分量不够"审查基准适用情况

年份	名称	审议情况及分析
1986	邮政法	草案对保护通信自由和秘密"规定得分量不够",建议在总则中增加不得侵犯公民通信自由和秘密的规定,并在罚则一章作相应规定。实际为强调基本权利保障,增加了相关规定。
1987	全国人大常委会议事规则	建议对草案第二十二条关于质询对象的规定作出修改,将最高人民法院和检察院也纳入其中。实际上是根据宪法中关于法院向人大及其常委会负责的规定作出修改。
2005	物权法	就草案三审稿第五十条关于国家基本经济制度的规定的问题,法律委员会采纳了草案应进一步反映和体现我国社会主义经济制度的本质特征这一观点,对此作了补充修改。②实际上以宪法中关于基本经济制度的规定为依据。
2018	监察法	从被调查人合法权益保障出发建议增加"国家监察工作严格遵照宪法和法律"等规定。③实际上强调了对基本权利的保障问题。

① 雷洁琼:《全国人大法律委员会对〈中华人民共和国邮政法(草案)〉审议结果的报告》,《全国人民代表大会常务委员会公报》1986年第7期。
② 参见2005年10月19日全国人大法律委员会向全国人大常委会所作的《关于〈中华人民共和国物权法(草案)〉修改情况的汇报》。
③ 《全国人民代表大会宪法和法律委员会关于〈中华人民共和国监察法(草案)〉审议结果的报告》,《全国人民代表大会常务委员会公报》2018年第2期。

4. 其他理由

有些情形下，审查机关也会以立法条件或立法技术尚不成熟为由，修正法律草案合宪性。如1988年《现役军官服役条例（草案）》规定了担任总部主要领导人的任职最高年龄"根据需要确定"，法律委员会认为由法律作出规定"暂时还有困难"，将这一条改为由中央军委另行规定①，实际上是考虑了宪法并未对任职军官的年龄作出限制。2018年《法院组织法（修订草案）》第二十四条规定，经全国人大常务委员会决定，可以设立跨行政区划人民法院，审理跨地区案件。由于涉及宪法和其他法律中关于法院、检察院组成人员的规定，决定"暂不作规定，待条件成熟时再作规定"②，实际上对法律草案进行了合宪性把握。

（四）实践中审查基准暴露的问题

相较于"合宪""违宪"这种正反判断，多元化审查基准的适用一定程度上解决了法律草案的合宪性争议，但实践中存在的问题也逐渐暴露。

1. 宪法依据条款实效性待证

宪法依据条款不仅意味着立法主体正当、立法权有据，其更昭示法律草案的内容也以宪法为依据，但从实践来看，宪法依据条款对法律合宪性的证明作用有限。如2004年修正的《土地管理法》中也有宪法依据条款，但在2004年配合《宪法修正案》关于公共利益征收条款的修改时，《土地管理法》在同年8月也对其第二条第四款作了相应调整③，但除此以外未对立法中与公共利益征收补偿相关的其他规定进行调整。然而，在土地征收工作的推进中，地方政府以2004年修正的《土地管理法》第四十三条与2009年修正的《城市房地产管理法》第九条等有关规定为依据，无视宪法第十条第三款关于征收须以公共利益为目的这一前提，导致实践中集体土地征收问题不断、冲突不绝。当立法内容与宪法规定背道而驰，宪法依据条款仅能作为立法权限的合宪性来源，无法为立法内容的合宪性正名。这种缺乏针对性的合宪性宣示，不仅使法律草案合宪性审查流于形式，在发生宪法争议时对法律草案自身内容合宪性的论证作用不彰，对审查基准的确立也无济于事。

---

① 项淳一：《全国人大法律委员会对〈中国人民解放军现役军官服役条例（草案）〉审议结果的报告》，《全国人民代表大会常务委员会公报》1988年第6期。

② 沈春耀：《全国人民代表大会宪法和法律委员会关于〈中华人民共和国人民法院组织法（修订草案）〉修改情况的汇报》，《全国人民代表大会常务委员会公报》2018年第6期。

③ 2004年修正后的《土地管理法》第二条第四款规定："国家为了公共利益的需要，可以依法对土地实行征收或者征用并给予补偿。"实际上是照抄了宪法第十条第三款的内容。

2. 合宪性说理不足

从实践来看,不管是以何种形式对法律草案进行合宪性审查,宪法和法律委员会均极少就合宪性判断的过程、理由等作出详细说明,合宪性审查基准的具体适用情况并不明朗。宪法和法律委员会并非法定的宪法解释机关,为避免"越权释宪"情况发生,其在法律草案修改意见汇报、审议结果报告等立法文件中尽可能语言精练,极力回避对不确定法律概念、宪法原则的阐释。对合宪性说理的克制与对宪法判断的回避,既影响审查基准的形成与提炼,更有碍宪法和法律委员会合宪性审查职能的实现。从功能上来说,合宪性说理本质上反映出审查主体对相关意见和争议焦点的处理态度,判断过程和理由的公开,不仅能作为后续修改法律草案的直接依据,更能借助合宪性论证增强法律草案合宪性审查的权威性。

3. 审查基准适用语焉不详

审查主体在法律草案审议中对审查基准的适用情况不置一词,尤其是在"文字修改"处理模式下对法律草案合宪性作出"沉默的回应",无法获知其作出合宪性判断的相应宪法依据与宪法考量,更无法通过归纳得出清晰有效的审查基准。很长一段时期,不管在立法审查还是备案审查领域,审查机关"慎言违宪"乃是常态。但在合宪性审查工作全速推进的态势下,备案审查已迈出一大步,在2020年、2021年的全国人大法工委关于备案审查工作的报告中,均对合宪性审查有关的公民建议与机关要求及时做出了反馈。相较之下,宪法和法律委员会对法律草案的合宪性审查却将宪法判断隐匿于法律判断和道德判断之下,对审查基准的适用三缄其口,不仅架空了合宪性审查在法律草案中的作用,宪法的权威性也在这种沉默中遭受损害。

4. 审查基准适用不统一

从审查实践来看,"一致性""没有宪法依据""与宪法规定相衔接"等均曾作为合宪性判断理由,即便同类型争议也存在审查基准交替适用的情形。成文审查基准的缺位导致实践中审查基准适用混乱、用语不一,同时也由于对审查基准的重视程度不足,导致已有的合宪性审查结果难以通过"立法例"直接约束后续立法与审查活动。尽管我国并非判例法国家,但在立法、司法、行政等公权力领域实际是保持着"遵循先例"传统的,如1987年《村民委员会组织法》制定时,考虑到农村实际情况与基层工作困难仍存在需要进一步研究的事项,为了回应现实立法需求,决定提请全国人大以

"原则通过"的方式通过①，正是沿袭了1981年第五届全国人大第四次会议"原则批准"《民事诉讼法（草案）》的做法②。如果能够充分发挥合宪性审查基准的价值，立法中积累的审查经验足以为今后的审查工作提供可循的适用方案，遵循先例的立法传统也会督促立法参与主体主动遵守相应审查基准，实现整个立法程序的高效化。

5. "一致性"判断依赖宪法文本

"一致性"判断在实践中尽管频次高，但主要集中于形式审查。在宪法组织规范立法领域，涉及权力划分、职能分配、机构设置等问题时，通常要求法律草案内容与宪法文本保持形式一致，不得突破宪法所确立的权力架构。然而在基本权利立法领域，合宪性判断就审慎得多，人大法律委员会曾从"权利保障"角度要求法律草案内容做出调整，但整体来看实质判断频次不高、审查深度不够，审查主体极少涉及对宪法规范与宪法精神、原则内涵的解读。

三、法律草案审议中合宪性审查基准的确立基础

法律草案审议中合宪性审查基准的确立，就是通过客观标准的构建为立法过程中的合宪性审查活动提供实质性指引，不仅需要从理论与实践中为审查基准的确立找寻有力支撑，还需详加探寻法律草案合宪性审查的基本立场。

（一）审查基准确立的可行性分析

我国法律草案审议中合宪性审查基准的确立，不仅可以借鉴"双重基准"理论关于区分不同权利类型确立审查基准的思路，形成适用于立法审议的理论路径，现行立法制度也为审查基准的确立提供了足够空间。

1. 双重基准理论的有益借鉴

双重基准理论源自1938年美国"合众国诉卡罗林公司案"③的判决，斯通大法官在第4脚注中的论述彻底改变了美国宪政史，确立了立法机关在经济自由领域具有话语权，"除非根据已知的或普遍假定的事实已排除了下列假定，即它是在立法者的知识

---

① 彭冲：《关于〈中华人民共和国村民委员会组织法（草案）〉的决定（草案）的说明》，《全国人民代表大会常务委员会公报》1987年第3期。

② 会议决定：原则批准《中华人民共和国民事诉讼法草案》，并授权常务委员会根据代表和其他方面所提出的意见，在修改后公布试行。参见《第五届全国人民代表大会第四次会议关于全国人民代表大会常务委员会工作报告的决议》，《全国人民代表大会常务委员会公报》1981年第5期。

③ United States v. Carolene Products Co, 304 U.S. 144 (1938).

和经验内、建立在理性的基础之上,否则并不断言影响普通商业交易的调控立法违宪"①。由此发展出立法机关在经济领域具有更广泛裁量自由,而在限制精神自由的立法领域则需面临更严格的司法审查,双重基准论(Theory of Double Standards)就此形成。但尽管称为"双重基准",审查机关也并非绝对严守"宽松"与"严格"两种判断模式,在1937年"罗伊案"②与1989年"维伯斯特诉生殖健康诊所案"③两份关于堕胎案的判决中,美国最高法院又分别确立了"三阶段标准"、合理性标准,而后的判决又发展出"过分负担标准"④等。

二战后日本积极引入美国的双重基准理论,其内容随着宪法判例的积累而不断丰富,该理论实际上得到了合宪性推定、自由裁量、明白性原则、比例原则等支持。⑤以芦部信喜教授为代表的学者们在经济自由与精神自由下又分别将其细分为多个领域(见表6)。

表6　双重基准理论范式

A领域:事前抑制、过度广泛规制	
B领域:表达内容的规制	经济自由
C领域:表达的时间地点方法的规制	D领域:消极目的的规制
精神自由	E领域:积极目的的规制

其中,在A、B、C三个领域中分别采用文面判断基准、"明显且即刻的危险"基准或附定义衡量、LRA(限制程度更小之手段)基准作为判断违宪的依据;D、E领域则分别采用"严格的合理性"与"明显原则"加以判断。各领域审查基准的严格程度从上至下依次递减,其中C和D领域严格程度相当。⑥

司法机关主导的事后审查与法律草案合宪性审查在制度架构、审查机关性质、审查对象等方面截然不同,但其在区分经济自由与精神自由领域适用"双重基准"判断

---

① ［美］保罗·布莱斯特等编著:《宪法决策的过程:案例与材料》,张千帆等译,中国政法大学出版社2002年版,第410-411页。

② Roe v. Wade, 410 U.S. 113 (1973).

③ Webster v. Reproductive Health Services, 492 U.S. 490 (1989).

④ 过分负担标准,即政府的管制措施是否对妇女的堕胎自由造成了过度负担,作为平衡政府管制权与个人自由的判断标准,构造了严格审查标准与合理性标准间的缓冲地带。参见屠振宇:《从堕胎案件看美国司法审查标准》,《南阳师范学院学报(社会科学版)》2007年第11期。

⑤ 莫纪宏:《论"违宪审查的基准"及其学术价值》,《南阳师范学院学报》2007年第11期。

⑥ 林来梵:《论"芦部宪法学"》,《浙江社会科学》2006年第1期。

的思路值得借鉴，即通过对宪法规范和基本权利的类型划分确立不同层次的合宪性审查基准。

2. 审查基准确立的制度空间

从法律草案合宪性审查的性质与审查基准的实践样态来看，现有制度为法律草案合宪性审查已预留了足够空间。

首先，宪法和法律委员会作为审查主体无须克制审查权的行使。法律草案统一审议环节，宪法和法律委员会作为立法机关组成部分，无须借助额外的审查程序，即可通过"自律权"的行使，依照既有的立法程序实现对法律草案的合宪性、合法性、适当性等多方面的审查。这种审查的目的不在于制约立法机关，其理论基础源自"国会自律"，不能等同于监督意义上的合宪性审查。因而在确立审查基准时，完全可以抛开"克制主义"的顾虑，以"严于律己"之态，将法律草案中存在的一切合宪性争议消弭于表决阶段以前。在实践中，绝大多数立法均是国务院及其行政部门牵头起草，从起草主体来说，法律草案本就不具备天然的合宪性基础。因此，为充分把握立法质量，宪法和法律委员会应当在立法程序中对法律草案合宪性进行严密审查——凡存有合宪性之虞的草案，均应一一予以修正并接受再次审议，避免因部门本位主义、立法审议不充分等原因造成交付表决的法律草案因隐含的合宪性问题而后患无穷。

其次，审查基准确立不必顾虑事后审查所引发的法律秩序动荡。法律草案合宪性审查的性质决定了其审查基准无须像司法审查基准那样面面俱到。双重基准论以个案争议为前提适用，即法院在个案语境下通过斟酌立法事实与判决事实，结合相关因素后再对法律作出宪法判断，其不仅要承担纠正法律合宪性、恢复被破坏的法秩序职责，作为司法机关更主要的目标在于提供权利救济。反之，法律草案审议中的合宪性审查乃是立法权行使的范畴，不存在"司法的消极判断"问题，其目的并非在于削弱立法权，反过来是通过对法律草案合宪性的修正提高立法质量从而增强立法权。作为脱离具体案件争议的抽象性审查，不以向公民提供权利救济为目标，审查基准也无须事无巨细涵盖所有潜在问题，这也是保留一定的立法裁量空间的需要。简言之，司法审查模式下审查基准的体系化旨在以先例形式对今后的裁判形成点对点的拘束，而法律草案合宪性审查基准的确立在于为立法机关提供一定范围的裁量空间与指引。

最后，审查基准的确立在实践中已有尝试。从法律草案合宪性审查的实践样态来看，尽管官方立法文件未明确提出"审查基准""标准"等概念，但实际已形成并适用了包括与宪法一致性判断、适当性判断、有利于权利保障、没有宪法依据等在内的形式与实质审查基准,并在法律草案合宪性审查中发挥着关键作用。尤其是在宪法组织规范立法领域,为防止立法溢出宪法原意造成"(宪)法外授权",宪法和法律委员会经常"一致性"为由比照宪法文本对法律草案内容进行确认或调整,其作为形式合宪性审查基准发挥着作用。

(二) 审查基准的确立立场分析

"合宪性审查"这一用语,暗含了审查机关至少进行"是否合宪"与"是否违宪"两种可能性的追问,宪法和法律委员会统一审议法律草案合宪性时的主观倾向,直接影响审查基准确立的基本立场。

1. 以违宪推定为原则的立法审查

违宪推定秉承严格的宪法至上主义,要求审查机关对存在合宪性争议的法律草案作出消极评价。宪法和法律委员会在法律草案审议中不必担忧审查权侵蚀立法权的问题,或者说法律草案的合宪性本身便被包含于立法权范畴之内考虑。预防性审查相较于司法审查的优势在于其无须面对"反多数难题"与"民主正当性"质疑。首先,从性质上来看,在审议法律草案时,宪法和法律委员会出于立法机关"自律"的选择,得抛开判定生效法律违宪可能有损法律秩序稳定性之顾虑,仅以保障立法的高质量为合宪性审查目标;其次,从实践来看,由行政部门牵头起草而带有一定导向性的法律草案并不具备"合宪性推定"原则的适用基础,而宪法和法律委员会作为强势机关对此进行修正正是人民主权原则(民主集中制)的体现;最后,从效果上来看,尽管法律隐含的问题往往在适用中方能体现,但输出一部尽可能完善的法律也是立法的重要目标,严格的审议标准实际提高了法律通过的门槛,将一切存在合宪性争议的法律草案阻隔于表决程序之外,并促使立法机关尽可能在立法层面予以化解。

因而,审查基准的确立应当优先采用违宪推定立场确有其价值,但立法要解决的却不仅仅是法律是否合宪这一问题,如何在法律草案审议中平衡立法质量与立法需求,同样值得思考。以宗教事务立法为例,过严审查标准极可能影响立法的顺利输出。宗教事务立法几经波折,先后以"时机不成熟""社会共识""宗教原则"等原因被搁置多次,现阶段宗教事务仍是以国务院《宗教事务条例》来调整。为缓解过严审查基准与立法需求的对立,将宪法规范交由低位阶的行政法规来实施并不能解决相应规则的合宪性问题,《立法法》在规定国务院经授权可以对本应制定法律的事项先行制定行政法规之余,也明确"制定法律条件成熟时"应当提请立法机关制定法律,出台行政法规仅是缓解矛盾的权宜之策。

2. 作为例外适用的合宪性推定

合宪性推定原则与违宪审查制度的产生和发展如影随形,其源自美国司法审查中法院的"消极主义"立场,强调"当判断一项法律或行为是否违宪时,如没有十分确实、有效的依据认定其违宪则应尽可能推定其合宪,作出合宪性判断,避免违宪判决"。①学界主流观点认为,"谦抑性"应当作为审查机关行事的首要原则,"在进行实质合宪性审查时,宪法委员会要保持谦抑态度,除非有明显证据证明其违反了宪法,否则应当在逻辑上推定立法行为合乎宪法,即采用合宪性推定的价值预设进行审查"。②即便是我国以全国人大为核心的政治体制下,实际上也采取了这种"消极主义"立场,从合宪性审查的实践样态便可窥见一二。法律的价值体现于其对社会需求的回应,为解决过严审查标准所带来的立法输出困难问题,笔者以为,以违宪推定为原则的法律草案合宪性审查立场并非不可撼动。全国人大常委会立法"三审"程序下的法律草案分层次审议,能够为合宪性推定原则提供嵌入空间。

首先,从审次上判断,严格"三审"程序外立法是合宪性推定适用的主阵地。根据《立法法》规定,列入全国人大常委会会议议程的法律草案,原则上应当经过三次审议后再交付表决:第一次是在全体会议上听取提案人说明后由分组会议进行初步审议;第二次是在听取宪法和法律委员会关于草案修改情况和主要问题汇报后作进一步审议;第三次是听取宪法和法律委员会的法律草案审议结果报告后对法律草案修改稿进行审议。③宪法和法律委员会对法律草案进行统一审议,并提出法律草案修改稿、修改情况的汇报及审议结果报告等文件,实际上主导着法律草案的审议活动。可以充分利用宪法和法律委员会统一审议职责和"三审"程序特征,对法律草案进行分阶段审议,区分不同审次有限适用合宪性推定。现行立法对全国人大常委会立法"三审"程序作了例外规定,即经三次审议,仍有重大问题"需进一步研究"的,可暂不付表决④;"各方意见比较一致"可经由两次审议即交付表决;调整"事项单一"或"部分修改"法律,"意见比较一致"的也可经由一次审议即交付表决⑤。从审次上来判断,后两类立法由于意见比较一致,且草案本身调整事项范围小、草案内容简单,不必接受严格的"三审"程序限制,也无须面临过于严苛的合宪性审查基准,合宪性推定原则在此

---

① 韩大元:《论宪法解释程序中的合宪性推定原则》,《政法论坛(中国政法大学学报)》2003年第2期。
② 王书成:《合宪性推定论——一种宪法方法》,清华大学出版社2011年版,第195-196页。
③ 《立法法》第三十二条。
④ 《全国人民代表大会常务委员会议事规则》第二十条。
⑤ 《立法法》第三十三条。

适用不失为回应立法需求的一种方式。

经过三次或三次以上审议的法律草案,合宪性推定应当慎重。第一,合宪性推定的前提是对宪法基本权利进行类型划分。宪法的立法实施无非是对宪法组织规范(授权规范)与基本权利(人权规范)两种构成要素的具体化。前者通过对规范公权力配置、行使,保障人权规范的实现。因此组织规范立法应秉承"(宪)法无授权即禁止"的原则,避免合宪性推定原则下公权力肆意扩张;人权规范立法领域则可借鉴双重基准理论,寄"主张对于规制以表达自由为中心的精神自由的立法的合宪性,应特别采取比限制经济自由更为严格的基准的那种理论"[①],在涉及精神自由领域的法律草案审议中排除合宪性推定。第二,经济自由立法领域合宪性推定的适用也仅限于对法律草案"原则通过"。"原则通过"在我国全国人大立法上已有实践,如1987年4月《村民委员会组织法(草案)》制定时,由于对村委会的性质等问题存有争议,全国人大审议后决定原则通过该草案并授权全国人大常委会根据宪法作进一步研究,并于同年11月常委会在对草案修改后通过了《村民委员会组织法(试行)》。第三,法律草案获表决原则通过后,应当及时发布对立法或相应条款的合宪性说明,通过对相应条款作出"符合宪法精神和原则"的解释,补强立法的合宪性。

综上,宪法和法律委员会主导下的法律草案合宪性审查,其审查基准的确立具备理论与实践基础,并且从审查基准的确立立场来看,以违宪推定为原则应当作为把握立法质量的关键,同时在"三审"程序制度构造下,在严格"三审"程序例外立法、经济自由立法中适时有限采用合宪推定,加速立法输出,是对社会立法需求的有效回应。

四、法律草案审议中合宪性审查基准的原则确立

从审查基准的实践样态来看,审查基准的有效确立应当兼顾形式与实质合宪性审查,不仅以宪法文本为直接依据,同时要将宪法精神与基本原则充分融入。笔者在此分别从宪法组织规范立法与人权规范立法切入,论证形式审查基准与实质审查基准的构造原则。

(一)作为形式审查基准的规范文本审查

形式合宪,即要求法律草案的内容与宪法文本保持一致。尤其在组织规范立法领域,法律草案以制度构建、机构设置、权力运作等立法内容规范公权力行使,极少涉

---

① [日]芦部信喜等:《宪法》(第三版),林来梵等译,北京大学出版社2006年版,第155页。

及利益衡量与权益冲突等价值判断,实践中常以与宪法文本的"一致性"判断做合宪性形式审查。

1. 宪法文本是形式审查的直接依据

从功能上来说,宪法组织规范通过限定国家权力的范畴来保障人权规范的实现。我国宪法中"国家尊重和保障人权"这一概括性条款不仅反映出国家权力与公民权利间的互动关系[①],更是为国家权力行使划定了范畴——"尊重和保障"既是授权依据,也是限权依据。组织规范作为构造各项宪法制度的基本框架,需借助立法活动对制度的具体内容加以完善,形成公权力运行的轨道。法律草案的内容只有在形式上与宪法文本一致,才能有效避免权力滥用与制度混乱。

第一,在以"文面判断"为主要方法的法律草案合宪性审查中,宪法和法律委员会主要依靠文本审查作出抽象判断。立法机关对社会现实通常有着更广阔的视野和前瞻性的见解,立法前评估与风险防范等立法机制,使某项制度的构建与施行不仅经过了长期、深入、广泛的社会调研,而且能够对未来的发展作相对准确的预测,立法的可预测性由此得到保障。

第二,遵循"(宪)法无授权即禁止"的组织规范立法中,宪法和法律委员会可直接通过文本审查对法律草案作出客观判断。组织规范立法本质是对国家权力的具体配置等技术层面事项进行规制,避免宪法外授权或创设机关是宪法和法律委员会审查组织规范立法的落脚点之一,一般以不突破宪法文本为合宪性判断标准。如1987年《村民委员会组织条例(草案)》第四条规定,村委会的任务包括社会治安、民政、统计、文化、教育、卫生、计划生育等行政工作,部分任务不属于宪法规定的"办理本居住地区的公共事务和公益事业,调解民间纠纷,协助维护社会治安,并且向人民政府反映群众的意见、要求和提出建议",而是根据宪法原则与农村现实情况做了增加。法律委员会审议中对该条款做了保守的修正,并提出草案中关于村委会性质、任务的规定"还是按宪法第一百一十一条的规定写为好"[②]。

第三,宪法和法律委员会的合宪性说明能够有效修正组织规范立法的合宪性。最高国家权力机关拥有对法律的最高解释权和机关争议的处理权,宪法和法律委员会作为其组成部分有权行使其"宪法监督"职责。身兼"立法"与"监督"双重属性的宪

---

① 周泽中:《论宪法基本权利规范效力的二重性——基于德国"无效力说"等学理之审思》,《江汉学术》2019年第38卷第4期。

② 雷洁琼:《全国人大法律委员会对〈中华人民共和国村民委员会组织条例(草案)〉(修改稿)几点修改意见的汇报》,《全国人民代表大会常务委员会公报》1987年第6期。

法和法律委员会,在法律草案修改意见的汇报、审议结果报告等立法文件中所作的合宪性说明,均能作为法律出现机关权限、机构设置等问题时的权威解决方案。

2."相对一致"是法律草案合宪最低标准

宪法文本作为形式审查直接依据,包含法律草案文本与宪法文本高度一致与相对一致两个层面的合宪性判断。"高度一致"判断下立法对宪法文本的"照抄"尽管最大程度保障了法律草案的合宪性,却难免陷入法律与宪法"规范表述趋同化"①误区。从实效性考虑,法律草案合宪性审查不必拘泥于其与宪法文本"高度一致",避免形式主义的泛滥阻碍国家立法实施具体化功能的实现。"高度一致"仅是一种最低层次的识别宪法合宪性的方式:法律并非对宪法规范的二次呈现,更重要的是其发展宪法、丰富宪法的价值,使抽象的宪法文本借助立法这一实施路径适应政治、社会、经济、文化等现实环境的变迁而不至于丧失实现基础。而"相对一致"基准则是指法律草案尽管与宪法表述上存在差异,但其所欲表达的含义始终未溢出宪法原意,通过语言的等义转换,使该表述与法律的性质及其立法目的、立法原则等相符合。在技术规定之外,宪法中还存在大量的不确定法律概念,如全国人大有权改变或撤销其常委会不适当的"决定",这里的决定是否包括法律? 法律是否包含常委会以"决定"形式发布的实质性法律? 若以法律草案与宪法文本高度一致作为形式审查基准,这些问题将永远无法得到规范的回应。

形式审查基准的适用应贯穿于法律草案审议全过程。尤其在准备性审议中,应适用"相对一致"基准尽可能使法案通过初步审议进入大会议程。如在备案审查制度中关于公民"审查建议权"和机关"审查要求权"的讨论中,不少学者提出为审查建议设置过多的意见过滤机制将无端增加公民建议的门槛。法律草案准备性审议环节同样如此,根据《立法法》规定,分别由主席团和委员长会议在预备会议中对法律案进行初步审议②,主席团(委员长会议)实际上作为人大会议(常委会会议)的"中枢神经"主导着大会的方向,对法律案审议进行把关③。"把关"一则可以对代表法律案的类型作整体筛查,从而决定大会审议的主要方向;二则也能够将存在明显违宪问题的法律草案剔除出审查队列,提高大会审议的效率。但是主席团与委员长会议的这一职责实

---

① 李样举、韩大元:《论宪法之下国家立法具体化功能的实现》,《厦门大学学报(哲学社会科学版)》2013年第3期。

② 此外还包括由专门委员会审议、提出是否列入会议议程的意见再决定是否列入这一特殊步骤,此处不作区分。参见《立法法》第十七条、第十八条、第二十九条和第三十条。

③ 张玉华:《人民代表大会会议主席团发挥作用的实践与思考》,《人大研究》2017年第11期。

际上并未受到现有立法的明确规范,而"决定列入议程"作为法律草案审议的必经环节之一,理应受到相应程序与实体规制。笔者以为,考虑到代表法律案往往最能反映现阶段社会对国家的立法需求,以及大会会期短、任务重等实际情况,为避免过于严格的判断标准大大削减进入后续审议环节的法律案数量与范围,应积极适用形式上"相对一致"这种最低限度的合宪性审查基准。

（二）作为实质审查基准的人权保障原则

基本权利规范立法旨在借助法律表述宪法人权保障的内涵,通常面对更为复杂的权利冲突与利益衡量等价值判断问题,合宪性审查中单纯的文本比附意义甚微,法律草案合宪性实质判断尤为关键。

1. 实质合宪是人权立法的基本要求

首先,基本权利规范的客观价值秩序功能决定了法律草案实质合宪的必要性。德国借由法院在"昌特案"判决中提出的"基本法应当被视为一个价值的体系,或是一个客观存在的秩序价值","该价值体系应当对与法律有关的所有领域都发生效力"[1],成功将基本权利的"客观价值秩序"功能植根于依宪执政之中。即除了作为"主观权利",基本权利规范还承担着"客观价值秩序"功能,权利主体不仅可以因其基本权利受到侵害而向国家提出主张,公权力也必须尊重和维护以权力保障为核心而构建的价值体系,以此来配置公权力、规范权力行使。我国宪法对基本权利义务主体的模糊化处理所导致的"扩散作用",从某种程度上也反映出宪法有意将"客观价值秩序"功能包含于基本权利规范功能之中。[2]如现行宪法关于"宗教信仰自由""通信自由和通信秘密""申诉、控告或检举权"的规定均直接将义务主体扩大至"任何人""任何组织"或"任何国家机关",意味着立法不仅必须体现国家消极的"尊重"义务,还要积极采取措施防范其他私主体侵害公民基本权利等内容,法律草案内容的片面在审议时可能遭受审议机关"不适当""分量不够"等评价。正如公民通信自由与通信秘密立法,尽管宪法将基本权利的限制表述为以"公安或检察机关"为主体、出于"国家安全或追查刑事犯罪"的目的、依"法定程序",但《邮政法》规定,除法律另有规定外不得"检查、扣留邮件、汇款",不得"私自开拆、隐匿、毁弃他人邮件"[3];《治安管理处罚法》第四十八条规定了"冒领、隐匿、毁弃、私自开拆或非法检查他人邮件"须受相应处罚措施;《刑

---

① 姚国建、秦奥蕾编著:《宪法学案例研习》,中国政法大学出版社2013年版,第86页。

② 张翔:《基本权利的规范建构》(增订版),法律出版社2017年版,第242-243页。

③ 参见《邮政法》第一条、第二条、第三十五条。

法》第二百五十八条专门规定了"侵犯通信自由罪"。原本只涉及不同基本权利主体间的法律关系冲突,随着基本权利内涵由主观权利向客观价值秩序的延伸,国家也不得不积极参与其中,正如学者所说,"基本权利的冲突必然要求国家的介入,这种介入可能是国家立法中对不同基本权利的衡量和调和,也可能是在执法与司法中作基本权利的考量"①。基本权利的"客观价值秩序"功能也正体现于此:不仅直接约束国家机关不得侵犯公民基本权利,同时督促其通过主动立法、积极执法、公正司法等权力的正当行使保障基本权利的实现。

其次,基本权利间的利益衡量使立法具有更大裁量空间。立法程序实际上可简化为利益表达与利益整合两个过程,利益表达得充分与否直接影响到法制定的事实基础是否全面、客观,主要通过公众参与、程序公开等立法原则予以保障;利益整合则是"通过利益的事实选择和价值判断,以利益平衡为价值取向,对各种相互冲突的利益进行整合以形成共同意志的过程"②。基本权利规范立法,不仅涉及基本权利与公共利益、伦理道德等外部秩序的冲突问题,还存在隐含于不同基本权利、权利主体之间的利益平衡问题,需要借由立法活动在规范层面对此提供解决之策。法律是社会关系的平衡器,"国家利益""公共利益""个人利益"等概念交替重叠,法律草案审议正是对各种利益加以权衡作出决断的过程,这一过程可称之为"衡量"或"裁量",审查机关很难直接依据宪法规定对不同利益作出正反判断。以"征信体系"建设与公民隐私权的冲突为例。国家鼓励征信业发展,初衷在于推动国家征信体系的建设,保障金融体系的安全运行,促进市场经济的繁荣。然而,新兴的征信类型、良莠不齐的征信机构的大量涌现,以及"泛征信"现象的出现导致个人信息滥用、公民隐私无处遁形等问题。隐私权是公民享有个人生活安宁的基石,保障隐私权有利于维护社会秩序稳定。隐私权与公共利益之间本质上不存在"正误"之判断,立法必须对促进征信体系建设的"公共利益"与公民隐私权进行充分权衡,寻求平衡二者关系的有效策略。

可见,基本权利客观价值秩序功能与权利间的利益衡量问题,决定了法律草案合宪性审查中形式合宪判断意义甚微,宪法和法律委员会必须对宪法规范及其原则、精神作整体把握,从实质层面将人权保障作为立法最终目的。

2. 实质审查基准因"类"制宜

从双重基准理论的构造与适用来看,根据基本权利类型分别确立审查基准值得

---

① 张翔:《基本权利的规范建构》(增订版),法律出版社2017年版,第296页。
② 杨炼:《立法过程中的利益衡量研究》,法律出版社2010年版,第77页。

借鉴。鉴于越来越多国家的宪法将"文化、语言,以及环境相关的第三代权利"①纳入基本权利范畴,笔者以为,不妨以三代人权②划分基本权利类型,因"类"制宜构造合宪性实质审查基准。

(1)作为合宪基准的正当程序审查

第一代人权产生于资产阶级革命时期,是指公民自由和个人政治权利,强调国家的消极尊重义务。③公民自由与政治权利产生的时代背景决定了其权利本质的"消极性",以国家的"尊重"作为人权保障的第一性义务。此类权利的核心在于将表达自由作为民主制度的基石,通过对公民人身自由、表达自由的保护促进其政治权利的行使,为国家民主制度提供源源不断的活力,法律在对基本权利作出限制时往往需要面临更严格的审查。笔者以为,在公民自由和政治权利立法领域,应当严密检讨法律草案的合宪性,合宪性审查实质上是"对(国家行为)限制(基本权利)的再限制"④,而人权保障原则在国家限制基本权利领域最重要的体现就是对法定程序的遵循。审查机关在利用正当程序原则对法律草案限制公民权利的内容进行实质性审查时,须同时把握两方面的内容:程序性正当与实质性正当。前者是指立法限制基本权利的同时必须保障公民享有知情、陈述、申辩及获得救济等各项程序性权利;后者是指这种限制本身必须符合公平与正义的要求。审查机关对法律草案是否符合程序性正当相对容易作出判断,能够迅速甄别限制基本权利的主体、方式、程序等是否正当;至于实质性正当,则需将限制的范围、程度、必要性等内容结合立法目的与人权价值理念再行作出判断。

以人身自由为例,《宪法》第三十七条规定公民人身自由不受非法侵犯,《立法法》也将此作为法律绝对保留事项。2018年《监察法(草案)》规定了对被调查人的"留置"措施,宪法和法律委员会在审议中明确留置"依照国家规定执行",并增加了"有碍调

---

① [美]马克·图什内尔特:《比较宪法:高阶导论》,郑海平译,中国政法大学出版社2017年版,第83页。

② 所谓三代人权,分别是公民自由与政治自由、社会和经济权利、包括生存权与发展权在内的集体权利。参见林来梵:《从宪法规范到规范宪法——规范宪法学的一种前言》,商务印书馆2017年版,第99页。

③ 在我国宪法中主要体现为:(1)财产权;(2)选举权和被选举权;(3)言论、出版、集会、结社、游行、示威的自由;(4)宗教信仰自由;(5)人身自由;(6)人格尊严;(7)住宅不受侵犯;(8)通信自由和通信秘密;(9)批评、建议和申诉、控告、检举权,获得国家赔偿权。我国宪法中未明文列举的生命权、迁徙自由等实际上也都处于国家立法保障之内。

④ 瞿国强:《宪法判断的方法》,法律出版社2009年版,第126页。

查情形消失后,应当立即通知被留置人员所在单位和家属"等规定。①对"留置"情形、程序、法律责任等内容的完善,不仅是"正当程序"审查的体现,更是在人身自由与监察立法目的间进行权衡的过程,"正当程序"作为实质合宪审查基准之一,有效为公权力与基本权利间提供平衡。

（2）作为合宪基准的平等原则审查

第二代人权产生于十月社会主义革命时期,因此也被称为"社会主义传统的人权",主要指经济和社会权利。②正所谓"每个阶段的人权变革与发展,都会形成对既有人权价值内核的超越和升级"③,第二代人权的提出正式将国家的消极尊重义务转向了积极的保障义务,即国家须通过制度的构建为基本权利的实现提供基础。一般认为,法律在限制经济自由方面享有较大空间,一则源于经济权利受损的可恢复性特征;二则源于立法机关被认为在经济领域拥有更多话语权,尊重立法部门的判断乃是常态。尤其是全国人大作为立法机关的最高权威性与其他国家的议会本质上的不同,其被视为"绝对的民意代表机关","其对民意的把握和了解,对宪法规定、基本原则和精神的认识,是任何其他国家机关都不可比拟的"。④立法机关在经济权利领域享有较大裁量权无可厚非,审查基准的确立也"宜松不宜紧"。

然而,经济领域并非绝对的"立法舒适区"。经济和社会权利领域虽允许国家的合理干预,却以国家为每个主体、每项权利提供平等保护为前提,要求宪法和法律委员会在审查中须对立法是否符合平等原则作出实质判断。

一方面,任何一部法律都不可能完全独立于其他规范发生作用,一项基本权利的实现往往也涉及其他基本权利的变动,如经济立法中也存在与人身自由、表达自由领域交叉乃至产生冲突的内容。宪法和法律委员会在审查中不仅要在不同规范间进行整体把握,更重要的是审查法律草案是否将不同权利置于同等价值中考虑,是否确保每个公民享有平等宪法地位,以平等原则严密检视法律草案的合宪性。另一方面,社会权立法领域无法绕开实质平等理念,如何在差别对待中寻求"合理"的临界点直接

---

① 《第十三届全国人民代表大会宪法和法律委员会关于〈中华人民共和国监察法（草案）〉审议结果的报告》,《全国人民代表大会常务委员会公报》2018年第2期。

② 在我国宪法中主要表现为:(1) 劳动权利和义务;(2) 劳动者休息权;(3) 退休及社会保障制度;(4) 获得物质帮助权;(5) 受教育权利和义务;(6) 科研文创活动自由;(7) 男女平等权利;(8) 婚姻、家庭、母亲和儿童受国家保护;(9) 华侨权利和利益。

③ 马长山:《智慧社会背景下的"第四代人权"及其保障》,《中国法学》2019年第5期。

④ 胡锦光:《合宪性审查》,江苏人民出版社2018年版,第164页。

关系到法律草案的合宪性问题。以获得物质帮助权为例,其在我国表述为"社会弱者的请求权"更为适当,指"不能通过自己的劳动获得稳定生活来源而向政府提出物质请求,政府有义务来满足其请求从而保障其生存尊严的权利"[①]。强调通过国家的积极干预为特定群体的公民提供"有尊严的、体面的生活"条件,但是对于未获得物质帮助的公民来说,国家的倾斜实际上涉及对平等原则的打破,追问"合理的限度"在何处却不仅是立法裁量权如何行使的问题,更需要由宪法和法律委员会对法律草案的内容慎重把握,在平等与差别对待间作出权衡。

(3)"适当性"审查为宪法发展预留空间

第三代人权的提出与近代民族解放运动分不开,其以民族自决权、发展权为核心。我国宪法虽未明确提出保护第三代人权,但在宪法序言和其他基本权利条款中均表现了国家对于维护民族独立、自决权和发展权的决心。尤其是2018年宪法修改,将"生态文明建设""生态文明协调发展"写入宪法,实则对立法机关提出了更高要求,即在宪法领域国家义务由消极尊重向积极保障扩张的基础上,更进一步要求国家"看得更远",不仅为当下个人基本权利,还要为群体的长远利益考量。对审查机关来说,不必苛求立法是否有明确的宪法依据,应当以更为宽松的"适当性"审查基准为宪法内涵的发展预留出空间。如2017年《行政诉讼法》修正确立了检察机关有权就生态环境和资源保护领域提起行政公益诉讼的制度,修正案草案的审议中虽并未对其合宪性多加讨论,也未明确制度设立的宪法依据,但是从制度设立的目的来看,旨在通过检察机关的介入督促相关行政机关积极履行保护生态环境、维护国家利益和社会公共利益的职责。这种适当性审查近似于美国司法审查中的宽松审查标准,承认立法机关在第三代人权领域拥有更大裁量空间,在立法活动中其不仅能够就宪法明确作出规定的权利作进一步细化,还能够对宪法未列举权利一并作出规范。"适当性"审查的前提在于立法是基于"更有利于权利保障"和"更利于宪法价值实现"的目的,成文宪法出于稳定性考量,不得不借助立法获得发展。随着第三代人权乃至伴随网络技术发展一并被提出的"第四代人权"理论的兴起与成熟,宪法内涵的发展对立法的依赖更为突出。因此在审议此类立法时,宪法和法律委员会应从实质层面考量法律草案与宪法原则及精神的一致性,以及立法目的、法律草案内容等是否有助于促进宪法内涵向着符合人权发展理念的方向发展,对法律草案采取更为"宽容"的态度。

按照"三代人权"类型分别确立审查基准并非绝对的,在人权保障原则下正当程序、平等原则、适当性审查基准的适用也不具有排他性。不管是形式审查基准还是实质审查基准,其确立与适用本质上来说是为了更好地服务于人权保障的目的。从法律草案合宪性审查基准的实践样态来看,"宪法文本在审议过程中呈现出了'高级法'的形态,对法律草案具体内容的形成和确定起到了实质性的、具体的影响"①。较之于形式判断,在人权规范领域进行实质判断往往面临更复杂的语境,基本权利间的性质差异以及权利冲突问题存在的领域非常广泛②,尽管学者们一直尝试,却不得不承认基本权利的位阶秩序与权利冲突的一般规则实际上很难建立,实质审查基准确立的难点也正在于此,在理论研究的基础上还需要借助宪法解释制度为审查基准的完善和发展提供支持。

五、法律草案合宪性审查基准的展望

合宪性审查权的行使无法回避宪法解释问题,审查基准的完善也应以宪法内涵明晰为前提,实践中对宪法解释乃至宪法判断的克制,有碍合宪性审查在立法中发挥效用。在解释宪法的过程中,合宪性判断的依据便逐渐明朗。狭义上的"宪法解释",是指法定释宪机关根据立宪精神原则对宪法规范的含义、界限及相互关系所作的具有约束力的说明。③相较于其他组织和个人对宪法的解释,这种特定国家机关的解释也称为正式解释。宪法解释是随着宪法监督制度的发展而不断健全的,各国的宪法解释机关与违宪审查机关通常也都是同一的。因此,从某种程度上来说,谁掌握了合宪性审查权力,谁就掌握了对宪法作出解释的权力。笔者以为,在现有制度框架内,赋予宪法和法律委员会"应用性解释"的权力能够有效推动审查基准的建立与适用。

(一) 审查基准确立的主体与模式构建

1. 法律草案合宪性审查基准的确立主体

首先,全国人大及其常委会作为督宪机关,有权通过正式宪法解释确立审查基准。宪法规定由全国人大及其常委会作为宪法监督机关,同时赋予全国人大常委会解释宪法的权力,但对全国人大的释宪权未置可否。即便宪法未加明确,但全国人大作为修宪、督宪机关享有释宪权毋庸置疑:全国人大作为人民主权原则下的最高国家

---

① 邢斌文:《论法律草案审议过程中的合宪性控制》,吉林大学博士学位论文,2017年,第95页。
② 具体表现为基本权利在民事领域的"第三人效力问题",刑事、行政领域的侮辱诽谤与言论自由、行为自由与隐私权等基本权利间的冲突等。
③ 许崇德主编:《宪法》(第四版),中国人民大学出版社2009年版,第49页。

权力机关,宪法已经默认其享有包括解释宪法、解释法律在内的权力,《宪法》第六十二条兜底条款规定其享有的"应当由最高国家权力机关行使的其他权力"也足以囊括释宪权。宪法对此未作规定,从全国人大与全国人大常委会的机关设置与会期制度来考虑,全国人大每年开会一次,会期短、任务重,而全国人大常委会作为其常设机关召集会议更容易、开会频率更高,由全国人大常委会经常性地开展宪法解释的工作可操作性更强,并且实践中大多数立法工作也都是交由常委会完成的。因此,全国人大及其常委会作为宪法明确规定的督宪机关与立法机关,其不仅有权对宪法作出正式解释,同时可借助宪法解释确立合宪性审查的实质性依据。

其次,赋予宪法和法律委员会"应用性"宪法解释权,在实践中确立审查基准。宪法和法律委员会在法律草案合宪性审查中需要追本溯源地探析宪法内涵,借助自身对宪法规范与精神原则的理解作出宪法判断。这种理解本身就属于宪法解释的范畴,关键在于其是否造成与正式宪法解释的冲突。宪法规定并非旨在以宪法授权形成全国人大常委会对释宪权的"垄断",仅表明其"具有对宪法的最终解释权"①。如宪法同样只规定了全国人大享有法律解释权,但1981年6月10日通过的《关于加强法律解释工作的决议》将在审判、检察及其他工作中具体应用法律、法令的问题,分别由最高人民法院、最高人民检察院和国务院及主管部门作出应用性解释,同时明确了全国人大常委会在释法工作中的主导地位。"应用性解释"的提出扩大了法律解释主体范围,弥补了抽象立法解释在应用中的不足。通过立法赋予宪法和法律委员会对宪法作出"应用性解释"的权力,将其在审查实践中作出合宪性判断的理由、依据等均纳入宪法解释的范畴,形成对今后的立法具有普遍适用性的审查基准,有效扩大宪法规范在合宪性审查中的适用空间。并且从实践来看,宪法和法律委员会在法律草案审议中所形成并适用的"一致性""授权性"等审查基准并未对现行释宪制度形成冲突,相反这些审查基准有效影响着后续立法和审查活动。

2. 二元审查基准确立模式的构建

受司法审查模式下宪法解释权衍生自违宪审查理论的影响,有学者对我国不以解决具体纠纷、提供权利救济为目标的抽象宪法解释质疑,认为应当由最高人民法院作为宪法解释机关,立法机关虽有权解释宪法,但并非专门的释宪机关。②尽管宪法文本中的"宪法解释"与"宪法监督"是两项独立权力,但我国权力机关与立法机关主

---

① 蔡定剑:《宪法实施的概念与宪法施行之道》,《中国法学》2004年第1期。
② 王磊:《试论我国的宪法解释机构》,《中外法学》1993年第6期。

体同一性决定了在抽象宪法解释中,释宪权主体不仅能应对宪法解释涉及的技术问题,还能够对道德、政治问题一并作出回应。由全国人大及其常委会、宪法和法律委员会通过抽象的宪法解释使不确定法律概念与宪法精神和原则具象化,采用不同形式确立合宪性审查基准是必然选择。

首先,全国人大及其常委会以制定"立法标准法"或通过"决议""决定"确立审查基准。全国人大及其常委会可以通过立法权与督宪权的行使,对制宪背景、立法目的、社会环境等因素通盘考虑,超越个案层面对宪法作出具有普遍适用性的立法性解释。因此,审查基准既可通过制定专门的"立法标准法"进行体系化构建,也可以通过"决议""决定"等形式对特定立法事项所涉宪法问题进行阐释,作为合宪性审查的直接依据。

其次,宪法和法律委员会以"合宪性说明"方式在审查实践中提出具体审查基准。宪法和法律委员会并非专门的立法机关,"统一审议法律草案"职能只容许其在对法律草案的合宪性争议提出解决方案时,对所涉宪法条款附带性地作出应用性解释。鉴于实践中审查基准存在的诸多问题,笔者以为,应当强化合宪性说理在法律草案审议中的作用,宪法和法律委员会既可在法律草案修改意见汇报、审议结果报告等立法文件中对法律草案合宪性问题一并作出说明,也可通过另行发布"合宪性说明"的形式,从合宪性判断、审查基准适用等方面对法律草案展开完整的合宪性论证。将"合宪性说明"作为法律草案审查的"必为"程序,不仅能有效明确审查基准的提出与适用情况,更重要的是能够"提醒法案的起草者以及审议和表决机关,高度注意相关法律草案的合宪性问题"[①]。基于立法的连续性,这种"合宪性说明"有望在立法领域形成一套具有"先例"价值的法律文件,有效约束今后的立法与审查工作。

最后,宪法和法律委员会提出审查基准必须以立法性宪法解释为基础。宪法解释乃是对宪法规范客观内涵的探求,经常性的宪法解释有助于扩大宪法价值体系的共同基础、完善宪法运行机制,使其得以在持续性的实现活动中自然地更新现时化[②],深度挖掘宪法规范及其精神原则的内涵,也能增强宪法的明确性与可预见性。宪法的开放性与多元性决定了其能够在合理限度内容纳对宪法规范的不同理解,但是出于维护宪法秩序的考量,全国人大及其常委会应当享有对宪法作出终局性的、具有普

---

① 苗连营等:《宪法实施问题研究》,郑州大学出版社2016年版,第94页。
② 韩大元:《〈宪法解释程序法〉的意义、思路与框架》,《浙江社会科学》2009年第9期。

遍拘束力的解释的权力。①从立法性解释与应用性解释的关系来看,通过应用性宪法解释确立审查基准必须在立法性宪法解释的基础上进行,因此,当不同审查基准出现分歧时应当以立法性宪法解释作为最终判断的依据。

(二) 合宪性审查基准在立法中的逐步适用

通过立法性及应用性宪法解释确立的审查基准,其之所以能够发挥规范立法裁量权、提升立法合宪性的功能,很大程度取决于其是否对宪法规范作出了正确的解读。以《宪法》第十条为例,明确了在"公共利益需要"前提下,国家可依法对土地实行征收征用并给予补偿,然而法律所构造的集体土地征收补偿制度却未能朝着理想方向前进,很长一段时期我国集体土地征收遭受着"与公共利益无缘"的质疑。②借助宪法解释,使"公共利益""国家所有""公益征收"等概念明确并逻辑自洽,能够有效增强宪法作为审查依据在法律草案审查中的权威性,推动审查基准的逐步适用。

1. 以正确释宪增强审查基准权威性

充分发挥宪法解释促进宪法规范与时俱进功能,能够有效激活宪法条款在当下的适用空间从而增强审查基准的权威性。

(1) 宪法规定"城市的土地属于国家所有",应当理解为一种动态的物权所有。在不超出宪法文本"预测可能性"的前提下,重点理解"城市"的范围与"国家所有"的内涵。这一条款设置于宪法"总纲"部分,与农村和郊区的土地属于集体所有、自然资源属于国家所有等规定并列,从体系解释的角度出发,土地范围与所有权属性应当与上述条款作相同解释。

首先,"城市的土地"并非对修宪时土地状况的描述,而是将未来可能划入该特定区域的土地所有权一并作出规定,作为"一项持续生效的城市土地国有化宣言"③,为土地性质与权属的变更预留了宪法空间。其次,至于"国家所有",不管是将土地所有权与使用权分离,视作一种"名义上的所有权"④,还是区分公、私法中所有权的概念,视作一种主权意义上的、行政管辖上的"所有"⑤,与"集体所有"的性质作相同理解;如果抛开"整体主义的混沌的国家观",代表国家行使国有财产权的机构实际上能够作

---

① 田伟:《规范合宪性审查决定的类型与效力》,《中国法律评论》2020年第1期。
② 王克稳:《我国集体土地征收制度的构建》,《法学研究》2016年第38卷第1期。
③ 温世扬:《集体经营性建设用地"同等入市"的法制革新》,《中国法学》2015年第4期。
④ 张千帆:《城市土地"国家所有"的困惑与消解》,《中国法学》2012年第3期。
⑤ 华新民:《中国城市土地所有权的梳理和追问》,《东方早报·上海经济评论》2012年11月27日第8版。

为基本权利的主体[①]，"国家所有"与"集体所有"均应毫无争议地被解释为一种物权性所有。最后，在确立相应审查基准时应明确"城市的土地"基本内涵，将法律草案中涉及土地范围的权属的规定作是否符合上述解释的判断；明确"国家所有"与"集体所有"同为财产权属性，应当被置于同等价值中考虑，避免立法与宪法解释"不一致"。

（2）"为了公共利益需要""依照法律规定"实行征收、征用实则是宪法将"公共利益"界定授权给法律之体现[②]，且具体范围的界定需从宪法整体性上考虑。公共利益作为限制公民基本权利的条件，现行《宪法》第五十一条作为对基本权利的总限制条款，明确了公共利益作为对基本权利的外部限制，在一定程度上与国家、社会和集体利益重合；同时根据宗教自由、通信自由和秘密等基本权利条款来看，社会秩序、国家制度、国家安全等也得作为基本权利限制条件。概言之，宪法中的"公共利益"是与包括国家安全、社会秩序与国家制度在内的国家的、社会的和集体的利益同一层次的概念。因此，在确立相应审查基准时，法律草案在限制基本权利时必须依宪界定"公共利益"，否则将招致"立法不作为"等消极宪法判断；而公共利益的价值也并非凌驾于个人利益之上，仍需立法通过对"尊重和保障人权"原则的实施在不同利益间寻求平衡。

（3）"可以"征收、征用意味着"征收"并非土地国有化的唯一方式。从基本权利保障的视角解释征收条款并不困难：首先，从主体上判断，"国家"被排除于"任何组织和个人"之外；其次，从方式上判断，"其他形式"强调的是对"侵占""买卖"等土地在"组织和个人"等私主体间的流转之禁止；再次，"非法转让"则可解释为宪法对法律的赋权，授权通过立法发展宪法关于土地所有权流转的内容；最后，根据征收前的模态词"可以"来判断，"征收"这种通过国家强制力取得土地所有权的方式，只有在公共利益前提下方可进行，且并非土地国有化的必然选择。换言之，基于公共利益需要，国家对集体土地实行国有化的方式既"可以"是征收，也可以是征收外的其他方式；而非基于公共利益，禁止国家采用征收方式取得集体土地所有权。因此，在法律草案统一审议中，必须对立法关于土地国有化的主体、方式、依据等规定进行全面审查，在公共利益外授权国家机关行使征收权将无法通过"授权性"宪法判断。

2. 以形式审查作为实质审查的必经环节

从实践来看，形式判断相对于实质判断较为容易，因此对法律草案进行形式审查

---

① 程雪阳：《论"城市的土地属于国家所有"的宪法解释》，《法制与社会发展》2014年第20卷第1期。

② 上官丕亮：《"公共利益"的宪法解读》，《国家行政学院学报》2009年第4期。

应当是合宪性审查的第一步。以征地条款立法来说,"依照法律规定"既是授权规范,也是限权规范,因此,形式合宪其不仅授权法律对土地征收程序、范围、补偿标准等问题作出规定,还要求立法所构造的征地制度经合宪性解释能够为宪法关于征地前提、征地主体、土地流转形式等要件的解释所容纳,在此基础上进行对法律草案内容的实质审查。值得注意的是,形式审查也并非总是直观可见,"公共利益"的概念也并非一成不变,其在不同时期、不同性质立法中有不同内涵和表现形式。2019年《土地管理法》修正案(草案)第十四条以"概括—列举"方式列明"确需"用地可以征收基地土地的五种情形,但并未将"公共利益"作为征收的前提,作为情形之一的"成片开发建设"也缺乏限定条件。仅从文义理解,"成片开发建设"至少包括公益性与营利性两种类型,而营利性的开发建设显然是无法为宪法中的公益征收条款所容纳的。在审议中,宪法和法律委员会对这一条作了修订,明确"为了公共利益需要"才可以依法实施征地且有关建设活动需要符合规划[1];同时在草案二审稿审议中,宪法和法律委员会对"成片开发建设"单独增加了限制条件,即须"经省级以上人民政府批准由县级以上地方人民政府组织实施"[2]。令人遗憾的是,尽管宪法和法律委员会关于征地条款的审议均是以宪法为直接依据,强化了以"公共利益"启动征地程序的必要性,但从官方公布的立法资料来看,其在审查中依然保持了谨慎作出宪法判断的态度,并未对合宪性判断的理由作出说明,甚至未提及宪法关于土地征收的相关规定。

笔者以为,宪法和法律委员会完全能够在今后的法律草案合宪性审查中独当一面,将其开展合宪性判断的依据、理由等一并公开,对于无法通过宪法"一致性""授权性"等宪法判断的法律草案,径直作出消极宪法评价。这种公开不仅能够提示公众广泛注意法律草案的合宪性,其间形成与适用的审查基准,也能直接约束今后的立法与审查工作。

3. 人权保障应作为立法最终目标

通过形式审查的法律草案,得以进行到实质审查环节。仍以征收立法为例,虽其直接限制的是公民财产权,但由此引发的社会保障、生存权、环境权等问题实际上非

---

① 参见胡可明:全国人民代表大会宪法和法律委员会关于《〈中华人民共和国土地管理法〉、〈中华人民共和国城市房地产管理法〉修正案(草案)》修改情况的汇报,载《全国人民代表大会常务委员会公报》2019年第5期。

② 参见胡可明:全国人民代表大会宪法和法律委员会关于《〈中华人民共和国土地管理法〉、〈中华人民共和国城市房地产管理法〉修正案(草案)》审议结果的报告,载《全国人民代表大会常务委员会公报》2019年第5期。

常复杂,因此从实质层面检视征收立法是否符合人权保障这一实质审查基准格外重要。

(1) 提供救济是由国家限制基本权利产生的"第二性义务"。公民权利、国家义务与国家权力三者的关系可简化为"权利需要什么→国家应提供什么服务→根据服务应授予何种权力"。也就是说,国家权力只有以履行义务的形态服务于人权保障时,其权力才具备正当性。①宪法和法律委员会在法律草案合宪性审查中,应当从实质层面检视立法是否将"尊重和保障人权"作为最终目标。财产权原则上以国家履行消极的"尊重"义务作为权利实现方式,当国家征收行为干涉乃至损害公民基本权利时,必须提供救济成了国家因违反尊重义务产生的"第二性义务"。②畅通权利救济,是人权保障在征地立法中的直接体现。由政府主导的征地活动从制定土地利用规划、拟定征收补偿方案、作出征收决定乃至征地纠纷的解决,始终无法摆脱行政机关影响,不得不正视行政机关"既做运动员、又做裁判员"所面临的权威性与公正性质疑,法院作为国家审判机关,在人权保障领域必须拥有话语权。在法律草案审议中,宪法和法律委员会应当将是否提供有效司法救济作为立法合宪性判断的依据之一:如若征地立法排除司法机关介入,或司法救济实效性不强而无法对征收结果产生实质影响,宪法和法律委员会可直接对人权保障的内涵作出阐释,以"权利保障不充分"为由要求立法机关作出修改。

(2) 遵循正当程序是国家限制基本权利的正当性来源。征收的本质是国家权力对基本权利的限制,这种限制必须符合正当程序原则要求,判断征地立法合宪性的关键也在于此。公共利益与补偿标准的开放性和动态性,强化了对征收程序的依赖性,其需同时满足公开性、自治性、平等性等正当程序原则的构成要件,才有可能导出合理的结果。③正当程序原则在立法中具体体现为:首先,以信息公开作为保障公民知情权的前提,以此解决政府与被征收人间信息不对等的问题;其次,引导公众实质参与从而淡化征地程序中公权力的影响;最后,构建政府与公民间平等沟通机制,双方可就征收补偿事宜进行协商。如此不仅以平等对话形式满足公民利益表达的诉求,增强了征地补偿方案的可接受性,从整体提高了征收效率,更重要的是将"尊重和保障人权"的宪法原则与"服务型政府"的理念一并贯彻。同样,宪法和法律委员会在审

① 陈醇:《论国家的义务》,《法学》2002年第8期。
② 龚向和、刘耀辉:《论国家对基本权利的保护义务》,《政治与法律》2009年第5期。
③ 汪进元:《论宪法的正当程序原则》,《法学研究》2001年第2期。

查中,对于不符合正当程序原则构成要件的法律草案,可直接以"不符合正当程序"作出宪法判断;法律草案的内容基本满足正当程序构成要件,但是从导出合理结果的要求出发,宪法和法律委员会也可以"规定得分量不够""不适当"等为由建议立法机关补充相应内容。

(3)公平补偿是平等原则在征地立法中的最重要体现。以平等原则审查征地立法合宪性,主要集中于以下两个方面。

第一,征收补偿须将公共利益与个人利益置于同等价值中考虑。土地征收,本质上就是国家因公共利益需要以强制征收方式取得集体土地所有权的行为,需要以相应补偿弥补因国家的合法行为造成的公民财产损失。我国宪法虽未明确征收补偿的原则,但从征收规范的发展趋势来看,补偿的范围与标准均呈日渐放宽之势,公平衡量因征收获得的公共利益与私人利益,给予公民更充分、更完全的补偿也应为我国宪法所采纳。[①]公平补偿原则以"特别牺牲说"为依据,因征收行为而造成的个人利益损失实质上是无义务的公民为实现公共利益所作的特别牺牲,其以公共利益与个人利益具有同等价值为前提,修正了不完全补偿原则下因重视公共利益导致受到损害的个人利益无从恢复的问题,将这种因征收造成的损失分摊给全体公民。[②]对立法而言,公平补偿原则不仅要求在确定补偿范围和标准时将公共利益与个人利益置于平等价值中考虑,还包含了立法对补偿方式、实效性等问题的规定也要接受该原则的检验。宪法和法律委员会在审查中就法律草案所规定的补偿范围过窄、标准过低、方式单一等问题均可以"不符合平等原则""不符合公平补偿原则"为由作出消极宪法判断。

第二,征收补偿须促进实质平等的实现。实质平等容许立法在合理限度内介入个体的社会生活中,尤其是为社会弱势群体提供倾斜性的保护,保障其能够与其他人平等地享有和实现权利自由。如我国城乡二元结构下,农村居民对宅基地的永久使用权本质上相当于城市居民的社会保障功能,以此实现农村与城市居民间的实质平等。因此,征地立法在设置征收补偿等问题时,不仅要考虑到土地的财产性价值,还要考虑到其作为重要生产资料对农民生活方式乃至生存权的影响。而政府征收的目的应当是通过整合、利用土地资源为公众提供社会福利,从征地行为获取的利益也应当合理分配给权利受损的公民,在此基础上由政府承担被征收人的基本生活、就业、

---

① 陈泉生:《论土地征用之补偿》,《法律科学(西南政法大学学报)》1994年第5期。

② 李集合:《土地征收征用法律制度研究》,中国政法大学出版社2008年版,第129-130页。

医疗等社会保障责任,让跟着土地一同"入城"的农民能够在城市中"体面地生活"。因此,在审查中以实质平等观念约束立法行为,意味着无视个体需求、只追求"同一起点"的立法将面临"不符合实质平等"的消极宪法评价。

结　论

通过上文的分析,法律草案审议中合宪性审查基准在我国立法中已有初步实践,但审查中合宪性说理不足、审查基准适用混乱等问题所反映出的"消极主义"审查立场有碍当下"推进合宪性审查"之势。合宪性审查基准的确立不仅能够对立法裁量权形成有效的合宪性实体控制,立法裁量权也因此行之有"向"、行之有"理"。法律草案合宪性审查应当以违宪推定为原则,合宪性推定原则为例外,严格控制立法输出高质量的同时,充分利用制度存量缓解过严审查标准造成的立法需求与立法输出间的对立。宪法文本作为合宪性审查的直接依据,组织规范立法领域应当从规范文本审查角度以"形式上相对一致"对法律草案作形式合宪判断;而基本权利规范立法领域在形式审查之外,仍需以正当程序、平等原则、适当性三项人权保障原则严密审查法律草案内容的实质合宪。审查基准的发展必须借助宪法解释制度来实现,通过赋予宪法和法律委员会在实践中作出"应用性解释"的权力,是审查权实现的必备要素,"二元审查基准确立模式"的构建也并不会对现行体制造成太大冲击。合宪性审查基准的确立与发展,正是将宪法规范的内涵注入实践的过程,不仅能有效推进合宪性审查,其对宪法实施与宪法价值的实现同样意义重大。

导师推荐意见

该论文是郭倩同学2020届硕士学位论文的修改版,该论文在答辩时被评为优秀。推进合宪性审查工作是近些年来国家法治建设工作的重点和热点之一,论文以"法律草案审议中合宪性审查基准"为研究对象,对合宪性审查的"审查基准"进行了专题研究,选题具有重要的现实意义和理论价值。文章最大的特色是开展了实证研究,通过对50多份立法文件中法律草案合宪性审查基准的梳理和分析,剖析了对法律草案进行审查需要解决的问题,进行了相应的理论论证,并提出了对策建议。作者有强烈的问题意识,以问题为脉络构思写作,对法律草案审议中合宪性审查基准的确立基础、确立原则、确立主体、确立模式及适用方式等问题逐个分析论证,充分搜集了选题范国内很多有价值的信息资料，尤其是该领域必读的论著，对其进行了很好的分析利用。论文结构完整、逻辑严谨、立论清晰、行文规范，对许多问题的研究比较细致并较深入，内容呈现前沿性，不少论点体现了作者的创新思维。同时，文章能够抓住理论热点、能够回应实践需要、能够理论结合实际，对法律草案审议中合宪性审查基准的理论研究的推进和实践中审查基准的构建，均具有重要的参考价值。

推荐人：上官丕亮

合宪性审查背景下的法益权衡

◎李成浩*

内容提要：自2017年以来，我国"依宪治国"迈出关键一步，"合宪性审查"的完善势在必行。比例原则是合宪性审查中最为重要的原则，有着限制公权力滥用、保护基本权利的作用。但是，比例原则中具有核心地位的法益权衡说仍有待于理论和实践上的进一步研究。就法益权衡而言，其本身面临着缺乏理性的质疑，一方面，质疑在于权衡结构本身缺乏理性和逻辑性；另一方面，质疑基本权利冲突能否通过法益权衡得到理性而有根据的结果。本文第一部分旨在介绍法益权衡说的基本原理、详细讨论法益权衡之前提与方法；第二部分重点介绍阿列克西的权衡法则与公式；第三部分介绍阿列克西之后法益权衡理论面临的批评及其具体应用；第四部分讨论如何继续完善我国的法益权衡说，使之更好服务于合宪性审查。

关键词：法益权衡；比例原则；合宪性审查；基本权利

　　"人权"[1]、"基本权利"[2]、"人格尊严"[3]，这些都是我国宪法所明文追求的宪法价值。但不同的基本权利之间，甚至同类别的基本权利之间也会产生冲突。这一冲突的发生势必需要国家公权力居中调停，对某种基本权利施加限制，但公权力的使用需要谨慎，必须加以限制，否则会滑向专制主义的泥淖。因此，我们需要对公权力进行"合宪性审查"。[4]但如何使"合宪性审查"科学化、规范化、合法化，有赖于个案发展，

---

　　* 李成浩，中央纪委国家监委驻中国农业银行纪检监察组工作人员，中国政法大学比较法学研究院中德法学院2020届比较法学硕士。

　　① 《中华人民共和国宪法》第三十三条第三款："国家尊重和保障人权。"

　　② 《中华人民共和国宪法》第二章：公民的基本权利和义务。

　　③ 《中华人民共和国宪法》第三十八条第一句："中华人民共和国公民的人格尊严不受侵犯。"

　　④ 张春生、秦前红、张翔：《推进合宪性审查　加强宪法实施监督》，《中国法律评论》2018年第4期。

也有赖于更加翔实有力的理论支撑。

对公权力的"合宪性审查"依赖于比例原则。"比例原则得到实施的地方,自由、平等、博爱自会繁荣旺盛。"①毋庸置疑的是,比例原则已经成为我们这个时代几乎是最为"时髦"的法律原则之一,而作为比例原则核心的狭义比例原则,更因其对于"合比例性"以及权衡的探究,发挥其限制公权力滥用的作用。②在我国,比例原则同样有着大量的学理研究和实践基础,比例原则从行政法走向宪法也只是时间问题。③

狭义比例原则和法益权衡在多数情况下是可以通用的一对概念。狭义比例原则指对手段造成的损害和作为目的的利益进行衡量,判断二者是否"合比例"。法益权衡系指对于冲突的法益进行权衡,相较于狭义比例原则而言,其添加了更多程序性的要求。论述狭义比例原则框架内的法益权衡,重点在于对其适用过程进行考察。

法益权衡作为基本权利冲突时使用的法律论证方法展现出与一般法律方法相异的新特点,已经在世界范围内取得了一席之地。④但国内的"法益权衡"研究集中在展现外国理论,缺少中国本土的认知。由于缺少公式的分析框架,即使已经迎来"合宪性审查",在面对如何更好地保护基本权利、实现比例原则的最佳化使用这一问题时,国内学界和实务界仍然缺乏方向。本文的研究目标在于探讨一种实用的法益权衡方法,为我国"合宪性审查"中的部分框架建构添砖加瓦。

一、法益权衡的基本原理

(一) 作为框架的狭义比例原则

比例原则有广义的比例原则和狭义的比例原则之分,狭义的比例原则是广义比例原则的"四阶梯"之一。

广义比例原则的"四阶梯"分别是:(1) 目的正当性原则(legitimer Zweck),具

---

① David M. Beatty, *The Ultimate Rule of Law*, New York: Oxford University Press, 2004, p. 172.

② David M. Beatty, *The Ultimate Rule of Law*, New York: Oxford University Press, 2004, p. 172.

③ 刘权、应亮亮:《比例原则适用的跨学科审视与反思》,《财经法学》2017年第5期;黄学贤、杨红:《我国行政法中比例原则的理论研究与实践发展》,《财经法学》2017年第5期;门中敬:《比例原则的宪法地位与规范依据——以宪法意义上的宽容理念为分析视角》,《法学论坛》2014年第29卷第5期。

④ 如20世纪50年代之后,德国联邦宪法法院的基本权利审判模式,美国联邦最高法院大量采用的衡量检验等。参见徐继强:《衡量的法理——各种利益衡量论述评》,载《法律方法》2009年第9卷第2期。

体而言,就是要求公权力在行使权力限制基本权利的过程中,其目的具有正当性;
(2) 适当性原则(Geeignetheit),为达成目的所采用的限制公民基本权利的手段,必
须能够促进其目的实现,简而言之,即手段要能实现目的。①(3) 必要性原则(Er-
fordlichkeit;Notwendigkeit),该原则要求限制公民基本权利的手段必须是必要
的②,如同时存在可以实现目的的多种手段,在各种手段的选取中,要采用对公民基本
权利侵害程度最小的一种。(4) 狭义比例原则(Verhältnismäßigkeitsprinzip im
engeren Sinne),这一原则也被称为均衡性原则、相称性原则、合比例性原则、比例性
原则等③,狭义比例原则要求在作为目的的利益和手段造成的损害之间进行衡量,若
所欲保护的基本权利的重要性小于对相冲突基本权利所造成的损害,则可认定为不
成比例,即不符合狭义比例原则的要求,因而不可采用该种手段。

　　狭义比例原则对于保护基本权利极其重要。以目的的正当性、适当性和必要性作
为限制公权力的依据,似乎略显薄弱,公权力可以轻松绕过这些屏障实现对基本权利
的侵害,而当面对“站在公民立场”上的狭义比例原则时,公权力就需要如实回答关于
所涉公益和所损权益的相关问题,承担违反这种法益权衡的后果,给予基本权利保护
更大的主动权。与其他比例原则子原则相比,狭义比例原则与法律中普遍存在的权
衡互相依存,在基本权利冲突时发挥作用,能够更深入地保护公民基本权利。

　　在我国的法律实践中,对于基本权利的限制要经受比例原则的检验。我国宪法
条款为比例原则的适用提供了坚实的基础。④如宪法第二章中的“人权条款”“国家
为人而存在”的依宪执政思想,尽管国家有权基于公共利益对公民基本权利进行限
制,但是禁止了国家对基本权利的不正当限制⑤,也即国家对公民基本权利的限制必
须具有宪法正当性。除此之外,也有学者将我国《立法法》中的规定认定为比例原则

---

① 谢立斌:《药店判决》,载张翔主编《德国宪法案例选释》,法律出版社2012年版,第66页。
② 谢立斌:《药店判决》,载张翔主编《德国宪法案例选释》,法律出版社2012年版,第66页。
③ 刘权、应亮亮:《比例原则适用的跨学科审视与反思》,《财经法学》2017年第5期。
④ 2004年人权条款入宪之后,《宪法》第三十三条第三款和《宪法》第五十一条共同构成了比例原则的宪法
依据。《中华人民共和国宪法》第三十三条第三款:“国家尊重和保障人权”;《中华人民共和国宪法》第五十一条:
“中华人民共和国公民在行使自由和权利的时候,不得损害国家的、社会的、集体的利益和其他公民的合法的自
由和权利。”参见谢立斌:《宪法财产权对税收的规范——中德宪法比较研究》,《税务研究》2009年第6期。
⑤ 陈征:《国家权力与公民权利的宪法界限》,清华大学出版社2015年版,第10页。

适用的依据。^①二者都说明比例原则已经在我国宪法层级取得了相当地位,能够作为保护基本权利的审查工具而存在。因而,对居于其中具有重要地位的狭义比例原则进行程序性分析便显得迫在眉睫。

(二)法益权衡的前提——法益冲突

权衡建立在法益冲突的基础之上,法益的冲突表现为基本权利冲突。基本权利即宪法上对于公民权利的界定。^②基本权利也具有受制约性,这是因为公民个体并不能脱离社会而存在。^③当个体之间的基本权利相互冲突且无法自行解决这种矛盾时,国家可以介入。依据我国《宪法》第五十一条规定^④,一方面,国家限制公民基本权利的正当化理由来自对于国家的、社会的、集体的利益的保护;另一方面,来自对于其他公民基本权利的保护,也从侧面表明,基本权利一方面与公共利益发生冲突,另一方面在基本权利之间也会发生冲突^⑤。

1. 公共利益与基本权利冲突

通过公共利益限制公民的基本权利被认作是各国宪法之通例。^⑥公民在行使自己的自由权时,存在影响到宪法所要保障的其他公共利益的可能性。因而,宪法一方面肯定个人的基本权利,保护基本权利的行使,另一方面同样需要承认该基本权利的行使可能侵犯公共利益,因此在基本权利和公共利益之间,由于其天然存在的不可调和性,一定程度上存在某种隐藏的紧张关系。^⑦

在立法中,许多国家直接在宪法文本中将"公共利益"作为限制基本权利的实质基准,而德国基本法多采用"由法律或基于法律"这种法律保留的形式。^⑧"由法律"表明该限制是由法律直接作出,"基于法律"表明有权机关必须获得法律的具体授权,才

---

① 《中华人民共和国立法》第七条:"立法应当从实际出发,适应经济社会发展和全面深化改革的要求,科学合理地规定公民、法人和其他组织的权利与义务、国家机关的权力与责任。法律规范应当明确、具体,具有针对性和可执行性。"其中,"从实际出发,科学合理地规定"这一要求被认为体现了比例原则的精神。参见陈新民:《中国行政法学原理》,中国政法大学出版社2002年版,第42页。

② "基本"二字的使用,"无非要表示这些权利,是各国制宪者所认为个人必不可缺少的权利"。参见王世杰、钱端升:《比较宪法》,中国政法大学出版社1997年版,第57—61页。

③ 韩大元、林来梵、郑贤君:《宪法学专题研究》,中国人民大学出版社2008年版,第314页。

④ 《中华人民共和国宪法》第五十一条:"中华人民共和国公民在行使自由和权利的时候,不得损害国家的、社会的、集体的利益和其他公民的合法的自由和权利。"

⑤ 陈征:《私有财产征收中的第三人受益》,《浙江社会科学》2013年第9期。

⑥ 张翔:《公共利益限制基本权利的逻辑》,《法学论坛》2015年第1期。

⑦ 谢立斌:《个人数据的宪法和法律保护》,《中国法学会宪法学研究会2008年年会论文集》,第171页。

⑧ 赵宏:《限制的限制:德国基本权利限制模式的内在机理》,《法学家》2011年第2期。

能进行对于基本权利的限制。^①在此情形下,法律成为基本权利的限定工具。^②这种将权利交给法律的理由也好理解,法律由代表人民的议事机关建构,通过立法所确立的对基本权利的限制,可视作人民的同意,从而获得了充分的民主正当性。

2. 基本权利间冲突

私主体之间的基本权利冲突即两个以上的基本权利主体相互主张其所拥有的基本权利,以致对立发生的情形。^③在基本权利冲突中往往存在三角关系,冲突发生时存在加害人和被害人两方,冲突无法解决时自然需要国家的介入。其中,加害人和被害人涉及基本权利的第三人效力问题,而被害人和国家之间涉及国家的保护义务。

基本权利的第三人效力问题是随着社会结构的变迁而产生的。^④随着社会权力关系的变化,出现了许多具有优势地位的社会团体,其对于公民基本权利产生了相当程度的侵害。^⑤从社会层面看,如果仍依靠传统的私人自治的理念,实质上并不平等的私主体之间产生的冲突无法得到救济^⑥;从宪法层面看,基本权利作为最高宪法秩序,不可能任由私人自顾自侵害他人的基本权利,否则就是将宪法最高价值任由私人支配,这与宪法的精神毫不相符^⑦。

宪法领域对于第三人效力的支撑来自对于德国《基本法》所作出的解释。^⑧德国《基本法》并未明确基本权利是否在私人间适用,而仅是明确了在立法、行政和司法领域国家要受到基本权利的约束,但恰恰是这一不明确,为第三人效力的存在产生了可能。^⑨德国《基本法》开篇明确表示,人的尊严乃是全体基本权利的核心内涵,不应受

---

① Hartmurt Mauer: *Staatsrecht*, C. H. Beck, 1999, S. 285.

② Peter Lerche: Uebermass und Verfassungsrecht, 2. Aufl, Duncker & Humblot, 1999, S. 153.

③ 张翔:《基本权利冲突的规范结构与解决模式》,《法商研究》2006年第4期。

④ 从历史来看,宪法上关于基本权利的条款针对的仅为国家,依传统理论,基本权利的规定仅仅涉及国家权力的行使,而不应该在个人关系之间发挥任何作用。参见陈新民:《宪法基本权利及对第三者效力之理论》,载《法治国公法学原理与实践》(上),中国政法大学出版社2005年版,第33页。

⑤ 陈新民:《宪法基本权利及对第三者效力之理论》,《法治国公法学原理与实践》(上),中国政法大学出版社2005年版,第33页。

⑥ 王锴:《宪法是公法吗?》,《浙江法学》2006年第1期。

⑦ 陈征:《国家权力与公民权利的宪法界限》,清华大学出版社2015年版,第36-37页。

⑧ 德国《基本法》第1条第3款规定:"下列基本权利拘束立法、行政及司法而为直接有效之权利。"(Die nachfolgenden Grundrechte binden Gesetzgebung, vollziehende Gewalt und Rechtsprechung als un-mittelbar geltendes Recht.)

⑨ Albert, Bleckmann: *Staatsrecht* Ⅱ, Köln : Heymann, 1993, S. 184.

到任何侵犯,基于此,基本权利的效力的全面发挥是其文中应有之义。①20世纪以来,基本权利作为"客观价值秩序"的基础,适用于整个法律关系,开始调整整个法律秩序。②同时,德国联邦宪法法院也通过判决的方式,明确承认了基本权利第三人效力的存在。③

在第三人效力理论的发展之上,德国宪法学界还建立了国家保护义务的理论。④德国法上的基本权利条款要求公民能够真正行使宪法所赋予的基本权利,因而当基本权利受到非公权力不正当的侵害,而自己难以进行防御时,国家同样有义务通过进行一定程度的干预来保护私主体基本权利的实现。⑤在德国《基本法》的部分基本权利条款中,其明确了国家的保护义务⑥,而在其他条款中,其同样使用了"保障"一词,暗含了国家的保护义务⑦。

德国联邦宪法法院同样认可国家保护义务理论,但在其宪法基础上存在观点的更迭。早先联邦宪法法院认为国家保护义务来自宪法对国家的委托,以德国《基本法》第6条为例,该条尤其强调国家对于家庭和子女的保护。宪法法院据此认为:"国家不仅仅有权利,同样有义务来保证对子女的看护和教育。"⑧在其后涉及海外德国公

---

① 德国《基本法》第1条第1款第1句:"人的尊严不可侵犯。(Die Würde des Menschen ist unantastbar.) 德国《基本法》第2条第1款同样表明,基本权利在防御国家权力的同时,也要防御来自私人的侵害。德国《基本法》第2条第1款:"人人有自由发展其人格之权利,但以不侵害他人之权利或不违反宪政秩序或道德规范者为限。"(Jeder hat das Recht auf die freie Entfaltung seiner Persoenlichkeit, soweit er nicht die Rechte anderer verletzt und nicht gegen die verfassungsmäßige Ordnung oder das Sittengesetz verstösst.)参见陈征:《国家权力与公民权利的宪法界限》,清华大学出版社2015年版,第37页。

② 韩大元:《论基本权利效力》,《判解研究》2003年第1期。

③ 就基本权利如何在私主体间产生效力,在德国主要产生过两种观点,包括直接效力说和间接效力说。直接效力说认为基本权利能够在私法领域直接发挥效力,当私主体权利受到第三人侵害时,无论该行为是否与国家权力相关联,都可以通过基本权利来进行防御。间接效力说则认为,只有通过私法上的相关规定作为媒介,基本权利的宪法价值才能在私主体之间发挥效力。参见黄宇骁:《论宪法基本权利对第三人无效力》,载《清华法学》2018年第3期。如果我们保有宪法仅直接约束国家权力的立场,那么直接效力说自然得不到支持,在德国联邦宪法法院的判决中,同样可以看到其采纳了间接效力说的立场。参见BVerfGE 7, 198(205); BVerGE 25, 263; BVerfGE 73, 261(269).

④ 德国《基本法》第1条第1款第2句:"所有国家权力机关有义务尊重和保护公民的人性尊严。"(Sie zu achten und zu schuetzen ist Verpflichtung aller staatlichen Gewalt.)

⑤ 谢立斌:《自由权的保护义务》,《比较法研究》2011年第1期。

⑥ 德国《基本法》第6条第1款、第6条第2款、第6条第4款。

⑦ 德国《基本法》第4条第2款、第5条第1款第2句、第7条第4款、第9条第3款、第14条第1款第1句。

⑧ BVerfGE 24, 119(144).

民人身和财产权利保护问题的时候,宪法法院又进行了补充,认为"国家还有履行外交保护的义务"[1]。随着判决的进一步发展,德国联邦宪法法院发现,在许多情况下国家都需要履行其保护义务,因而国家保护义务理论的宪法基础再次得到延伸。[2]

由此看来,基本权利与公共利益之间、不同基本权利之间的冲突无法避免,在冲突无法解决时,都需要国家的介入,来进行冲突法益之间的权衡。国家在进行干预时,同样需要一定程度的限制,保障其干预行为具有正当性,这一限制就表现为比例原则。同时我们仍要注意的是,比例原则仍旧应当被限缩在对于公权力的限制,要求私主体行事采用比例原则的论点也应当被认为是不恰当的。[3]

(三) 法益权衡的一般方法

德国联邦宪法法院在进行法益权衡时,首先是确定基本权利受侵害的强度,其次是确定增进公益的分量大小,最后对彼此对立的法益进行权衡。[4]宪法法院发展出了一个权衡公式[5],在公式中,对于基本权利的侵害越严重,其所要求增进的公共利益就应当更有分量[6]。这套方法为权衡提供了一种初步的检验模式。[7]

1. 法益权衡的对象和要素

法益权衡裁判中需要考虑两种因素:第一,某种基本权利被侵犯或者被妨碍的强度;第二,另一种基本权利或公共利益所得到满足的程度。[8]

在确定基本权利受侵害强度之时,德国联邦宪法法院主要确定了两方面的影响因素:一是该宪法基本权利在德国《基本法》上的宪法价值秩序(Wertordnung)中的抽象位阶(Rang)。该位阶来自该基本权利与德国《基本法》核心价值——人的尊严之间

---

① BVerfGE 41, 126(182).

② 基本权利所具有的客观法性质,使得其具有的客观价值决定不仅"影响着整个法律体系",同时应当被视为"立法、行政和司法的方针和推动力"。参见:BVerfGE 39, 1(41),转引自陈征:《基本权利的国家保护义务功能》,载《法学研究》2008年第1期。

③ 参见刘权:《交通运输部强制安装车载导航——权利限制的比例原则保障》,载胡锦光主编《2013年中国十大宪法事例评析》,法律出版社2015年版。"公民在行使权利时,也应当遵循比例原则,不得过度侵害其他公民的权利"。

④ Robert Alexy: *Theorie der Grundrechte*, Suhrkamp Taschenbuch Verlag, 1994, S.75.

⑤ 即"越如何,则越如何"(Je-Desto-Formel)。

⑥ Robert Alexy: *Theorie der Grundrechte*, Suhrkamp Taschenbuch Verlag, 1994, S.75.

⑦ BVerfGE, 7, 377.

⑧ 冯威:《基本权利的紧张关系与权衡裁判——以德国雷巴赫案对一般人格权的保护为例》,《交大法学》2017年第4期。

的关系。①通常而言,如果该基本权利与人的尊严关系越紧密,其受侵害程度就越相应地提高。二是基本权利在具体个案中所受到侵害的程度,在德国《基本法》中,多数基本权利都得到明确的规定,个案侵害的程度需要与该基本权利的核心相连接。②

在确定另一基本权利或者公共利益获得满足的程度方面,其主要受两个因素影响:一是公共利益受侵害的迫切性,也即公权力不使用任何保护性手段时,公共利益所面临危险的强度,包含危险发生的严重程度可能性,这也需要在个案中,根据相关的事实、情况和认知进行进一步考量。二是基本权利系指公共利益的重要性,如果对基本权利的侵害程度越强,则另一基本权利要得到更大的满足,所欲维护的公益就应当更加重要。③

2. 法益权衡的具体规则

德国联邦宪法法院通过"雷巴赫案"确定了法益权衡的具体规则和明确标准。首先,法益权衡包括"一般性的权衡"和"具体的权衡"。④"一般性的权衡"(generelle Abwägung)要求对案件类型的构造进行考察,从而得出具有宪法意义的标准。"具体的权衡"(konkrete Abwägung)要求针对个案的特殊情况进行分析。⑤

宪法法院进行"一般性的权衡"或者"具体的权衡"之时,都包含以下三个步骤的考量:一是确定某种优先条件,二是确认一种基本权利间的通常优先地位,三是为此设定相应的法律后果。这种权衡的步骤考量也就构成了德国联邦宪法法院进行裁判的具体规则,之后的学界讨论也多基于此案,建构了翔实完整的权衡规则。⑥

在此之外,德国联邦宪法法院又为这种权衡的过程提供了两项明确的标准:一是人的尊严,也即德国《基本法》开篇所提到的宪法价值体系的核心;二是比例原则尤其是狭义比例原则,要求在确认基本权利通常优先地位时,需要判断某种基本权利的满足程度和另一种基本权利的受侵害程度是否符合比例,也即要经过比例原则的检验,

---

① 徐继强:《德国宪法实践中的比例原则——兼论德国宪法在法秩序中的地位》,载许崇德、韩大元《中国宪法年刊(2010)》,法律出版社2011年版,第73页。

② 若该侵害越接近这一基本权利的核心领域,则其受侵害程度也相应提高,反之亦然。

③ 冯威:《基本权利的紧张关系与权衡裁判——以德国雷巴赫案对一般人格权的保护为例》,《交大法学》2017年第4期。

④ BVerfGE 35, 202(225).

⑤ BVerfGE 35, 202(232).

⑥ 冯威:《基本权利的紧张关系与权衡裁判——以德国雷巴赫案对一般人格权的保护为例》,《交大法学》2017年第4期。

这被阿列克西称作是"原本的权衡"①。

3. 法益权衡的事实审查

除了对于基本权利之重要性进行评价,在权衡的过程中也涉及事实的认定以及因果关系的预测,这一部分的内容要尽量适用经验科学的方法来替代直觉或直观的认定和预测,从而提高权衡在实施层面的理性基础②,在这一方面的实践主要包括德国的三层审查密度和美国多重审查基准。

(1) 德国三层审查密度

德国联邦宪法法院在涉及事实的认定和预测时,为了调查和判断立法事实,在1979年的"劳工企业参决权案"后发展出三种对基本权利干预宽严不同的认定标准。③其中,"明显性审查"要求最为宽松,只需要立法者的判断在一般理性公民眼中不具有十分明显的错误即可;而"深入审查"要求最为严格,只要无法使法院确信立法者判断为正确,举证责任就需要由立法者承担;"可支持性审查"的审查力度限于两者之间,要求立法者的判断能够符合一般标准,能够说得过去。

在判断选用何种审查标准之时,宪法法院认为应当根据其所涉及规范领域的性质、所涉及的相关法律利益的重要性进行判断。一般而言,在涉及有关经济政策之类的法律效果的审查时,宪法法院一般都是以"明显性"或"可支持性"审查作为审查的标准;只有在涉及包括生命、人身自由等包含高度价值的法益时,宪法法院才会采取"深入审查"的审查标准。④

(2) 美国多重审查基准

美国认为有些取得"基础性""优先性"地位的基本权利应当受到更加严格的保障,而对其他基本权利只需适用较为宽松的审查标准,因而发展出了以基本权利分类为基础的多重审查基准。⑤

美国联邦最高法院最早在判例中发展出"双重基准理论"(double standard

---

①　Robert Alexy: *Theorie der Grundrechte*, Suhrkamp Taschenbuch Verlag, 1994, S.64.

②　陈新民:《德国公法学基础理论》,法律出版社2010年版,第245页。

③　包含"明显性审查"(Evidenzkontrolle)、"可支持性审查"(Vertretbarkeitskontrolle)以及"深入审查"(intensive Kontrolle),参见陈运生:《论比例原则在基本权利保障中的适用》,载《广州大学学报(社会科学版)》2011年第10卷第5期。

④　盛子龙:《比例原则作为规范违宪审查之准则——西德联邦宪法法院判决及学说研究》,台大法研所硕士学位论文,1989年,第31页。

⑤　张翔:《基本权利限制问题的思考框架》,《法学家》2008年第1期。

theory)。①斯通大法官在著名的"注释四"中指出:公权力行为所涉及的基本权利如果和民主程序没有关联,法院应当采取"合理关联性审查"标准,并采取合宪性推定的原则,推定公权力行为合宪,例如涉及经济型权利和社会福利的案件;如果公权力行为所涉及的基本权利与民主程序相关联,那么法院就应当采取"严格标准审查"②;如果政府的立法或行政措施所涉及的乃是"长期以来分散孤立的少数群体",无论是否与民主程序相关联,都应当采取"严格标准审查"③。该案所诞生的"双重基准理论",实际上要求根据是否涉及民主程序,采用宽严不同的审查标准进行审查,判定相关政府立法或行政措施是否合宪。④

"双重基准理论"开了先河,但因其稍有两极化的倾向,美国实务界又发展出"三重基准理论"(triple standard theory),相较于双重基准理论显得更为精确。美国联邦最高法院在Craig诉Boren一案中,采用了介于宽严之间的"中度标准审查"(the intermediate scrutiny test)。⑤ "三重基准理论"根据所涉及的案件类型采用宽、中、严三种审查标准,在涉及公民不可或缺的基本权利,如隐私权、政治权利、种族、外国人的差别对待以及言论自由中高价值言论,多采用"严格标准审查",因其追求利益"极为重大、极为迫切";在政府利益是"实质的"或者"重要的"时,最高法院采纳"中度标准审查",主要包括性别、非婚生子女的平等保护案件,以及非针对言论自由的规制;而在审理一般涉及社会经济类的法律和命令时,多采用"合理关联性审查",只要其具有合理关联性,即可放行。

在"三重基准理论"之外,美国联邦最高法院还专门针对言论自由发展出"双轨理

---

① 包含"合理关联性审查"(the rational relationship test)和"严格标准审查"(the strict scrutiny test)。

② 例如包含言论自由、结社自由、集会自由和选举权在内的政治权利的案件。

③ 304 U.S. 144, 152-53 n.4(1938). 1923年美国国会通过了《加料脱脂乳法》(Filled Milk Act),禁止在州际之间装运"加料脱脂乳"。因为按照国会的调查,这种乳制品被脱去了乳脂,而代之以相同数量的植物油。国会认为此种乳制品缺乏维生素,因此"有害于公众健康",而且易于与淡炼乳(evaporated milk)相混淆,因此易造成消费者的误认。1938年,美国 Carolene Products公司被控违反了这一法律,但该公司随即对《加料脱脂乳法》的合宪性提出了挑战,认为国会制定该法超越了其根据宪法商业条款而享有的管制权,此即United State v. Carolene Products Company案。

④ 王蕾:《比例原则在美国合宪性审查中的类型化运用及其成因》,《比较法研究》2020年第1期。

⑤ 429 U.S. 190(1976). 本案中美国联邦最高法院以"平等保护条款"为审理"性别差别待遇"的标准,判决Oklahoma州"禁止销售百分之三点二酒精浓度的酒给二十一岁以下男性和未满十八岁的女性"的法律规定违宪。

论""双阶理论"。①其中,"双轨理论"首先区分该规制是否针对言论自由,继而在针对言论自由的规制中再使用"双阶理论",对于"高价值言论"和"低价值言论"进行区分,再附加宽严不同的审查标准。②

尽管从形式上看来,德国的三层密度审查和美国的三层基准理论异曲同工,甚至有学者认为这也意味着"德式"比例原则的类型化或者阶层化③,但两者仍存在一些明显的不同:美国的层级基准理论一方面基于对于不同法益的区分进行具体的衡量,针对特定案件进行分类;另一方面也通过程序性安排,影响立法事实的审查层级,甚至能够根据这种层级的划分决定案件的结果④,而比例原则的三层审查密度仅仅适用于立法事实。因此,美国的三层基准理论是在一定程度上能与比例原则相对垒的宪法审查方式。⑤

二、法益权衡的形式结构:阿列克西权衡理论

在德国联邦宪法法院的裁决基础之上,阿列克西发展出了一套完整庞大却又可堪精致的权衡理论,这一理论尽管仍面临诸多争议,但已经作为一种帮助人们理解宪法尤其是基本权利的理论而获得了一定程度上的认同。⑥

阿列克西在其文章中阐述了法律规范中法律原则和法律规则二分的理论。⑦法律原则实际上是一种致力于在事实上和法律上被最大程度实现的规范,也可被称作"最佳化命令"(Optimierungsgebot)。⑧ 相反,法律规则的要求为被遵守或者不被遵

---

① 杨士林:《"公众人物"的名誉权与言论自由的冲突及解决机制》,《法学论坛》2003年第6期。

② Frederick Schauer: Freedom of expression adjudication in Europe and the United States: a case study in comparative constitutional architecture, in Georg Nolte (ed.), European and US Constitutionalism, Cambridge University Press, 2005.

③ 黄昭元:《宪法权利限制的司法审查标准:美国类型化多元标准模式的比较分析》,《台大法学论丛》2005年第33卷第3期。

④ 杨登杰:《执中行权的宪法比例原则　兼与美国多元审查基准比较》,《中外法学》2015年第27卷第2期。

⑤ 杨登杰:《执中行权的宪法比例原则　兼与美国多元审查基准比较》,《中外法学》2015年第27卷第2期。

⑥ Mattias Kumm: Political Liberalism and the Structure of Rights: On the Place and Limits of the Proportionality Requirement, in George Pavlako (ed), Law, Rights and Discourse, p. 132.

⑦ 基于这种理解,一条法律规范要么是法律原则,要么是法律规则。参见[德]罗伯特·阿列克西:《法律原则的结构》,雷磊译,载胡建淼主编《公法研究(第七辑)》,浙江大学出版社2009年版,第467页。

⑧ [德]罗伯特·阿列克西:《法律原则的结构》,雷磊译,载胡建淼主编《公法研究(第七辑)》,浙江大学出版社2009年版,第467页。

守,如果我们要求某项规则发挥效力,就是要求它不多不少地实现其规定的内容。[①]正是这种结构性上的不同,导致法律原则和法律规则在发生冲突时需要通过不同的手段进行解决。在法律规则发生冲突时,或者径行宣布某一项法律规则无效,或者在规则中引入例外。而在法律原则发生冲突时,需要在某种特定情形下给予某种法律原则优先地位。基本权利具有法律原则的性质,这也正是原则权衡理论作为法益权衡理论方法论补充的理由。

阿列克西的权衡理论主要包含三个部分:权衡法则(Abwägungsgesetz, the Balancing Law)、分量公式(Gewichtsformel, the Weight Formula)以及冲突规则(Kollisionsregel, the Collision Law)。

(一) 权衡法则

阿列克西认为原则理论可以在实践上被转化为比例原则。[②]当原则P_i和原则P_j发生冲突时,由于其中一个原则的被满足建立在损耗另一个原则的基础之上,因此有必要在两者之间寻找合比例的分界线。[③]

阿列克西的"第一权衡法则"是"实质上的权衡法则"。[④] 在发生权利冲突时,要比较P_i的损害程度和P_j的重要程度的高低,如果P_i的损害程度越高,那么P_j的重要程度就应当越高;如果P_i的损害程度已经被提高,但相对应的P_j的重要程度并未得到提高,那么对于P_i的限制是缺乏正当性的。[⑤]这一实质性的权衡法则被认为可以与经济学上的"帕累托最优"的概念相对照,阿列克西本人也曾使用"无差异曲线"的办法,用来描述这种不同价值之间的替代关系。

---

① [德]罗伯特·阿列克西:《法律原则的结构》,雷磊译,载胡建淼主编《公法研究(第七辑)》,浙江大学出版社2009年版,第467页。

② [德]罗伯特·阿列克西:《法律原则的结构》,雷磊译,载胡建淼主编《公法研究(第七辑)》,浙江大学出版社2009年版,第467页。

③ 原则的权衡分为三个步骤:首先确定一个原则Pi的损害程度或者未满足程度,其次确定另外一个原则Pj得到满足的重要性,最后在两者之间进行比较,确定冲突原则的重要性能否证立原有原则的损害程度或者未满足程度。Vgl. Robert Alexy: *On Balancing and Subsumption*, Ratio Juris, Vol. 16, No. 4, 2003, pp. 433-449.

④ 如果对于某个原则的损害程度越大,那么相对应原则得到满足的重要性就必须越大。Vgl. Robert Alexy: *Theorie der Grundrechte*, Suhrkamp Taschenbuch Verlag, 1994, S.216.

⑤ 以雷巴赫案为例,德国联邦宪法法院在判决中强调,一方面权衡必须考虑到该电视节目对于人格权领域的侵犯(Beeinträchtigung);同时另一方面要对这一电视节目所能实现的具体利益进行审查,以及审查这种利益能够在多大程度上不妨碍或者并不深度妨碍人格权保护的情况下得到满足(Befriedigung)。Vgl. BVerfGE 35, 202(226).

"第二权衡法则"是"认知权衡法则",其针对的是权衡前提的认知不确定性,包括经验性的认知不确定性和规范性的认知不确定性。经验性的认知不确定性针对的是判断原则是否被满足或者妨碍,以及这种满足或者妨碍是否达到一定程度时,存在一种认识上的不确定;规范性的认知不确定性,针对的是权衡的规范性前提[1],将在下文继续讨论。

权衡法则的完整性有赖于对法则中的重要性和强度的程度进行进一步的度量化处理。基于对德国联邦宪法法院的烟草案判决(Tabak-Entscheidung)和泰坦尼克判决(Titanic-Entscheidung)的研究,阿列克西据此提出了"三阶度量化"(triadische Skalierung)的设想[2],将基本权利所受侵害程度或重要性程度通过轻度(leicht)、中度(mittel)和重度(schwer)的方式表现出来,标记为 l、m、s。我们将原则 P_i 在条件 C 下被侵害的程度标记为 IP_iC,将原则 P_j 在条件 C 下的重要性程度标记为 IP_jC,那么这种程度都可以通过 l、m、s 来进行评价。权衡的第三步要求在相互冲突的 IP_iC 和 IP_jC 之间进行比较,如果 IP_iC 较大,那么成立 $(P_i\ P\ P_j)C$,即在条件 C 下原则 P_i 优于原则 P_j;反之,如果 IP_jC 较大,那么成立 $(P_j\ P\ P_i)C$,即在条件 C 下原则 P_j 优于原则 P_i。[3]根据三阶度量化,IP_iC 和 IP_jC 之间的关系可能存在以下九种组合[4]。

以下情形 $(P_i\ P\ P_j)C$ 成立:

① $IP_iC=s$;$IP_jC=l$

② $IP_iC=s$;$IP_jC=m$

③ $IP_iC=m$;$IP_jC=l$

以下情形 $(P_i\ P\ P_j)C$ 成立:

④ $IP_iC=l$;$IP_jC=s$

⑤ $IP_iC=m$;$IP_jC=s$

⑥ $IP_iC=l$;$IP_jC=m$

在以下情形将产生衡量僵局,也即无法得出胜负的情形:

⑦ $IP_iC=s$;$IP_jC=s$

① Robert Alexy: *Die Gewichtsformel*, in: *Gedächtnisschrift für Jürgen Sonnenschein*, hg. v. Joachim Jickli/Peter Kreutz/Dieter Reuter, Duncker & Humblot, 2003, S.784.

② Robert Alexy: *Die Gewichtsformel*, in: *Gedächtnisschrift für Jürgen Sonnenschein*, hg. v. Joachim Jickli/Peter Kreutz/Dieter Reuter, Duncker & Humblot, 2003, S.777.

③ Robert Alexy: *On Balancing and Subsumption*, Ratio Juris, Vol. 16, No.4, 2003, p. 443.

④ 徐继强:《宪法权利衡量研究》,苏州大学博士学位论文,2009年,第183页。

⑧ $IP_iC=m；IP_jC=m$

⑨ $IP_iC=l；IP_jC=l$

在产生权衡僵局的情形下,可以进行二次的三阶度量化,即对轻度、中度、重度进行二次的排列组合,从而产生从"极轻度"(leicht leicht)到"极重度"(schwer schwer)的九个等级划分,以便对这种可能出现的权衡僵局进行审查,如果仍然无法避免此种情形的发生,则需要借助于权利主体的裁量空间进行解决。

在进行度量化之后,此种分级还可以进行数学展示。[1]使用三阶度量可以将1、m、s这一数学序列表现为:轻度:2^0,中度2^1,重度2^2(即1、2、4),如果继续对二次的三阶度量化,则可以得到2^0、2^1、2^2、2^3、2^4、2^5、2^6、2^7、2^8这样的结果。可以看到,权衡中"值"的参数化基础为序数次序,辅以有限的刻度通过几何式序列来展现。[2]这里对于数字的赋值并非绝对的,而是体现了之间的相对关系,我们完全能够通过其他方式,展示"轻度""中度""重度"之间的比重关系。这一有序的参数化方式(而非参数)作为一种形式的论证工具,体现了权衡结构理性的核心,并且在一定程度上成为对权衡理论的质疑的回应基础。[3]

(二) 分量公式

在权衡法则和三阶度量化的基础之上,阿列克西进行了权衡理论的数学化展示,发展出了"分量公式",试图展现权衡的结构理性。在分量公式的基本形式中,总是致力于两种原则P_i和P_j的分量比较,标记为$G_{i,j}$,其扩展形式面向的是两个以上原则冲突的情形。

分量公式存在三对变量,包括基本权利的受侵害程度或重要性(Intensität des Eingriffs)、抽象分量(abstrakte Gewichte)和经验性前提的确定性程度(Sicherheit der empirischen/normativen Annahmen über die Maßnahmen und Folgen)。[4]在前文中,我们将原则P_i在条件C下被侵害的程度标记为IP_iC(缩写为I_i),将原则P_j在条件C下的重要性程度标记为IP_jC(缩写为I_j),那么两种原则之间的相互关系就可以表示为:

---

① 雷磊:《为权衡理论辩护》,《政法论丛》2018年第2期。

② Vgl. Robert Alexy: *Die Gewichtsformel*, in: *Gedächtnisschrift für Jürgen Sonnenschein*, hg. v. Joachim Jickli/Peter Kreutz/Dieter Reuter, Duncker & Humblot, 2003, S. 784.

③ 雷磊:《为权衡理论辩护》,《政法论丛》2018年第2期。

④ Robert Alexy: *Die Gewichtsformel*, in: *Gedächtnisschrift für Jürgen Sonnenschein*, hg. v. Joachim Jickli/Peter Kreutz/Dieter Reuter, Duncker & Humblot, 2003, S. 790.

$$G_{i,j} = \frac{I_i}{I_j}$$

将作为三阶度量的1、m、s或者用几何方式2^0、2^1、2^2带入,就可以得到$G_{i,j}$的商值,可能产生大于1、等于1或者小于1的结果,也即体现了原则P_i和原则P_j之间最为简单的优先关系。

抽象分量要求除却具体案件中的考量,单纯考虑一种原则在抽象层面所具有的分量。[1] 这种抽象分量可能来自作为原则法律渊源的法律位阶,也可能来自其本身所衔接的社会价值。[2]但权利位阶理论本身也面临质疑。我们可以认定某种原则具有比其他原则更加重要的价值,比如生命权要比其他权利来得重要,但这种考量并不具有普遍性,甚至还需要引入政治观念等价值因素来加以佐证。[3] 对抽象分量的研究需要更加实质的讨论,因此,这两个抽象分量的赋值也需要通过三阶度量化进行确认。[4]

经验性前提的确定程度是分量公式的第三对变量,构成了上文中提到的"认知权衡法则",可以表述为:"如果对于一项原则的侵害强度越大,那么对于这种侵害所需经验性前提的确定程度就必须越高。"[5]如果我们认可这一变量也包含规范性前提因素,那么就可以将这一对变量总括地定义为一种认识论变量。[6]此处我们将原则P_i认识论前提的确定性标记为S_i,将原则P_j认识论前提的确定性标记为S_j。同样,这种认知前提的确定性也可以被三阶度量化,这种划分也恰好与德国联邦宪法法院关于审查密度的三阶层划分相一致。[7]在此处,阿列克西对于三阶度量采用了不同的赋值,

---

① Robert Alexy: *Die Gewichtsformel*, in: *Gedächtnisschrift für Jürgen Sonnenschein*, hg. v. Joachim Jickli/Peter Kreutz/Dieter Reuter, Duncker & Humblot, 2003, S.778.

② 余净植:《宪法中的法益衡量:一种可能的重构——以阿列克西的理论为思路》,《浙江社会科学》2008年第2期。

③ 雷磊:《为权衡理论辩护》,《政法论丛》2018年第2期。

④ 此处为了便于讨论,我们将原则P_i的抽象分量标记为G_i,将原则P_j的抽象分量标记为G_j。

⑤ 对于分量公式第三对变量的争议在于是否仅仅将作为变量的S限制在经验性前提的确定性,还是也要包含规范性前提在内。Vgl. Robert Alexy: *Die Gewichtsformel*, in: *Gedächtnisschrift für Jürgen Sonnenschein*, hg. v. Joachim Jickli/Peter Kreutz/Dieter Reuter, Duncker & Humblot, 2003, S.789.

⑥ 雷磊:《为权衡理论辩护》,《政法论丛》2018年第2期。

⑦ 分别是"确定的"(sicher)、"可成立的"或"可信的"(plausibe od. vertretbar)以及"非明显错误的"(nicht evident falsch)。Vgl. Robert Alexy: *Die Gewichtsformel*, in: *Gedächtnisschrift für Jürgen Sonnenschein*, hg. v. Joachim Jickli/Peter Kreutz/Dieter Reuter, Duncker & Humblot, 2003, S.789.

将其认定为2^0、2^{-1}、2^{-2}(也即1、1/2、1/4)这种递减类型的几何级数,展现认知确定性由高到低的三种维度。在三对变量都已呈现之后,我们就可以得到一种完全形式的分量公式[1]:

$$G_{i,j}=\frac{I_i \cdot G_i \cdot S_i}{I_j \cdot G_j \cdot S_j}$$

基于这种对于权衡法则和分量公式的呈现,我们可以看到,这种权衡理论构建了一种逻辑形式,通过这种相对化关系的形式,展示相冲突原则之间的比例性。这种结构要在具体案件中寻找正确的代入数值,这也意味着我们需要探寻这种结构是否能够与可以被证立的自身前提所连接。[2]

在完全形式的分量公式之外,其还要面对两种冲突原则以上的检验。如果我们力图权衡多种冲突原则,势必亦要将分量公式所涉及的三种变量一概纳入考量,可以得到这样一种扩展形式的分量公式:

$$G_{i-m,j-n}=\frac{I_i \cdot G_i \cdot S_i + \cdots I_{i-m} \cdot G_{i-m} \cdot S_{i-m}}{I_j \cdot G_j \cdot S_j + \cdots I_{j-n} \cdot G_{j-n} \cdot S_{j-n}}$$

完全形式的分量公式已经让人捉襟见肘,在其基础上进行的扩展显得更加力不从心,如果对其中的变量进行定义,同时又如何对于这些变量进行整体统一的认知,显得更加问题重重。首要问题在于,我们能否对于不同的原则进行简单地叠加。阿列克西认为,叠加积累要求异质性,即要求在同一水平线上的原则不能在实质上存在交叠。[3]但是这种要求显然忽视了大部分原则之间所可能存在的交叉状况,原则之间或多或少总有一些存在交叉的情况,更遑论某一具体案件中所涉及的基本权利也多是相接近的。如果在具体案件中所侵犯的是同一基本权利主体所保有的不同基本权利,那么这种简单叠加是可以实现的,但如果所侵犯的是不同基本权利主体所享有的某一同种基本权利,那么这种简单叠加便显得不合时宜。这种叠加式的公式因其产生了更大的逻辑混乱,因此缺少实用价值。

---

[1] 作为商结果的$G_{i,j}$如果比1大,那就说明对于原则Pi的侵害就是不符合比例原则的;相反,如果$G_{i,j}$的结果比1小,那么这种侵害就是符合比例的,同样,这样的权衡仍可能存在权衡僵局的结果。参见余净植:《宪法中的法益衡量:一种可能的重构——以阿列克西的理论为思路》,载《浙江社会科学》2008年第2期。

[2] Robert Alexy: *Die Konstruktion der Grundrechte*, in Laura Clerico und Jan-Reinard Sieckmann(Hg),Grundrechte, Prinzipien and Argumentation, 2009, S.18.

[3] Robert Alexy: *Die Gewichtsformel*, in: *Gedächtnisschrift für Jürgen Sonnenschein*, hg. v. Joachim Jickli/Peter Kreutz/Dieter Reuter, Duncker & Humblot, 2003, S.792.

(三) 冲突规则

阿列克西通过权衡确定了原则之间存在的条件式优先关系。[1]在某种条件下(C_1),一项原则(P_1)可能优于另一项原则(P_2);而在另一种条件之下(C_2),则是另一项原则(P_2)优于这项原则(C_1)。之所以得出不同的结论,并非由于这两种原则P_1和P_2之间存在不同,而是取决于作为条件C的具体案件情况。

阿列克西将这种条件式的优先关系优化为冲突规则:在条件C之下,原则P_1优先于原则P_2,则标记为(P_1 P P_2)C;如果原则P_1在条件C之下产生了法律后果R,则成立一项新的法律规则,即C为事实构成要件,R为法律后果,标记为C→R。[2]

可以看到,阿列克西的权衡理论展现了完整的逻辑结构,其权衡法则、分量公式及冲突规则共同形成了基本权利冲突时进行权衡的有效论证方式。诚然,这种公式化的论证方式难以被直观接受,但这一烦琐的程序旨在表明,基本权利的权衡并非无序,同样能够展现其理性和逻辑性。通过公式和符号展现的是现实中基本权利推理过程的框架描述,这些变量赋值仍需求助于具体情形下的法律论证。

三、进行中的法益权衡:理论与现实

德国宪法法院权衡原则和阿列克西的权衡公式提出后,出现了许多的质疑之声,针对其理论和现实可行性都有所发问。对于法益权衡理论的主要质疑在于其并非一种理性的论证方式,权衡自身致力于形成一种结构,将其本身作为天平使用,因此,天平本身必须证立自身有效,天平两端的基本权利以何种共同标准进行比较,这就是对权衡结构的质疑。即便权衡结构可以证立,天平两端,也就是两种不同的法益或者法益与被损害的权利是否可被比较呢? 这就产生了对权衡结构的可通约性质疑。即使比较可行,这种比较是否具有推广价值,可以普遍化呢? 这是对法益权衡的普遍性质疑。除了理论质疑,许多学者认为法益权衡无法经历实际案件的检验。本文将逐一回复这些质疑。

---

[1] 此处,我们将"一般人格权"标记为原则P_1,"广播电视报道自由"标记为原则P_2,"对于犯罪者的即时电视报道"标记为条件C_1,将"对于犯罪者非即时的电视报道"标记为条件C_2,将"电视节目不被允许播放"标记为结果R。

[2] 通俗而言,该规则可以表达为:"一个原则之所以优先于另一个原则的条件,构成了一个规则的事实构成要件,这项规则使得具有优先地位的法律原则产生了法律后果。"Vgl. Robert Alexy: *Theorie der Grundrechte*, Suhrkamp Taschenbuch Verlag, 1994, S.83.

(一) 法益权衡的理论批评

对于法益权衡理性的质疑主要包含三个面向,最主要的是针对权衡结构本身的质疑,其次是对于权衡各方因素不可通约性的质疑,此外还包含着更加广泛地对权衡或者比例原则是否具有普遍性的质疑。回答了以上三个问题,才能解决法益权衡其自身的理性问题。

1. 法益权衡的结构理性:质疑与辨析

(1) 狭义上的非理性主义

法益权衡理论最为猛烈的批评来自哈贝马斯,他认为这一理论是非理性且无法通过逻辑概念阐述的[①],这一批评被称为法益权衡理论的狭义非理性批评。

哈贝马斯区分了法律规范和价值,他认为法律规范要求形成一种兼容并包的整体关系,而价值,也即法律原则或基本权利,无法通过权衡获得调和。[②]价值更加倾向于主体的自我选择,只要被认为是对这个主体有利或主体自身认为好的事,都可以被认为一种价值;而规范与某一主体是否赞成并不产生较强的关联性,其规定的是法秩序内对于所有主体而言正确的事情。[③]裁判者关于价值的径行判断充满着主观性和不确定性,个案中基本权利的冲突与权衡就失去了一切可以被认定为理性的因素,因而这种权衡只能被认定是任意而缺乏理性标准的。

可以看到,哈贝马斯对于权衡理论的批判建立在将法律原则与价值混同的基础之上,以此为起点做出了原则权衡在个案中存在极大主观性的判断。但事实上,法律原则是作为与法律规则并列的法律规范而存在的,其本身同样具有法律规范的义务论性质,而非仅仅只含有价值的目的论性质。为了对这一点进行否定,就需要否定法律规范的法律原则和法律规则的二分,只有这样才能证明法律原则只具有评价性质,从而导致其主观性的滑坡。哈贝马斯对于法律秩序的理解仅仅包含法律规则,这就意味着法律规范无法实现适用程度上的不同,只能以全有或全无的方式存在,而这显然不是对于法律的正确认知。

(2) 主观决断主义

对法益权衡主观决断主义的批评主要来自施林克,他认为权衡来自主观臆断,宪法法院在进行权衡时,容易使其自身成见和相关利益借助这种主观性悄悄潜入,使得

---

① 雷磊:《为权衡理论辩护》,《政法论丛》2018年第2期。

② 哈贝马斯认为,规范和价值的首要区别便在于规范所指向的行动是义务性的,而价值指向的行动是目的性的。Vgl. Jürgen Habermas: *Faktizität und Geltung*, Surkamp, 1994, S. 313.

③ 徐继强:《衡量的法理——各种利益衡量论述评》,《法律方法》2009年第9卷第2期。

在对基本权利的侵害程度或者重要性进行赋值时失之偏颇。

首先，施林克认为，法益权衡之功能可以被取代因而无存在的必要。权衡的合比例性检验，实际上可以通过广义比例原则中的适当性原则和必要性原则完成，一样可以达成对于手段、目的之间的关系检验，因而狭义比例原则，即法益权衡也就不必存在。①

其次，施林克认为，法益权衡原则因为其价值评判过程而过于主观、缺乏客观性。施林克主要借助了预测决定和价值决定的比较分析来论证这一观点。②他认为，预测决定通过对过去事件的经验性评价，对未来之事做出预测，因而预测决定具有客观性；而价值决定由于其价值基础，决定了它自开始便具有主观性和任意性。适当性原则和必要性原则可以被视为预测决定，而狭义比例原则包含有评价的性质，作为权衡显然是主观的。③因此施林克的比例原则仅仅包含适当性和必要性两个子原则，狭义比例原则因其主观性被剔除在外，否则会导致比例原则失去客观性。④

但是，去除狭义比例原则之后的比例原则难以支撑具体案例中对于基本权利冲突的优先关系确定。为了避免衡量，施林克希望仅仅通过必要性原则确定具体情境中相冲突基本权利的优先地位。那么，这种优先关系能否不借助权衡得以确定呢？

仅将基本权利的核心内容纳入必要性原则检验之中，相当于将必要性原则更改为相冲突的基本权利的价值决定，而非原本的预测决定，同样是主观评价，这也正是施林克质疑的矛盾之处。⑤无论何种法律论证，其中都不可避免主观性意志的存在，一味地追求客观性无法给法律裁判带来更好的结果。

---

① Vgl. Bernhard Schlink: *Der Grundsatz der Verhältnismäßigkeit.* in: Peter Badura/Horst Dreier, Festschrift 50 Jahre Bundesverfassungsgericht, Klärung und Fortbildung des Verfassungs-srechts, Mohr Siebeck, 2001, S. 458.

② 预测决定系指表达未来现实的命题，这种预测性质的命题可以在未来被检验其真伪；价值决定系指不同对象之间的优先关系。基于价值的价值决定并不存在真伪的问题，而仅仅是相比较而言存在一种优先性。预测决定和价值决定都在一定程度上可以被最佳化。Vgl. Bernhard Schlink: *Der Grundsatz der Verhält-nismäßigkeit.* in: Peter Badura/Horst Dreier, Festschrift 50 Jahre Bundesverfassungsgericht, Klärung und Fortbildung des Verfassungsrechts, Mohr Siebeck, 2001, S. 458.

③ 此处未涉及同样作为比例原则子原则的目的正当性原则。

④ Bernhard Schlink: *Der Grundsatz der Verhältnismäßigkeit.* in: Peter Badura/Horst Dreier, Festschrift 50 Jahre Bundesverfassungsgericht, Klärung und Fortbildung des Verfassungs-srechts, Mohr Siebeck, 2001, S. 458.

⑤ Virgilio Afonso Da Silva: *Grundrechte und gesetzgeberische Spielraüme*, Baden-Baden: Nomos, 2003, S. 100.

施林克对于权衡结构主观决断和非理性的认识同样建立在其认为权衡不存在客观标准的基础之上,但他的论证并没有断绝受侵害强度以及基本权利重要性程度与权衡结构之间的理性关系①,因而该质疑仍可通过权衡的结构理性进行回应。

(3) 修辞主义

法益权衡说也受到修辞主义论者的批评。这一批评认为,权衡的公式化使得其实质上沦为一种修辞工具,法官可以充分地使用这个工具,修饰自己任意的决断,掩盖其深层次的主观价值判断。②

第一,法官作为权衡的主体,其主观评价会导致对于相冲突权利的赋值和比较失去理性。第二,在修饰美化证立过程之外,法官放弃了制定法的进路,而仅仅以政治考量为重,这就导致了将立法权拱手让出,司法机构失去了独特地位,一定程度上被等同于政治机构。③这种以政治为出发点的权衡很难得到控制,作为权力行使的手段将会导致法治国(Rechtsstaat)滑向权衡国(Abwägungsstaat),威胁法治的安定性。④

与前两种批评相比,修辞主义的批评因其批评对象的不明确显得更加空洞。作为"一种形式性的分析框架",权衡的意义在于引导裁判者对于冲突的事实主张进行审查和评价。⑤同时,公式化的运用并未要求裁判者省去自己论证推理的过程,正相反,其更加依赖于有权者的说理论证,从而获得更广泛的认同与理解。如果认为权衡公式旨在成为公权攫取权力的工具,这一开始就是对权衡法则的误解。

以上三种质疑都没能击倒权衡的理性立场,诚然,通过权衡可能得到不理性的结果,但这种结果的产生可能是由于非理性前提的引入而产生的,而并非由于权衡自身的非理性。

2. 法益权衡可通约性:质疑与辨析

"可通约性"系指两种及以上对象基于统一标准所进行的比较,如果相异的对象之间缺乏一种统一的标准,那就意味着他们之间是"不可通约的"。"不可通约"与"不可比较"是两种不同的定语,"不可通约"的重点并不在于两者能否进行比较,而在于

① 雷磊:《为权衡理论辩护》,《政法论丛》2018年第2期。
② Wolfgang Gast: *Juristische Rhetorik*, 4.Aufl, Müller, 2006, S.382.
③ Walter Leisner: *Der Abwägungsstaat*, Duncker &Humblot, 1997, S.172.
④ Walter Leisner: *Abwägung überall - Gefahr für den Rechtsstaat*, Neue Juristische Wochenschrift, 1997, S. 639.
⑤ David M. Beatty: *The Ultimate Rule of Law*, Oxford University Press, 2004, p.98.

这种比较是否存在一种统一标准。①

如果法律原则不可通约,那么作为权衡结构的权衡法则分量公式就失去了基础,无法在法益权衡中发挥作用,继而同样导致这种权衡是非理性的结果。②

(1)缺乏比较中项的批评

阿列尼科夫认为权衡的适用导致法官缺少客观评估比较的标准,即不同的比较对象之间不存在比较中项。③

在美国法律中,权衡的统一标准被展现为包含历史、社会成本以及某种利益的具体分量等因素,但阿列尼科夫认为这些因素并不能为权衡提供一种真正意义的共同标准,他们都不能承担起作为原则权衡中比较中项的重任。④因此,阿列尼科夫得出结论,由于权衡的过程和标准都不透明,权衡实际上就是一种"暗箱操作"⑤,因而是缺乏理性与客观性的。

有学者反驳道,冲突原则之间的比较中项就在于宪法本身。⑥对于基本权利的受侵害强度和重要程度进行权衡无法离开冲突发生的语境,而这一比较正是在宪法的框架之下完成的,因此这一比较中项就是宪法,宪法能够作为统一标准对冲突原则提供天平。然而,这种回应简单将宪法作为比较中项,尽管形式上回答了阿列尼科夫的问题,但实际上并没有回答究竟如何将宪法作为比较中项发挥作用,宪法的概念过于广博,究竟宪法中的何种因素可以作为权衡的标准仍有待于进一步回答。

(2)特殊主义的批评

西班牙法学家莫尔索对法益权衡理论作出了如下批评:权衡仅仅能用于当时情境中的具体案例,由于缺乏一种客观的权衡标准,在个案中进行的权衡无法为未来同类型案件提供借鉴,难以创造一套行之有效的权衡规则。⑦因此,这一观点被称为特

---

① 兰征:《不可通约性和可比较性》,《哲学研究》1987年第1期。

② Gregoire C. N. Webber: *The Negotiable Consitution*, On the Limitations of Rights, Cambridge University Press, 2009, p. 91.

③ 徐继强:《衡量的法理——各种利益衡量论述评》,《法律方法》2009年第9卷第2期。

④ Thomas Alexander Aleinikoff: *Constitutional Law in the Age of Balancing*, 96 Yale. J. 943, 1987, pp. 974-975.

⑤ Thomas Alexander Aleinikoff: *Constitutional Law in the Age of Balancing*, 96 Yale. J. 943, 1987, p. 975.

⑥ 雷磊:《为权衡理论辩护》,《政法论丛》2018年第2期。

⑦ Josep Joan Moreso: Ways of Solving Conflicts of Constitutional Rights: Propotionalism and Specificationism, Ratio Juris, 2012, p. 30.

殊主义批评。

但权衡并非只适用于某一个案,只要条件相同,事实相似,冲突法则中的条件式优先关系同样能够适用于未来案件,如果法官想要做出不同于现有判决的裁判,就需要对其理由进行证立,承担论证负担,同样具有普遍主义的性质。因此,莫尔索对权衡的特殊主义批评同样不能成立。

3. 法益权衡普遍性:质疑与辨析

对于法益权衡普遍性的质疑主要包含两个面向:领域普遍性和地域普遍性。地域的普遍性主要着重于比例原则或者权衡能否基于自身性质在世界范围内通行,实质上仍是对权衡理性的求证;领域的普遍性则涉及权衡的适用范围,是否能够在宪法等公法领域之外拓展到全法域。关于法益权衡之普遍性是否可以证立或确实存在仍在讨论中。

(1) 法益权衡的地域普遍性

对于权衡的地域普遍性的质疑其实仍是在质疑其证立的可能性。对于法益权衡普遍性最猛烈的攻击来自陈景辉。他从法益权衡的理论之普遍性与实际地域之普遍性展开了分析。

陈景辉区分了普遍性的两种来源:第一,事物本身具有普遍性,如逻辑法则、数学公式、民主自由等价值理念;第二,事物因寄生于某种普遍性事物而获得的普遍性。陈景辉将比例原则的目的认定为"正当地限制基本权利"[①],比例原则的普遍性因而可以寄生在"对于基本权利的正当限制"这一概念中,如果能够证明"正当限制基本权利"的普遍性,就可以认为比例原则也能够被普遍化[②]。

然而,"正当限制基本权利"是比例原则适用所能带来的一种效果,但并非比例原则的最终目的。比例原则适用的根本目的在于在解决基本权利冲突时,限制公权力的滥用,从而实现对基本权利的保护。陈景辉引用的包含有正当限制基本权利内容的文献中,都存在很强的价值预设,而他恰巧忽略了这些价值预设。[③]这些文章的表述重点并不在于"限制"基本权利,而是在于强调基本权利的天然正当性。尽管存在对基本权利的限制,但更强调了对限制的限制,以示基本权利的至高。

---

① 一方面,基于合适的目的可以"合理"地限制基本权利;另一方面,只有符合比例原则的要求,这一限制才被认为是"正当的"。

② 陈景辉:《比例原则的普遍化与基本权利的性质》,《中国法学》2017年第5期。

③ 如在阿尔诺的文章中,"人类自由具有初显性,国家对于人类自由的限制必须被证明其在民主自由社会是必要的"。参见陈景辉:《比例原则的普遍化与基本权利的性质》,载《中国法学》2017年第5期。

当然,这一批评不足以动摇陈文的论证。如果我们承认陈景辉的观点,认为法益权衡的目的是"正当地限制基本权利",就需要回答,一是为何以及如何正当地限制基本权利,二是为何使用比例原则而非其他方法来限制基本权利。

为了回答第一个问题,陈景辉分别使用经验性的(存在基本权利相冲突的事实)、实在法上的(基本权利的规范性质)以及基于政治哲学(国家责任)的方式进行回应,在借助"公共福祉"(public well-being)或者"共同善"(common goods)等实际价值的帮助下,其认为基本权利可以被立法机关立法或者行政机关通过行政行为来进行合理限制,而这种限制需要接受专门宪法法院或者最高法院的审查。

对于第二个问题,陈景辉认为,比例原则并非最好也非唯一的工具,如美国就存在"多元审查标准";同时,比例原则有时候也会侵害基本权利。这一点可以在如下思想实验中得到证明:一个无家可归之人在天气严寒之时住进亿万富翁一处长期闲置的房屋中,并在仅住一晚之后打扫干净恢复如新,根本无人发现。①陈景辉认为比例原则会支持这一无家可归之人的行为。但是,这一论证并未击中要害。比例原则是为约束公权力的干预,在公权力介入的情况下,才会出现比例原则的适用,但是在此案例中显然并未出现公权力的干预。因此,这一例子与比例关系并无关系,更无法论证适用比例原则对基本权利造成的侵害。

陈景辉提出的最值得考量的一点在于"被遗漏的绝对权利"。一些无法被充分保护,只能部分实现的基本权利被称为"相对权"(relative rights),而有些基本权利绝对不可被侵犯,因此被称为"绝对权"(absolute rights)。②由于这些"绝对权利"要受到绝对的保护,任何轻微的限制都是对基本权利的侵害,因此无法通过比例原则进行审查,从而也否定了权衡在"绝对权利"面前的意义。但陈景辉提出的三种"绝对权利",实际上都需要进一步推敲:美国法上的"言论自由",针对不同价值的言论内容,同样需要面临不同审查标准的检验③;德国法上的"人格尊严",其客观价值原则或主观基本权利的特征仍存争议,在实践中也是将其与其他基本权利进行结合加以保

---

① 陈景辉:《比例原则的普遍化与基本权利的性质》,《中国法学》2017年第5期。

② 比如美国宪法第一修正案中的"言论自由"、德国《基本法》第一条中的"人的尊严"以及人权公约中关于"禁止酷刑"的规定。参见陈景辉:《比例原则的普遍化与基本权利的性质》,载《中国法学》2017年第5期,See Aharon Barak: *Proportionality: Constitutional Rights and their Limitations*,translated by Donor Kalir, Cambridge University Press, 2012, p.27.

③ 徐继强:《衡量的法理——各种利益衡量论述评》,《法律方法》2009年第9卷第2期。

护①;人权公约中的"禁止酷刑",在 Kröcher and Möller v. Switzerland 案中,欧洲人权委员会指出,不能抽象宣称监禁的条件是非人道和侮辱性的,而是要根据具体情况而定,某些对于普通犯人而言是酷刑的行为,由于某种重要公共利益的存在,可以被正当化而非非人道②。诚然,如果我们坚持"绝对权利"的概念,那么对这种"绝对"的基本权利就无法进行权衡,而是应当无条件地服从"绝对权利"的指示,"基本权利是原则"的一般性主张就应该被摒弃,而如果任何基本权利都可被限制,那就认可了基本权利间冲突权衡的不可避免,其普遍性也毋庸置疑。

此外,文中还提出了一个更加直白的问题:如果比例原则具有地域普遍性,那么"为什么还存在未接受比例原则的国家呢?"③但实际上,比例原则和权衡已经实质上实现了地域普遍性,德国乃至欧陆自不必说,权衡原则同样是美国最高法院的司法审查标准,阿列尼科夫指出,美国的宪法已经进入"权衡的时代",每一位大法官都依赖于权衡。④在我国,2004年人权条款入宪之后,《宪法》第三十三条第三款、第二十八条以及第五十一条共同构成了比例原则的宪法依据⑤,而关于征收征用的条款,更是明确了宪法财产权上比例原则的适用。⑥如果我们不局限于比例原则的德国模式和权衡原则的阿列克西公式,而以其实质内涵来判断,那么很难寻找到比例原则和权衡的例外情况⑦,合比例性也仅仅被冠以不同的命名,如印度和日本的"合理性"(reason-ableness)、以色列的"包容"(toleration)等⑧。可以看到,比例原则和权衡的内涵已经在理论接受和实践适用方面都具有了其地域普遍性。

(2)法益权衡的领域普遍性

比例原则及其内在的权衡法则是否仅涉及公法领域,抑或能够同样在私法领域

---

① BVerfGe 115,118.《航空安全法》案中联邦宪法法院认为:"击落载有无辜乘客的飞机,触犯了这些乘客的人的尊严。这里不涉及权衡。即使很清楚如果飞机不被击落,很多生命将会死去,击落飞机也是不允许的。"此处人的尊严仍与生命权相连接,但确实存在不权衡的领域。

② Kröcher and Möller v. Switzerland,Application no. 8463/78(1982).

③ 陈景辉:《比例原则的普遍化与基本权利的性质》,《中国法学》2017年第5期。

④ 范进学:《论宪法比例原则》,《比较法研究》2018年第5期。

⑤ 谢立斌:《宪法财产权对税收的规范——中德宪法比较研究》,《税务研究》2009年第6期;范进学:《论宪法比例原则》,《比较法研究》2018年第5期。

⑥ 《中华人民共和国宪法》第十条第三款、第十三条第三款。参见门中敬:《比例原则的宪法地位与规范依据——以宪法意义上的宽容理念为分析视角》,《法学论坛》2014年第29卷第5期。

⑦ 蔡宏伟:《作为限制公权力滥用的比例原则》,《法制与社会发展》2019年第25卷第6期。

⑧ David M. Beatty: *The Ultimate Rule of Law*, Oxford University Press, 2004, p.163.

得到证立呢？我国学界对此已多有讨论。①

陈景辉提到这样一种观点：比例原则及权衡的普遍性来自立法活动。②比例原则处于基本权利限制的核心，普通法律对于基本权利的规定都要经过比例原则的检验，因此，比例原则就应当被适用于宪法以外的一切法律。③

这种观点得到了一些民法学者的支持④，而当我们将视线投到民事判决书中，还会发现一个令人惊奇的现象，各地法院在判决书中援引比例原则进行说理的情形并非罕见⑤。有学者通过对公示文书中民事案件进行搜索，发现包含"比例原则"这一关键词的民事判决书达400余份。⑥但是，其中半数为当事人自行引用作为辩护的理由，剩余的200多份判决中，90%都是对比例原则的误用，仅剩26份民事判决，按照这位学者的理解合理使用了比例原则的概念。⑦这种情况从反面论证了试图将一种"流行化"的比例原则融入自己的判决中以增加说理性的现象，但同时对比例原则内涵理解的欠缺致使这种努力与目标背道而驰。

在私法领域冒进地适用比例原则并非上策，在公法领域比例原则适用的主要原因在于公权力与私权利间的相对抗的力量悬殊，因而需要通过比例原则来对公权力施加限制，而回归到民法领域，基于意思自治和对私人利益的捍卫，私主体之间的问题很多可以以协商的方式解决，并未给比例原则留下使用空间。⑧

---

① 刘权、应亮亮：《比例原则适用的跨学科审视与反思》，《财经法学》2017年第5期。

② 比例原则被用来审查立法机关是否正当限制基本权利的立法，因此其涉及全部立法活动，那么公法和私法领域的立法都必须符合比例原则的要求，因而比例原则及权衡就具备了领域的普遍性。参见陈景辉：《比例原则的普遍化与基本权利的性质》，《中国法学》2017年第5期。

③ Aharon Barak: *Proportionality: Constitutional Rights and their Limitations*, translated by Donor Kalir, Cambridge University Press, 2012, p.19.

④ 纪海龙以合同违约中的实际履行请求权及其他三个例子，证明了权衡及其他三个比例原则子原则在私法中的普适性，强调比例原则为民事立法及相关司法解释提供了有效审查，参见纪海龙：《比例原则在私法中的普适性及其例证》，载《政法论坛》2016年第34卷第3期。郑晓剑通过侵权损害完全赔偿原则缓和、禁治产制度存废以及无效合同判定三个例子论证比例原则在民法领域的意义，参见郑晓剑：《比例原则在民法上的适用及展开》，载《中国法学》2016年第2期。

⑤ 李海平：《比例原则在民法中适用的条件和路径——以民事审判实践为中心》，《法制与社会发展》2018年第24卷第5期。

⑥ 李海平：《比例原则在民法中适用的条件和路径——以民事审判实践为中心》，《法制与社会发展》2018年第24卷第5期。

⑦ 李海平：《比例原则在民法中适用的条件和路径——以民事审判实践为中心》，《法制与社会发展》2018年第24卷第5期。

⑧ 刘权、应亮亮：《比例原则适用的跨学科审视与反思》，《财经法学》2017年第5期。

将比例原则引入私法的进路之一在于认可比例原则是审查全部立法活动的标准,由此可以推导出比例原则领域上的普遍性。但这种误解的产生是由于对"民法"(也即民事法律)和"民事立法"概念的混同:民法处理的是平等主体之间的对称关系,而民事立法处理的是立法机关对于民事权利的分配问题,立法机关与民事主体之间地位不同,按照公私法的划分,民法与民事立法的界限十分清晰。即使在民法中包含公共利益因素的存在,如紧急避险、重大误解等,但是大部分还是为了维护私人利益。①

相比之下,刑法或刑事诉讼法中能够在一定程度上吸收比例原则的概念,在于其规定国家如何处理基本权利的问题,同样涉及国家对于基本权利的干预和限制是否正当。但是,刑法等其他公法领域对于比例原则的概念也仅仅是部分接受,甚至还基于法益保护原则而被排斥,那么在私法领域进行比例原则的普遍化更显得犹言尚早。②我们不能简单地因为认同部门法中同样会存在的"合比例性"观念,就认为具有更加复杂结构的比例原则能够被简单适用,这并非由于学者所说的"水土不服"而需要"因地制宜"③,而是其内在本质决定了不可能实现所谓比例原则"领域的普遍化"④。同样,权衡理论作为比例原则的一部分,其本身也带有限制公权力的倾向,如果单论"权衡"二字,在私法中确实存有利益衡量的方法,可相互借鉴,但不可混为一谈。因此,对于法益权衡领域普遍性的质疑,并不能称其为一种批评,更多的是对于其适用范围的厘清。

(二) 法益权衡的可行性验证

本节将利用权衡公式来处理一个新进案件,以证明其现实可行性。

德国联邦宪法法院在其新近的判决书中,认定德国《刑法》第二百一十七条关于禁止商业协助自杀(Verbot der geschäftsmäßigen Förderung der Selbsttötung)的法律违宪,因侵犯了公民的一般人格权而无效。⑤该案中分别对寻求自杀的个人和自杀助手的基本权利进行了论证,在前一部分进行了比较完整的比例原则推导适用。首先,宪法法院明确了自决死亡权(selbstbestimmtes Sterben)属于一般人格权(allgemein Persönlichkeitsrecht,基本法第2条第1款,与第1条第1款人的尊严

---

① 郑晓剑:《比例原则在民法上的适用及展开》,《中国法学》2016年第2期。
② 张明楷:《法益保护与比例原则》,《中国社会科学》2017年第7期。
③ 刘权、应亮亮:《比例原则适用的跨学科审视与反思》,《财经法学》2017年第5期。
④ 此处"领域的普遍化"指比例原则在公私法领域内的普遍化。
⑤ 2 BvR 2347/15, 1(337).

相关联)的组成部分,其中包括自杀以及使用第三方协助的自由。其次,于2015年颁行的《刑法》第二百一十七条规定,任何人提供了协助他人自杀的专业服务,无论其是否获得酬劳,都可能被处以罚款或者最高三年的监禁。[①]这一条款禁止了公民寻求商业协助自杀的可能,属于对公民一般人格权的干预,因而需要对其正当性进行检验,也即进行比例原则的审查。最后,在比例原则的审查中,宪法法院第二庭指出:一是出于保护生命权这一目标,该立法具有目的正当性,其中,由于缺少能够判断商业协助自杀被批准后将会产生何种影响的科学证明,此处对于立法者仅限定"可支持性"(vertretbar)的经验性前提要求;二是《刑法》第二百一十七条的规定能够最低限度地促进法益,因此是适当的;三是由于能够通过狭义比例原则证立该法条的违宪性,因而对其必要性的审查并未作出最后决定(offenbleiben)。

我们可以尝试通过权衡公式分析此案。本案中,公民基于人格权希望自决死亡,而《刑法》第二百一十七条基于生命权保护予以禁止,那么人格权(P_1)与生命权(P_2)之间就发生冲突。由于人格权和生命权同人的尊严紧密相连,因此其受侵害程度和重要性都属于重度(s),但具体到本案中,《刑法》第二百一十七条对于商业自杀协助的限制,深入了自决死亡权的核心领域,将会导致自决死亡权的实质空洞,因此,本案中人格权的受侵害程度(I_1)应当为极重度($ss,2^8$)。尽管生命权的重要性程度(I_2)也属于重度序列,但其在本案中相较于人格权而言其程度仅能被赋值为s1或sm($2^6,2^7$)。在民主宪政国家,人格权和生命权并没有明显的价值偏向[②],基于其纳粹时期以安乐死为名对于个体的迫害,德国很难"天然地"更加重视其中某种原则,因此本案中原则P_1和P_2的抽象分量(G_1,G_2)相同,可以被赋值为s(2^2)。最后就其认识论前提而言,基于经验性前提和规范性前提两方面的考量,对于原则P_1产生的侵害(S_1),限制商业协助自杀将明显导致个人难以体面地自决死亡,商业协助自杀对于个人自决而言是相当重要的,可标记为s,赋值为2^0,而由于缺少能够判断商业协助自杀被批准后将会产生何种影响的科学证明,对原则P_2的认识论前提(S_2)仅为可支持的,标记为m,赋值为2^{-1}。将以上赋值带入完全形式的分量公式,$G_{1,2}$的结果为4,表明公式上方人格权的整体重量超过了生命权的重量,该案中禁止商业自杀协助的行为是不合比例的,《刑法》第二

① § 217 StGB Geschäftsmäßige Förderung der Selbsttötung (1) Wer in der Absicht, die Selbsttötung eines anderen zu fördern, diesem hierzu geschäftsmäßig die Gelegenheit gewährt, verschafft oder vermittelt, wird mit Freiheitsstrafe bis zu drei Jahren oder mit Geldstrafe bestraft.

② 雷磊:《适于法治的法律体系模式》,《法学研究》2015年第37卷第5期。

百一十七条违背了宪法的要求。这与德国联邦宪法法院经过严格的审查（hohe Kontrolldichte，高审查密度）后的结论相同。

尽管这种论证颇有结果导向之嫌，是依据宪法法院所作判决进行的二次论证，但这一分析旨在证明法益权衡并非批评者所认为的无序的法官臆断，与规则的涵摄相比较而言，其同样存在内在逻辑和分析结构。诚然，数学公式的运用并不表明法益权衡仅仅是简单的数学题的解决，包括基本权利的侵害强度和重要性、抽象分量以及认知论前提的确定都需要法官大量的说理论证工作，都需要在具体案例中进行求证。

（三）小　结

本章讨论了对于法益权衡理论的三个批评，即结构理性、可通约性和普遍性。阿列尼科夫缺乏比较中项的批评和莫尔索特殊主义的批评认为权衡缺少一种统一标准，但是权衡问题首先是宪法问题，在宪法框架内进行的权衡不可避免以宪法目的、宪法价值作为其进行通约的标准。陈景辉对于法益权衡的质疑分为两个部分，对于地域普遍性的质疑，实际上是由其对于基本权利的误解所导致的，在理论上和实践上法益权衡都已经获得了地域的普遍化；而对于领域普遍性的质疑，其实不能称作一种质疑，而更多的是对权衡适用范围的一种澄清，我们完全认可法益权衡在宪法领域的适用，在行政法领域的适用也具有极大价值，在刑法等其他公法领域进行适用需要考虑到部门法的具体情况，而其向私法领域的扩展就显得过犹不及。以上对于质疑的回应能够很好地展现权衡公式自身蕴含的理性和可证立性。

通过对于商业协助自杀案的判决理由进行展现以及对权衡公式的分析，我们可以看到，尽管权衡公式已经证明了自身理性，但其变量之间的关系并不能算是泾渭分明，而这些变量的证立也取决于更加严格的论证。

四、我国法益权衡的完善

就法益权衡的具体适用而言，在行政诉讼中表现为对于比例原则的接纳[1]，在合宪性审查中适用法益权衡及比例原则，主要是基于对基本权利的保护[2]。合宪性审查

---

[1] 何海波：《论行政行为"明显不当"》，《法学研究》2016年第38卷第3期。

[2] 为了"维护宪法权威，加强宪法实施"，全国人大宪法和法律委员会在原有职责基础上增加了包含"推进合宪性审查"在内的多项工作职责，这意味着合宪性审查成为宪法实施中产生真正价值的一环。

程序主要包括启动主体①、审查主体②、审查方式③、审查范围④、审查密度、具体审查程序、决定的作出以及责任追究。其中,法益权衡与审查密度和具体审查程序之关联最为密切。

就审查密度而言,不同的审查密度划分体现了权力分工的不同,审查机关采用不同的深入程度会影响最后的权衡结果。在具体审查程序中,立法机关存在需要进行说明的情况⑤,并根据规定进行公开反馈⑥;为了防止主观判断权力滥用,应当进行说理论证的要求,从而建立社会认同和公信力。

（一）权力分工与审查密度

审查密度即指审查机关对于具体案件的审查深度,比如是否需要由自身完成对

---

① 就启动主体而言,在我国因审查机关人力不足,缺少规范根据,2000年《立法法》改变了之前沿用的主动审查模式,而采取了"不告不理"的被动审查模式,但尽管立法者本意在于由特定国家机关作为启动审查的主要方式,但其多年来从未提出审查要求。虽然其他社会主体和公民能够提出审查建议,但这一规定过于宽泛,实际上弱化了法律意义上的监督。参见焦洪昌、江溯:《论我国公民合宪性审查建议权的双重属性——以〈宪法〉第41条为分析基础》,载《政法论丛》2018年第3期。

② 关于我国合宪性审查权由谁享有,尚未定纷止争,有基于传统将此权留给全国人大及其常委会,见林来梵:《合宪性审查的宪法政策论思考》,载《法律科学(西北政法大学学报)》2018年第36卷第2期;也有将其扩展到地方人大,见《第三届"之江立法论坛"暨"合宪性视野下的备案审查"研讨会纪要》,载http://www.ghls.zju.edu.cn/ghlscn/2019/1022/c13699a1725842/page.htm,最后访问时间:2020年3月16日;还有认为包含司法机关、行政机关在内的国家机关,见秦前红、周航:《论我国统一合宪性审查制度的构建》,《江苏行政学院学报》2019年第4期;此外亦有认为中共中央具有概括的合宪性审查权,见刘连泰:《中国合宪性审查的宪法文本实现》,载《中国社会科学》2019年第5期。

③ 审查方式的分类较为多样,一般可分为事前、事中、事后审查。可参见王锴:《合宪性、合法性、适当性审查的区别与联系》,载《中国法学》2019年第1期。

④ 在我国,针对行政法规、地方性法规等,人大常委会可以作为审查机关进行审查,其可以按照个案权衡的路径进行规范性法律文件制定机关(广义上的立法机关)与审查机关的区分和裁量,对其进行事后审查的法益权衡。针对狭义上的法律而言,我国主流采用"法律是宪法的具体化"这一观点,如此而言,法律与宪法逻辑捆绑,宪法只有通过法律才能发挥效力,这样法律根本不可能产生违宪问题。即使仅凭直观的价值判断,也会认为法律不可能违宪这种结论是错误的。我国《立法法》第五条规定,"立法应当符合宪法的规定、原则和精神","应当"即表明了违宪的可能性,因而对于法律的合宪性审查也是其中应有之义。

但是,如何对于全国人大及其常委会制定的法律进行合宪性审查呢?人民行使当家作主的权利,在全国人大及其常委会之外并不存在与之平级的国家机关,在这种情况下,对法律进行合宪性审查,就会出现审查机关与立法机关相统一的现象。因而,尽管同样需要进行法律的合宪性审查,但这一审查的唯一路径在于人大及其常委会的内部监督,在这种情况下,不存在立法与审查的权力分工,而是人大及其常委会内部流程的问题。参见莫纪宏:《论法律的合宪性审查机制》,载《法学评论》2018年第36卷第6期。

⑤ 参见《立法法》第一百一十二条第一款。

⑥ 参见《立法法》第一百一十三条。

于涉案因素所有方面重要性的考察，是否需要进行全部可行性手段的论证等等，可以分为"严格审查""合理审查"以及"中度审查"。

审查机关可以在哪些领域、何种程度上进行违宪审查呢？首先，在权衡过程中就应当尊重立法机关；其次，不同的基本权利裁量空间应当被分别分配给立法机关和审查机关。

基本权利的裁量空间主要包含两种基本类型：第一种是结构性的裁量空间（struktureller Spielraum），也即在宪法中没有明确规定、同时也没有明确禁止的事项。结构性的裁量空间又包含目的设定的裁量空间（Zwecksetzungsspielraum）和手段选择的裁量空间（Mittelwahlspielraum）、权衡的裁量空间（Abwägungsspiel-raum）。①目的设定的裁量空间指可以为了何种目的而对基本权利进行限制，对于基本权利进行限制的理由多样，应当由立法机关进行裁量选取何种具体依据。手段选择的裁量空间指选择保护或者限制基本权利的手段的裁量空间，这一裁量空间与给付性受益权密切相关，如社会权、程序请求权等，同时在基本权利所导出的国家义务问题上，也多与手段选择的裁量空间有关。而权衡的裁量空间即出现权衡僵局的情况，也即权衡双方无法出现优先关系从而无法做出选择的情形，通过度量化，可以最大程度避免这一状况的出现。②根据民主原则，这三种结构性的裁量空间应当被交给立法机关。

第二种是认识论的裁量空间（Erkenntnisspielraum, epistemic discretion）。如前所述，由于人们存在经验性及规范上认识能力的局限性，在许多具体案件中对于何者为宪法所追求、禁止或放任的存有异议，无法确定宪法的实际要求，因而产生了认识论的裁量空间这一问题。认识论的裁量空间主要有事实性前提认识的不确定性和规范性前提认识的不确定性两种。解决裁量空间的不确定问题主要有两种思路：德国的"个案权衡"思路和美国的"经验法则"的思路。

在德国"个案权衡"思路中，基于民主原则，结构性的裁量空间应当属于立法机关，而认识论的裁量空间要解决的是基本权利这种实质原则和民主原则这一形式原则之间的冲突问题。③基于我们对于法律原则最优化的理解，两者之间并不存在绝对的优先性关系，而只能通过权衡来寻找其条件，因此此处可以发挥认知权衡法则的作

① Robert Alexy: *Theorie der Grundrechte*, Suhrkamp Taschenbuch Verlag, 1994, S.75.
② Martin Borowski: Die Glaubens- und Gewissensfreiheit des Grundgesetzes, Mohr Siebeck, 2006, S.213.
③ ［日］青柳幸一：《基本人权的侵犯与比例原则》，华夏译，《比较法研究》1988年第1期。

用,"如果对于一项原则的侵害强度越大,那么对于这种侵害所需认识性前提的确定程度就必须越高"[①]。

这就可以回应前文不同的审查密度:如果立法者对于基本权利施加了更大的限制,那么对于其认识论前提的确定性要求就越高,从而导致审查机关的审查密度就越严格。当基本权利越可能遭受极为严重的侵害时,立法者享受的认识余地就越小。就经验性前提而言,如果集体性宗教集会对于宗教自由的重要性越高,那么对集体性宗教集会进行限制能够预防传染病这一经验认知的确定性程度就应当越高,立法者不能仅凭空想限制公民重要的基本权利从而进行限制;就规范性前提而言,如果某种表达自由越重要,基于网络不良信息有害性所进行的对于互联网进行的规制,这种有害性就应当更加明显,立法机关对于"有害性"这一概念的认识就应当更加肯定,其自由裁量空间同样较小。[②]"个案权衡"的思路意味着在审查密度上并没有明确的界限,其"严格""合理"和"中度"的划分依据的是认知权衡法则,立法机关和审查机关的权利分工呈现出动态的平衡。

美国主要采用"经验法则"的思路,其"双重基准理论""三重基准理论""双轨理论""双阶理论"都是倾向于通过规则化的方法进行宪法审查。这些审查基准理论都呈现出规则的特征,其突出特点就在于类型化。但是,这种经验法则并不是具有强制力和普遍性的法律规则,这种多层次的审查基准同样来自个案的积累,在不同时间、不同领域呈现出不同的规则和例外。这种个案积累实质上来自个案权衡,也就是说,美国的审查基准也与权衡紧密相连。比如说,法益权衡的特点在于对基本权利的受侵害强度和重要性程度进行区分,而审查基准同样呈现出对强度和程度进行的划分,如对于"针对言论内容"的审查将其进一步区分为"低价值言论"和"高价值言论",对于限制言论所产生的利益将其区分为"重大政府利益"和"一般政府利益"[③],其对于不同的利益有着宽严不同的审查基准。

与"个案权衡"相比,美国的宪法多重基准理论体现了一种"确定性"的权衡,在某一具体案件中产生的权衡结果将在之后类似的案件中得以适用,成为此后相同案件的权衡标准,也即经验法则。但又正因为其作为法则而非规则,这一方法也并不能一劳永逸地解决审查机关和立法机关的裁量问题。时间变化、情境变化、新的权衡又无

---

① Robert Alexy: *Die Gewichtsformel*, in: *Gedächtnisschrift für Jürgen Sonnenschein*, hg. v. Joachim Jickli/Peter Kreutz/Dieter Reuter, Duncker & Humblot, 2003, S.789.

② 徐继强:《衡量的法理——各种利益衡量论述评》,《法律方法》2009年第9卷第2期。

③ 杨登杰:《执中行权的宪法比例原则　兼与美国多元审查基准比较》,《中外法学》2015年第27卷第2期。

法避免,那么实际上,这种类型化的权衡与"个案权衡"并无二致,基于此,德国进路的"个案权衡"应当是更好的选择,在每一具体案件中进行三阶的审查密度划分。如果由此产生所谓"类型化"的规则,可以便利裁量问题的解决,如面临情势变更或边缘案件,仍继续进行"个案权衡",进行立法机关与审查机关的裁量权划分。

就我国而言,行政法规和行政规章,因其立法主体和审查主体不同,可以按照"个案权衡"的思路,采取不同的审查密度进行审查。但是对于规范性文件而言,其制定主体和审查主体同属人大序列,这一审查密度的区分是否有所不同呢?应当认为,这并未造成很大程度的改变。审查密度和权力分工的意义在于确定审查机关的深入程度,取决于该规范性文件对于基本权利的侵害程度,而不取决于审查机关与制定机关的上下级关系。由于存在基层人大及其常委会对于基层情况或所涉领域更加熟稔的情况,在权衡过程中就应当对其专业判断进行尊重。在具体的审查程序中,对于所涉不同基本权利进行不同密度的审查,体现对于基本权利的体系化保护,也能在一定程度上减轻审查负担。

(二)公民参与和说理论证

权衡公式中的变量有待于事实的确认,权衡公式的结果有待于法律的论证。在我国,现行有效的审查机关是人大及其常委会,就权衡中所涉及的各种变量,包括基本权利受到侵害的事实,受侵害强度或者重要性程度,其中公益实现的迫切性和重要性,都需要最终确定,这就依赖于系争法规利益方的举证质证。是否合比例、是否合宪的结果取决于法律论证的过程,权衡理论与说理论证相结合,才构成了完整的权衡公式运用。

具体审查程序中仅要求了规范性文件的制定机关到会说明情况,对于提出审查建议的私主体而言,其并未做出更详细的规定。[①]然而,基本权利事关公民根本,对于基本权利可能遭受严重侵害的公民而言,其不能仅仅停留在提出权利主张,而不能为自己辩护的境地。

---

① 《立法法》第一百一十二条第一款规定:"全国人民代表大会专门委员会、常务委员会工作机构在审查中认为行政法规、地方性法规、自治条例和单行条例同宪法或者法律相抵触,或者存在合宪性、合法性问题的,可以向制定机关提出书面审查意见;也可以由宪法和法律委员会与有关的专门委员会、常务委员会工作机构召开联合审查会议,要求制定机关到会说明情况,再向制定机关提出书面审查意见。"此处对于能够提出审查建议的社会团体、企事业组织及公民并未做出规定。

如果公民的审查建议权与诉权相关联①,就使得公民能够作为自己基本权利的捍卫者参与到合宪性审查中来,但这需要解决身份主体认定和举证责任的问题。

宪法诉愿人有责任证明其基本权利受到损害,或者某种基本权利受到损害,但应当考虑到,基本权利的范围是极其广泛的,当公民提出某种权利受损的主张,对其唯一的要求在于其主张了某种利益,也即"初步的权利"(prima facie right),审查机关能够认定其涉及某些基本权利的范围,则可开启审查。相对地,制定机关需要证明这种对于基本权利的干预符合适当的标准,并且这种限制基本权利的行为是为了达成某项基本权利的实现,或称社会公益的目的。如果宪法诉愿人能够提供初步基础的证据,证明某项立法或公权力行为对其基本权利产生侵害,或有着不良动机时,这一举证责任就转移给了国家。②

对于基本权利冲突中证据的证明标准问题,应当采取高度盖然性标准抑或排除合理怀疑标准,这同样在一定程度上影响对基本权利保护的力度,体现了某种价值偏向。此外可能还涉及证据种类的问题,包括立法事实的证据和社会科学证据等。证据问题实属权衡理论之最边缘,但如果我们认可某种宪法诉讼或者宪法程序,甚至致力于宪法诉愿权,那么其仍是题中应有之义。③

退一步讲,即使不认为公民能够直接参与到合宪性审查的直接对抗中,也应当积极保证各种主体的参与④,应当确保公民作为重要的社会组成部分能够参与到这一公开对话中。在美国,案件当事人以外的第三人可以借由"法庭之友"(amici curiae)制度参与到法院的审判活动中,通过文案工作表达己方意见,从而保证当事各方的参与,法官也可借由这一制度获得更加全面的信息,考虑更加广泛的社会影响。⑤美国之外,亦有包括英国、以色列等多个国家引入了这一制度。⑥在德国,"专门知识经验

---

① 焦洪昌、江溯:《论我国公民合宪性审查建议权的双重属性——以〈宪法〉第41条为分析基础》,《政法论丛》2018年第3期。

② 徐继强:《宪法权利衡量研究》,苏州大学博士学位论文,2009年,第183页。

③ 屠振宇:《樱顶论道:宪法程序法的精品课》,载http://calaw.cn/article/default.asp?id=13405,最后访问时间:2020年3月20日。

④ 有学者认为,应当将合宪性审查视为一种"各个领域重要政治力量所进行的公开对话",参见[德]克劳斯·施莱希、斯特凡·科里奥特:《德国联邦宪法法院:地位、程序与裁判》,刘飞译,法律出版社2007年版,第77页。

⑤ "法庭之友"制度需要基于诉讼当事人同意或者法院许可,参见项焱、海静:《"法庭之友":一种诉讼信息披露机制》,载《法制与社会发展》2017年第2期。

⑥ 焦洪昌、江溯:《论我国公民合宪性审查建议权的双重属性——以〈宪法〉第41条为分析基础》,《政法论丛》2018年第3期。

之第三人"同样享有意见表达机会，通过与其他相关规定的联结，法官能够充分汲取专家学者的意见建议。①

在我国，公民同样能够通过参与座谈会的方式加入合宪性审查的程序中来，这也能够对其基本权利受侵害的强度进行更好的展现，促使审查机关进行更多的考量。②这种座谈会的形式较好地协调了我国合宪性审查的政治性与法律性考量，保证了公民的政治参与属性，也能够在一定程度上维护审查机关与制定机关的权威。

最后，在确定法律概念进行权衡之后，作为公式形式展现的权衡法则还是要落回说理论证上进行。说理论证的前提是论证过程的公开，根据《立法法》的规定，审查研究情况应当公开。③如果审查的情况不公开，自不必苛求其进行翔实有序的说理，一纸公函即可解决相关问题。但是由于公民基本权利的重要性、公民权利意识的觉醒要求审查机关在涉及基本权利的审查中慎之又慎，相比于掩盖推理过程而径直展示结果，主动公开公布应当是更好的选择。

权衡涉及多种变量，同时要在进行权衡之前考察审查密度，这就涉及诸多主观判断，针对法益权衡中所涉及的"受侵害强度"或者"重要性"等概念都需要经过法律论证，这与一般法律方法中对模糊法律概念的论证并无不同。④为了避免其向主观臆断的滑坡，对于审查机关的要求也不仅仅是谨慎，同时要求其有着极大的智慧和高超的论证技巧。实际上，权衡和说理论证相辅相成，法益权衡提供了一种框架式的论证结构，审查机关只需确定内涵，依计划行事，即为其论证提供了依据，而说理论证能够为权衡提供公式之外的理性，完整其逻辑外延，同样也能对审查机关产生一种拘束，要求其谨慎合理地进行裁判，缓解公众舆论等压力。⑤

---

①　德国《联邦宪法法院法》第27a条规定："联邦宪法法院得给予专门知识经验之第三人表示意见之机会。"连同第26条第1款法院依职权行使证权的规定、第22条专业诉讼代理人的规定及联邦宪法法院议事规程第22条第5款关于听取专业鉴定意见的规定，使得宪法法院在审查时可以充分听取相关领域专家学者的意见。参见［德］克劳斯·施莱希、斯特凡·科里奥特：《德国联邦宪法法院：地位、程序与裁判》，刘飞译，法律出版社2007年版，第67-69页。

②　如针对《婚姻法司法解释（二）》第24条，全国人大常委会法工委就邀请了参与审查建议联名的两位人大代表和部分法律专业人士进行了专题探讨；针对《拆迁条例》，国务院法制办和全国人大常委会法工委也分别邀请北大的五位学者进行了座谈。参见焦洪昌、江溯：《论我国公民合宪性审查建议权的双重属性——以〈宪法〉第41条为分析基础》，载《政法论丛》2018年第3期。

③　参见《立法法》第一百一十三条。

④　徐继强：《衡量的法理——各种利益衡量论述评》，《法律方法》2009年第9卷第2期。

⑤　王书成：《论比例原则中的利益衡量》，《甘肃政法学院学报》2008年第2期。

涉及基本权利的审查程序,不应当是"可以"通过说理进行论证,而是"必须"进行说理论证。根据充分说理所得到的审查结果能够充分得到社会认同,充分地实现对基本权利的保护,并能够最大程度地深化对基本权利的理解。在许多宪法事例的审查中,不仅缺乏对于说理的重视,甚至许多情况下并不直接出现"宪法"二字,这是对公众的尊重缺失和自我责任的推卸。[①] 在权衡法则中要求说理论证,完善结论形成过程,以有效防止权衡中主观判断的泛滥,使合宪性审查更具权威。[②]

通过对法益权衡中所涉及因素的分析和公式化的建构,我们能够得到较为初步的基本权利冲突解决办法。通过对合宪性审查中与法益权衡紧密相关的程序进行探讨,我们能够进一步提升法益权衡结果的公信力。

法益权衡致力于在其实质论据之间形成一种理性关系,使基本权利的条件式优先关系具有"可证立性"。在此我们可以对法益权衡理性两个层面的质疑进行回应:对于结构理性而言,法益权衡提供了完善而具有逻辑性的论证过程,其并非审查机关的主观臆断;对于其操作理性而言,这同样依赖于与具体实质论据的结合,并需要通过程序的设定对其进行最为完善的保障。法益权衡为且仅为一种理性的法律论证形式,如何得到令人满意的结果,仍需在个案中进行证立。

结　论

尽管权衡理论面临众多质疑,但其理性能够被证明,在具体个案中与实质论据相结合,能够作为一种法律论证的分析框架在基本权利冲突间发挥作用。诚然,法益权衡所依托的比例原则同样面临各种质疑,但这仍难掩其光华,并且在世界范围内获得了广泛的认同。

我们对于权衡理论的认知首先起源于基本权利间的冲突,冲突发生后,如何对相冲突的基本权利进行最佳化的保护。通过将基本权利与法律原则理论联结,基本权利的优先性需要根据具体条件进行进一步判断,从而得到条件式优先关系。这一优先关系的形成有赖于分量公式的建构和三阶度量化的赋值,同时我们也认识到,这一公式化展示并非权衡理论的全貌,其仍是对基本权利冲突解决办法的一种描述,有待

---

① 屠振宇:《樱顶论道:宪法程序法的精品课》,载 http://calaw.cn/article/default.asp?id=13405,最后访问时间:2020年3月20日。

② 王书成:《论比例原则中的利益衡量》,《甘肃政法学院学报》2008年第2期。

于借助权衡变量前提的实质论证和一般法律分析。

宪法的生命在于实施,尽管我们并非要将权衡或者比例原则简单认定为终极法治,但其仍发挥着不可比拟的独特作用。各国对于权衡和合比例性有着用词上的不同,但这一不同仅限定于修辞学意义。深层次而言,无论德国模式抑或美国模式,各国对于基本权利冲突问题解决的核心都在于权衡。法益权衡代表了对基本权利的审慎态度,同时因其个案权衡又体现了对基本权利最大的尊重和保护。反而言之,权衡要求包括审查机关在内的社会各界都保有对基本权利的敬畏之心,能够给基本权利发挥效力的最大空间。这一空间不仅要求完善的宪法,同样要求自由民主的政治制度和能够对立法活动、行政活动进行审查的有权机关,以及全社会对宪法和基本权利的了解与信赖。

在我国,合宪性审查已经成为依宪治国重要着力点,对基本权利的保护自是题中应有之义,这一对权衡理论的探讨也并非空中楼阁,相反具有切实的实践意义。我国宪法文本充分体现了对基本权利的保护,并且在制度层面也正逐步推进合宪性审查机制,就这一点而言,我们正在接近曙光。当然,权衡的精美公式并不能一劳永逸地解决各种现实问题,它同样需要各种制度性前提和法律论证的完善来进行佐证,还需要良好的政治法律文化以及公民的信任作为依托。我们无法简单地将复杂的法律论证过程公式化,这种变量的分析和程序的展现旨在针对法益权衡所涉及的因素进行最全面的分析,这种分析展现了在面临基本权利相互冲突时我们所应当保有的理性。诚然,必然存在某种更好的方式解决基本权利的冲突,法益权衡原则本身也无法避免被滥用的危险,只有通过实践和理论的进一步深化,才能更好地实现我们所希冀的基本权利保护。

导师推荐意见

本文为中国政法大学2020—2021学年优秀硕士学位论文。成浩自研究生入学便开始与我沟通和探讨文章选题,历经十余次修改与完善,最终确定全文的主题与结构。本文主要探讨合宪性审查背景之下法益权衡的理论与运用,以具体案例和理论分析为基础,反思了法益权衡所面临的质疑和困局,提出了一些有价值的思考和建议。基于作者的中德法学教育背景,本文对德国公法案例进行了法益权衡的中国式演绎,给经典理论增添了一抹时代性亮色,从"雷巴赫案""劳工企业参决权案""烟草案"的理论分析到"禁止商业协助自杀案"的可行性验证,作者展现了纯熟的案例分析能力和敏锐的问题意识。文末是对法益权衡理论中国化的一种有益尝试,就基本权利保护角度也好,抑或合宪性审查实现角度也好,都是对理论落地的大胆探索,值得鼓励。比例原则作为公法皇冠上最为璀璨的明珠,早已吸引无数学者为之"竞折腰",这篇文章也不过是奔流不息的研究长河之中一朵微乎其微甚至扑腾不起来的浪花,但成浩天性较为活泼自由,能够静下心来撰写本篇论文实属不易,综合本文的一定意义和成浩的辛勤劳作,我诚挚地推荐本篇文章。

推荐人:白斌

公民法规审查建议的程序研究[*]

◎罗小杭[**]

内容提要：2000年《立法法》确立了公民法规审查建议制度，却未能发挥其应有的作用。公民法规审查建议权作为一种同时具有监督权与救济权性质的权利，在对待侧重监督面向的审查建议时，应明确筛选要件、建立限期反馈制度与信息公开制度，保障公民的"监督权"；对侧重于权利救济面向的审查建议，亟须整合权利救济渠道，在行政复议机关、司法审判机关与备案审查机关之间建立起"中止具体审查——移送抽象审查"的移送审查程序，以有效地保障公民的"救济权"。

关键词：审查建议；备案审查；双重属性；抽象审查；移送审查

一、问题的提出：审查建议制度细节规则缺失

在我国宪法监督制度发展历史上，2000年《立法法》第九十条的制定可以说是一个具有重大意义的制度创新。[①]在主动审查的精力有限，五大国家机关的审查要求权至今没有被行使过的情况下，设立该条款时最不受重视的审查建议权却在推进备案审查工作中发挥了不可替代的作用。而其中"企事业组织和普通公民"的审查建议权，被一致认为可望为备案审查制度的运行引进活力源泉，如果这些主体能够踊跃参

---

* 本文系在浙江大学光华法学院2021届宪法学与行政法学专业学位论文基础上，由作者改写而成。学位论文定稿于2021年6月，本文清样提交出版社于2022年6月。其后，2023年3月，十四届全国人大一次会议第二次修改《立法法》。限于校对篇幅，本文对新《立法法》条文序号以及2021年之后的相关素材进行了有限更新。指导老师：郑磊教授。

** 罗小杭，北京德恒（杭州）律师事务所律师助理，浙江大学光华法学院2021届宪法学与行政法学专业硕士。

① 林来梵：《宪法学讲义》（第3版），清华大学出版社2018年版，第452页。

与法规审查监督,也许能够极大促进备案审查反哺性地发展出基本权利救济与社会矛盾解决的重要功能。①

2015年之前,审查建议一直处于无反馈无公开的阶段,由于设立审查建议制度之后缺乏审查建议受理回复、限期回复等反馈制度细则,也没有及时设立审查程序公开与审查结果公示制度,无法得到审查机关回应的民众出于理性选择便渐渐放弃了这一途径。2015年,《立法法》修订,将2000年《立法法》第九十条改为第九十九条,并针对此前审查建议无反馈无公开的现象,完善了处理程序和建议反馈机制②,新增第一百零一条③。在《立法法》修改之后,部分审查建议反馈信息开始出现。2017年,因收到审查建议反馈的鼓舞,公民多年无反馈积压冰封的审查建议积极性喷涌而出,全国人大常委会首次在一年里收到约千件的审查建议。而后,2018年至2019年间审查建议的数量又很快恢复平静,数字稳定在100多件。④2019年"审查建议受理平台"的投入使用,使得2020年的审查建议数量突破新高。

2023年,《立法法》第二次修改,将2015年《立法法》第九十九条改为第一百一十条,第一百零一条改为第一百一十三条,同时新增第一百一十五条,提出"备案审查机关应当建立健全备案审查衔接联动机制"。

从表1中可以看到,尽管审查建议逐渐开始得到处理反馈以及近几年接受审查建议案件数量上有所增加,审查建议制度在这一层面上有所进步,但总体来说,情况仍不乐观,目前的公民法规审查建议制度仍未发挥其应有的效用。

表1 十二届全国人大以来全国人大常委会接受公民、组织审查建议的情况

年份	收到的审查建议 / 件	有效审查建议 / 件	审查建议处理的备审年报表述
2013	62	25	逐一进行认真研究,对审查中发现存在与法律相抵触或者不适当问题的,积极稳妥作出处理
2014	43	18	
2015	246	185	
2016	92	39	
2017	1084	939	

---

① 林来梵:《合宪性审查的宪法政策论思考》,《法律科学(西北政法大学学报)》2018年第36卷第2期。

② 郑磊:《备案审查案例公开事件阶段考》,《浙江人大》2020年第Z1期。

③ 2015年《立法法》第一百零一条:"全国人民代表大会有关的专门委员会和常务委员会工作机构可以将审查、研究情况向提出审查建议的国家机关、社会团体、企业事业组织以及公民予以反馈,并可以向社会公开。"

④ 郑磊、赵计义:《2019年备案审查年度报告评述》,《中国法律评论》2020年第2期。

续表

年份	收到的审查建议/件	有效审查建议/件	审查建议处理的备审年报表述
2018	1229	112	共对22件审查建议书面反馈了研究情况和处理结果
2019	226	138	对公民、组织提出的138件审查建议进行了审查研究,提出了处理意见并向建议人作了反馈
2020	5146	3378	对审查建议逐一进行了研究,提出处理意见,并向审查建议人作了反馈
2021	6339	5741	对审查建议逐一进行研究,同有关方面沟通,提出处理意见,并依照规定向审查建议人反馈
2022	4829	4067	对审查建议逐一登记、逐件研究;必要时,与审查建议人沟通,了解来自基层和各方面的真实声音,增强审查研究的针对性、实效性;提出处理意见后,通过书面发函、电话沟通等方式及时作出反馈

　　每年的审查建议数量少时稳定在百件,多时突破5000多件,提请审查建议的过滤机制未给予明确规定,建议不加任何限制地纷至沓来,可能会出现某种意义上的"滥诉"现象,另基于机构本身的性质和机构人员的编制,一年能够进行的备案审查工作有限,恐怕亦不足以满足人民日益增长的权利诉求。[①]全国人大常委会对审查建议的处理从一开始的不反馈到部分反馈再到逐一反馈,但是实践中反馈的具体方式与公开的形式,依旧是不充分、不严谨的。审查建议程序的不完备也让不同权利救济渠道之间衔接困难,极易产生冲突以致危害公民合法权益。尽管2023年《立法法》提出建立健全备案审查衔接联动机制,但具体的制度构建尚未形成。

　　近年来的实践已充分表明,合宪性审查、备案审查工作是继续推进全过程人民民主建设的重要支点[②],认真接收、研究、处理公民、组织提出的审查建议并及时反馈,是

　　① 王蔚:《中国能否建立法院合宪性问题移送机制?》,《中国政法大学校报》2018年第957期。
　　② 郑磊:《全面贯彻实施宪法发展全过程人民民主——简析十三届全国人大五次会议通过的常委会工作报告中合宪性审查、备案审查工作的三"全"特征》,《人大研究》2022年第5期。

备案审查工作践行全过程人民民主的重要体现①。尽管审查建议制度已实施多年,至今也只存在一个简单的制度框架,缺乏具体程序的细节规则,归根究底,在于设计该制度之初,公民建议权仅是对国家机关要求权的补充,无论是从学理准备层面上还是制度设计层面上都存在先天不足,细节规则的缺乏让审查建议制度发展缓慢。理论层面,《立法法》将审查建议权写入规范时,对审查建议权的基本性质、价值目标、审查方式等方面都没有明确的认知。制度层面,公民审查建议的前置筛选程序、反馈与公开的操作程序也一直只有一个框架性结构,无细节规则,以及对不同救济渠道的衔接联动机制也没有明确的规定,甚至可能存在结论冲突。

本文首先从审查建议权的法律规范入手分析该权利,《立法法》(2023年修正)第一百一十条第二款设立之初是《宪法》第四十一条"政治性监督权"的具体化,而在实践中,法规审查建议权又发展出了"权利救济属性",且救济属性越来越被现实所需要并为立法者所认可。公民既可以基于监督宪法实施提出审查建议,亦可基于救济自身权益而提起,前者目标在于保障国家法制统合,审查方式更侧重于抽象审查,需要在抽象审查程序中进一步对审查建议制度的筛选机制与反馈机制进行完善;后者的目标是保护公民合法权益,审查方式更偏向具体审查,有必要在抽象审查程序的基础之上完善"中止具体审查—移送抽象审查"的移送审查程序,即建立个案具体审查机关与备案审查机构之间规范性文件审查的衔接机制。

二、审查建议权的规范基础

公民法规审查建议权的直接法律依据是《立法法》第一百一十条第二款和《各级人民代表大会常务委员会监督法》第三十二条第二款。虽然在宪法文本中并没有对审查建议权有直接的明文规定,但立法者当初设立审查建议制度的时候,是将审查建议权作为公民"参与国家管理""行使批评建议权"的一种方式。②这正是审查建议制

---

① 沈春耀:《全国人民代表大会常务委员会法制工作委员会关于2021年备案审查工作情况的报告——2021年12月21日在第十三届全国人民代表大会常务委员会第三十二次会议上》,中国人大网,http://www.npc.gov.cn/npc/c30834/202112/2606f90a45b1406e9e57ff45b42ceb1c.shtml,最后访问时间:2022年4月6日。

② 乔晓阳:《立法法讲话》,中国民主法制出版社2000年版,第304页。

度在《宪法》第四十一条^①内容上的体现。一般认为，《宪法》第四十一条是《立法法》第一百一十条第二款的宪法依据，《立法法》第一百一十条第二款是《宪法》第四十一条的具体化、现实化。因此要分析公民法规审查建议权的性质，首先应从《宪法》第四十一条的规范结构入手。

从规范内容上看，林来梵教授认为《宪法》第四十一条是一款"存在实体性的权利与程序性的权利、政治性的权利与非政治性的权利等类型多样交叉的结构状况"的"拼盘式条款"。^②其中国家赔偿请求权属于非政治性的"救济权"，批评、建议和检举属于政治性的"监督权"，而申诉、控告的权利性质较为复杂，既有政治性的面向，也有非政治性的面向。因为申诉、控告可以是基于个人合法权益受到国家行为的侵害而提起申诉控告的非政治性救济权，也可以是针对国家机关或工作人员的违法、失职行为等非为救济个人而提起申诉控告的政治性监督权。

尽管《宪法》第四十一条非常复杂，但总的来说，《宪法》第四十一条可以简要地划分为"监督权"和"救济权"两类权利，那么公民法规审查建议权具体是《宪法》第四十一条规范中哪类权利类型呢？

（一）双重基本权利属性

1. 监督权属性

从"审查建议"的名称来看，这一权利应当是来源于《宪法》第四十一条的"建议"，但从内在含义上看，公众建议请求对法律规范进行审查，通常是在认为该法规不合法的情况之下，这其实就是一个对不合法的规范性文件做出批评的行为。^③所以审查建议权既有建议的意思，又有批评的含义，都表明了"审查建议"具有政治性监督权的本质属性，是人民参政议政、实施民主监督的一种方式。

再看《立法法》第一百一十条对审查要求权和审查建议权进行规定的目的：新中国成立之初全国人大常委会主动审查的徒劳无功、不堪重负的问题。立法者原本的意图是将国家机关作为提请审查的主要主体，因此赋予了五大国家机关可以直接启

---

① 《宪法》第四十一条："中华人民共和国公民对于任何国家和国家工作人员，有提出批评和建议的权利；对于任何国家机关和国家工作人员的违法及失职行为，有向有关国家机关提出申诉、控告或检举的权利；对于公民的申诉、控告或者检举，有关国家机关必须查清事实，负责处理；由于国家机关和国家工作人员侵犯公民权利而受到损失的人，有依照法律规定取得赔偿的权利。"

② 林来梵：《从宪法规范到规范宪法》，商务印书馆2017年版，第154—159页。

③ 焦洪昌、江溯：《论我国公民合宪性审查建议权的双重属性——以〈宪法〉第41条为分析基础》，《政法论丛》2018年第3期。

动审查的审查要求权,而对公民组织等仅赋予了可能启动审查程序的审查建议权,希望公民逐级向国家机关提出审查建议,最后由五大国家机关提请审查要求;审查建议权的制定只是对审查要求权的一个补充。所以审查建议权具有监督权的本质属性,完全符合《立法法》第一百一十条的创设目的。

自《立法法》第一百一十条第二款设立以后,备案审查制度的实践操作中多次出现规范性文件建议审查事例,如2003年"孙志刚事件",三博士对收容遣送办法建议进行合宪性审查,引起立法部门的关注而废止;2009年发生"唐福珍事件"后,北大五教授提出对《城市房屋拆迁管理条例》进行审查的建议,立法部门随后自行修改了该条例;2015年著名法学家李步云致信全国人大常委会提出对"寄血验子案"中非法行医罪的认定进行审查,法工委叫停相关司法解释性质文件等。这些审查建议的提请人多是专业知识分子,这些建议审查的内容与申请人的自身权益并没有直接利害关系,提出建议的目的主要是为推动我国法制发展,保护公共利益,是行使公民监督权利的特点。这也再次证明了公民行使的审查建议权是一种政治性监督权。这些建议通常更能够引起新闻媒体、社会舆论的关注,也更容易引起相关国家机关的重视。

尽管在当时,绝大部分的审查建议都没有获得审查机关或者制定机关的答复,但提出审查建议本身的言论自由意义与民主意义就是公民提出审查建议的目的之一。

此外,《全国人民代表大会常务委员会法制工作委员会关于2021年备案审查工作情况的报告》指出,"近年来的实践充分表明,认真接收、研究、处理公民、组织提出的审查建议并及时反馈,已经成为备案审查工作践行全过程人民民主的重要体现";《全国人民代表大会常务委员会法制工作委员会关于十三届全国人大以来暨2022年备案审查工作情况的报告》表示,"近年来,我们注重健全备案审查工作吸纳民意、汇聚民智的机制、渠道和方式,努力使备案审查制度机制和工作实践成为新时代新征程践行全过程人民民主重大理念的具体体现"。并且,2023年《立法法》修改,新增第六条第二款"立法应当体现人民的意志,发扬社会主义民主,坚持立法公开,保障人民通过多种途径参与立法活动"。由此可见审查建议权具有监督权的本质属性。

2. 救济权属性

从审查建议的内容、创设目的以及实践中,都可以看到审查建议具有鲜明的"监督权"特征,但是,不是所有人提出审查建议的目的都是为了保障宪法实施、推动法制发展等公共利益。在很多案件中,公民建议对法律规范进行审查是由于法律规范的违宪违法导致自身利益受到侵害,欲通过审查建议制度去维护个人合法权益,这时候的建议权更像是获得权利救济的权利。

  其中一个典型个案就是潘洪斌案[1],2016年杭州市公安局根据《杭州市道路交通安全管理条例》对其实施行政强制措施,潘某认为该条例违反上位法,提起行政诉讼后均败诉。随后其向浙江省高级人民法院申请再审的同时向全国人大常委会提出对该条例进行审查,再审申请被驳回后又再次致信全国人大常委会。2017年1月,潘某终于收到全国人大常委会对他的审查建议表示支持的回函,于是又向杭州市检察院提起抗诉。

  这类案件与出于监督法制目的的审查建议案件不同,公民是由于不合法的法律规范导致自己的权益受到侵害而提出审查建议。这类建议得到备案审查机关得出的支持审查建议的结果,不是建议者的最终目的,建议者的最终目的是欲通过得到审查建议的支持继而推翻原行政复议或司法诉讼的不利判决,保护自身合法权益,获得权利救济,这是救济权的典型特征。这种情况下,公民审查建议权表现出救济权的特征,主要功能是通过启动备案审查程序去维护自己其他的实体性权利,此时审查建议权应被视作一种程序性权利。

  而且,随着备案审查工作的发展进步,为保护自身合法权益而提出审查建议的数量呈现上升趋势,同时此类为获得权利救济的建议数量在审查建议中的权重在不断上升。

  一方面,根据《宪法》第四十一条的规定,公民的审查建议权呈现出监督权的属性;另一方面,公民因自身利益受到侵害而提出的审查建议,呈现出救济权的属性。当然,审查建议这两方面的属性并不是割裂开来的,只是当基于公益目的提出一个审查建议时,更多地呈现出监督权的性质;而一个基于主观权利救济的审查建议也在一定程度上起到了法律监督的作用,但更多的是体现了维护公民自身合法权益的性质。更复杂的情况是,当出于不同目的的众多公民联合提起一个审查建议时,不同身份、不同目的公民的审查建议行为会表现出不同的属性,或是民主监督或是权利救济。比如2003年,浙江1600多名公民一起请求对公务员录用限制乙肝携带者规定进行合宪性审查,呼吁修改公务员乙肝禁令。这些联名建议人中大部分是乙肝患者,自身就业权受到直接侵害[2],他们行使的是权利救济权。而一些学者基于公益目的参与联名,他们行使的则是民主监督权。

---

  ① 邢丙银:《备案审查制②|公民潘洪斌:他的一封信推动一部地方法规修改》,澎湃新闻,https://www.thepaper.cn/newsDetail_forward_1916351,最后访问时间:2021年3月13日。

  ② 王海燕:《1611人诉请违宪审查呼吁修改公务员招考禁令》,新京报,http://www.china.com.cn/chinese/2003/Nov/449775.htm,最后访问时间:2021年3月13日。

所以如果将《宪法》第四十一条的规定直接运用于审查建议制度的案件中,会发现理论层面与实践层面是存在一定差距的。在审查建议的案例中我们可以看到,审查建议在不同的案例中分别呈现出或监督或救济,总体兼有政治性和非政治性的双重性质。一般认为这种双重属性主要体现在申诉、控告权之上,但公民审查建议权的行使方式又明显不同于申诉权、控告权。按照前文将《宪法》第四十一条中的权利类型区分为"监督权"与"救济权",那么公民审查建议权就是一种基于《宪法》第四十一条的双重性质的权利。[①]

(二) 基本权利属性的审查功能关联

公民审查建议权具有双重属性,当该权利呈现出不同方向的基本权利属性时,它侧重的价值目标也是不一样的。立法者最初创设公民审查建议权的目的是让公众行使"监督权",侧重点在于维护法制统一,保障宪法实施和客观法秩序;而当公民为个人权利救济而行使审查建议权则呈现出"救济权"性质,目的更侧重于保护自身合法权益。

审查建议能在备案审查工作中发挥出怎样的功能,具体细节该如何设计实行才能让审查建议制度发挥出更大的作用,与民众对这个制度功能定位的正确认识密切相关。因此在完善审查建议制度细节规则之前,必须明确审查建议这一制度的目标与功能,既要以宏观层面国家发展和社会背景为基础,又要将微观层面制度实践的要求纳入考虑范围。[②]

1. "监督权"功能:维护国家法制统一

作为"符合中国国情、具有中国特色的一项宪法性制度设计"[③],备案审查的主要功能在于确保法律规范不与宪法相抵触,下位法与上位法相一致,督促立法主体依法立法,维护国家法制统一[④]。

从社会背景上来看,1978年以来,为建设社会主义法治国家,从中央到地方,各级国家机关纷纷进行立法工作。由于早年我国法律制度不健全,各国家机关的立法权

① 焦洪昌、江溯:《论我国公民合宪性审查建议权的双重属性——以〈宪法〉第41条为分析基础》,《政法论丛》2018年第3期。

② 梁洪霞:《备案审查的人权保障功能及其实现路径——潘洪斌案的再思考》,《人权》2020年第2期。

③ 张德江:《在十二届全国人大常委会第三十一次会议上的讲话》,http://www.npc.gov.cn/npc/xinwen/2018-01/03/content_2036246.htm,最后访问时间:2021年3月13日。

④ 封丽霞:《制度与能力:备案审查制度的困境与出路》,《政治与法律》2018年第12期。

限界定不明、立法地方利益化等原因,出现了"立法无序现象"。①在法律冲突、立法无序的社会背景之下,为保障宪法实施,维护法制统一,《立法法》应运而生,而备案审查制度正是用于解决法律规范冲突的重要制度设计之一。

再从法律规范上看,在宪法规定上,《宪法》序言第十三段②指出维护宪法实施的必要性,第五条第二、三款③对宪法秩序的保障需要"法制统一"目标与"上下统合"方法进行具体化。在法律规定上,《立法法》④、《监督法》等只规定维护国家法制统一而未提及"保护公民合法权益"。在低位阶的规范规定上,2005年《司法解释备案审查工作程序》第一条规定,制定本工作程序是为了维护国家法制统一。对法条层面的梳理可以看出,立法者在创设备案审查制度时,侧重点就放在了保障宪法实施、维护客观法秩序的功能上。

所以,公民法规审查建议制度作为备案审查制度下的一环,立法者最初创设公民法规审查建议制度的主观目的就是希望通过公众参与来保障宪法实施,维护客观法秩序。

《立法法》第一百一十条的立法目的,一方面,是解决法律冲突,保障客观规范秩序;另一方面,该条款规定了公民对立法的监督,将宪法赋予公民的民主监督权具体化,变得更有可操作性。公众参与作为一种民主制度,在公权力制定法规、公共政策或办理公共事务时,公权力机关公开渠道听取公众的意见与建议,二者间进行反馈互动,对公权力机关的立法、决策等行为产生良性影响力。⑤"春江水暖鸭先知",公民作为法律实施过程中最切身的体会者,常常能够在规范性文件运行过程中切身体会,较国家机关先一步意识到规范性文件的分歧,法律赋予其建议权,一是考虑到保障人民当家作主,参与国家管理,避免逐级层报、文件传递等内部运转程序的麻烦;二是广泛的公众参与可以拓宽备案审查机关的监督渠道,可以减轻主动审查的压力,保障其监

---

① 俞海涛:《立法审查建议的界定与保障》,华东政法大学硕士学位论文,2018年,第36页。

② 《宪法》序言第十三自然段:"全国各族人民、一切国家机关和武装力量、各政党和各社会团体、各企业事业组织,都必须以宪法为根本的活动准则,并且负有维护宪法尊严、保证宪法实施的职责。"

③ 《宪法》第五条第二款:"国家维护社会主义法制的统一和尊严";第五条第三款:"一切法律、行政法规和地方性法规都不得同宪法相抵触。"

④ 《立法法》第一条:"为了规范立法活动,健全国家立法制度,提高立法质量,完善中国特色社会主义法律体系,发挥立法的引领和推动作用,保障和发展社会主义民主,全面推进依法治国,建设社会主义法治国家,根据宪法,制定本法。"

⑤ 蔡定剑:《公众参与及其在中国的发展》,《团结》2009年第4期。

督工作的正常运转。①

2."救济权"功能：保护公民合法权益

尽管《立法法》第一百一十条第二款设立时的价值目标只在于通过公众参与维护宪法实施，保障客观法秩序，而非保护公民个人因受到侵害而损失的利益，但法规审查建议权既存在救济权属性，该权利必然会呈现出权利救济的功能。

从社会背景上看，"主观权利救济"一直以来都是我国备案审查的实践诉求，并且权利救济性质的建议在审查建议中数量比例逐渐升高，为当下社会所需。典型如2017年，全国人大常委会收到了千件针对《婚释（二）》第二十四条的审查建议，其中绝大多数建议者是在诉讼中由于该司法解释而败诉的当事人。②

从法律规范上看，2004年"国家尊重和保障人权"被写进宪法，人权保障就明确地成为宪法的基本原则。保证法律规范不违反宪法、不违反上位法，在保障国家法制统一的同时也是在保障普遍性的公民基本权利。然后，在低位阶的规范层面，2019年版的《法规、司法解释备案审查工作办法》（以下简称《备案审查工作办法》）的立法目的规定，与2005年版的《司法解释备案审查工作程序》立法目的规定相比较，《备案审查工作办法》中增加了"保护公民合法权益"这一项内容，说明在备案审查制度实践发展中，立法者认可了备案审查制度有主观权利救济之功能，并将其写入法律规范中。

公民审查建议制度为备案审查工作中的重要内容，《立法法》第一百一十条第二款设立该制度在实践中呈现出的客观目的为：保护公民合法权益。

在公民法规审查建议权上体现出的两种功能：维护国家法制统一与保护公民合法权益，它们并不是截然对立的。一方面，国家整体法制统一能有效保护公民合法权益，而法制统一之下的完备法律体系能够更好地保障公民合法权益，甚至可以说，立法的最终目的都是为了保障公民权利；另一方面，公民在进行权利救济的过程中发现规范性文件的错误，提出的审查建议在救济自身的同时也帮助国家修正法律体系中错误的法规而起到促进法制统一的效果。因此，公民法规审查建议权的两个价值目标是相互促进的，都值得追求，不可偏废。

---

① 张春生：《中华人民共和国立法法释义》，法律出版社2000年版，第258页。

② 另据媒体报道，2017年12月至2018年1月底，全国人大又相继收到2000多封针对24条的审查建议信件，"这一数量，超过过去五年全国人大常委会收到各类审查意见的总和"。

三、双重权利属性审查建议的双重轨迹

（一）基本权利属性的审查方式关联

价值目标与审查方式存在一种大致的对应关系[1]；在抽象审查中，更着重关注保障国家宪法实施、维护客观法秩序的价值目标，而具体审查中，更偏重考虑在具体事件中保护公民合法权益。抽象审查指的是争议的具体案件不纳入审查考虑范围内，只审查有争议的法律规范。而具体审查是在一个纠纷中，对解决该纠纷适用的规范性文件进行审查，因为在具体审查中对规范性文件审查的同时还要对案件进行裁判，所以具体审查属于一种附带性审查。[2]

1. "监督权"审查方式：侧重抽象审查

在抽象审查程序中，程序的标的是相关规范与基本法之间是否一致的问题，与审查建议人无关。在此程序中形成的是"从具体法律适用中抽象化出来的全面审查"[3]。

抽象审查与具体审查方式相比，缺乏真实案件的情境要素以及错综复杂法律关系的具体展开，大都径自做出审查判断，在审查程序中缺乏公众参与，甚至以维护客观法秩序为价值目标的抽象审查可以完全无须公众参与[4]，但是这种缺乏法律规范认识分歧的切身体会者参加的审查必然是单薄的、空洞的、停留在表面的。然而，公众参与的主体不能够仅局限于合法权益受到侵害的公民，也要关注其他享有民主监督权的公民。公民出于立法监督目的的法规审查建议，可以在法律实施对公民已经产生侵害的阶段提出，可以在法律颁布后还未对公民产生实际侵害的阶段提出，也可以在立法的意见征求阶段提出。对于后两种在未对公民产生实际损害的阶段提出的审查建议，没有具体案件，只能启动抽象审查程序，而第一种对已造成公民利益损害的立法提出审查建议程序，可以被具体案件当事人启动的具体审查程序吸收进而形成"中止具体审查—移送抽象审查"的移送审查程序。

结合前文，立法者最初设立这一制度的目的是维护国家法制统一，结合《立法法》的文义规定，只能得出审查机关对建议的审查方式是一种抽象审查。公民的审查建

---

① 林来梵：《宪法审查的原理与技术》，法律出版社2009年版，第453页。

② 胡锦光：《违宪审查比较研究》，中国人民大学出版社2006年版，第330页。

③ ［德］施莱希，［德］科里奥特：《德国联邦宪法法院——地位、程序与裁判》，刘飞译，法律出版社2007年版，第124页。

④ 如《立法法》第一百一十条第一款规定的五大特殊主体提起审查要求，如批准审查、主动审查程序等。

议处理程序,如果不和具体案件相结合,则类似抽象审查。尽管公民向审查部门提出规范性文件审查建议,大多数是为寻求权利救济,保护自己的合法权益,甚至已有司法诉讼在身,但这些因素与审查机关决定是否对申请审查的规范性文件进行受理以及得出的结论如何,并无甚联系①,因此,作为监督性的审查建议审查方式,更侧重在抽象审查上。

2."救济权"审查方式:侧重具体审查

具体审查方式中,更偏重人权保障,出于主观权利救济目的的公民提出对法规进行审查,原本应当按照具体审查程序进行审查,且我国也并非没有具体审查程序,但是由于我国的具体审查具有极大的局限性,使得尽管有具体审查的规定,当事人往往还是需要通过审查建议抽象审查的方式寻求权利救济。

在行政诉讼与行政复议的附带性审查中,具体审查机关负责裁判具体案件,有权进行具体法规审查的范围仅限于行政规范性文件,并且这里的行政规范性文件指规章以下(不含规章),只能进行合法性审查而不能进行合宪性审查。而在备案审查中,抽象审查的范围是规范性文件全覆盖,包括合法性、合宪性审查。

由此看来,我国的具体审查和抽象审查更像各司其职,互不干涉,二者程序衔接方面的制度尚属空白,这也就导致了当公民同时寻求具体审查与备案审查的权利救济时,二者得出的结论一旦发生冲突,公民的合法权益将无法得到有效保障。基于我国现行具体审查与抽象审查的制度基础,为更好地保障公民合法权益,有必要搭建起具体审查与抽象审查的衔接程序,形成"中止具体审查—移送抽象审查"的移送审查程序。

回到制度本身,公民的法规审查建议权之行使,只是启动备案审查的一种可能方式,并不意味着提出申请就必然启动审查。有学者指出,这种公民可以向全国人大常委会直接提出抽象的规范性文件审查的启动方式,怕是世界各国绝无仅有的,类似一种抽象与具体相交错的性质。但实际上,即使公民的建议的规范性文件进入备案审查处理程序,之后的审查过程与公民提出审查申请背后的目的并没有相关性。审查机关不会关注公民是因为权利遭到侵害还是出于民主监督的目的提出审查建议。因此,在审查建议这里依旧可称之为抽象审查的启动方式。

尽管如前文所述,审查建议的设置是一种为维护法制统一的抽象审查,完全符合

① 焦洪昌、张鹏:《试论我国违宪违法审查建议处理程序及其完善》,《河南工业大学学报(社会科学版)》2013年第9卷第4期。

监督权审查建议的功能定位,但也不能否认监督性审查建议与救济性审查建议存在区别。即便制度设立伊始,救济权功能并不在其目标价值之内,而是在制度实施中发展之后才被立法者所承认的,但也不可否认权利救济一直是蕴含在审查建议制度中的一项重要功能。公民个人提起审查程序,一般都是由于个人权利受到了公权侵害后,自己的合法权益无法在诉讼程序中获得保护,才会选择以提请审查建议的方式去捍卫自己的权利,最终还是希望能通过行政复议或是司法诉讼推翻之前错误的判决。不论是为了审查机关的减负还是为了提出建议公民的便利,对于主观权利救济的审查建议,审查方式重点应放在具体审查上,构建起审查建议移送审查制度。

因此,对于我国的公民法规审查建议制度来说,如果是无利益关系的公民基于监督权提起审查建议,监督权审查程序的重点应在完善抽象审查程序上;而有利益关系的公民基于救济权提起审查建议,往往会既涉及司法诉讼又涉及备案审查,既会启动具体审查程序又会启动抽象审查程序,在进入备案审查环节的时候,审查机关也难免会考虑到这个审查建议关联的具体案件以及公众的呼声,总的来说,救济权审查程序的完善重心应放在"中止具体审查—移送抽象审查"模式的移送审查程序的构建上。

(二) 建立双重审查程序的必要

价值目标的实现不能缺少方法的使用,没有程序加以保障的目标只是可望而不可即。对更关注法制统合的审查建议,即监督性审查建议,我们应将其引入抽象审查程序之中;对更关注人权保障的审查建议,即救济性审查建议,我们应将其引入"中止具体审查—移送抽象审查"的移送审查程序之中。

学者们希望从《立法法》第一百一十条第二款中发展出对立法侵权的公民权利救济制度,并且基于筛选技术方面的考虑,企图割舍可以启动抽象程序的无直接利害关系的公民,如胡锦光教授主张,将公民审查建议的主体资格限定在法院和当事人。[①]

事实上,自2000年《立法法》第一百一十条第二款确立以来,无直接利害关系的公民为备案审查工作的推进提供了动力,尤其是许多有专业知识与社会责任担当的学者,对许多违宪违法的规范性文件提请审查建议,影响了这些规范的修改与废止,促

---

① 胡锦光教授建议将《立法法》第一百一十条第二款(原2015年《立法法》第九十九条第二款)修改为:"人民法院在审理案件过程中,或者案件当事人在穷尽法律救济之后的六个月内,如果认为行政法规、地方性法规、自治条例和单行条例同宪法或者法律相抵触的,可以向全国人民代表大会常务委员会书面提出进行审查的建议,由常务委员会工作机构进行研究,必要时,送有关的专门委员会进行审查、提出意见。"见胡锦光:《如何推进我国合宪性审查工作》,"中国法律评论"微信公众号,http://mp.weixin.qq.com/s/q014zGITrQ19P05DOn0k0Q,最后访问时间:2021年3月13日。

进了国家的法制建设。在审查建议工作有所成效、备案审查工作蓬勃发展之际，这些确确实实都是有益的经验，我们不能否认这些显著的成果，也不能因为筛选技术的困难，而选择剥夺无直接利害关系人的审查建议权。我们既需要人民当家作主、参与民主监督，也需要保障公民的权利诉求。

正如季卫东教授所说，从中国宪法监督制度施行中可以看到，公民个人启动合宪性审查程序的两种基本模式正隐约成型：一种基于监督权，以保障宪法秩序和法制统一为目的；另一种基于救济权，以保障人权、公民的基本权利为目的。①

如果审查建议的程序构建中不能厘清这两种性质的审查建议权，将不同的公民诉求分别引向相应的处理渠道，就可能出现无直接利害关系人涌入法院、政府要求审查规范性文件的合法性，而有直接利害关系的公民则抓住最高立法机关不放，程序没有针对性，就会导致公共资源的错位与浪费，显得牛头不对马嘴。②故，基于公民启动备案审查程序的两种基本模型，需要有进一步配套的制度才能够保障公民法规审查建议的权利：一是基于监督权的审查建议，需要完善相应的抽象审查程序；另一种是基于救济权的审查建议，则需要完善具体审查与抽象审查相互衔接的移送审查程序。

1. 在抽象审查程序中完善审查建议制度

针对监督权建议下的抽象审查程序，需要从纵向考虑审查建议程序事宜，对筛选审查建议要件到审查建议结束后的反馈公开程序都需要进一步完善。

首先，筛选机制既承担着遴选大量审查建议的功能又承担了据此得以启动审查程序的功能。在抽象审查中，更注重维护国家法制统一，审查主体倾向于专门的机关进行集中审查、审查标的多样化并以对法律法规的审查为主。所以抽象审查与具体审查之启动要件不同，监督权属性审查建议的功能决定了它作为一个维护法制统一的制度，审查机关不能以具体审查的案件性、原告适格等作为筛选要件，将公民的政治性监督建议挡在门外。

抽象审查启动要件最直观的特征是它的简明性。无论从要件的类型还是要件要素的结构来看，抽象审查启动要件从整体到个体，均体现出简明性，这是其最为直观的一项特征。因此在抽象审查中，能够明确规定的启动要件只有如争议性、主体等，与具体审查中多角度、多样态的启动要件，要件内涵在判例中随时间变化而变化、因所涉及之人权类型的不同而不同，不可同日而语。所以对于抽象审查各要件，通常只

---

① 季卫东：《再论合宪性审查——权力关系网的拓扑与制度变迁的博弈》，《开放时代》2003年第5期。
② 俞海涛：《立法审查建议的界定与保障》，华东政法大学硕士学位论文，2018年，第40页。

需要在制定法中进行直白的表述，不存在复杂的要素结构，也不需要审查主体在实务中进行多大的变通与发展，就可直接适用。①

尽管抽象审查启动要件本身简明，但也不可全无限制，不加以过滤，就将海量的审查建议统统纳入备案审查的程序中。对审查建议提请程序的审查筛选的设置，主要目的是筛选出合格的建议，防止不符合规定的建议纷沓而来，数量暴增，甚至演变成"滥诉"现象，影响常委会备案审查的效率，也为常委会实际审查能力所不许。为审查建议设立筛选要件的任务是将无用的建议、不合理的建议、滥用审查建议权的建议挡在门外，然后让合理的审查建议得以启动法规审查程序。

其次，审查程序之中另一个重要的制度是反馈、公开机制，该制度的明确可以保障公民知情权，有利于更好地实现公民的监督权。正如前文所述，在备案审查开展之初，因缺乏审查建议受理回复、限期回复等细则，未及时设立审查程序公开与审查结果公示制度，无法得到反馈的公民自然会放弃审查建议这一渠道。

2015年《立法法》增加第一百零一条反馈机制，作为审查要求权与审查建议权制度的配套，规定了备案审查机关对审查建议研究情况"应当"向申请人反馈，"可以"向社会公开。但由于对反馈制度只有简单的寥寥几笔模糊的提及却无健全的配套措施，导致许多审查建议"石沉大海"；2003年"孙志刚事件"三博士上书，法工委没有反馈，不知道该如何反馈；2015年《立法法》规定了反馈制度，而后2016年法工委用书面信函对一位律师提起的《江苏省物业管理条例》审查建议进行反馈，因反馈内容过于粗糙被建议人感叹"像个便条"；2017年潘洪斌提请审查《杭州市道路交通安全管理条例》到收到反馈历经差不多8个月时间，表示根本没想到全国人大常委会会关注到他的审查建议；2017年12月，法制工作委员会收到公民对《人民武装警察法》第三条进行合宪性审查的建议，在研究工作结束后，仅向审查建议人作了口头反馈；还有2019年废止的收容教育制度，从2018年3月提出对收容教育制度进行合宪性审查的议案，到2020年3月才明确废除，历时近两年。

反馈制度的从无到有激发了公众的热情，但从审查建议实践案例中可以看到其细节规则之缺失带来的一些问题：公民提出审查建议后对何时能够收到反馈无法预期；收到的反馈形式不统一，有口头，有书面，甚至书面反馈也非常简陋，回复不严谨。缺乏反馈互动的公众参与称不上"真正的"公众参与。没有反馈互动，审查建议只会有去无回，建议人无法得知审查机关是否收悉自己的建议书，审查机关是否会将自己

---

① 林来梵：《宪法审查的原理与技术》，法律出版社2009年版，第58页。

建议修正的规范性文件纳入审查处理程序,审查机关是否认同自己的观点,是否支持自己的建议,理由是什么。得不到建议的反馈回应,公民与审查机构无法进行互动,就没有动力参加法治建设、民主监督,出于理性选择,也会放弃这一渠道,审查建议制度一旦失去公民对它的约束,备案审查机构也可以不认真对待审查建议,整个制度的运行就会流于表面,更遑论设立这个制度之初衷是解决国家法律冲突问题。只有健全审查建议的反馈与公开制度,做到有反馈有公开,"石沉大海"的审查建议才能"水落石出"。

　　2. 在移送审查程序中完善审查建议制度

　　学界对主观权利救济属性的审查建议数量不断攀升的情况早有预见。有学者认为,为避免出现海量主观权利救济的审查建议的情况,应当对提请建议的主体做出规定,限定在一定范围内,并且将司法诉讼作为审查建议的前置程序。但是一方面,设置前置程序,对审查建议主体资格进行明确限制,有悖于审查建议制度保护公民合法权益的功能定位;另一方面,《立法法》规定了由全国人大常委会工作机构对审查建议先行研究,先行筛选,说明制度层面对审查建议数量可能泛滥的情况已经有所准备。而在防止救济权审查建议泛滥的制度建设中,不是要对它设置前置程序或者主体资格限定,而是应将其导入正确的处理渠道,与其他救济渠道合理衔接,才能不浪费司法资源,更充分地发挥备案审查的作用。

　　在救济权属性下的审查建议权虽然牵涉具体个案审查,但实际上还是属于一种具体性程度比较高的抽象审查方式。但是这种审查往往会涉及两种程序的移送审查方式,因此往往要涉及纵向程序的衔接,其中由行政复议机关和人民法院进行具体审查,备案审查机关进行抽象审查,两者间建立起"中止具体审查—移送抽象审查"的移送审查模式。①

　　这类案件中,公民是因为合法权益遭到侵害而提出审查建议,希望在得出审查建议结论后,最终能够在司法诉讼或行政复议中获得救济,改变不利判决。但是目前审查建议制度与其他救济制度的严重脱节甚至产生冲突,不仅不能让公民得到权利救济,还会破坏国家法制的统一性与公信力。再次以潘洪斌案为例,潘洪斌从提请审查建议到收到反馈历经差不多8个月,在收到反馈几个月以后,违反上位法的条例才被修改。从潘洪斌提出建议至规范性文件被修改,历时一年多。

　　潘洪斌提出审查建议的整个过程,完全暴露出在审查建议制度中寻求权利救济

---

① 　郑磊:《宪法审查的启动要件》,法律出版社2009年版,第231页。

过程的无预期性:无法得知收到审查机关反馈的时间期限;如果审查建议的内容得到审查机关的支持,规范性文件因此而修改,但后续的补偿措施依然是无法预料的。潘洪斌在收到全国人大常委会支持其审查建议的复函后,欲推翻原判决,于是向杭州市检察院提起监督申请,检察院却拒绝了他的申请,潘洪斌的权利仍未得到保护。上文提到,救济权的最终实现往往需要通过司法程序要求改变对他们不利的判决,潘洪斌欲通过法定渠道救济自己的权利却不能实现,暴露出审查建议制度设计的问题:只能保证国家法制的统一,却不能保护因法律冲突导致公民合法权益受损的利益。①

我国具体审查机关一般只能在行政诉讼、行政复议程序中对低位阶(规章以下)的行政规范性文件进行审查,对其他规范性文件无审查权力,也没有权力去更改不合法的低位阶文件。因此只有构建起移送审查程序,才能够审查违宪违法的规范性文件,在具体审查环节有效地保障公民权益。在审查建议制度中的移送审查就是:具体审查机关在审理具体案件过程中,发现裁判所依据的法律规范有违宪违法之情况而移送至有关备案审查机关进行抽象审查,建立起"中止具体审查—移送抽象审查"的移送审查制度。移送审查制度的设立是立足在我国如今的政治体制以及宪法监督制度框架的基础上,这可能是满足社会需求、实施阻力最小、最切实可行的制度设计。②

四、监督属性建议面向:抽象审查程序的建构

(一) 筛选要件

抽象审查的启动要件应当简明,对审查建议的筛选制度应当明确规定,公民提出的法规审查建议应当符合以下条件:一是提起审查的对象必须是备案审查中所指的"规范性文件";二是提起审查建议的审查对象应当在备案审查机关的审查范围之内;三是审查建议书须有明确的事项及理由;四是必须采用书面形式。

1. 审查对象为规范性文件

党的十八届四中全会提出"把所有规范性文件纳入备案审查范围"。规范性文件指的是各级国家机关在其职权范围内按照一定程序制定,涉及不特定的公民、法人和其他组织的权利和义务,具有普遍约束力并可反复适用的文件,包括行政法规、地方性法规、自治条例和单行条例、经济特区法规、军事规章、国务院部门规章、地方政府

---

① 梁洪霞:《备案审查的人权保障功能及其实现路径——潘洪斌案的再思考》,《人权》2020年第2期。
② 谢维雁:《论我国复合型宪法诉讼制度的构建》,《法商研究》2009年第2期。

规章、司法解释、各级人大及其常委会的决议决定、各级政府的决定命令、国务院部门命令指示等。

规范性文件的认定看似十分明确，但是在实践中，还是有很多特定的规范性文件难以认定是否该纳入备案审查的范围，还需要进一步探讨与明确。比如对于政府办公厅、办公室发布的文件，是否应当纳入人大常委会的备案审查范围，每个省份对此认识不同，有的纳入了备案审查范围，有的没有纳入。其实在实际工作中，大量政府文件不是以政府的名义对外发布，而是以政府办公厅的名义对外发布。因此，将政府办公厅、办公室发布的文件视作政府的文件，纳入人大常委会的备案审查范围，有利于加强人大对政府工作的监督。

还有，关于地方人民法院、地方人民检察院的文件是否属于规范性文件？ 根据《立法法》的规定，只有最高院与最高检有权制定司法解释，地方人民法院、地方人民检察院是没有权力制定规范性文件的。所以事实上地方"两院"制定的文件是无法被认定为规范性文件的，但是基于现实中地方"两院"制定的文件庞杂，存在诸多问题，如果不将地方"两院"制定的规定纳入备案审查范畴，无法保证国家法制统一、审判统一。于是自2019年以来，全国人大常委会法制工作委员会着力推动地方各级人大常委会将地方法院、地方检察院制定的涉及审判、检察工作的规定都纳入人大常委会的审查范围。

2. 审查对象符合备案审查主体的审查范围

公民提出建议的审查对象应当属于备案审查机关的审查范围，否则审查机关可以拒收审查建议并告知其另行提交至有权的备案审查机关。

我国的法规备案审查制度体系，是由各系统分工负责、相互衔接组成。每一个备案机关都有自己法定的审查范围，而每一个规范性文件都有对应的法定审查机关。公民自身遇到问题，希望通过提出审查建议这一方式解决，常常是把审查建议当成维护自身权益的最后一根稻草，总认为级别越高的机关越有利于问题的解决，但这既不利于问题的解决，也不利于建立一个良性的秩序。

以2018年全国人大常委会收到的审查建议为例，2018年共接收涉及法律规范审查的信函4578件，可明确为审查建议的有1229件，而属于它审查范围的只有113件。国家信访制度不提倡越级信访，审查建议理论上也不应当提倡越级提出。

除了审查建议可能越级会给审查机关加重压力，另提出审查建议时也应当注意该规范性文件是否应当由该审查部门进行备案审查。2016年9月，全国人大常委会收到全国各地共100多名律师联名建议，建议对《律师事务所管理办法》进行审查，而后回函表示该规范性文件不属于其审查范围,请向国务院提出审查建议。不论是越级上访或是将审查建议随意提出到任意部门,都会加重审查部门压力,如果建议的内容不属于该部门的审查范围,审查机关有权拒收审查建议并告知其向有权审查机关另行提交。

3. 有明确的事项和理由

公民提出书面审查建议时的事项应当有规范性文件名称、制定机关、公布时间、具体条款的内容等。理由需要表明规范性文件如何与上位法相抵触或者不适当,如超越立法权限、违反上位法规定、违反法定程序等,还应该清晰明了,不能主观臆断、空洞抽象。

审查建议人提出审查建议,对维护社会主义法制统一、建设社会主义法治国家具有积极意义。但在实践过程中,法律赋予审查建议人提出建议的权利,但并没有对审查建议的形式要件和实质要件作相应的具体规定,致使审查建议人完全凭借个人对法律的理解来撰写审查建议书,结果有时是样式"五花八门",内容"随心所欲",事项"缺东少西",理由"空洞抽象",给审查工作带来很多困难。有的地方虽然做了一些规定,比如规定审查建议应当写明建议审查的法律规范名称、审查的具体条款以及具体理由,虽对审查建议的书写规范起到一定作用,但作用有限。国家司法诉讼文书有明确的格式要求,被广大诉讼当事人普遍接受和遵循,为法律行为的规范起到积极作用,可以考虑仿照诉讼文书的格式要求,对审查建议书的格式进行规范,从源头上杜绝种种乱象,为顺利开展审查建议的审查研究工作奠定基础。[①]

4. 符合书面形式规范

提出审查要求或者审查建议,应采用书面形式,不能采用口头等其他方式提出。采取书面形式提出审查建议,是权利行使严肃性的体现。需要说明的是,为拓宽提出审查要求、审查建议的渠道,一些备案机关通过网站设置专栏接收审查要求或者审查建议,这是一种创新。通过网络提交的审查要求或者审查建议,也是书面形式的一种。[②]

如果是通过网上备案审查平台提交,填写建议的一般已经有固定格式。江苏省规范性文件审查建议受理电子平台规定:"公民、社会团体和企事业单位通过本平台提出审查建议的,应当如实写明审查建议提出人姓名或单位名称、联系地址、联系电

---

① 全国人大常委会法制工作委员会法规备案审查室:《规范性文件备案审查理论与实务》,中国民主法制出版社2020年版,第67页。

② 全国人大常委会法制工作委员会法规备案审查室:《规范性文件备案审查理论与实务》,中国民主法制出版社2020年版,第63-64页。

话、电子邮箱、建议审查的法律规范名称、法律规范制定单位、审查的事项与理由,填写信息不全的,将无法提交审查建议。"

此外,这里的书面形式规范不仅是要做到整洁的书面建议,更重要的是通过书面格式来对审查建议进行相应的统一规范。如前所述,尽管有些地方已经有规定,要求审查建议书写应当囊括的事项,但毕竟规定比较笼统抽象,对筛查审查建议的工作减负作用有限,只有对审查建议书的格式进行规范,比如参照司法诉讼文书的样式,给出参考范文,让公民提出审查建议时普遍遵循,杜绝随意五花八门的不规范的审查建议,才能以此为基础继续顺利开展审查建议的研究工作。

(二)反馈制度

对提出审查建议的公民、组织进行反馈回函,是审查工作中的一项重要内容。一方面,审查工作结束后对公民提出的审查建议给予反馈,体现了国家机关对公众参与管理国家事务的尊重,及时回应公众建议,有利于增强群众参与监督法律实施的积极性,建立起审查机关与公民之间的良性互动,更好地保障广大公民合法权益。另一方面,通过建立反馈机制对普通公民提出的审查建议进行回复,也可以形成审查建议提出者与审查机关之间的监督互动,防止法规监督被虚置,避免随着立法权下放而引起法律部门利益化的现象,促进备案审查监督机制进一步有效运转,维护国家法制统一。

2015年《立法法》增加第一百零一条反馈机制,作为审查要求权与审查建议权制度的配套,规定了备案审查机关对审查建议研究情况"应当"向申请人反馈,"可以"向社会公开。《备案审查工作办法》第四十八条规定了在审查工作结束后,法制工作委员会向提出审查建议的公民、组织进行反馈。[①]据目前媒体报道的一些审查建议案例,公民收到的审查建议反馈内容简陋,或是从提出到收到反馈历经几个月,在此期间也并不知道自己的审查建议已经在受理过程中。全国人大常委会法工委在披露案例时,表示在审查研究工作结束后,会对审查建议人进行反馈,其中"审查研究工作结束"时间不可控,当事人往往不知道自己的审查建议已经进入审查程序了,而且法工委的反馈有口头和书面两种形式,不统一也不严谨。

针对审查建议案例中出现的反馈制度上的一些问题,本文认为:一是需要建立限

---

① 《法规、司法解释备案审查工作办法》(2019)第四十八条:"国家机关、社会团体、企业事业组织以及公民对法规、司法解释提出审查建议的,在审查工作结束后,由法制工作委员会向提出审查建议的公民、组织进行反馈。"

期回复制度,二是需要明确审查建议研究处理的期限。

1. 建立限期回复机制

再次以典型的潘洪斌案为例,2016年4月,潘洪斌向浙江高院提起了再审申请的同时,第一次向全国人大常委会提出建议对《杭州市交通安全管理条例》进行审查。2016年9月,省高院驳回再审后,潘第二次提出审查建议,请求对该条例进行审查。2017年1月,反馈函寄到潘洪斌公司之前,潘在此期间一直都不清楚审查机关在第一次收到他的来函后,已着手准备审查该条例。

在潘洪斌案例的时间线里,其实当他第一次提出建议时全国人大常委会就着手开始审查,但是他毫不知情,在不断寻求司法救济却失败的过程中再次提出审查建议,从第一次致信到审查工作结束后收到反馈函中间经过了9个月左右。这样一个清晰的时间线,暴露出审查建议人是否能收到反馈、何时能够收到反馈是无法预料的,很容易让建议人对备案审查工作失去信心,缺乏参与监督法律实施的积极性。

当前,应当进一步规范公民法规审查建议的接收、登记、归档、研究与答复制度。其中最重要的是要建立起限期答复反馈机制,及时回复告知申请人审查建议已经被审查机关接收、审查建议已经进入受理程序,然后明确审查期限并在期限内告知申请人审查结论。同时,应当建立起备案审查工作对公民等审查建议人公开反馈的常态工作机制,可以保障审查机关认真履职,又尊重公民监督权利,激发公众提请审查建议的积极性。①

如何接受、登记、归档及研究是审查研究的内部流程,对此不多做研究探讨,在此仅重点探讨建立对建议申请人的限期答复机制。

第一,审查机关收到申请后,需要及时通知申请人。对于书信审查建议可以通过短信形式,网络平台的审查可以直接通过电子文本的方式及时告知建议人"审查建议已接收"。审查机关应当在收到审查建议时统一以书面答复的形式简要地通知申请人已经收到建议。

第二,对审查建议进行初步研究后,属于审查机关审查范围的,对申请人做出受理决定通知;不属于审查范围的,对申请人做出不予受理的决定。如果决定受理申请人的审查建议,应当采取书面形式,简要告知建议人已经正式受理审查建议并将对此开展研究工作;如果不属于审查范围,则告知原因,作出不予受理决定。

第三,审查工作得出结论后,及时将审查结果告知申请人。一是审查结果的反馈

---

① 封丽霞:《制度与能力:备案审查制度的困境与出路》,《政治与法律》2018年第12期。

非特殊情况下应当严谨按照书面要求进行正式答复,而不是口头形式告知。二是反馈内容应当有一个标准,目前反馈函的组成应当包含标题、文号、称呼、收悉审查建议的情况、审查研究的情况、纠正处理的情况、对建议人表示感谢、落款及印章。①

2. 明确审查建议处理期限

除了进入受理审查建议程序之后每一步骤都需要对建议人进行及时的回应反馈,同时也需要明确审查建议的处理期限,避免出现审查建议人从提出建议到收到审查结果的时间无限延长的情况。

在审查建议处理程序中的审查期限,是指对单个审查建议完成审查研究工作的时间。合理的审查期限,既能使审查机关保证审查质量,促使其提高工作效率,防止久拖不决,同时也是对审查建议人政治权利的尊重。审查期限的确定,需要综合各种因素,既要考虑规范性文件审查研究工作自身的规律性,还要兼顾机构设置、人员配备情况,做到科学合理。

关于审查期限,我国法律层面对审查建议进行处理的最后期限未作规定。《备案审查工作办法》对审查期限有所规定,审查机关应当在审查程序启动后三个月内完成审查研究工作,提出书面研究报告。实践中,全国人大常委会审查研究公民提出的审查建议,一般都在三个月内办理结束,当遇到重大复杂问题时需要听取多方面意见、反复研究时,也有超过三个月的情况,但属于个别现象。

地方立法上大都对审查期限做了规定。以2018年为时间节点②,25个省关于审查建议的审查时间至多至少都规定有一个审查期限,只有6个省份对审查期限毫无规定。有的省份,如内蒙古、安徽,不但对受动审查的审理期限做出规定,甚至对主动审查的审理期限也有相应的规定。在各省份的审查期限的设置上,最短的是15天,最长的是三个月,其中绝大部分省份规定受动审查的期限是30天。

在地方性法规中对审查期限的规定,主要采取三种方式:(1) 固定审查期限。如河北省规定六十日,山东省规定三个月。(2) 固定审查期限,特殊情况下可适当延长。如江苏省规定两个月内提出审查意见,特殊情况可延长一个月。青海省规定三十日内提出审查意见,特殊情况可以延长至六十天。(3) 根据审查的规范性文件是否存在问题,确定不同的审查期限。存在问题的规定一个较长的期限,不存在问题的规定一

① 全国人大常委会法制工作委员会法规备案审查室:《规范性文件备案审查理论与实务》,中国民主法制出版社2020年版,第137页。

② 王锴、刘犇昊:《现状与问题:地方备案审查制度研究——以31个省级地方为例》,《江苏行政学院学报》2018年第3期。

个较短的期限。如云南省规定,备案审查机关认为审查建议对象不存在问题的,十个工作日内回复;审查建议对象存在问题的,在三个月内对建议人回复。有的地方政府规章也规定了审查期限。如《福建省行政机关规范性文件备案审查办法》第十三条规定,公民向审查机关提出的审查建议,属于审查范围的,三十日内将审查结果告知建议人;特殊情况的,可以适当延长,至多不超过四十五日。《内蒙古自治区规范性文件制定和备案监督办法》第四十条规定,收到审查建议自申请之日起五日内进行形式审查,属于监督范围的,应当予以受理,并在受理之日起六十日内完成审查。通常情况下认为,即便地方对审查工作没有明确规定审查期限的,也应当在相对合理的期限内完成审查工作,不应无故拖延。

在法律层面,对审查建议进行处理的审查期限作出合适的规定,公民及时获得反馈,与审查机关保持良性互动,能够让公民的民主监督权及至广大公民的合法权益得到更好的保障。

(三)信息公开

在行政法中,信息公开制度的重要性不言而喻,政府信息公开制度改变了行政机关与公众之间的信息不对称状况,加强了公民权与行政权对等的地位。从宪法权利的角度来看,信息公开是对公民知情权的保障,而知情权是人民行使许多权利的基础。在备案审查中信息公开的作用也无法忽视。如果没有知情权,信息不对称,公民又如何行使监督权,如何更好地行使救济权? 此外,审查建议反馈信息的公开,可营造舆论氛围,引起公民关注,凝聚社会共识,推动审查建议制度的发展,还可以通过社会关注提升相关备案审查部门研究规范性文件的效率。[1]

2015年《立法法》第一百零一条规定了有关备案审查机构对审查建议结果"应当予以反馈"和"可以向社会公开"。信息公开建设是审查建议工作发展中不可缺少的一部分,是公民审查建议反馈制度完善的重点关注对象。所以虽然《立法法》只是规定"可以"公开,但本文认为此处的"公开"应当与"应当反馈"保持一致,相互匹配。之后2019年《备案审查工作办法》第五十一条规定了应当将开展备案审查工作的情况以适当方式向社会公开。

目前的审查建议反馈信息公开包括单项审查事件的公开和周期统计数字的公开。但总的来说,审查建议制度中的信息公开比较匮乏,一是审查建议程序性信息不透明,二是审查建议案例的审查结果公示来源有限,有选择性地公示审查结果。

---

[1] 郑磊:《十二届全国人大常委会审查建议反馈实践:轨迹勾勒与宏观评述》,《中国法律评论》2018年第1期。

1. 程序性信息公开透明化

目前,备案审查机关对于审查建议的处理都是在内部进行的,审查机关在接收审查建议后,会默默地在内部开展审查工作,对规范性文件的处理也基本上采取与制定部门内部沟通协商的方式。极少有相关部门会公开审查处理过程的信息,整个审查程序也不会与建议人进行反馈互动,当申请人提出的审查建议到达审查机关之后,这个建议内容似乎就再与申请人毫无关系,只有当审查机关得出审查结论后,申请人才能得到反馈结果,并且最终的处理结果一般只有审查机关、制定机关以及建议申请人能够获悉。所以,不仅是社会普遍缺乏对备案审查与审查建议工作的了解[1],甚至许多专注备案审查制度研究的学者也无法获取第一手的资料,双方信息的不对称性,使得学者提出的问题与备案审查工作的实际状况相差甚远,使学理上的探讨无法跟上备案审查发展的步伐,长期停留在较低的层次上。而程序性信息公开正是一项可以改变备案审查部门与公众之间的信息不对称状况的必要制度。

尽管审查建议的内部工作流程应当属于不对外产生直接效力的内部行为,但是内部工作程序的透明度在很大程度上会影响外部行为的发生。如在行政行为的信息公开上,社会往往对行政行为本身的公开较为注意,却容易忽视"非主体"一些信息公开的必要性,而实际上,内部程序可能才是对公民合法权益真正起到保障作用的因素。在备案审查中,这些"非主体信息"包括备案机关的职责权限、内部办事程序规则、审查标准的细化规则等事项。[2]

在审查建议的接收、处理、得出结论的过程中,首先,申请人如果不了解法规备案审查的程序,就无法以正确的方式向对应的审查机关提出建议申请,可能导致建议不被受理的情况。其次,申请人如果不了解审查期限以及审查部门的工作流程,就只能在提交申请后在未知时间里等待审查结果的通知,也不知道如何协助审查机关更好地开展工作。最后,在审查完毕后,申请人也不知道在何时会以何种方式——是书面形式或是口头形式得到审查结论的通知。因此,程序性信息公开透明化,能够为公民、组织等对法律规范进行监督提供便利,也能够让相关审查机关的审查过程得到监督,使它们更好地履行自己的职责。

而在目前审查建议制度的规定中,只赋予公民审查建议的权利,对审查机关如何

---

① 焦洪昌、张鹏:《试论我国违宪违法审查建议处理程序及其完善》,《河南工业大学学报(社会科学版)》2013年第9卷第4期。
② 江澎涛:《论行政规范性文件备案审查制度》,中国政法大学博士学位论文,2011年,第83-84页。

审查、审查过程是否可以公众参与、公众如何参与审查都无相应的细节规则,基本上处于一个"闭门自审"的状态。既然公民法规审查建议制度创设的目的就是通过公众参与来维护法制统一,那么公众参与理念理应贯穿整个备案审查过程。

信息披露的不充分、"闭门自审"都让审查建议制度原本该发挥的作用大大降低,让公民提出审查建议、参与法制建设的操作可能性大大降低。备案审查工作向社会进行公开,将法规、司法解释与上位法抵触的问题公之于众,才能让全社会了解宪法实施和监督制度的实际运作情况,推动备案审查机构不断提高审查质量,拓展审查渠道,促进备案审查工作有序开展,并为规范权力运行、保障公民合法权益发挥积极作用。

2. 审查建议结果公示常态化

备案审查的重要价值恰恰就在于审查公开化。通过审查公开,向全体社会成员传达宪法的价值,确保宪法的全面有效实施,以达成宪法共识。①

2017年全国人大常委会公开了五起典型审查案件,但未公开提出建议的主体名单、是否回复、处理结果等。2018年至2020年全国人大常委会的备案审查年度报告公布了一些审查案例,在案件阐述中加入简单的说明以及处理结果。但总体来说,审查建议的反馈公开工作仍然匮乏。

首先,常规的审查建议案例的公开基本上来源于一是全国人大常委会法工委备案审查室的定期披露,二是备案审查年度的定期披露。非常规的案例来源则主要来自网络媒体、公民收到审查建议的反馈,可以选择自行公开或者借助媒体的方式公开,让审查建议结果公开变得可以作策略选择。但是这种方式显然不是信息公开,只是客观效果上可能类似于信息公开。而且这样非常规的案例获取来源让民众在了解审查建议上增添了困难。

其次,从近几年的全国人大常委会的备案审查年度报告中的一些审查案例可以看出,这些审查案例只是说到"有公民、组织建议""有全国人大代表议案""有全国政协委员提案"②,虽逐渐增添了简单表明纠正的理由以及审查结果,但对提出建议的申请主体、理由选择不公开,也没有提及与制定机关沟通的情况,审查机关要求改正的理由也十分简略,过于粗糙。

在2018年备案审查工作年度报告中,有全国政协委员提出审查建议,请求对收容

---

① 胡锦光:《论合宪性审查的"过滤"机制》,《中国法律评论》2018年第1期。
② 胡锦光:《健全我国合宪性审查机制的若干问题》,《人民论坛》2019年第31期。

教育制度进行合宪性审查。报告只表示,启动收容教育制度废止工作时机已成熟,全社会对废止该制度已经达成一致认识。但是建议的提出是呼吁对收容教育制度进行合宪性审查,报告中对该制度的合宪性未作任何评价,仅强调"废止收容教育制度时机成熟"。

2020年备案审查工作情况的报告中,有全国政协委员提出审查建议,申请对征收民航发展基金的法律规范进行合宪性审查。报告认为,征收民航发展基金不存在与宪法相抵触的问题,但与2014年修改后的《预算法》第九条第一款规定不符,司法部如果需要继续征收民航发展基金,应当及时完善相关法律或者行政法规依据。报告中没有公开提出建议的公民或者组织,而且要求纠正的理由被一笔带过。

2021年备案审查工作情况的报告中,《婚姻登记条例》规定的办理结婚登记应出具的证明材料中,不包括婚前医学检查证明,有公民对此规定提出审查建议,认为该规定与母婴保健法关于结婚登记应当持有婚前医学检查证明的规定不一致。报告认为,自2003年10月《婚姻登记条例》实施以来,婚前医学检查事实上已成为公民的自愿行为;2021年1月实施的民法典规定了婚前重大疾病的告知义务,将一方隐瞒重大疾病作为另一方可以请求撤销婚姻的情形予以规定,没有再将"患有医学上认为不应当结婚的疾病"规定为禁止结婚的情形,表示会与国务院有关部门沟通,推动根据民法典精神适时统筹修改完善有关法律法规制度。本次报告中对纠正理由的内容有所增加,但依旧未公开提出建议的公民或者组织,也无法得知此后完善相关法律法规的进程。

可见,备案审查工作的信息公开是不完备的,过于谨慎含糊的信息公开不利于公众参与,难以得到足够的正向反馈会使公民缺乏参与的积极性。备案审查制度需要建立审查建议结果过程公示制度,拓宽常规的审查建议案例的来源,公开的内容应当包括备案审查机关接受的规范性文件审查建议的数量、案件详情、处理过程以及结果等详细信息,可以以全国人大常委会公报或者备案审查平台公示等形式,定期予以公开。

五、救济属性建议面向:移送审查程序的建构

对于救济权性质的审查建议,往往会一同牵涉抽象审查程序与具体审查程序,在制度建设方面既要满足抽象审查程序,又需要完善"中止具体审查—移送抽象审查"的移送审查程序,才能够保障公民的合法权益。本文所述审查建议的移送审查程序,涉及个案的具体审查向法规抽象审查的程序转变过程,包括行政复议、司法诉讼与备

案审查的程序之间的衔接联动。

（一）行政复议与受动审查

《行政复议法》第二十六条①是对行政复议过程中对附带性审查的相关规定，如前文所述，我国的行政复议中的附带性审查只能针对规章以下（不含规章）的行政规范性文件，审查范围受限，审查对象的位阶受限，审查标准受限，且局限于行政机关内部流转，一旦超出行政复议机关的审查范围，就无法对该规范性文件进行处理，申请人的诉求就无法满足，所以《行政复议法》中规定了具体审查中的移送审查程序。当申请人请求审查的行政规范性文件不在行政复议机关的处理权限之内，裁判过程中又无法回避该规范性文件的合法合宪之判断时，就需要中止行政复议，移送至备案审查机关进行抽象审查，待审查结果得出，再恢复行政复议。

在行政复议程序中，当事人、国务院以下的行政机关认为作出裁定过程所涉及运用的行政规范性文件不合乎上位法，可以选择通过行政机关层报的方式提请至国务院，由国务院向全国人大常委会对该规范性文件提出审查要求，在这一过程中，假若有上级行政机关不认可这个建议提请，可以终止提请，这时下一级行政机关亦可自行向有关审查机关提出审查建议；行政机关也可以不选择层报到国务院，而是直接对备案审查机关提出规范性文件的审查建议。这些方式都可以有效实现行政复议机关与备案审查机关之间关于规范性文件备案审查的转送衔接。

根据《行政复议法》第三十一条规定，做出行政复议决定的期限是60—90日，中途中止行政复议移送至备案审查机关审查，需要给予抽象审查机关审查时间以及公文传递时间。但是由于前文所说，在法律层面上，《立法法》没有明确规定限期回复的时间和审查建议的处理期限等时间期限，缺乏期限的硬性规定以及实践中审查处理时间普遍过长，行政复议如果中途进入移送审查程序，显然最终做出行政复议决定的时间要远超过60天甚至90天的期限。②在抽象审查程序构建的部分已提及，反馈制度的设计应当明确审查建议处理期限，否则当事人的争议迟迟得不到解决。而在行政复议转向备案审查的移送程序中，又需要考虑行政复议的决定期限，有必要在衔接程序中设定一个比普通抽象审查建议程序更短的时间，避免行政复议作出决定遥遥无

① 《行政复议法》第二十六条："申请人在申请行政复议时，一并提出对本法第七条所列有关规定的审查申请的，行政复议机关对该规定有权处理的，应当在三十日内依法处理；无权处理的，应当在七日内按照法定程序转送有权处理的行政机关依法处理，有权处理的行政机关应当在六十日内依法处理。处理期间，中止对具体行政行为的审查。"

② 卢建华：《我国规范性文件备案审查地方立法的若干缺陷及其完善》，《行政论坛》2008年第4期。

期、公民权利迟迟得不到救济的情况出现。

此外，若行政复议机关经过具体审查，认为规范性文件合法，于是拒绝向审查机关提出进行审查的建议或要求，本文认为此种情况下的公民是利害关系人且已历经具体审查程序，审查机关对其提请审查的启动门槛应有所降低，与无利害关系人的审查建议权受理门槛有所区别。由于行政复议并不一定是最终裁决，即便行政复议机关不认同当事人的诉求，只要是非法律规定的行政复议终局的情况，复议申请人的权利没有得到救济，依旧可以选择向法院提起诉讼，将纠纷解决引向司法机关，再由法院判断是否需要提请审查申请。如果行政复议是终局裁判，那么有必要赋予公民直接向全国人大常委会提出审查要求的权利，否则公民的权利因"建议"启动审查的不确定性而岌岌可危。①

（二）司法诉讼与受动审查

1. 审查建议与诉讼制度的脱节

与行政复议不同，行政复议法中明确规定了具体审查中止和转送程序，而关于审判程序的法规中并没有对此有所规定。从潘洪斌案中可以看出审查建议制度与诉讼制度之间的裂隙，审查建议反馈与审判程序之间衔接断层，无法克服由于法律冲突导致的公民具体权利的侵害。

前述潘洪斌二审败诉后，向省高院申请再审的同时，致信建议全国人大常委会撤销规范性文件中违反上位法的条款。省高院和全国人大常委会收到他的请求之后分别进行了审理，省高院驳回了他的再审申请，而全国人大常委会则支持了潘洪斌的审查建议内容。虽然看起来，司法机关判决的对象是具体案件、具体审查，备案审查机关审查的对象是法律规范、抽象审查，但在该案中两者的审查结果显然是相悖的。全国人大常委会的结论意味着法院判决依据的条例是违法、错误的，法院的法律适用出现了错误，推翻了法院判决的结果。潘洪斌收到全国人大支持其建议的回函之后，欲推翻之前司法诉讼的判决时，司法机关不得不直面这样的矛盾。显然，现行的审查建议制度并不能给司法判决与备案审查的脱节甚至是冲突提供任何的解决措施。案件后续，杭州市检察院以修改后的条例无溯及力为由拒绝了潘洪斌的抗诉。即使潘洪斌在确定该条例被修正之后，不再寻求推翻原先的司法判决，维护之前遭到侵害的权利，这种明面上的冲突仍在削减原判决的公正性以及司法系统的公信力。我国重视实质正义远超过形式正义，如果像这样的二者结论冲突不断出现，愈演愈烈，司法机

① 俞海涛：《立法审查建议的界定与保障》，华东政法大学硕士学位论文，2018年，第48页。

关在社会上的公众形象会被严重损害。

与之前的行政复议中涉及的依据只有行政法律规范、涉及提出的审查建议或审查要求也仅在行政法规范围内不同,司法诉讼裁判涉及方方面面,与全覆盖的备案审查制度的关系要更加紧密。随着备案审查制度的发展,审查建议受到社会越来越多的关注,权利救济性的审查建议越来越多,审查建议就相当于在司法系统外设立了一个独立的救济途径。并且备案审查机关作出的审查结论可以直接否定法院判决所依据之法律规范,效力更高,公民有充足的动力率先选择通过提请建议的方式对法律规范进行审查而不是选择司法诉讼。如果不尽快在制度层面整合司法制度和备案审查制度,将脱节的司法诉讼与审查建议程序衔接起来,二者间的矛盾冲突只怕会不断积累,愈演愈烈,得不到解决。

倘若法院据以裁判的法律依据总是因为备案审查工作的进行而被修改,法院可能会出现不断地推翻、改变原判决的情况,无法维持司法权威与终局性,或者法院以修改的法律规范不溯及既往为由将申请再审的当事人全部拒之门外。但如果全部拒绝再审,司法判决的公正性将遭到公众质疑,司法系统的公众形象将遭到损害,公众以后难以相信其公信力。因此,必须在法规审查建议制度与司法诉讼制度之间建立移送审查程序,关联审查建议权与诉权。①

2. 审查建议与司法诉讼的衔接

审查建议制度与司法诉讼制度的脱节,最重要的原因是我国备案审查的建设与法院诉讼没有相关的程序衔接,进而导致当事人同时通过司法诉讼与审查建议的渠道进行权利救济之时,关联审判孤立于备案审查程序之外,双方无法互通有无而径自作出自己的判断,产生冲突之后亦无法解决。

法院的基本职能是通过审理案件给案件当事人提供权利救济。法院对法律规范冲突的审查对于当事人的权利保障来说是第一道防线,必须加以重视。在诉讼过程中选择适用的法律依据时,若当事人认为与案件密切相关的法律规范有违宪违法的情况,可以向法院提出自己的意见,如果法院认同当事人的意见或者在审理案件过程中认为相关法律规范存在违宪违法的情况,可能会出现两种状况:一是该规范属于法律规定的行政诉讼附带审查之范围的规章以下的行政规范性文件,那么法院可以进行附带性审查;二是不在法院可以审查的范围内,那么这时法院就有必要中止诉讼,

---

① 焦洪昌、张鹏:《试论我国违宪违法审查建议处理程序及其完善》,《河南工业大学学报(社会科学版)》,2013年第9卷第4期。

并将规范性文件移送至有权审查的机关,待审查机关得出处理结论,再恢复诉讼,作出裁判。

根据《立法法》第一百一十条和《监督法》第三十二条,我国备案审查的受动审查程序中,实行的是审查要求和审查建议并行的双轨提请机制。依据规定,审查要求与审查建议的提请主体都包括了法院,最高人民法院有审查要求权,地方各级人民法院有审查建议权。

(1)最高人民法院的审查要求权

最高人民法院发现违宪违法的规范性文件的来源大致有两种情况:一种是来源于自身工作中的发现或者公民向最高院提出的意见,与法院受理的具体案件审理没有关系,这种情况下提出的审查属于纯粹的抽象审查要求。另一种则是具体案件审判的法律需求。这一种情况应当是最高院发现不合法的法律规范的最主要来源,大部分是地方法院在诉讼判决过程中发现问题并提请至最高院,还有少部分可能源于最高院自己审理的案件。虽然地方法院提请的审查意见并非最高院自己审理的案件,但是最高院在收到下级法院的审查意见时,需要对审查请求的合法性、与审理的案件的关联性、审查内容的新颖性等内容进行核准,之后才会对全国人大常委会提出审查要求。所以,只要是与具体案件相关的审查要求,最高院在提请之前都会掺杂对个案的关注,与第一种纯粹的抽象审查要求不同,或许可以称之为与具体审查交错的抽象审查。尽管审查要求权至今未被使用过,但理论上讲,最高院可以提请纯粹抽象的审查要求,也可以提请非纯粹抽象的审查要求,即与具体审查交错的抽象审查,其中第二种与具体案件相关联的抽象审查应当是占据主要地位的。

如果地方法院在审理案件的过程中发现裁判所依据之法律规范违宪违法,可以中止诉讼,逐级提请至最高院,经最高院审查确认再对该法律规范提出审查要求。待备案审查机关与制定机关沟通协商后得出结果,司法机关收到结果反馈后,再恢复诉讼,以避免作出与备案审查机构相反的判断。法院作为保障公民权利的第一道防线,在裁判过程中要履行好检查规范性文件与上位法是否冲突的职责。当事人在诉讼中提出要求审查涉及的法律规范的合法性时,法院应当予以高度关注,必要的情况下由法院提出审查申请。在此强调逐级提请,目的在于在法院系统内先一步对审查建议进行审查过滤,防止"建议"过多,影响常委会备案审查的效率。

(2)地方各级人民法院的审查建议权

根据《立法法》第一百一十条的规定,除了五个特定国家机关可以行使审查要求权,其他的国家机关可以行使审查建议权,所以地方法院在审理案件过程中发现规范性文件违反上位法的时候,除了选择层报至最高院,提起审查要求以外,还可以选择自行提请审查建议。由此就产生了地方各级人民法院间接提起审查要求权与直接提起审查建议权的双重路径。[①]

地方法院的审查建议权与其层报至最高院的审查要求权应当有主次之分和先后之分。因为最高院的审查要求权,有强制启动正式审查程序的优势,但是为了避免过量的审查建议涌入全国人大常委会,给审查机构带来过重的压力,基于法院系统内部的监督权,在法院内部逐级提请审查申请的时候需要由上级法院进行监督筛选,防止不合适的提请审查要求进入备案审查程序,减轻备案审查机构的负担。所以,一般而言,地方法院遇到法律规范冲突问题,需要通过上级法院逐级上报到最高院,由最高院提出审查要求。在这一过程中,包括最高院在内的上级法院要进行审查,如果认为不符合提请要求,可以终止提请。

如果地方法院在层报审查意见的时候,上级法院不认同下级法院的审查意见,终止提请,地方法院仍然坚持该法律规范不合法,会对司法裁判产生干扰,可以根据《立法法》第一百一十条第二款之规定向全国人大常委会提起审查建议。因为备案审查的最终决定权在全国人大常委会,上级法院对下级法院在法律适用方面的监督权虽然具有法定效力,但还不足以完全否定法律规范冲突的最终效力。所以,《立法法》赋予地方法院审查建议权,在上级法院不接受审查提请时可直接提出审查建议的申请,这也是国家法制统一和公民合法权益的重要保障。地方法院在审理案件过程中发现法律规范有问题而提出意见,无论逐级层报提请还是上报提请被否后自行提起审查建议,法院都应当中止诉讼,将规范性文件移送至审查机关进行审查,待审查机关得出结论、做出处理反馈到法院后,再恢复诉讼判决。

(3)当事人的审查建议权

当地方法院不认同当事人关于规范性文件违反宪法或法律的异议,径直作出裁判后,本着发挥审查建议之救济功能,当事人在人民法院作出终局裁判后,可以径自向相应的审查机关提出对该案涉及的规范性文件的审查建议。且申请人作为利害关系人,又经过诉讼程序,提出的审查建议应与纯粹基于监督权而提起的审查建议有所区别,可以降低此类审查建议启动规范性文件审查的门槛,缩短反馈回复的时限,甚或赋予其审查要求权。

并且,在基于监督权提出审查建议之时,基于救济权启动的审查尚未终结的时

---

① 梁洪霞:《备案审查的人权保障功能及其实现路径——潘洪斌案的再思考》,《人权》2020年第2期。

候,或者二者相反的情况之下,应当合并处理,可以加快对该法规的审查,最后统一对建议人进行回复。如果该法规被认定违法,被撤销或者改变之后,当事人可以根据诉讼法的规定申请再审,最终实现对自己的权利救济。

结　语

政府可以启动法治,却不能将法治贯彻到底,法治的精神在于限权与制约,法治不是靠政府推动,而是靠民众的监督制约。①审查建议制度将宪法规定的公民监督权更加具体化和细致化,备案审查工作如火如荼地开展离不开公民提出审查建议的帮助,与其期待立法机关的自行纠错或者国家机关行使它的审查要求权,不如期待公民法规审查建议权给备案审查工作注入活力,为备案审查工作源源不断地提供强大的动力,持续推进全过程人民民主建设。

2000年以来,我国备案审查工作中的公民法规审查建议制度从设立之初准备不足的情况下蹒跚起步,一直在不断探索前行,现在正值审查建议工作蒸蒸日上之际,粗糙的建议审查制度框架已经无法满足公民日益增长的审查建议需求,在具体化细节规则的过程中应当注意审查建议制度的规范依据、基本性质、功能定位和审查方式。民主监督权与权利救济权的双重属性,决定了公民法规审查建议制度的改革方向,本文仅对审查建议制度的构建提出一些粗浅的见解,还不够深入,未来还有待进一步完善双重权利属性审查建议的双重程序。如能按照正确的改革方向一直研究改进,公民法规审查建议制度可以充分发挥保障宪法实施、维护法制统一、保护公民合法权益的功能。

导师推荐意见

2000年《立法法》规定了公民、组织的审查建议权,是一项关键性的启动机制。虽然在一开始并未充分展示出实效,2015年《立法法》修改新增规定公民审查建议的处理程序及反馈机制,则四两拨千斤,在激活备案审查的新时代实践中,发挥了关键性作用,审查建议也成为备案审查激活在新时代的典型体现。

---

① 陈金钊:《法律解释学——权利(权力)的张扬与方法的制约》,中国人民大学出版社2011年版,第154页。

　　罗小杭是2021届的宪法学与行政法学硕士生，定稿于2021年的这篇毕业论文，尝试返回审查建议的基本权利属性和类型结构这个基本理论议题予以思考，并基于此，就机制完善的建构意见，进行了积极地尝试。

　　文章完成后，审查建议实践成为拓宽人民群众诉求表达的渠道和机制，在备案审查工作中践行全过程人民民主重大理念、努力增强人民群众法治获得感的渠道和机制。2023年《立法法》二次修改还较为多角度地完善和规定了备案制度的相关内容，文章收录进本书时，也对相关素材进行了一定的更新。而审查建议实践和理念的这些新发展，值得专题去进一步深入研究。

推荐人：郑磊

立法评析

地区授权法规的规范属性及其功能——以浦东新区法规为中心的初步分析[*]

◎林圻、张咏[**]

内容提要：作为一类创新的地方立法形式，地区授权立法不仅具有较广阔的创制空间，对引领与保障我国高水平改革开放具有重要意义，且有利于完善中国特色社会主义法治体系。由于地区授权立法具有立法特定化之特征，为维护我国法制统一性，理应对其规范本身与适用问题予以厘清。以浦东新区法规为例证分析，可知"变通"是我国地区授权法规的基本功能之一，备案机关应当审查其变通是否符合"核心标准"与"适当性标准"的双重标准。根据效力优先与适用优先相区分的理论，地区授权法规的位阶应当通过制定主体的地位加以判断，具体适用时"不一致"并不当然等于"变通"，在"不一致"的基础上仍有必要判断是否属于合法有效的"变通"。

关键词：地区授权法规；浦东新区法规；规范属性；变通功能；位阶适用

一、问题的提出

改革开放以来，我国各省市创造性贯彻落实党中央改革开放的决策部署，取得了举世瞩目的成就。上海市浦东新区和海南省在全方位改革开放中具有重要战略地位。2021年7月，党中央、国务院正式发布《关于支持浦东新区高水平改革开放、打造社会主义现代化建设引领区的意见》（以下简称《引领区意见》），明确了浦东新区高水

---

[*] 本文系2020年度国家社科基金重大项目"中国特色自由贸易港国际法治研究"（批准号20&ZD205）研究成果之一。本文清样提交出版社于2022年6月，文章论及的《立法法》规定及条文序号均系2015年3月15日十二届全国人大三次会议修改通过的《立法法》文本内容。

[**] 林圻，上海市人大常委会法工委三处副处长，法学博士；张咏，上海市人大社会建设委立法监督处干部，法学博士。

平改革开放、打造社会主义现代化建设引领区的重要使命。2018年4月13日，习近平总书记在庆祝海南建省办经济特区30周年的讲话中宣布支持海南全岛建设自由贸易港。2020年6月1日，中共中央、国务院印发了《海南自由贸易港建设总体方案》。

为落实好国家战略，浦东新区与海南自贸港迫切需要进一步改革创新、先行先试。囿于法律本身的滞后性，创新措施势必与现行法律规范间产生张力。譬如自由贸易港发展可能触及《立法法》第八条规定的包括"财政、海关、金融和外贸的基本制度"在内的事项，即便海南经济特区法规也无法针对上述事项加以规定。在此背景下，全国人大常委会近年来综合运用多项法定职权，创设了新的法规类型，促进法规谱系与时俱进，特别是发展出了针对地区的授权立法。2021年6月10日，全国人大常委会作出《关于授权上海市人民代表大会及其常务委员会制定浦东新区法规的决定》（以下简称《授权决定》），授权上海市人大及其常委会制定浦东新区法规，可以对法律、行政法规、部门规章进行变通；同日，还通过《中华人民共和国海南自由贸易港法》（以下简称《海南自贸港法》），授权海南省人大及其常委会制定海南自由贸易港法规，允许其触及《立法法》中的国家立法保留事项。上述地区授权立法适应了新时代高水平对外开放的需要，有利于推进在法治轨道上深化改革。

《海南自贸港法》是全国人大常委会第一次为内地某一经济区域单独进行立法[①]，浦东新区法规则是全国人大常委会第一次专门作出决定，授权地方立法机关为一个市辖区制定法规，二者均体现了立法特定化的潜在趋势。为将地区授权立法纳入国家法制统一的轨道，应当对其加强规范，对规范本身与位阶适用等予以明确化、具体化。《授权决定》与《海南自贸港法》有关规定较为原则，应当由学理研究予以阐释与填补。然而，浦东新区法规和海南自贸港法规均为新生事物，相关研究尚未跟上，目前的讨论主要集中于肯定其积极意义[②]、实务专家采访中的"问答式"解读[③]，或是对新出台的浦东新区法规和海南自贸港法规相关具体内容的介绍等方面[④]，对地区授权法规

---

① 在海南之前，全国人大仅对香港、澳门两个特别行政区实行单独立法。

② 王嘉旖：《浦东新区重大改革创新"有法可依"》，《江淮法治》2021年第14期；张维炜：《海南自贸港法：高扬"治法风帆"打造改革开放新标杆》，《中国人大》2022年第2期。

③ 孙鑫：《确保立法授权接得住接得稳用得好——市人大常委会法工委主任丁伟解读制定浦东新区法规决定》，《上海人大月刊》2021年第7期。

④ 王晓晨、刘天韵：《凸显"小快灵" 便利"全周期" 首批浦东新区法规破解"进退难"》，《上海人大月刊》2021年第10期；刘天韵、王晓晨：《依法高水平保护知识产权 规范城市管理非现场执法——新通过的浦东新区两部法规解读》，《上海人大月刊》2021年第11期；海南省人大常委会法制工作委员会、海南省发展和改革委员会：《〈海南自由贸易港优化营商环境条例〉解读》，《海南日报》2021年10月18日A06版。

这一新的立法现象及产生的相关问题尚未充分探讨。通过对地区授权法规较为类似的经济特区法规有关立法文献的梳理还发现,现有文献的分析框架虽然各有偏重,但讨论问题尚不具有综合视野①,无法适用于地区授权立法这一新类型,其规范内涵及适用问题亟待厘清。本文将目光限缩于浦东新区法规,试图通过在爬梳其出台历程的基础上,结合有关规范与实践,明确其规范属性和基本功能,以期探索出若干具有一般意义的适用路径。

二、浦东新区法规的形成脉络

（一）浦东新区开发开放的历程

1990年6月2日,中共中央、国务院作出《关于开发和开放浦东问题的批复》,明确"开发和开放浦东是深化改革、进一步实行对外开放的重大部署",开发开放浦东正式成为国家战略决策。自此之后,浦东的开发开放成为中国改革开放的标志性事件。浦东新区经济社会高速发展,成为上海高新科技产业和现代工业聚集地,也成为上海新的经济增长点。

2013年始,国务院批复设立中国(上海)自由贸易试验区,这是党中央、国务院为了在新形势下全面深化改革和扩大开放而做出的战略举措。上海自贸试验区各片区均在浦东行政区域内。在进行三轮自贸试验区改革后,2019年国务院批复设立上海自贸试验区临港新片区,标志着在原有自贸试验区基础上展开了全方位、深层次、根本性的制度创新。上海自贸区成立以来,试验层次不断提高、试验范围逐渐拓展、试验力度持续加大,取得了一批重要制度创新成果,贡献了改革开放的"上海经验"。

2020年11月12日,习近平总书记出席浦东开发开放30周年庆祝大会并发表重要讲话,指出"浦东开发开放30年的历程,走的是一条解放思想、深化改革之路,是一条

---

① 现有文献的分析框架主要关注经济特区的效力位阶,参见吴鹏:《论经济特区法规的效力等级》,《首都师范大学学报(社会科学版)》2009年第3期;经济特区法规变通的本质,参见尤乐:《论经济特区法规之变通的本相:效力、限制与监督》,《广西大学学报(哲学社会科学版)》2020年第42卷第6期;经济特区法规在司法判决中的适用,并在此基础上论述其与国家法制统一间的关系,参见屠凯:《司法判决中的经济特区法规与法制统一》,《当代法学》2017年第31卷第2期;经济特区法规存在的若干问题,并提出意见建议,包括妥善处理授权决定与《立法法》间的不一致、准确把握经济特区法规与地方性法规的立法权限区分、不再使用"变通权"这一表述等,参见林彦:《经济特区立法再审视》,《中国法律评论》2019年第5期。

面向世界、扩大开放之路,是一条打破常规、创新突破之路"①。2021年7月,党中央、国务院正式公开发布《引领区意见》,指出支持浦东打造社会主义现代化建设引领区,努力成为更高水平改革开放的开路先锋、全面建设社会主义现代化国家的排头兵、彰显"四个自信"的实践范例,更好向世界展示中国理念、中国精神、中国道路。浦东迈入了更高水平改革开放的新阶段。

(二) 法治保障层面已有的新探索

改革与法治犹如车之双轮、鸟之双翼,具有辩证统一的关系。党的十八届四中全会通过了全面推进依法治国的决定,可谓是党的十八届三中全会通过的全面深化改革的决定之姊妹篇。习近平总书记主持召开中央全面深化改革领导小组第六次会议并发表重要讲话时强调:"全面深化改革需要法治保障,全面推进依法治国也需要深化改革。"浦东肩负着为全面深化改革和扩大开放探索新途径、积累新经验的重要使命,在法治建设方面,浦东也有着更为紧迫、更为现实的内在需求。

基于"先行先试"的使命要求,涉及浦东的某些改革措施有突破上位法个别僵硬规定的内在要求,而地方立法权的边界则是不得"同宪法、法律、行政法规相抵触",因而在一定程度上难以满足浦东深入开发开放的现实需要。在此背景下,全国人大及其常委会作出一定尝试,另行提供国家层面的法治保障。全国人大常委会于2013年8月作出决定,授权国务院在中国(上海)自由贸易试验区暂时调整有关法律规定的行政审批。2015年《立法法》修改时,"暂时调整法律适用"作为一项常规性立法手段正式得以确认。②

(三) 进一步开发开放遇到的法治障碍

1. 现有法制保障路径不足

如前所述,全国人大及其常委会已经在一定程度上为上海自贸区建设提供了法制层面的保障,通过"暂时调整法律适用"能够在一定程度上缓解改革与法治间的紧张关系。但"暂时调整法律适用"更多体现的是保守渐进的精神,存在一定的局限性。一方面,"暂时调整法律适用"具有时限性和特定性等特征,仅能在特定区域特定时间段内有效,且针对的是特定的改革事项③;另一方面,"暂停法律适用"并未提供新的规范依据,因此改革仍受到"法无授权不可为"原则的限制。是以在浦东新区致力于打

---

① 习近平:《在浦东开发开放30周年庆祝大会上的讲话》,《人民日报》2020年11月12日第2版。

② 《立法法》第十三条规定:"全国人民代表大会及其常务委员会可以根据改革发展的需要,决定就行政管理等领域的特定事项授权在一定期限内在部分地方暂时调整或者暂时停止适用法律的部分规定。"

③ 范进学:《授权与解释:中国(上海)自由贸易试验区变法模式之分析》,《东方法学》2014年第2期。

造社会主义现代化建设引领区的背景下,"暂时调整法律适用"不足以全面满足深化改革的法制需求,且该种以"破"为导向的授权方式,在监督机制不充分的情形下,引发了学者关于法律碎片化、实施不平等等风险的担忧。[①]因此,为推动浦东新区再开发再开放,亟须集成性的法律依据,形成新的法治保障工具和保障范式。

全国人大常委会通过《授权决定》明确制定浦东新区法规,体现了我国立法引领改革的新思路。《授权决定》实施后,上海地方立法迈入"赋能扩权"的新阶段,可以为浦东新区重大改革创新提供相应的法规依据。浦东新区法规作为地方立法的新类型,可以同其他地方立法权相衔接,协力推进多层级、多领域的制度集成性的浦东新区法治保障体系。目前,浦东新区法规和上海市人大常委会通过的促进和保障浦东开发开放相关地方性法规和法律性问题决定、"暂时调整法律适用"、浦东新区管理措施等一道,构成了较为系统完备的浦东新区法治保障体系。

2. 我国法规体系的适配性不足

除目前浦东新区现有法制保障不足外,浦东新区深化开发开放还面临的法治障碍是我国法规体系本身有待进一步丰富完善。我国地方人大的立法可以大致分为两类,一是一般的地方立法,省、自治区、直辖市人大及其常委会享有地方立法权,2015年《立法法》修改后,"设区的市"也享有了部分地方立法权;二是特殊的地方立法,即可以对上位法作出部分变通,享有更大自主权限的地方立法,包括民族自治地方立法权,以及20世纪80年代末开始的经济特区立法。依据原有的地方立法形式,想要突破上位法有关规定,除非将浦东新区设置为经济特区,然而这将违背中央原本对浦东新区的战略定位。

2020年11月,中央全面依法治国工作会议召开,明确了习近平法治思想在全面依法治国工作中的指导地位。习近平总书记强调要求,要研究丰富立法形式,增强立法的针对性、适用性、可操作性。[②]浦东新区法规和海南自贸港法规,均是为贯彻习近平法治思想,创新地方立法形式的新尝试。国家通过立法或授权方式在海南和浦东创制新的地方立法形式,有着深远意义。海南及浦东新区是我国具有风向标意义的两大改革高地,要完成重大改革使命,碎片化的政策即便能起到短暂效果,也难以克服深层次改革困境,因其不属于法律渊源,且内容较为抽象,在发生法律纠纷时,无法作为规范依据。《授权决定》是国家最高权力机关第一次授权省级人大在非经济特区的

---

① 刘志刚:《暂时停止法律实施决定的正当性分析》,《苏州大学学报(法学版)》2015年第2卷第4期。

② 习近平:《在中央人大工作会议上的讲话(2021年10月13日)》,《求是》2022年第5期。

辖区内行使"比照经济特区法规"的特殊立法权,是继经济特区授权立法之后授权立法制度的又一重大创新。浦东新区法规的变通机制更贴近基层实践,在改革试点方面具有前瞻性,因而在实施过程中通过不断试点探索和总结经验,可以促进我国地方立法体制本身的发展完善。

《授权决定》出台后,上海地方层面的法治保障措施也陆续配套出台。尤其是2021年6月23日,上海市十五届人大常委会第三十二次会议表决通过了《上海市人民代表大会常务委员会关于加强浦东新区高水平改革开放法治保障制定浦东新区法规的决定》(以下简称《上海决定》),明确了制定浦东新区法规的有关要求与浦东先行制定管理措施等法治保障机制。《授权决定》对浦东新区法规制定权作出框架性规定,《上海决定》则相应明确了制定浦东新区法规的立法工作机制、管理措施转化机制、实施决定的指引性规定等。随着实践的发展,仍需要在规范解释和实践适用层面进一步明确浦东新区法规制定权的基础性质、功能定位以及适用方式。

三、地区授权法规的规范属性

(一) 立法依据

在立法权的规范来源方面,各种地方立法类型的规范来源和地位各有不同。省级人大及其常委会制定地方性法规的立法权来自宪法、立法法、地方各级人民代表大会和地方各级人民政府组织法等有关法律。制定一般的地方性法规是具有宪法基础的职权立法,而浦东新区法规由全国人大常委会的专门授权决定所规定,因此表面上看,浦东新区法规的规范来源并不具有直接的成文法基础。

关于经济特区法规与"暂时调整法律适用",最初均来源于全国人大或其常委会专门制定的授权决定。其中,全国人大及其常委会作出有关经济特区立法的决定共有五次;"暂时调整法律适用"则是由全国人大及其常委会在部分地方作出授权决定,实践中全国人大常委会还曾授权国务院在有关地方暂时调整有关法律规定。[①]但是,与浦东新区法规不同的是,经济特区法规与"暂时调整法律适用"分别在2000年制定、2015年修订的《立法法》中先后得到确认,因而应被定义为具有成文法律基础的专门性授权立法。

---

① 譬如2013年《全国人大常委会关于授权国务院在中国(上海)自由贸易试验区暂时调整有关法律规定的行政审批的决定》。

（二）立法事项

在立法事项方面，浦东新区法规的立法事项必须与"浦东新区改革实践相关"，内容较为宽泛，可以包括经济、文化和其他社会生活的各个领域，具体范畴则有待在浦东改革开放的过程中继续探索。目前已有有关商事登记、企业破产、知识产权以及城市建设与治理方面的浦东新区法规陆续出台。

就"暂时调整法律适用"而言，根据《立法法》规定，其目的是满足改革发展的需要，主要涉及行政管理等领域的已经被制定为相关法律的特定事项，授权范围较为宽泛。但单次授权决定主要聚焦于某一特定事项，具有强烈的针对性。[①]就经济特区法规而言，《立法法》并未专门予以规定，结合制度设计初衷，其目的在于促进经济特区的发展，实质是为了解决经济问题，根据经济特区的具体情况和实际需要确定要涉及的事项，这与授权暂停法律适用类似。经济特区法规的立法事项本应集中于与经济特区有关的经济政策和经济管理体制等方面，但在实践中其实并未完全排斥经济之外的领域。

（三）适用范围

浦东新区法规的适用范围包括适用期限与适用地域。就适用期限而言，浦东新区法规与上海市地方性法规、经济特区法规一致，规范效力均是长期有效的，除非后续废止。"暂时调整法律适用"的效力具有暂时性，仅"在一定期限内"有效。全国人大常委会法工委在《立法法》释义中指出，基于暂停法律适用的立法授权，"是根据改革发展的需要进行的先行先试，因此必须强调其暂时性，必须对授权作出期限的规定，并且试点时间也不宜定得太长"[②]。

就适用地域而言，浦东新区法规的适用范围仅为浦东新区这一市辖区。至于"暂时调整法律适用"虽然适用于"部分地方"，但实践中除了部分地方外，还有涉及全国及适用于军队内部的立法授权。[③]需要注意的是，由于一度存在经济特区范围与经济特区所在市的行政区域不一致的现象，导致出现过经济特区"一市两法"的情况。浦东新区法规的制定，同样也将面临这样的问题。经济特区法规与浦东新区法规适用

---

① 李德旺：《基于暂停法律适用的立法授权研究》，《现代法学》2021年第43卷第4期。
② 全国人大常委会法制工作委员会国家法室编著：《中华人民共和国立法法释义》，法律出版社2015年版，第72页。
③ 中国人大网：《全国人大常委会拟授权中央军委在军官制度改革期间暂时调整适用相关法律规定》，http://www.npc.gov.cn/zgrdw/npc/cwhhy/12jcwh/2016-12/20/content_2004055.htm，最后访问时间：2021年2月28日。

范围的有限性,形成了新区(特区)范围内外在特定法规规则上的不一致和不统一。

四、地区授权法规的变通功能

浦东新区法规作为新类型的地方立法形式,与上海市人大及其常委会制定的一般地方性法规一道,在协力推进浦东新区法治保障体系完善方面发挥着重要作用。浦东新区在打造社会主义现代化建设引领区过程中,必须坚持改革与法治协同发力。在此背景下,合理定位浦东新区法规的基本功能,并由此促进浦东新区法治保障体系的完善就显得尤为重要。遵循《引领区意见》和《授权决定》,浦东新区法规可以对法律、行政法规、部门规章作出部分变通。精准而有效地实现变通功能,是浦东新区法规发挥法治保障改革作用的关键所在。

(一) 立法变通的范围

《现代汉语词典》将"变通"定义为"依据不同情况,作非原则性的变动"。《辞海》的解释则是"灵活运用、不拘常规"。有学者将立法变通概括为,享有立法变通权的主体可以依据不同情况及时代要求,对上位法予以一定范围的突破。[1]具体而言,立法变通范围包括变通对象的范围及立法事项的范围两方面,后者意指立法机关可以在哪些领域和范围内开展立法活动,下文将分别予以论述。

1. 变通对象的范围

首先,需要明确的是,部门规章是否可以成为变通对象?《引领区意见》提出,浦东新区法规的性质"比照经济特区法规",依照《立法法》第九十条第二款规定,经济特区法规能够变通的是"法律、行政法规和地方性法规",并未包括部门规章。然而,不论《引领区意见》抑或《授权决定》均明确,浦东新区法规可以对"部门规章"作出变通规定。按照《立法法》规定,部门规章与地方人大及其常委会制定的法规之间并非上下位法关系。可以认为,全国人大常委会没有囿于对"变通"一词的僵化理解,而是将地方性法规与部门规章之间在法律适用上复杂的裁决机制转化为事后的备案审查机制。[2]如此,有利于拓宽浦东新区法规的权限范围,更好释放制度红利。同时,将浦东新区法规变通部门规章规定的情形一并纳入备案审查范围,也能够加强对制定浦东新区法规的监督。

---

① 宋方青:《突破与规制:中国立法变通权探讨》,《厦门大学学报(哲学社会科学版)》2004年第1期。

② 林圻、李秋悦:《浦东新区法规:法规家族新成员》,《上海人大月刊》2021年第7期。

　　其次,比照《引领区意见》与《授权决定》发现,前者明确浦东新区法规可以对"法律、行政法规、部门规章等"作出变通规定;而后者删除了"等"字。那么,浦东新区法规对诸如地方政府规章、地方性法规等其他规范,是否可以做出变通规定呢?"变通"一般意义上适用于上位法与同位法,所以,变通对象范围不包括地方政府规章等较低位阶的规范。与上海市一般地方性法规的制定主体相同,浦东新区法规亦由上海市人大及其常委会制定,因此两者不存在所谓"变通"关系,这可能也是《授权决定》将"等"字删除的内在考虑。

　　2. 立法事项的范围

　　有关立法事项的区分,《立法法》第八条和第七十三条分别规定了中央和地方的立法权限范围。对于《立法法》第八条规定的"必须由全国人民代表大会及其常务委员会制定法律的事项",浦东新区法规不得予以规定,当然也不得就相关规定予以变通。上海市人大及其常委会制定浦东新区法规进行立法变通的目的,是基于保障根据浦东新区改革创新实践的需要。只有精准理解并遵守法律规定的立法权限范围,方可做好浦东新区法规的立法工作。因此,需要坚持法律保留原则,严格遵循《立法法》有关中央和地方立法职权划分之规定。凡属于《立法法》第八条规定"法律保留"的重要事项,仅能由全国人民代表大会及其常委会制定法律,浦东新区法规不能进行立法变通。原因主要有两条,首先,浦东新区法规的制定主体是地方立法机关,制定浦东新区法规从属于地方立法活动,不因被授权机关获得授权而提升授权立法文件的位阶。其次,从权限上看,浦东新区法规与经济特区法规具有相同的定位,属于特殊的地方性法规之一。尤其需要关注的是,浦东新区虽然设置了自贸试验区,但并不能对"基本经济制度以及财政、海关、金融和外贸的基本制度"予以规定乃至变通。

　　(二) 立法变通的原则

　　《授权决定》授权上海市人民代表大会及其常务委员会根据浦东改革创新实践需要,遵循宪法规定以及法律和行政法规基本原则,制定浦东新区法规。根据《授权决定》规定,以及结合立法理论与实践,本文认为浦东新区法规立法变通的原则在于以下几个方面。

　　1. 遵循宪法规定

　　在浦东新区法规变通权的行使过程中,必须严格遵循宪法规定,在宪法框架内进行。宪法作为国家根本大法,是推进全面依法治国的基石,《立法法》第八十七条规定:"宪法具有最高的法律效力,一切法律、行政法规、地方性法规、自治条例和单行条例、规章都不得同宪法相抵触。"因此,立法变通权当然不能也无权对宪法作出变通规定。此外,涉及国家基本制度、公民基本权利与义务等根本性问题的其他宪法性文件,例如国家机关的组织法、国籍法等,同样不属于浦东新区法规的变通范围。

2. 遵循法律、行政法规的基本原则

法的原则作为法律、行政法规最基本的内容,集中体现了立法的精神内涵,一部法律或者行政法规作为有机整体,正是通过基本原则才得以维系和保证。对基本原则加以变更,很难保证法律内容的正确性,实际等同于整体上否定整部立法,较之单个条款内容的变通更为严重。因此,浦东新区法规对法律、行政法规的基本原则是绝对不能作出变通的,否则它将损毁上位法的基础,进而破坏国家法制统一。此外,这也违背了立法变通权之设置目的,因为允许浦东新区法规变通立法的目的之一,在于促使法律、行政法规真正有效地在特定区域得到实施。反之,若是浦东新区法规对上位法的基本原则加以变通,则难以确保上位法在本区域内得到执行。

3. 上位法专门就浦东新区所作的规定

虽然《授权决定》并未明文规定,但参鉴《立法法》第七十五条第二款对自治法规变通的禁止情形,可以得出,上位法专门就浦东新区所作的规定,也属于浦东新区法规不得变通的范畴。赋予浦东新区法规变通权的根本目的,即是将法律、行政法规的规定与浦东新区的现状与特点相结合,有针对性应对浦东新区的特性问题,从而促使浦东新区法规成为推进当地高水平改革开放之保障。是以,如果上位法已经针对浦东新区的特殊情况予以专门规范,则上海市人大及其常委会不能再对此予以变通。原因在于,法律的制定主体已经将浦东新区的特殊性纳入考量。

（三）立法变通的审查规则

浦东新区法规可以对法律、行政法规、部门规章进行变通,权限较大,要确保变通权的依法行使,最关键的是确保现有程序监督机制,即备案审查机制的有效运行。《授权决定》第二条规定,浦东新区法规应当报送全国人大常委会和国务院备案,且应当说明对法律、行政法规、部门规章作出变通规定的情况。这与《立法法》关于经济特区法规备案审查规定是基本一致的。要求说明"作出变通规定的情况",可以在一定程度上防止立法变通权行使有失宽松,促进备案审查机关加强对浦东新区法规的监督。

至于备案审查机关应当如何把握变通,换言之,如何确定审查标准,则具有一定难度,需要把握"坚持改革开放,不断完善社会主义的各项制度,发展社会主义市场经济"与"维护社会主义法制的统一和尊严"的辩证统一,明确变通的限度。本文以为,备案审查的标准主要分为两类。一方面,是核心标准。备案审查机关应当审查浦东新区法规是否符合立法变通的原则。这属于浦东新区法规变通的绝对禁区,只要发现违反宪法、宪法性文件规定,法律、行政法规基本原则,或是上位法专门就浦东新区所作规定的,则应当由备案审查机关提出书面意见直至予以撤销。另一方面,除了上述核心标准,还存在额外审查标准,即"适当性标准"。全国人大常委会发布的《法规、司法解释备案审查工作办法》第39条第4款规定:"变通明显无必要或者不可行,或者不适当地行使制定经济特区法规、自治条例、单行条例的权力",全国人大常委会应当提出备案审查意见。"适当性标准"包括变通是否必要,以及是否可行。①根据《立法法》第九十七条第七款规定,变通应当是必要的。②上海市人大及其常委会在行使变通权时,应当贯彻国家授予其变通权之目的,并以此作为立法变通的指引。《授权决定》主要是基于浦东新区高水平开发开放的考虑,明确"根据浦东改革创新实践的需要"制定浦东新区法规。因此,变通应当是为浦东新区经济、社会发展或者深化改革所需,具有针对性与目的性,不能为变通而变通。同时,应当审查变通规定是否具有"可行性",研究其可操作性如何,是否与国家改革大局、改革政策相适应,能否在浦东新区改革需要与国家法治统一间取得平衡,是否考虑了其他地区的需要和利益,在操作上还可以与国家部委先行沟通。③然则,"对'不适当'程度的判断,更多的是实践把握问题"④,因而需要在浦东新区未来改革创新实践中,结合具体的案例总结提炼出不同层次的判断标准。

五、适用问题及完善方向

浦东新区法规在法律位阶、选择适用等方面同样存在诸多值得深化的议题。通过与同类地方立法变通权进行对比,可以对相关问题进行初步探索并寻找浦东新区法规发展和完善的路径。

(一)效力位阶

浦东新区法规作为上海市地方立法权配置的新内容,完善了浦东新区法治保障体系,同时迫切需要回答其与法律、行政法规、经济特区法规和地方性法规效力位阶

---

① 全国人大常委会法制工作委员会法规备案审查室:《法规、司法解释备案审查工作办法》,中国民主法制出版社2020年版,第112页。

② 《立法法》第九十七条第七款规定:"授权机关有权撤销被授权机关制定的超越授权范围或者违背授权目的的法规,必要时可以撤销授权。"

③ 孙莹:《经济特区立法该如何突出"特"》,《人民之声》2018年第11期。

④ 郑毅:《设区的市级地方立法权的改革与实施》,法律出版社2020年版。

方面的问题。浦东新区法规作为一项授权性立法,本应在授权立法的同时明确其与地方性法规制定权的关系,由于浦东新区进一步开发开放经验尚待探索,以及《授权决定》的原则性规定,浦东新区法规的效力位阶仍有待进一步明确。

法律规范包括条件性规范与附条件性规范,前者是指那些规定了后者得以创造的条件的规范。只要一个法律规范决定着创造另一个规范的方式,且一定程度决定后者的内容,那么,前一个规范便成了后一个规范效力的理由,后一个规范是前一个规范的具体化与个别化。同时,决定另一个规范的创造的那个规范是上位规范,依此被创造出来的规范是下位规范。①针对法律位阶的划分标准,学界是存在争议的②,本文赞同"核心标准"应当是制定主体法律地位的高低③,是否存在事前批准机制与事后审查机制则可作为"辅助标准"。据此判断可知,浦东新区法规的位阶低于法律、行政法规。因为无论是法律的制定主体全国人大及其常委会,抑或行政法规的制定主体国务院,其法律地位均高于浦东新区法规的制定主体上海市人大及其常委会。就上海市一般的地方性法规而言,其与浦东新区法规的制定主体相同,且二者之间并不存在事前审批机制或事后审查机制,因此,浦东新区法规与上海市一般的地方性法规应当属于同一位阶。至于经济特区法规与浦东新区法规位阶之判断,由于二者不可能产生交集,而效力位阶的问题是在同一区域适用规范的讨论,故而无须比较。然则,就广义上的地区授权法规而言,其地域可能与经济特区范围产生重合,譬如海南省人大及其常委会制定的海南自贸港法规与经济特区法规仍然具有比较的意义。两者的制定主体相同,两者之间也不存在事前审批机制或事后审查机制。可以认为,经济特区所在省或市人大及其常委会制定的经济特区法规,与地区授权法规的位阶相同。

(二)冲突适用规则

德国法源位阶理论中有效力优先和适用优先之区分。如毛雷尔教授指出:"位阶确立的是上阶位规范效力的优先性,而不是其适用的优先性。实践中往往是优先适

---

① [奥]凯尔森:《法与国家的一般理论》,沈宗灵译,中国大百科全书出版社1996年版,第141-142页。

② 关于划分法律位阶的标准,有学者认为是立法主体的地位高低和立法程序的限制多少,参见张根大:《法律效力论》,法律出版社1999年版,第69页。有学者认为是法所反映的人民利益的层次与范围,参见杨忠文、杨兆岩:《法的效力等级辨析》,《求是学刊》2003年第6期。还有学者认为包括了权力的等级性、事项的包容性、权力的同质性,参见胡玉鸿:《试论法律位阶划分的标准——兼及行政法规与地方性法规之间的位阶问题》,《中国法学》2004年第3期。

③ 吴恩玉:《上下位法间的效力优先与适用优先——兼论自治法规、经济特区法规和较大市法规的位阶与适用》,《法律科学(西北政法大学学报)》2010年第28卷第6期。

用下阶位的规范。"①效力优先与适用优先发生作用的前提和根据不同。其中,效力优先只有在下位法与上位法相抵触时才发生作用,其理论依据在于"上位法规范是下位法规范的效力依据",若下位法未依据上位法规定之创制方式和内容制定的,则无效。适用优先发生作用的前提是下位法与上位法相符合,其理论根据在于"下位法规范是上位法规范的具体化和个别化"。下位法的规定较为细致,更加贴近当地的具体实践,因而在与上位法相符合的情形下,应当优先适用下位法。②我国法律法规虽然并未明确提出效力优先与适用优先的概念,但实际已经确立了效力优先与适用优先相区分的原则。以经济特区法规为例,其效力低于法律、行政法规,但《立法法》第九十条第二款规定,当经济特区法规根据授权对法律、行政法规、地方性法规作变通规定的,在本经济特区适用经济特区法规的规定。

《授权决定》第2条规定:"浦东新区法规报送备案时,应当说明对法律、行政法规、部门规章作出变通规定的情况。"这意味着,浦东新区法规可以根据授权对法律、行政法规、部门规章作变通规定,并在浦东新区适用。一方面,浦东新区法规虽然可以对法律、行政法规作出变通规定,但由于得到《授权决定》等控制立法的规范所允许,因而并不构成"抵触"。因此可以认为相关浦东新区法规是与上位法相符的,符合适用优先的前提。另一方面,浦东新区法规的规定,若是对上位法的具体化、个别化,符合适用优先的条件。浦东新区法规在对上位法作变通时,是以上位法为参照的,其目的是对其作适当调整以更能适应浦东新区改革创新的实际需要。因此,浦东新区法规变通规定优于被变通的上位法属于适用优先规则。但是,若变通规定与法律、行政法规的基本原则抵触,则效力优先规则发生作用,应当按照上位法优于下位法规则适用上位法。

就浦东新区法规和部门规章而言,浦东新区法规属于特殊的地方性法规,《立法法》第九十五条第一款第二项就地方性法规与部门规章间对同一事项规定不一致时如何适用,规定了复杂的裁决机制。③然而,《授权决定》则规定浦东新区法规对部门规章作变通的,应当在报送备案时说明变通的情况。显然,规范上对"作变通"与"不

①　[德]哈特穆特·毛雷尔:《行政法学总论》,高家伟译,法律出版社2000年版,第73页。

②　吴恩玉:《上下位法间的效力优先与适用优先——兼论自治法规、经济特区法规和较大市法规的位阶与适用》,《法律科学(西北政法大学学报)》2010年第28卷第6期。

③　《立法法》第九十五条第一款第二项规定:"地方性法规与部门规章之间对同一事项的规定不一致,不能确定如何适用时,由国务院提出意见,国务院认为应当适用地方性法规的,应当决定在该地方适用地方性法规的规定;认为应当适用部门规章的,应当提请全国人民代表大会常务委员会裁决。"

一致"是有所区分的。这一点在浦东新区法规与法律的适用关系方面也有涉及,《立法法》第九十五条第二款规定:"根据授权制定的法规与法律规定不一致,不能确定如何适用时,由全国人民代表大会常务委员会裁决。"何谓"不一致",何谓"作变通",显然有待进一步厘清。实则,"不一致"是客观状态,"作变通"是主观判断,因而并非只要浦东新区法规与法律或部门规章出现"不一致"的规定,均一律认定为变通并采用"适用优先"原则,而应当审慎地判断是否属于"作出了合法有效的变通"。至于判断主体,应当由兼有"法律制定机关"与"浦东新区法规授权机关"双重身份的全国人大常委会来担任。

进一步来看,对于浦东新区法规与其他同类法规的效力位阶、冲突适用规则不明确的问题,宜结合未来浦东新区立法实践,通过解释《立法法》的方式,在规范层面予以解决。

六、结 论

习近平总书记指出,要实现立法和改革决策相衔接,做到重大改革于法有据、立法主动适应改革发展需要。[①]为贯彻习近平法治思想、落实党中央决策部署,全国人大常委会分别通过立法与授权决定的方式,授权作为改革开放标杆的海南与上海两地人大及其常委会制定海南自贸港法规与浦东新区法规。这既是立法形式的创新,也体现了我国立法逐渐特定化的趋势。未来还可能出现更多的地区授权法规,在调动地方立法积极性的同时,也带来了如何在新条件下维护国家法制统一的新课题,需要我们积极应对、作出有效回应。

地区授权法规的规范属性包括,立法依据一般为全国人大及其常委会制定的法律或决定,立法事项需要与当地改革实践相关,适用范围限于特定地区等。除非如《海南自贸港法》一般于授权时明确,否则亦不得涉及《立法法》第八条规定"法律保留"的事项。地区授权法规的基本功能为"变通",变通时需遵循宪法规定,法律、行政法规的基本原则,以及上位法专门就授权地区所作的规定。备案机关审查时应把握双重标准,包括"变通的基本原则"这一"核心标准",以及"是否必要、可行"这一"适当性标准",后者需要在实践中提炼和总结。地区授权法规的效力位阶主要应当根据其

---

① 习近平:《在中央全面深化改革领导小组第六次会议上的重要讲话(2014年10月27日)》,《人民日报》2014年10月28日01版。

制定机关的地位来判断。根据效力优先与适用优先区分的理论,地区授权法规变通规定优于被变通的上位法正是适用优先规则的体现,若变通规定与法律、行政法规的基本原则抵触,则效力优先规则发生作用,应当适用法律、行政法规。需要注意的是,地区授权规范适用时必须先行区分"变通"与"不一致",后者为客观状态,前者为主观判断,有必要在客观"不一致"的基础上,判断地区授权规范是否作出合法有效并具有适用优先性的变通。

规范性文件备案审查全覆盖的时代意义、地方实践与远景展望——以湖州市为例

◎章国华、段宝忠、章豪*

内容提要：党的十八大以来，规范性文件备案审查工作步入快车道，从中央到地方，从党委、人大到政府都积极探索、深入实践，取得了一些成果。本文先从宏观视角阐述规范性文件备案审查全覆盖的现实价值和时代意义，然后以近年来湖州市开展规范性文件备案审查工作情况为例，深入剖析党委、人大、政府系统备案审查的异同，最后展望规范性文件备案审查的远景目标和实践路径。本文侧重于从实践的维度发出实务界的声音，以期达到规范性文件备案审查理论与实务的有机融合。

关键词：规范性文件；备案审查；全覆盖；衔接联动机制

建党百年，具有中国特色的规范性文件的产生也有百年；自1990年《法规规章备案规定》正式确立备案审查制度以来，备案审查工作已有30余年的历程。自党的十八大以来，备案审查工作在党的领导下进入快速发展的轨道。特别是党的十八届四中全会通过的《中共中央关于全面推进依法治国若干重大问题的决定》提出，"加强备案审查制度和能力建设，把所有规范性文件纳入备案审查范围，依法撤销和纠正违宪违法的规范性文件"，标志着备案审查工作步入全覆盖推进的崭新阶段。湖州市深入贯彻中央和上级要求，紧扣高质量发展目标和全面依法治市任务，加强党委、人大、政府备案工作的统筹和协同，备案审查全覆盖取得了初步成效。新时代新征程，湖州将深刻把握备案审查法律政策，谋深谋细，创新创优，为打造备案审查浙江经验提供更多更好的湖州范例。

---

　　* 章国华，湖州市人大法制委副主任委员；段宝忠，湖州市委办公室室务会议成员、法规处处长；章豪，湖州市司法局政府法律事务处三级主任科员。

一、规范性文件备案审查的内涵和全覆盖的价值意义

（一）关于规范性文件及其备案审查

1. 本文所称规范性文件

对于规范性文件的内涵和范围，有不同的规定，也有不同的解读。广义而言，宪法，党章和其他党内法规，法律、法规、规章、司法解释，以及位阶较低的规范性文件都属于规范性文件，而狭义的规范性文件仅指位阶较低的规范性文件。从湖州地级市层级考量，本文集中探讨的是狭义的规范性文件。综合不同主体对规范性文件的定义得出，规范性文件是由适格主体依法或者依照党规制定的具有普遍约束力和反复适用性的文件，包括党组织制定的规范性文件，人大制定的决议、决定和其他规范性文件，政府及其部门制定的决定、命令和其他规范性文件，监委制定的规范性文件，法院、检察院制定的规范性文件。

2. 本文所称备案审查

规范性文件的备案审查，概而言之，是指制定主体依照法律或党内法规将其制定的党、人大、行政、监察、法院、检察院的规范性文件报送审查主体备案，由审查主体进行登记、审查，并对违宪、违法、违规及不合理问题予以纠正和处理的制度。因此，规范性文件的备案审查制度包括备案和审查两方面的内容。其中，备案是存档以备查，是审查主体及时、准确了解规范性文件的内容及其制定情况的方式，是审查的基础和前提。备案主要包括报送、接收两个环节。审查是备案的逻辑延伸和必然要求，是审查主体依据相关规定，对审查对象进行研究、审核、检查的行为。审查主要包括形式审查、实质审查、反馈处置三个环节。

（二）关于备案审查全覆盖

中央要求"把所有规范性文件纳入备案审查范围，依法撤销和纠正违宪违法的规范性文件"。我们理解为，所有规范性文件都要报备，体现为备案的全覆盖；所有规范性文件都要审查，体现为审查的全覆盖；所有违宪违法的规范性文件，都要依法撤销和纠正，体现为纠错的全覆盖。总而言之，就是规范性文件备案审查要实现全覆盖。具体有以下几个特征。

（1）广范围，即坚持"有件必备"，必须做到应备尽备。最高要求为所有规范性文件都要报备，只要属于党委、人大、政府、监委、法院、检察院等制定的规范性文件，并且具有普遍约束力和反复适用性，都应当报备。一般要求为执行现有的制度规定，包

括党内法规、法律法规等,如《中国共产党党内法规和规范性文件备案审查规定》《中华人民共和国立法法》《中华人民共和国各级人民代表大会常务委员会监督法》《法规规章备案条例》《法规、司法解释备案审查工作办法》等。底线要求为上级审查主体在实施推进中对报送备案所提的具体范围和阶段性安排。

(2)高质量,即坚持"有备必审",必须做到应审实审。一是材料核对形式审,要求报送审查的材料规范、全面、精准、充分,否则要退回补报。二是学习研究初步审,要结合制定依据、地方实际对文本进行全面学习梳理,找出创新点和争议之处。三是问题争议对接审,对发现的涉嫌违法违规之处,与制定单位以函告、座谈等形式进行充分沟通,了解其意图。四是多方商讨合力审。请相关单位和专家提出意见,并组织研讨。五是明确意见层级审。按照审查行文流程,各级负责人层层把关审核,出台最终处理意见。

(3)全闭环,即坚持"有错必纠",必须做到应纠真纠。当下,各类规范性文件备案审查发现问题的处置环节和整改要求各有侧重、不尽相同。但从备案目的来看,不仅在于发现问题,更重要的是纠正问题,并提升文件的质量水平。为此,一是反馈要清,对于发现问题如何整改,报送单位必须及时提出明确具体的意见,并得到审查单位的认可;二是责任要明,对出现差错的要视情形给予通报、考核扣分等处理;三是落实要严,对于整改反馈意见落实情况,审查单位要适时组织力量检查调研,确保真改实改;四是指导要强,对于制定主体办文前要求指导的,备案中难于把握的,审查主体要靠前服务、主动帮助。

(三)关于备案审查全覆盖的现实价值和时代意义

(1)推进备案审查全覆盖,是践行习近平法治思想、保证党中央令行禁止的扎实行动。习近平法治思想作为我国全面依法治国的根本遵循和行动指南,蕴含着丰富的有关备案审查的重要论述。[①]回顾备案审查全面推进实践,可以发现,备案审查对习近平法治思想进行了很好贯彻和体现。如坚持建设有中国特色社会主义法治体系,包括加快形成完备的法律规范体系、高效的法治实施体系、严密的法治监督体系、有力的法治保障体系和完善的党内法规体系。备案审查通过合宪性、合法性和合规性审查,成为法治监督体系的重要一环,为法治高效实施提供有效支撑。同时,坚持党的领导,着力推进党对经济社会发展的领导和党的建设一起抓,开创性地将党内法

[①] 王锴:《习近平法治思想有关备案审查的重要论述及其在实践中的展开》,《地方立法研究》2021年第6卷第3期。

规体系纳入社会主义法治体系之中,确保党规和国法内在统一,确保党的路线方针政策在各个层面得到全面有效实施。由此可见,在实践中落实好、探索好备案审查全覆盖工作,就是在备案审查领域领会、落实习近平法治思想的具体表现,就是贯彻党中央决策部署的自觉行动和主动担当。

(2)推进备案审查全覆盖,是保障宪法实施和维护国家法制统一的时代要求。制定主体制定规范性文件,是推进宪法法律和党章党规有效实施的重要表现形式。通过备案审查,发现并纠正违反宪法、法律或者违反党章、党内法规的不适当文件,能够有力地保障宪法和党章的权威。同时,备案审查具有维护国家法制统一的功能。加强备案审查全覆盖,就是要全面查找和发现各类规范性文件是否存在违宪和违法问题,督促权力机关、行政机关、监察机关和司法机关依法行权,推进公权力规范有效运行;指引党的各级组织依法依规制定规范性文件,确保文件不违反法律法规,并不得直接设定和改变公民的法定权利和义务。①

(3)推进备案审查全覆盖,是保护公民合法权益、推进治理体系和治理能力现代化的重要内核。规范性文件备案审查为公民、法人和其他组织提供了权利救济的重要途径。公民可以向人大和政府提出规范性文件的审查建议,人大和政府有关机构收到后,对符合条件的及时组织审查,一定程度上倒逼制定主体谨慎行权,努力提升文件质量。同时,实践中出现的社会问题和矛盾,有相当数量是由行政规范性文件、法院检察院规范性文件甚至党政联合发文不尽适当而直接或间接引发的,鉴于此,党的十九届四中全会部署和推进国家治理体系和治理能力现代化建设,强调要加强备案审查制度和能力建设,依法撤销和纠正违宪违法的规范性文件,充分说明备案审查全覆盖在助力治理体系和治理能力现代化中的突出作用。

二、湖州规范性文件备案审查全覆盖的做法和启示

(一)主要做法及成效

(1)统一认识、高位部署,下好全市"一盘棋"。党的十八大以来,湖州市高度重视规范性文件备案审查制度建设,始终作为全面深化法治湖州建设和全面加强党内法规制度建设的重要内容,通盘考虑、整体谋划。一是市委高度重视。2017年,市委先后出台了《关于加强党内法规制度建设的实施意见》和《关于加强党领导立法工作

---

① 宋功德:《党规之治》,法律出版社2015年版,第507页。

的实施意见》,明确提出将所有规范性文件纳入备案审查范围,实现备案审查的全覆盖。2018年,制定出台《湖州市党政主要负责人履行推进法治建设第一责任人职责清单》,在加强党内法规制度建设方面,明确党委主要负责人"加强党的规范性文件备案审查"的职责;在推进行政决策科学化、民主化、法治化方面,明确政府主要负责人"全面推行行政规范性文件合法性审查制度"的职责。二是市政府积极推进。2013年,市政府出台了《关于推行行政规范性文件三统一制度的通知》,健全了行政规范性文件管理机制,切实解决制定源头较乱、备案倒查困难等问题,也明确了提交备案报告和法制审查意见的要求,同时完善了备案审查登记制度。2014年、2016年,市政府办公室先后印发了《关于进一步规范行政规范性文件管理工作的通知》和《关于印发市政府行政规范性文件征求意见工作实施办法的通知》,进一步明确了报送备案审查方式、内容及格式文本。2020年,市司法局编制《乡镇(街道)合法性审查全覆盖工作任务计划表》,配备审查专业人员260名,平均每个乡镇(街道)配备3人以上,普遍建立以法治办、司法所为主负责的审核机制。三是面上统筹部署。近年来,无论机构如何设置、如何改革,规范性文件备案审核制度建设都频道不换、力度不减。2019年机构改革前,由市委办公室承担市委建设法治湖州工作领导小组办公室(即原市委法治办)的职能,统筹推进全市面上法治建设,每年下发全面深化法治湖州建设《工作要点》和《重点项目》,把规范性文件备案审查作为法治建设考核、党政领导班子实绩考核的核心指标之一,全市域、清单式、项目化推进法治湖州建设和规范性文件备案审查制度建设。2019年机构改革后,法治湖州建设职能移交到新组建的市委全面依法治市委员会(办公室设在市司法局),由市委依法治市办统筹推进全市面上法治建设,每年召开市委全面依法治市会议并进行系统部署,持续推进全市规范性文件备案审查制度建设向纵深发展。

(2)分头负责、落实要求,建好备案"审查链"。党委、人大和政府分别推进各自系统的规范性文件备案审查,共同构建起规范性文件备案审查全覆盖的"四梁八柱",形成党委、人大常委会、政府、监委、法院、检察院"横向到边"、市县乡三级"纵向到底"的工作格局。比如,党委备案审查方面,突出抓好八类党组织规范性文件备案审查全覆盖。2013年在全省率先启动区县党委和市纪委、市委部门文件备案,2015年实现市县乡三级党委全覆盖,2016年开展部门党组(党委)备案,2020年实现市县乡三级党委、纪委、党委部门、党组(党委)、党委议事协调机构、党委直属事业单位、地方国企党委和高校党委等8类主体全覆盖。2013—2021年,市级层面共审查区县、部门党委(党组)等报备规范性文件2034件,其中通过(含直接通过、提出建议、告知、书面提醒等情形)2015件,不予通过并纠正19件;区县层面共审查乡镇(街道、园区)、部门党委(党组)等报备规范性文件1983件,其中通过1893件,不予通过并纠正90件。人大备案审查方面,突出以备案审查监督同级政府和下级人大规范性文件。2017—2021年,市人大常委会共受理和审查市政府规章、规范性文件205件,审查各区县人大及其常委会作出的决定、决议8件,受理公民就法律、地方性法规及规范性文件提出的意见建议20余件。通过审查,依法督促纠正问题4件,对公民提出的审查意见都认真进行了解释答复。如经审查认为某文件对市内光伏设备给予装机补贴的规定,违反了《反垄断法》和《优化营商环境条例》相关规定,要求适时通过修改等方式改正。政府备案审查方面,突出推进区县政府备案审查和乡镇(街道)合法性审查。自2019年法治建设职能划转以来,截至2021年,市司法局共登记和审查各区县人民政府备案的行政规范性文件232件,市级有关部门127件。其中备案通过339件,纠正问题20件。如经审查发现某县政府文件存在安排财政支出与企业缴纳税金挂钩的表述,要求予以修改。2020年以来,市司法局统筹推进乡镇(街道)合法性审查,逐步实现乡镇(街道)合法性审查全覆盖"有形"向"有效"转变。

(3)先行先试、创新举措,种好标准"示范田"。在规范性文件备案审查工作中,湖州市始终坚持"先行先试、全面覆盖、争做示范",创造性执行规范性文件备案审查各项制度,努力为全省乃至全国提供更多的"湖州标准""湖州样本"。比如,党委备案审查方面,创新建立规范性文件备案审查"1+6+N"工作机制。突出政治性、合法合规性、合理性和规范性"四性审查",严把政治关、法规关、政策关和文字关"四道关口",首创"最多报一次、九类事项必征专业部门意见、六步审查、五日办结"的"一九六五"工作法,依托党内法规工作联席会议,建立法规工作机构"一处主审"、纪委监委、组织、编办、财政、人力社保、市场监管等"六部协审"和党委法律顾问"若干专家参审"的"1+6+N"工作机制,着力提升党的规范性文件备案审查质量。2014年起每年定期下发《备案审查工作情况通报》《前置审核和备案审查问题清单》,2019—2021年累计发布党的规范性文件备案审查指导案例147个,切实加强备案审查制度和能力建设。2017年3月,时任中办法规局副局长宋功德同志来湖调研,对湖州市在全国率先将备案工作覆盖到乡镇一级给予充分肯定。2020年8月,湖州代表全省接受中办法规局党内法规制度建设情况综合评估调研并得到充分肯定。人大备案审查方面,创新开展地方性法规配套行政规范性文件专项审查。2019年,主动开展2015年以来市政府出台的生态类规范性文件、市地方性法规要求政府配套出台规范性文件进展情况两个专项审查。根据全国人大常委会、省人大常委会的要求,对生态环境保护地方性法规、野生动物保护法规规章和规范性文件、民法典涉及法规等进行了专项清理。2020年12月，出台《关于市中级人民法院、市人民检察院规范性文件备案审查工作规定》，在全省较早将"两院"制定的规范性文件纳入备案审查范围。还探索建立定期研讨、季度核查和工作通报等机制，聘请理论和实务专业人士担任备案审查专家，力求形成实效。从2020年开始，将备案审查工作纳入机关内部"最多跑一地"考核，系统梳理办理事项和多部门联办"一件事"，提升备案审查工作效率。政府备案审查方面，创新引入备案审查数字化改革应用场景。一是推进备案模式数字化改革，依托浙江省行政规范性文件管理系统，由纸质报备向"无纸化"备案转型，由原先的市级系统向下扩展至区县政府、市级部门，通过电子留痕的方式清晰直观地了解备案主体是否超期、公开链接是否真实有效等。二是引入第三方联审联动，2020年以来，市司法局引入第三方法律服务机构，开展驻点式审查，由市局初审人和第三方分别提出初步意见后向上提交，对双方意见分歧较大的由复审人员召集讨论会，居中审定。三是落实定期清理后评估，市司法局2019年对全市各级行政机关制定的2763件规范性文件进行全面起底，市本级、两区三县均完成该轮全面清理工作，列出文件执行、废止目录（共630件）清单。

（4）衔接协同、形成合力，打好机制"联动牌"。党委、人大和政府三大系统各备案工作机构加强协作配合，推进会议交流、问题会商、信息共享和实施后评估等制度常态化开展，切实形成推进规范性文件备案审查全覆盖的工作合力。概括起来是"一三四五"工作机制。"一"即构建全市规范性文件备案审查"一盘棋"格局。"三"即加强党委、人大和政府"三位一体"衔接联动。"四"即建立备案审查四项衔接机制，分别是建立联席会议交流机制，由市人大常委会法工委、市委办法规处、市政府办文电处和市司法局政府法律事务处等参与，每季度召开一次规范性文件备案审查衔接联动联席会议，交流各自备案审查工作进展、特色做法、工作衔接中遇到的重大问题以及进一步加强协同推进的工作安排；建立疑难问题会商机制，三方在备案审查中发现存在重大疑难问题难以独立解决的，由审查责任主体邀请其他两方会商，围绕文件的合法性合规性合理性等深入探讨，互相启发，集思广益；建立信息共建共享机制，通过规范性文件备案审查系统、浙政钉工作群等平台，动态掌握备案审查工作情况，健全完善备案审查情况通报制度，共同提升备案审查制度和能力建设水平；建立实施后评估机制，每年选取部分已印发实施的规范性文件进行评估，及时采取适当方式调整文件中不适应法律法规和经济社会发展要求的内容。"五"即努力实现统一工作体系、统一备案原则、统一审查标准、统一研究论证、统一整合力量"五个统一"的工作目标。

（二）工作启示

（1）必须坚持以习近平法治思想为根本指引，牢牢把握备案审查的政治属性。"习近平法治思想"中的"十一个坚持"，第一个就是"坚持党对全面依法治国的领导"。因此，我们学习贯彻习近平法治思想，就是要把坚持和加强党的全面领导作为规范性文件制定的"根"和"魂"，既讲"法治"也讲"政治"，两者相辅相成、不可偏废。具体到规范性文件备案审查工作中，必须站在讲政治的高度，把政治性审查放在第一位①，切实增强"四个意识"、坚定"四个自信"、做到"两个维护"，始终在政治立场、政治方向、政治原则、政治道路上同以习近平同志为核心的党中央保持高度一致。

（2）必须坚持以合宪性合法性审查为核心标准，牢牢把握备案审查的法治属性。规范性文件备案审查制度，是为保障宪法法律实施、维护国家法制统一而确立的一项宪法性制度。在工作中，我们必须抓住"合宪合法"这个核心标准，以《甘肃祁连山国家级自然保护区条例》"在立法层面为破坏生态行为放水"为反面教材，杜绝地方规范性文件为违法违规"放水"现象。我们要增强备案审查意识，把"是否同宪法和法律相一致"作为规范性文件"合法合规性审查"的重点内容，坚决守牢规范性文件备案审查的"法治底线"，切实维护宪法和法律的权威。

（3）必须坚持以以人民为中心的发展思想为宗旨立场，牢牢把握备案审查的人民属性。宏观层面而言，坚持人民主体地位，就必须不断健全社会公平正义的法治保障制度，在立法、执法、司法、守法的全过程和各方面都体现公平正义的要求，在新时代全面依法治国进程中更好地满足人民对美好生活的向往和对公平正义的期盼。微观层面而言，坚持法治为了人民、依靠人民、造福人民、保护人民，就是要增强法治的显示度、满意率和获得感，让人民群众在每一项法律制度、每一个执法决定、每一宗司法案件乃至每一个规范性文件中都能感受到公平正义。②

（4）必须坚持以服务地方高质量发展为目标任务，牢牢把握备案审查的保障属

---

① 比如，《中国共产党党内法规和规范性文件备案审查规定》第十一条规定，"政治性审查"包括是否认真贯彻落实习近平新时代中国特色社会主义思想，是否同党的基本理论、基本路线、基本方略相一致，是否与党中央重大决策部署相符合，是否严守党的政治纪律和政治规矩等。

② 中央依法治国办出台的《市县法治政府建设示范指标体系》(2021年版)，在"加强行政规范性文件监督管理"方面，明确要求行政规范性文件"没有违法减损公民、法人和其他组织的合法权益或者增加其义务，侵犯公民各项基本权利""没有违法制定含有排除或者限制公平竞争内容的措施"等。《浙江省行政规范性文件管理办法》第五条规定，行政规范性文件"不得违法制定含有排除或者限制公平竞争内容的措施；没有法律、法规依据，不得减损公民、法人和其他组织的合法权益或者增加其义务"。

性。在审查规范性文件中,要坚持严格依法依规与鼓励改革创新相统一,正确处理好改革、发展与稳定的关系。具体来讲,要加强事前引导,指引规范性文件制定机关"对标对表",在发文时特别关注出台政策的合法合规问题;要加强事中指导,对于报备的规范性文件"有错必纠",维护备案审查制度权威;要加强事后督导,防止"上有政策,下有对策",监督规范性文件在执行实施过程中也要合法合规,真正做到以高质量的备案审查,催生高质量政策,保障高质量发展。

（5）必须坚持以有件必备、有备必审、有错必纠为基本原则,牢牢把握备案审查的监督属性。规范性文件备案审查是宪法法律确立的监督制度。备案审查,是国家机关通过"备案"和"审查"相结合的方式对规范性文件进行监督的制度。[①]规范性文件备案审查的监督属性,集中体现在"有件必备、有备必审、有错必纠"的审查原则上。比如,人大备案审查适用的《法规、司法解释备案审查工作办法》第四条、党委备案审查适用的《中国共产党党内法规和规范性文件备案审查规定》第三条、政府备案审查遵循的《国务院办公厅关于加强行政规范性文件制定和监督管理工作的通知》,都明确提出了"有件必备、有备必审、有错必纠"。可见,"三有"已成为所有规范性文件备案审查的基本原则。

三、规范性文件备案审查全覆盖存在问题及原因分析

（一）备案审查全覆盖存在的问题

1. 有件必备要求各异、落实不足

突出表现在:一是各类规范性文件缺乏统一定义。一方面,从各条线来说,规范性文件的定性和范围不够清晰,上级没有非常明确的指导意见,对哪些是应当上报的规范性文件把握不准,甚至无所适从。如对反复适用这一特性的理解,在适用具体时段上存在较大争议。另一方面,各条线对规范性文件的认定要求宽严不同,也造成了应用者在实践中的困惑。如党的领导小组制定的规范性文件要向上级党委报备,而政府领导小组制定的规范性文件不需要向政府报备,等等。二是对报送备案的材料和要求不尽统一。有的要求报送创新情况,有的要求报送合法性审核情况,有的则没有相关要求。实践中对报备质量要求较为宽松,不利于养成规范的备案常态。三是

---

① 全国人大常委会法制工作委员会法规备案审查室:《规范性文件备案审查理论与实务》,中国民主法制出版社2020年版,第1-2页。

未及时报备的责任规定不同。有的规定要进行通报,有的明确开展后评估及监督检查,有的则未作规定。实践中大部分允许补报,导致到了年底出现大量漏报文件集中补报、集中审查,影响备案审查工作的质量和效能。

2. 有备必审要求各异、落实不足

突出表现在:一是审查标准不同。按照《中国共产党党内法规和规范性文件备案审查规定》,审查包括政治性审查、合法合规性审查、合理性审查和规范性审查四个方面;《法规、司法解释备案审查工作办法》则规定,审查分为合法性和适当性两个方面;《浙江省行政规范性文件管理办法》和《浙江省人民代表大会常务委员会规范性文件备案审查规定》则明确,审查事项包括是否超越法定权限,是否违反法律规定,是否违背法定程序,是否适当等四个方面。二是审查方式不同。有的按依职权审查、依申请审查、移送审查和专项审查划分,有的只有前面两种,有的只有依职权审查一种。三是审查质量和效果不同。人大多年来是备而不审,近几年开始逐一审查。实践中有的审查不够深入,有多个参与审查主体的可能会产生相互推诿依赖思想,审查中不认真学习研究,发现不了实质性问题。实践中也未有追究审查主体责任的情形,导致备案审查工作"严是担当、宽是大度"的局面。

3. 有错必纠要求各异、落实不足

有错必纠是全覆盖的目的所在,但实践中有错不究、有错轻究现象依然存在。突出表现在:一是发现问题的查处机制不同。一般来说,对发现的问题有要求纠正和作出提醒两种。但有的条线规定,如制定主体同意修改,就可以不提出书面审查意见,似过于考虑制定主体的"脸面"了。二是对文件整改缺乏刚性要求。当前各条线对规范性文件审查处理的规定不够闭环。审查发现了一些问题,制定主体提出了整改意见的汇报,甚至提交了修改后的文本。但是这些差错点往往是基层想继续坚持的做法,有可能是面上文字作了改动而实质工作未予整改。由此,应当规定由审查主体进行文件实施中的核查,确保文件修改到位、问题纠正到位。三是部门之间对差错认定存在偏差。对同一文件表述事项,上下级之间,不同条线之间,由于站位、经验和能力等原因,可能会有不同的理解和认识,因而影响到审查意见的发出、反馈和执行。四是前置合法性审核意见弱化。对法制审核机构审查提出的意见、法律风险点不重视甚至无视,导致本该"顺产"的规范性文件转向备案纠错的"剖腹产"。

4. 备案公开要求各异、监督不够

公开是促进公正的良药,监督是规范权力的保障。当前备案审查工作中,无论是公开或者监督都有进一步完善的空间。突出表现在:一是对公开要求不同。如党的规范性文件公开,要按照党务公开的要求执行,一般向党内公开;政府规范性文件向全社会公开,做得比较彻底;人大规范性文件,决议决定类的一律向社会公开,其他规范性文件实践中有公开和不公开的;监委规范性文件和法院、检察院规范性文件,未见公开要求,也未见公开做法。我们认为,只涉及党内的,应按影响面向党内公开;涉及群众的,应当向社会公开;涉及部分群体利益的,应当向相关群体公开。二是对备案监督推进不一。有权主体要对管理对象的备案审查工作加强监督,开展常态化指导,确保一级抓一级、层层抓落实,形成整体"一盘棋"。实践中,市一级备案审查工作抓得较实,区县和乡镇(街道)则两极分化,备案监督推进的力度不同,导致成效各异。

5. 数字赋能不如人意、有待完善

浙江省以数字化改革撬动各领域各方面改革,走在了全国前列。当下,备案审查方面的场景应用远远达不到实际需求,需要乘势加力。突出表现在:一是实用操作性有待提高。虽然党委、人大和政府系统都有备案审查电子平台,但基本上就是上传文件电子文稿,缺乏其他更多的功能。二是互联互通不够。不同系统的备案审查电子平台相互独立,各自为战,互不关联,与新时代信息技术发展要求很不匹配。实际上,各类规范性文件在审查发现问题上有诸多共性,如能及时分享,可以避免或者减少发生同类错误。

（二）原因分析

对于备案审查方面的问题,据分析,产生的原因主要有以下几点:一是依据上的不完善问题。各条线备案审查相关规定不够周延,互相之间不够协调。二是执行上的不坚决问题。由于认识、能力和作风、态度等因素,实践推进存在不平衡。三是协调上的不深入问题。文件条款往往涉及面广、专业性强,部分争议复杂,往往需要多个部门协同配合,通过会诊解决。如协调不足,会导致不了了之,抑或产生新的问题。四是能力上的不匹配问题。上级要求高,知识更新快,群众诉求紧,如果备案审查能力建设不跟上,则无法完成任务。

四、深入推进备案审查全覆盖的远景展望

新时代新征程,规范性文件备案审查应着眼高质量、全覆盖,既要有宏阔的目标,也要有务实的举措。总之,要以习近平法治思想为指导,立足法治中国示范先行要求,围绕所有规范性文件备案审查全覆盖,着力强化部署、创新机制、规范管理、整体联动,使"有件必备、有备必审、有错必纠"真正落地落实,进而形成在全省和全国可供

借鉴的湖州做法、湖州经验和湖州样板,为全面深化法治湖州建设、助力共同富裕示范先行发挥积极作用。为此,应采取以下举措。

(一) 坚持整体部署,在党委领导下统筹推进

一是在市委依法治市委员会下设立法、执法、司法、普法四个协调小组之外,新设备案审查协调小组,由市委分管领导为组长,市人大常委会、市政府、市监委、市法院检察院分管领导为副组长,办公室可设在市委办法规处,研究重大问题,强化支撑保障,统筹推进党、人大、政府、监委和法院、检察院的规范性文件备案审查工作。二是健全落实党委办、人大常委会法工委、政府办和司法局的备案审查衔接联动机制。重点是在推进文件联审、培训联组、问题联解、理论联研上下功夫,紧密配合、无缝衔接。三是纳入经济社会发展综合考核和法治湖州建设考核。以考核促整改、促规范、创示范,为备案审查全覆盖增强助力。

(二) 坚持规范引领,制定统一审查标准

各牵头部门拟会同市市场监管局,制定规范性文件备案审查市级地方标准,指导全市各条线的规范性文件备案审查工作。核心是统一规范性文件的认定范围、报备程序和格式、审查标准、审查处理、反馈意见的落实等。如制定标准遇到不可克服的困难,可以由市委办、市人大办、市政府办和市司法局联合出台文件,明确相关备案工作的指引。同时,可以通过在湖的全国人大代表或政协委员提交议案、提案等方式,建议国家或者部委适时调研出台统一的备案审查法规或规章,发挥更高的规范和指引作用。

(三) 坚持"三有三必",提升覆盖质量水平

一是全覆盖落实"有件必备"。全面检索、全程跟踪、全域推进,对具有普遍性、反复适用性的文件,按照要求全面落实报备主体和审查主体,确保无一遗漏。当前,重点是强化对地方各级政府和县级以上政府部门行政规范性文件、地方各级监察委员会监察规范性文件的备案审查[①],将法院检察院规范性文件、各类领导小组规范性文件全面纳入备案审查范围。二是高质量开展"有备必审"。严格按照政治性审查、合宪性审查、合法性审查和规范性审查要求,发挥部门和专家作用,推进科学备案、民主备案和依法依规备案,提升备案工作质量。三是全闭环推进"有错必纠"。从对宪法、对党章负责的高度,强化使命感和责任感,从严从实查处备案工作中发现的问题,绝不能遮遮掩掩、欲抓还放。查找问题要真,解决问题要实,帮助出主意加强整改,以纠

---

① 《习近平法治思想概论》编写组:《习近平法治思想概论》,高等教育出版社2021年版,第166页。

正问题并提高水平。

(四) 坚持接受监督,促进全过程人民民主

备案审查事关人民利益,要按照发展全过程人民民主的要求,通过着力推进民主和公开,广泛接受群众的参与和监督。对于群众依法依规提出的规范性文件审查建议,要积极审查,及时反馈。对于法律法规规定的规范性文件公开要求,要坚决落实。对于人大常委会听取备案审查工作制度,要有力贯彻、推陈出新。适时将每个文件的备案审查通过情况,特别是纠正、提醒事宜,以适当形式公开,接受群众进一步的监督。

(五) 坚持数字赋能,加快备案审查数字化改革

坚持以数字化改革为牵引,推进备案审查工作迭代升级、多跨应用。要在现有基础上,提出场景应用合理化建议,加快建设覆盖全面、互联互通、功能完备、操作便捷的备案专网,并逐步打通不同条线电子平台壁垒,在得到上级授权的前提下,实现在湖州市域内党、人大和政府备案审查专网的链接协同、共建共享。

(六) 坚持强化保障,加强机构、机制和能力建设

一是建立完善机构。从党委线上看,市县两级设有法规处和法规科,备案机构基本健全;从人大条线看,市一级建立备案审查处,而区县人大一直未建立备案审查科,根据工作需要亟须增设;从政府条线看,司法局设有政府法律事务处负责备案审查,但是有些政府部门未设有法规处(科),这些都直接影响到备案审查工作的有序开展。二是强化机制建设。建立各种层次的专家库或咨询委,必要时委托第三方参与备案,健全内部协同会商等机制,提高集体性决策水平。三是加强备案审查专业人员能力。通过个人自学、实务研讨、组织培训、调研考察、挂职锻炼等手段,向制度、经验、案例和实践学,不断提升政治素养、法治素养和语言文字素养,切实增强备案审查发现能力和纠错能力。

地方立法宣传的实践及优化思考

◎叶英波*

内容提要：地方立法宣传发挥着服务、保障、推动地方立法工作的重要功能。地方人大在高质量完成立法任务的同时，将宣传工作有机融入立法过程中，以宣传促进立法推动实施。在内容上，围绕立法选题的确定、立法制度的设计、推动法规的实施、弘扬立法的文化开展宣传。在形式上，立法宣传的主体多元、平台载体多样。同时，地方立法宣传存在覆盖面不广、针对性不强、带动性不够等缺陷。完善地方立法宣传工作，要构建整体性的宣传机制，创建体系化的宣传方案，组建专业化的宣传队伍，搭建开放式的宣传结构。

关键词：地方立法；立法宣传；人大宣传；立法文化

宣传是信息的传递，宣传是观点的宣示，宣传是理念的塑造。立法宣传，为法律法规的制定和实施舞动了旗帜、吹响了号角、集聚了粮草、提供了后盾。党中央和全国人大一贯重视立法宣传，将立法宣传作为法制宣传教育的重要组成部分加以强调，全国人大常委会曾以"决议"的形式做出《关于加强法制宣传教育的决议》，要求各级人民代表大会常务委员会要把立法和对法律实施的监督工作与法制宣传教育工作结合起来，推动法制宣传教育工作不断深入。随着时代的前进发展，宣传的方式发生了翻天覆地的变化，立法宣传工作也要与时俱进，本文以温州市近年来的地方立法宣传实践为样本，提炼经验，分析不足，并在此基础上就如何加强地方立法宣传做建设性的思考。

---

　* 叶英波，温州市人大常委会监察司法工委办公室主任。

· 275 ·

一、地方立法宣传的实践

地方立法宣传发挥着服务、保障、推动地方立法工作的重要功能。温州市人大在高质量完成立法任务的同时，一直重视地方立法宣传工作，将宣传工作有机融入立法过程中，以宣传促进立法推动实施。温州市人大开展立法宣传的内容和形式主要有如下方面。

（一）立法宣传的内容

1. 围绕立法选题的确定开展宣传

立法选题是立法工作的初始环节，为后续立法工作按下启动键，立法选题是否精准，直接决定了立法方向的正确和立法质量的高下。围绕着选题开展宣传，通常是立法宣传工作的第一步，是吸引关注和凝聚共识的重要节点。以《温州市养犬管理条例》的立法选题为例，犬患问题一直是大多数城市的痛点，对养犬管理进行立法是情势所需和当务之急。温州市在启动养犬管理立法的几个月前，发生过流浪犬只在几天之内流窜多地连咬数十人的事件，温州市相关部门跟进处理流浪犬只的过程，引起了本地各大报纸和微博媒体广泛的跟踪报道，公众围绕着犬患现状问题展开了热议，并对养犬管理提出了立法诉求和期待，养犬管理立法选题的确定由此水到渠成。同样的例子在温州市物业管理立法选题中也有典型体现。在物业管理立法的选题初定后，温州市人大常委会法工委主动与《温州都市报》、温州新闻网等媒体对接，有计划、有节奏地开展立法过程宣传。媒体以独特的视角透视物业管理活动中的热点、难点问题和典型案例，推出了多期连续性跟踪报道。

2. 围绕立法制度的设计开展宣传

围绕法规的条文规定或制度设计开展宣传，在立法工作中占据了重要的分量，发挥了不小的作用。立法制度设计需要广接地气、富有特色、切实可用、方便操作，立法宣传既为制度设计重点亮点内容提供了展现窗口，也为公众参与完善制度设计提供了传输渠道，立法宣传的反馈成果为制度设计的完善提供了智慧。在《温州市文明行为促进条例》立法宣传中，前后共收回20余万份立法调查问卷，从其中归纳出了30种公众最为反感的不文明行为，梳理为10类重点不文明行为，将之纳入法规的调整范围。在《温州市家政服务条例》的立法过程中，对于法规的调整对象应当确定为"大家政"还是"小家政"存有较大的争议，立法宣传中问卷调查反馈的结果数据显示，90%以上的家政服务类型为"小家政"（即保洁、烹饪、照护等三种类型），条例由此最终确定了调整范围。

3. 围绕推动法规的实施开展宣传

法规的实施是立法的"后半篇"文章，广泛开展法规宣传，是推动法规实施的重要方式，法规宣传到位才能推动实施到位。《温州市电梯安全条例》中，关于鼓励既有住宅加装电梯的规定是该部法规的亮点之一，条例出台后，对该条引领性的规定以及相关部门实施加装电梯具体措施的持续宣传报道，引起了公众的广泛关注，推动了加装电梯这一重要民生工程的大力实施，使得温州的加装电梯工作走在了浙江省前列。《温州市养犬管理条例》制定出台后，立法工作者应主管部门的邀请，多次面向行政执法人员、办理登记人员、宠物商店店主等开展法规解读宣讲，助力营造良好的实施氛围。

4. 围绕弘扬立法的文化开展宣传

立法文化是集立法历史、立法技术、立法人物、立法事件、立法展望等元素于一体所酝酿沉淀出来的，能够被传承和传播的思维方式、价值观念、行为规范等，其中蕴含的深厚法理、情理和道理为人们所普遍认可，有助于树立公众的法治信仰。温州市在立法权的获得上有着特殊的历程和丰富的故事，几十年间涌现了不少立法筑梦、逐梦、圆梦的故事，在开展立法宣传时，温州市人大用好这一独特的宣传素材资源，通过回顾立法权获得的漫长历程中发生的故事，来激发人们对地方立法权工作的关注和参与。如在温州市直机关学习联盟分享会上，立法工作者向来自各市直机关的百余位领导干部讲述了《温州立法的那些事儿》，呈现了温州立法的历史、成果、现状和未来；在温州市人大机关论坛上，通过讲述《立法的使命和担当》，激发机关干部做好立法工作的使命感和责任感。

（二）立法宣传的形式

1. 立法宣传的主体

毫无疑问，立法机关是开展地方立法宣传活动的当然主体，但反言之，立法机关却并非开展地方立法宣传的唯一主体。

（1）在横向上，立法宣传的主体是跨部门的。地方立法的程序一般历经法规起草、法制审查、政府提请、人大第一次审议、人大第二次审议、表决通过、提请批准、获批、公告、实施等一系列环节。经办这些环节具体工作的主体，分别有起草部门、政府法制部门、人大专工委、人大法工委、法规确定的管理部门等。立法的每一个环节，都可以开展立法宣传工作，每一环节的经办主体，都是地方立法宣传的主体。如在《温州市养犬管理条例》的立法宣传中，除了市人大常委会法工委作为立法部门开展多方面多环节的立法宣传外，还分别由公安机关作为起草部门在立法启动前期，司法局作为法制审查部门在提请审议前,综合行政执法局作为主管部门在法规颁布后实施过程中,均开展了立法宣传。

（2）在纵向上,立法宣传的主体是跨层级的。市、县、乡镇街道乃至村居社区,都可以成为立法宣传的主体,而并不仅局限于立法机关所在的市本级这一个层级。地方立法是地方性的事务,无论是立法本身还是立法宣传,都需要全境内的各层级共同参与、共同开展。在《温州市文明行为促进条例》立法过程中,除了市级部门开展宣传外,一些县市区政府如鹿城区政府也广泛生动地开展立法宣传。这在全国法律、省级法规的宣传工作中也能充分体现,如民法典颁布前后,全国各个地域和层级都开展了广泛宣传;《浙江省生活垃圾管理条例》颁布后,市级部门如温州市机关事务局专门印发了宣传手册,对该省级法规开展宣传,充分说明立法宣传并不只是某一级主体的职责,而是跨层级主体的共同任务。

2. 立法宣传的平台载体

随着新类型传播方式的不断发展,开展地方立法宣传的载体不断丰富和变化,精准选定新闻宣传平台,是宣传有效性的重要前提。温州市人大开展法规宣传的平台渠道主要有以下几种。

（1）电视专题节目。在网络媒体兴起之前,电视媒体长期作为人们最普遍的接受宣传信息的渠道,而在网络媒体大行其道的当下,电视台节目也仍然发挥着重要的信息制作源和宣传输出端的作用。温州市人大自行使地方立法权以来,对于涉及民生领域的重要地方性法规在其颁布出台后,大多会制作相关电视专题节目进行立法宣传。这几年来,由温州市人大研究室安排,温州电视台新闻综合频道的“人民问政”栏目多次邀请市人大法工委主要负责人、相关人大代表和立法工作人员,就《温州市物业管理条例》《温州市危险住宅处置规定》《温州市电梯安全条例》《温州市文明行为促进条例》等法规制作播出专题访谈片,并在适逢立法周年时,录制播出《地方立法:立得住、行得通、真管用》等综合性专题片,为立法宣传打开了良好的局面。

（2）报纸专题栏目。相比于电视媒体,报纸媒体也有其独有的宣传特点:一是内容可长可短,既可以是整版的深度报道,也可以是豆腐干式的信息简讯;二是容易做连续报道,报纸主要通过文字和图片进行展示,省去了视频所需要的前期脚本、中期拍摄、后期剪辑的流水线,制作流程相对更加短平快,在做连续报道时有一定优势;三是方便转载和引用,文字性报道可以互相转载和引用,一家报纸的内容可以被另一家报纸依法引用转载,在进行法规公告发布等严肃文本的宣传时具有独特作用。这几年来,温州市人大与《温州都市报》联合开设“代表在线”栏目,对多部地方性法规进行宣传报道。在《温州市家政服务条例》由市人民代表大会表决通过时，《浙江日报》等省级报纸媒体对法规进行了整版深度报道。

（3）网络平台。网络平台的迅速发展无疑形成了新的宣传高地，而且越来越成为人们获取宣传信息的主渠道。网络平台大致可以分为两种，一种是内部平台，另一种是外部平台。内部平台即人大或政府的官方网站、官方微信公众号、官方微博等；外部平台包括本地各类网络媒体，比如温州网（66wz.com）、各媒体机构的微博、微信公众号，以及其他网络平台。相比较而言，内部平台具有自主性和可靠性，能够第一时间发布权威消息，关注平台和接受信息的主体一般以机关内部人员为多；而外部平台贵在宣传形式可以更生动，内容可以更丰富，关注平台和接受信息的主体更趋于多元。温州市人大在开展立法宣传时，注重内外并用，既有通过内部官方平台进行发布宣传，如在每部法规通过时、施行时在微信公众号上宣传，其中关于《温州市养犬管理条例》的宣传文章的阅读量超过1万次点击量，创造了公众号的点击纪录；也有联合外部平台进行广泛宣传，如《温州市物业管理条例》在实施过程中，一些具体的物业管理个案引发了市民的关注，温州网的视频平台邀请嘉宾录制了一起访谈节目进行事件评论分析。

（4）媒体见面会或者现场会。召开媒体见面会或者现场会，是集中开展立法宣传的高效方式。多个主体多个渠道多个平台在同一时间内围绕同个法规的主题开展多种形式的宣传，能够形成广泛的宣传连锁"化学反应"，吸引更多的公众关注。这几年来，温州市人大在每部法规实施之前，均会召开法规实施媒体见面会，由立法部门做立法情况的介绍、由政府相关部门做实施表态、由市人大主要领导做部署讲话，大力宣传推进法规的实施。除了媒体见面会外，一些法规还以召开现场会的方式进行宣传推进，比如《温州市文明行为促进条例》在实施过程中，作为主城区的鹿城区政府在白鹿洲公园召开实施现场会，邀请和吸引了近千名相关人员和群众参与其中，现场会上有各政府部门表态、有群众代表发言、有社会团体受旗、有政府领导讲话，也有以生动活泼的形式如温州话唱快板、讲三句半等，用朗朗上口、贴切幽默的方式，让公众在轻松愉快的氛围中接受了法规知识的普及。

（5）培训宣讲会。通过培训会开展宣讲活动，以通俗易懂的语言和形象生动的例子，将精练的法规条文充分阐述出来，让受众获得立法过程中更为丰富的信息，从而有利于更加准确地理解贯彻执行法规。这几年来，在几部重要法规颁布实施后，温州市人大的立法工作人员应邀为相关部门组织的培训会宣讲法规。培训的受众主体多样，如在由温州市综合行政执法局组织的多场《温州市养犬管理条例》培训会上宣讲法规时，既面向行政执法条线人员，也面向办理养犬登记机构人员，还面向宠物商店等相关人员；在由温州市人力资源和社会保障局组织的《温州市家政服务条例》培训会上宣讲法规时，受众对象包含了家政服务人员、家政服务机构、家政服务消费者、家政服务行业协会成员等。

（6）广播电台直播。广播电台是具有悠久历史的传播方式，但通过广播电台来开展立法宣传，在全国范围内尚属罕见。广播电台具有收听场景典型、覆盖范围广泛、能够产生互动等特点，有车一族在开车过程中通常会收听广播，这种特定空间内的收听场景容易产生高质量的宣传效果。温州市人大在开展立法宣传时，利用温州广播电台交通之声拥有丰富且有黏性的听众资源的优势，通过其旗下的《天天有说法》这一知名法律类广播节目，由立法工作人员以嘉宾互动的形式来定期宣讲《温州市养犬管理条例》等法规，让市民能够了解到立法背后的故事和立法本意，对相关法规起到了很好的宣传效果。

（7）编写刊发法规释义。编写法规释义，对法规逐条逐款进行解读说明，是温州市人大推动法规宣传实施的一项重大举措。编写法规释义，需要立法工作者付出极大的心血和努力，需要具备体系化的思维能力、辩证式的思维方法和准确客观的文字表达能力，是人大立法综合能力的"试金石"和"显示屏"。这几年来，温州市人大编写了《温州市楠溪江保护条例释义》《温州市养犬管理条例释义》《温州市家政服务条例释义》等多部法规释义，全面深入地阐明了立法背景、立法原则和立法本意，回应了立法过程中公众提出的意见建议，有助于管理部门、各团体机构和广大市民理解掌握条文的具体含义，有利于促进法规得到更好的执行和遵守。

二、地方立法宣传当前存在的不足

从获得立法权起至今的短短几年内，设区市在开展地方立法宣传方面已经打开了局面，取得了不少的成绩，产生了相当的效果，积累了一些经验，但地方立法宣传工作仍然存在很多不足，主要如下。

（一）宣传的覆盖面不广

立法宣传的受众主要是广大人民群众，通过对立法过程和立法内容的宣传，让群众了解掌握立法情况和法规规定。实践中，立法宣传虽然达到了一定的覆盖面，但其广度仍显不够，宣传的渠道没有合理布设和有效架构，宣传信息没有广泛传输到人群中去，在宣传覆盖地域上呈现出了中心城区较强、县域地区较弱或者没有开展的面貌,以致一些基本的立法信息,比如某领域是否已经开展过立法工作,也并不广泛为人们所熟知。

（二）宣传的持续性不长

立法宣传需要足够的宣传时间和宣传密度才能保障宣传效果,而目前实践中的立法宣传存在周期短、密度低的情况,尚未形成持续性高密度开展法规宣传的工作态势。个别法规的宣传周期过短,几天时间后便不再有新的宣传消息出来,很快淹没在信息洪流中,不被人们发现和了解。宣传的持续性不长,制度层面是由于没有形成常态性的宣传机制,内容层面是由于对宣传内容的挖掘不够,对法规条文的利用不够,对事件信息的结合不够,以致未能为宣传提供丰富的素材源泉。

（三）宣传的针对性不强

一些宣传花了钱,占用了不少资源,但宣传的形式设计不生动、内容创作不科学、重点亮点不突出,对公众的吸引力不够,宣传的针对性不强。比如一些展板、引导牌、显示屏,满幅满屏全是引用多条具体法规条文,密密麻麻的字或者快速闪过的显示,无法引起人们关注的欲望,难以产生好的宣传效果。这种缺乏针对性、较为简单化的宣传方式,难免被人诟病为是为了完成宣传而宣传,而不是为了用心传递信息而宣传。相较之下,如果一幅图片画面突出一个宣传主题、引用一个条文重点、展现一个生动事件、发出一个行动号召,可能更加令人印象深刻。

（四）宣传的带动性不够

立法宣传较多局限在宣传主体的自我发声上,较少带动广大人民群众参与到法规的宣传中来,由此较少经由宣传驱动从而形成公共话题。公共话题的形成,一方面是宣传的阶段性成果,另一方面更是宣传的新一轮爆发,带有强大的信息传播功效。应当注重带动公众关注和参与讨论立法话题,让公众的声音成为宣传的和声。

三、完善地方立法宣传工作的设想

（一）构建整体性的宣传机制

目前的地方立法宣传工作较多呈现出单点、单兵、单线程、单元素的特点,尚有较大的整合、优化、丰富、提升的空间,有待于形成整体性组合式常态化的宣传机制。构建完善地方立法的宣传机制,有利于使立法宣传更好服务于法规的制定,更好推动法规的实施。从机制完善的具体路径来看,首先是建立主体端的分工合作机制,将立法宣传的职责具体到各个环节的各个主体,明确起草部门、法制部门、立法机关、宣传部门、相关部门、媒体单位的宣传职责,在此基础上加强主体间的合作宣传、接力宣传、互补宣传。其次是建立资源端的共享创新机制,立法宣传的文字、漫画、音像、视频等资源集中建库,实现元素共享资源共用,提高立法宣传效率,促进内容创新裂变。最后是建立反馈端的研判提升机制,立法宣传的不同形式、不同载体、不同内容会产生明显差异化的宣传效果,要注重对这些宣传效果反馈的收集、研判和优化、提升,促进立法宣传更加科学高效。

(二) 创建体系化的宣传方案

宣传方案是对宣传工作的部署和安排,是开展宣传工作的纲领和指引。创建体系化的宣传方案,有利于组织好各种宣传资源、调配好各方宣传力量、协调好各项宣传工作、统筹好各种宣传任务、把握好各个宣传节点。在每年谋划年度立法工作计划时,可以同步谋划立法宣传方案,从而把立法宣传有机融入立法工作中,相得益彰。立法宣传方案可以每部法规为单位,实行"一规一方案",宣传方案中包括确定指导思想、宣传主体、宣传主题、宣传重点、宣传节点、工作安排、工作要求、预期效果、经费保障等内容。宣传方案拟订后,可以征求相关方面的意见,进行优化完善后确定。宣传方案确定后,各个主体按照既定方案,在各个时间节点有序开展宣传活动,实现立法宣传的可预期性。

(三) 组建专业化的宣传队伍

人大端口的立法宣传具有特殊性,作为立法工作信息的官方输出源头,所发出的宣传声音务必要准确、权威,避免宣传过程中可能产生的歧义、曲解或误解等情况,这就对立法宣传工作提出了一定的专业化要求。全国人大常委会法工委于2019年设立了新闻发言人制度,将立法工作信息及时准确地介绍给社会公众和国内外关心中国立法进程的人士,取得了很好的效果。设区的市以上地方人大常委会也可以探索就立法事项设立新闻发言人,在每部法规的立法前、立法中、立法后的相关节点召开记者会或者接受采访,发布和介绍相关立法工作信息,从而加强立法宣传工作的准确性、权威性、全面性、及时性。从目前的现实基础来看,立法新闻发言人一般可由人大常委会法工委相关负责人中的一人或者多人担任。

(四) 搭建开放式的宣传结构

目前的立法宣传结构是内生型的,由人大或政府部门为主开展,缺乏外部宣传因子的积极导入,社会公众大多只是保持围观,作为被宣传的对象,而较少加入主动宣传的群体,没有转化成为宣传的主体之一。社会公众对立法事项的关注和参与有利于公共话题的形成,公共话题的形成将带来明显的宣传放大效应,这就需要在立法宣传中搭建开放式的宣传结构,在内生性结构中嵌入外生性组件。在开放式的宣传结构中,应该既有来自人大政府的权威表达的话语元素,也有来自市井社会的鲜活生动的话语元素;既有对立法条文内容的表述,也有对立法调整事件的展现;既有与国家大政方针的衔接,也有对具体生活改善的关切;既有对群体意见建议的归纳,也有对个体意见建议的演绎。比如,对于立法过程中发生的事件或者征集到的意见建议,选取其中具有典型性代表性的事件或者意见建议,以适当的方式开展宣传,这既是立法观照了现实,也是立法反馈了呼声。要充分挖掘和发挥基层立法联系点、代表联络站的立法宣传功能,使之成为立法信息交互的一个枢纽。

附　录:

温州市人大近年来开展立法宣传的部分情况

宣传形式	法规
电视专题节目:"人民问政""政情民意中间站"	《温州市物业管理条例》《温州市文明行为促进条例》《温州市危险住宅处置规定》《温州市电梯安全条例》《温州市楠溪江保护条例》
报纸专题栏目:"代表在线"	《温州市市容和环境卫生条例》《温州市物业管理条例》《温州市养犬管理条例》《温州市文明行为促进条例》《温州市城市绿化条例》《温州市危险住宅处置规定》《温州市电梯安全条例》《温州市楠溪江保护条例》《温州市荣誉市民条例》《温州市家政服务条例》
广播电台直播:"天天说法"	《温州市养犬管理条例》
网络平台:"温州人大"公众号、"温州网"等	《温州市市容和环境卫生条例》《温州市物业管理条例》《温州市养犬管理条例》《温州市文明行为促进条例》《温州市城市绿化条例》《温州市危险住宅处置规定》《温州市电梯安全条例》《温州市楠溪江保护条例》《温州市荣誉市民条例》《温州市家政服务条例》
媒体见面会、现场会	《温州市文明行为促进条例》《温州市市容和环境卫生条例》《温州市物业管理条例》《温州市养犬管理条例》《温州市城市绿化条例》《温州市危险住宅处置规定》《温州市电梯安全条例》《温州市楠溪江保护条例》《温州市荣誉市民条例》《温州市家政服务条例》
培训宣讲会	《温州市电梯安全条例》《温州市养犬管理条例》《温州市家政服务条例》
编写法规释义	《温州市楠溪江保护条例》《温州市养犬管理条例》《温州市家政服务条例》